人道主义的呼唤

（第三辑 · 2001—2005）

邓朴方 著

华夏出版社

图书在版编目(CIP)数据

人道主义的呼唤. 第三辑,2001—2005/ 邓朴方著.
- -北京:华夏出版社,2006. 03(2021. 9 重印)
ISBN 978-7-5080-3959-6

Ⅰ. ①人… Ⅱ. ①邓… Ⅲ. ①残疾人-社会保障-中国-文集
Ⅳ. ①D669. 69-53

中国版本图书馆 CIP 数据核字(2006)第 005479 号

人道主义的呼唤(第三辑·2001—2005)

著　　者	邓朴方
责任编辑	贾洪宝
封面设计	殷丽云
出版发行	华夏出版社有限公司
印　　装	三河市少明印务有限公司
版　　次	2006 年 3 月北京第 1 版　2021 年 9 月北京第 4 次印刷
开　　本	880×1230　1/32
印　　张	16. 75
字　　数	400 千字
定　　价	35. 00 元

华夏出版社有限公司　社址:北京市东直门外香河园北里 4 号　邮编:100028
网址:www. hxph. com. cn　电话:010-64663331(转)
投稿互动:986762145@qq. com,010-64672903

若发现本书有印装质量问题,请与华夏出版社有限公司读者服务部联系调换。

出 版 说 明

《人道主义的呼唤》第三辑收录了邓朴方同志二〇〇一年至二〇〇五年《中国残疾人事业“十五”计划纲要》实施期间有关人道主义、残疾人事业和残疾人工作的部分文章、演讲、报告、谈话、讲话、函电、答记者问等，共计八十五篇。

收录文章基本保持原貌，有些另设了标题，有些做了少量整理和订正，出版前均经作者本人审定。

文章出处必要时以题解形式注明；需要说明的地方或做随文说明，或加脚注；反复出现的专用词语如国际组织、文献、人物、事件、活动等，在书末附录里予以解释。

本次重印，对个别文章的篇名、文内标题、附录词条、多处文字及脚注等做了调整修订。

目　录

在新的世纪让我们做得更多更好[①]

（二〇〇一年一月十九日）

刚刚经历了世纪的辞旧迎新，站在新世纪的起点，回顾既往，展望未来，我们对社会文明进步的趋势充满信心，对残疾人事业的发展充满信心。

过去的百年时光，人类创造了以往任何年代都难以比拟的巨大物质财富和富于时代特点的精神财富，极大地改变了世界的面貌和自身的生活。从四十年代起，残疾人问题受到关注，经过社会推动和残疾人组织的努力，到七十年代逐步发展为世界性的残疾人运动，提出“平等·参与·共享”的社会思想和目标。在世界的急剧变化中，半个多世纪、特别是改革开放二十多年来，中国发生了巨大而深刻的变革，经济和社会生活焕发出蓬勃生机与活力。适应这一深刻社会变革，汲取先进思想的营养，中国残疾人事业历史性地崛起、发展起来，取得了举世瞩目的成就。我们亲身感受到改革开放的深刻影响和巨大力量，我们为适逢这一伟大时代并用心血和汗水筑起残疾人事业未来发展的基础而感到自豪。

新的世纪是社会文明进步潮流不可逆转、浩荡前行的世纪。我国将进入全面建设小康社会、加快推进社会主义现代化的新的发展阶段。经济的快速发展和社会的全面进步，将极大地推动残疾人事业发展，残疾人事业也将在经济和社会发展中发挥越来越重要的作

---

① 这是邓朴方同志为二〇〇一年第一期《中国残疾人》撰写的卷首语。

用。中国残疾人事业将适应国家现代化建设第三步战略部署,致力缩小差距,争取大体同步,使残疾人的状况和平等参与社会生活的条件、环境得到更大改善。新世纪开始的五到十年是我国经济和社会发展的重要时期,也是残疾人事业主动顺应大局、努力协调发展、进一步缩小差距的重要时期。着眼残疾人事业的持续发展,围绕满足残疾人的基本需求和大力加强基层残疾人工作,残疾人事业将迈出新的步伐。我们一定要"抓住机遇而不可丧失机遇,开拓进取而不可因循守旧",保持和发扬十几年来干事业的那股拼劲、冲劲,团结奋斗,进一步改善残疾人状况,促进残疾人事业与经济社会协调发展,促进残疾人"平等·参与·共享"目标的实现。

新的世纪不仅熔铸着逝去岁月的辉煌,更寄托着人们新的希望。为了美好的未来,让我们做得更多更好。

关于制订《中国残疾人事业“十五”计划纲要》的说明①

（二〇〇一年二月二十日）

提交这次会议讨论的《中国残疾人事业“十五”计划纲要（讨论稿）》，是依据《中华人民共和国残疾人保障法》和《中华人民共和国国民经济和社会发展第十个五年计划纲要（草案）》，结合当前我国残疾人事业的实际，经过调查研究、酝酿讨论并广泛征求各方面的意见形成的。

现在，我受司马义·艾买提国务委员的委托，对纲要的讨论稿作几点说明，并提请大家审议。

一、关于“十五”计划纲要的制订过程

按照国务院残疾人工作协调委员会第八次全体会议关于制订好残疾人事业“十五”计划的要求，残工委秘书处从去年四月起，组织专门班子，进行调查研究，召开专题研讨会，开始着手起草工作。十月中旬完成征求意见稿，分送国务院残工委各成员单位和有关部门，并发省级和计划单列市残联书面征求意见。其间，中国残联分别召开了评议委员会和各类残疾人专门协会会议，广泛听取各类残疾人及其亲友的意见，还在全国分东、中、西三片总结“九五”工作，研讨“十五”计划。十

① 这是邓朴方同志在国务院残工委第九次全体会议上的讲话。

月下旬,国务院残工委组织民政部、卫生部、教育部、劳动保障部、国务院扶贫办和中国残联分别对浙江省、青海省和重庆市残疾人事业“九五”计划执行情况进行了督查。刚才三个组分别汇报了督查情况。“九五”计划的执行情况,是制订“十五”计划的重要依据之一。

残工委各成员单位对残疾人事业“十五”计划纲要非常重视,进行了认真的研究,从本部门的工作职责和残疾人事业的全局出发,对“十五”残疾人事业的发展提出了许多好的建议,对纲要征求意见稿提出了具体的修改意见。

国家计委和财政部从国家计划和财政的全局出发,提出较全面的修改建议。国家计委认为,为继续推动残疾人事业健康发展,研究制订残疾人事业“十五”计划纲要是十分必要的,并提出根据“九五”计划执行情况进一步研究测算“十五”任务指标、残疾人综合服务设施建设应以地方投资为主等建议。财政部对残疾人教育、就业、扶贫、社会保障和法制建设等提出许多具体的修改意见,如建议“农村税费改革以后,继续对贫困残疾人实施减免农业税的优惠政策”和将义务教育阶段的残疾儿童少年纳入义务教育助学金资助体系等。卫生部从二级综合医院科室设置和医疗机构的资源优化配置出发,建议“加强县级医院眼病治疗能力建设,就地实施大部分白内障复明手术”。国家计生委建议在有关残疾预防的内容中增加“加强劳动保护、交通安全等工作,努力减少致残事故的发生”。教育部建议“积极发展学前教育”,“扩大高等教育对残疾人的招生数量”,对残疾儿童少年义务教育入学率指标进行调整。劳动保障部建议残疾人就业信息网的建设应“与劳动力市场信息网连接,实现资源共享”。民政部对社区残疾人工作和完善落实福利企业扶持保护政策提出建议。国务院扶贫办和中国农业银行对残疾人扶贫工作的资金贷款、贴息等政策性问题提出了修改建议。建设部建议“由国务院建设行政主管部门组织民航、铁路、交通等部门制订实施无障碍设施工程建设国家标准"。对残疾人社会保障问题,国家计委、财政部、劳动保障部依据国家有关政策提出了重要的修改意见。这些建议充分体现了残工委各成员单位对残疾人事业的关心和支持。残工委秘书处逐条认真研究各成员单位的意见和建议,并充分予以采纳吸收。现在形成的这个讨论稿,广泛吸收了各方面的意见,是集体智慧的结晶。

二、"九五"计划纲要执行情况

五年来,"九五"计划纲要执行情况总的来看是好的,根据目前掌握的情况,除个别任务指标外,各项任务指标基本如期完成,有些还提前超额完成。主要成绩表现在以下三个方面:

(一)社会环境更加文明进步,更加有利于残疾人事业的发展。

党的第三代领导集体,特别是江泽民总书记,非常重视、关心残疾人事业,发表了一系列重要文章和讲话,全面深刻地阐述了现代文明社会的残疾人观,为残疾人事业的发展奠定了理论基础,为全社会正确认识和解决残疾人问题提供了指南。人道主义在全社会得到进一步弘扬,公众对残疾人的认识发生了深刻变化,歧视和偏见大大减少,理解、尊重、关心、帮助残疾人的良好社会风尚进一步形成。"全国助残日"、"红领巾助残"、"志愿者助残"、"文化助残"、"科技助残"等多种形式的助残活动广泛开展,不仅为残疾人解决了大量实际困难,也优化了社会环境。认真贯彻落实残疾人保障法,开展法制宣传,推进法律服务和法律援助,有力地维护了残疾人合法权益,增进了全社会依法维护残疾人权益的意识。推行城市道路、建筑物的无障碍设施建设,影视节目增加字幕,开办电视手语新闻,使残疾人平等参与社会生活的条件得到改善。

(二)各项业务全面推进,工作迈出新的步伐,为残疾人带来实实在在的利益。

针对残疾人的基本需求,抓住重点,带动全盘,加强薄弱环节,各项业务全面推进,残疾人状况明显改善。

通过完善社会化的康复服务体系,实施"视觉第一·中国行动"等一批重点康复工程,带动康复任务全面超额完成,四百三十多万残疾人得到不同程度的康复,比原计划超额百分之四十三;将残疾儿童少年义务教育纳入国家义务教育体系,同步实施,残疾儿童少年义务教育入学率进一步提高,高级中学以上教育和职业教育得到发展;国务院办公厅批转《关于进一步做好残疾人劳动就业工作的若干意见》,福利企业集中就业得到稳定,分散按比例就业取得突破性进展,个体就业和自愿组织起来就业迅速发展,残疾人就业率由百分之七十提高到百分之八十;制定实施《残疾人扶贫攻坚计划》,加大残疾人扶贫工作力度,通过国家大扶贫和残疾人专项扶贫,扶持八百二十九万农村贫困残疾人解决温饱,通过各种社会保障措施共使二百六十九万特困残疾人的基本生活得到保障;残疾人文化体育生活逐步融入社会公共文化生活,日趋活跃,适应残疾人特点的特殊艺术和竞技体育得到发展,残疾人艺术团出访美国、日本等国家,展示了才华,增进了理解和友谊,残疾人运动员在重大国际体育赛事中获得三百八十六枚金牌,为国家赢得了荣誉;残疾预防取得进展,特需人群补碘、新生儿筛查等多项预防措施逐步得到落实,减少了残疾的发生。

广大残疾人自强不息,素质提高,参与社会生活能力增强,范围扩大,为祖国建设做出贡献,各条战线涌现出一批具有时代精神的先进人物;一百二十名"自强模范"受到国家表彰,二十六名优秀残疾人被评选为全国劳动模范和先进工作者。

（三）政府主导、协调运作的残疾人工作机制基本形成，地方工作更加活跃。

适应残疾人事业发展，政府发挥主导作用，将残疾人事业纳入经济和社会发展大局，加强领导，加大投入；国务院和地方残疾人工作协调委员会进行了调整充实，明确了各成员单位的职责分工，综合协调作用进一步加强；有关部门各尽其职，认真做好相关残疾人工作；社会各界广泛参与、支持残疾人事业；残疾人组织得到加强，“代表、服务、管理”职能进一步发挥。各尽其责、密切配合、齐抓共管、协调运作的残疾人工作机制有效地推动了残疾人事业发展。在各项残疾人工作中，政府及有关部门发挥了重要的作用。国家计委在编制国民经济和社会发展总体规划时，重视残疾人事业，支持基层残疾人服务设施建设；财政部加大对残疾人事业发展的经费支持；民政部积极做好特困残疾人的生活保障和福利企业残疾人集中就业，推动社区残疾人工作；卫生部重视残疾人康复工作，实施“视觉第一·中国行动”等残疾人康复工程；教育部将残疾人教育纳入全国教育发展规划，促进各类残疾人教育的发展；劳动保障部采取措施，加强就业服务，推动残疾人就业工作；公安部加大打击针对残疾人的违法犯罪的力度；司法部专门召开会议，推动残疾人法律服务和法律援助；建设部加大无障碍设施建设和管理力度；国务院扶贫办将残疾人扶贫工作纳入国家扶贫计划，制定实施《残疾人扶贫攻坚计划》；中国农业银行做好残疾人专项扶贫贷款的发放、管理工作。残工委其他成员单位也将残疾人事业相关业务纳入各自职责，积极支持、主动工作。民航总局、信息产业部等非残工委成员单位在民用机场无障碍设施建设、聋人通信工具的开发等方面做了不少有益的工作。

地方残疾人工作活跃，呈现喜人的新气象。各地解放思想，从实际出发,积极主动地开展工作,创造出许多好的经验和做法。地方人大开展残疾人保障法执法检查,各地政府普遍制定落实残疾人优惠政策和扶助规定;在政府每年办的实事中,专门安排有关残疾人和残疾人工作的项目;一些地方拨出资金,实施对残疾人的专项生活保障;采取切实有效措施,逐步解决残疾人专用机动车运营问题,发展盲人医疗和保健按摩;许多地方开展了"一人捐献一元钱,资助残疾小伙伴"、"千名白内障复明工程"、"爱心助残工程"等形式多样的活动。日趋活跃的地方工作,为残疾人事业发展不断注入新的活力。

这些成绩的取得,饱含着党和政府的亲切关怀,凝聚着各有关部门的辛勤努力和社会各界的大力支持。在此,谨向所有关心、支持残疾人事业的人们,特别是向残工委各成员单位,表示衷心的感谢!

残疾人事业"九五"计划纲要的完成,使我国残疾人事业迈上了一个新台阶,达到了一个新水平,为新世纪残疾人事业的持续发展奠定了良好的基础。

三、顺应国家"十五"大局,加快发展残疾人事业

从新世纪开始,我国将进入全面建设小康社会、加快推进社会主义现代化的新的发展阶段。中共中央关于制订"十五"计划的建议和国务院制订的国民经济和社会发展第十个五年计划纲要(草案),为我们勾画出鼓舞人心的宏伟蓝图。

"十五"期间经济和社会发展的新形势,既为残疾人事业的发展带来了难得的机遇和有利条件,也提出了新的更高的要求。在国家经济和社会加快发展的过程中,残疾人事业怎么办?在人民生活向更加宽裕的小康生活迈进的进程中,残疾人怎么办?我们必须清醒地看到,目前,残疾人状况与社会平均水平相比还存在不小的差距,

有些方面甚至呈拉大的趋势，残疾人的生存和发展问题远未得到解决。三千万残疾人处于社会收入底层，其中九百七十九万贫困残疾人尚未解决温饱；多数残疾人仍未得到基本的康复服务；残疾儿童少年义务教育入学率远低于健全儿童，其中盲童仅为百分之五十五；残疾人就业机会少，障碍大，就业率低；对残疾人的歧视和偏见仍然不同程度地存在，侵害其合法权益的现象仍时有发生；残疾人自身素质还不能适应社会发展需要，有待进一步提高。在“十五”经济和社会发展过程中，残疾人问题仍是一个比较突出、亟待解决的问题。

国家的国民经济和社会发展第十个五年计划纲要（草案）明确提出：“切实保障残疾人的合法权益，加强残疾人事业，帮助残疾人康复、就学和就业，创造残疾人平等参与社会生活的条件。”“十五”期间，我们必须顺应国家发展大局，加大工作力度，增加经费投入，加快残疾人事业发展，进一步缩小残疾人状况与社会平均水平的差距。残疾人事业必须以发展为主题。残疾人事业所面临的各种问题，只有在发展中才能解决，也只能通过加快发展来解决。对此，我们要有足够的认识，要树立加快发展残疾人事业的使命感、责任感和紧迫感。

按照上述思路，残疾人事业“十五”计划纲要的主要目标确定为四个方面：残疾人状况进一步改善；残疾人参与社会生活的环境更加文明；为残疾人提供服务的能力得到增强；残疾人素质普遍提高。其中特别强调进一步改善残疾人状况，残疾人的生活在经济发达地区基本实现小康，在欠发达地区稳定解决温饱，残疾人康复、教育、就业、文化生活、社会保障的水平也要有程度不同的提高。

为实现上述主要目标，在残疾人事业“十五”计划纲要的指导原则方面，要继续坚持“九五”期间行之有效的基本指导原则，如政府主导，社会化工作方式，“讲求实效、打好基础”的方针，发挥残疾人组织的作用,调动残疾人的自身能动性等。同时,根据新的目标和新的形势,增加了一些新内容,如依据国家依法治国方略,着眼于残疾人事业健康持续发展,强调要依法维护残疾人权益,依法发展残疾人事业;注意残疾人事业与国家大局的关系,突出发展主题;抓住改善残疾人生存状况和直接为残疾人服务的关键,提出“两基”,即以保障残疾人基本生活和加强基层工作为重点,扎扎实实为残疾人办实事;从地区间经济和社会发展不平衡的实际出发,强调“统筹规划,分类指导”,抓住西部大开发的机遇,加大西部残疾人工作的力度。

四、以保障残疾人基本生活和加强基层工作为重点

“十五”计划纲要以保障残疾人基本生活和加强基层工作为重点,着眼于扎扎实实为残疾人办实事。

首先,针对目前残疾人生活面临的诸多困难和问题,把保障残疾人基本生活作为重点,并提出具体任务,制订相应措施。在社会保障方面,一是贯彻国家已经出台的政策措施,将符合条件的残疾人纳入最低生活保障范围,继续对贫困残疾人给予救济、补助、供养;二是针对残疾人这个社会弱势群体的实际,除国家统一的保障措施外,推动城镇专项补助和农村统筹扶助等专项社会保障措施的制订与落实;三是在社会保险方面确保城镇残疾人职工纳入社会保险,同时通过建立和完善社会医疗救助和社会救济救助等制度,解决无业贫困残疾人的医疗、养老问题。在扶贫方面,提出继续将残疾人扶贫纳入政府扶贫计划,继续开展残疾人专项扶贫,适当加大用于残疾人扶贫的资金投入,完善措施,动员社会力量“帮包带扶”贫困残疾人等。在劳动就业方面,强调多渠道、多层次、多形式促进残疾人就业,依法全面推行残疾人按比例就业,完善、落实对福利企业的扶持保护政策,大

力扶持个体就业和自愿组织起来就业，继续发展盲人按摩，做好稳定就业工作。对所有失业登记的残疾人进行职业指导和职业培训。关于教育，特别强调三个方面，一是大力推广随班就读，特教学校合理布局，使残疾儿童少年义务教育入学率在"九五"基础上有较大提高；二是逐步形成完整的残疾人特殊教育体系，解决高级中等以上特殊教育薄弱、特别是特殊教育高中断档的问题；三是采取各种有效措施，救助贫困残疾人学生接受教育。在康复方面，提出使残疾人普遍得到康复服务，加强社区康复，组派医疗队为边远农村、少数民族地区白内障患者实施复明手术，对接受听力语言训练的贫困聋儿童给予补贴，开发、推广面向贫困残疾人、廉价实用的普及型假肢及用品用具并对贫困需求者予以补贴等，帮助广大残疾人特别是贫困残疾人实现最基本、最迫切的康复需求。

第二，针对残疾人工作的薄弱环节，把加强基层残疾人工作作为重点，推进基层组织建设，加强基础服务设施建设，提高为残疾人服务的能力。广大残疾人生活在基层，残疾人事业的基础在基层，基层工作是残疾人事业的基础和关键环节。但是，这些年来基层残疾人工作一直比较薄弱，主要表现在，基层残疾人组织不够健全，缺乏必要的工作条件和手段，残疾人综合服务设施匮乏。"十五"计划纲要提出，加强县级和乡镇、街道残联建设，推进社区残疾人工作，健全组织，提高干部素质，广泛开展志愿者助残，每个市县都要有残疾人综合服务设施，从而密切联系残疾人，提高为残疾人服务的能力。

"十五"期间以"两基"为重点，从改善残疾人状况来说，是最基本的要求；从发展残疾人事业来说，是基础性的工作；从工作的部署来说，是在反映全面的基础上突出重点。这样提出任务、安排工作是适当的。

五、适应新的形势,适当拓展新业务

“十五”期间,根据经济和社会发展的新形势,适当开拓一些新的业务,以更好地适应残疾人的需要和残疾人事业的发展要求。新开拓的业务主要包括社区残疾人工作、麻风畸残者康复服务、普及型假肢装配、兴办寄养机构、高新科技成果在残疾人领域的应用等。

随着经济和社会的发展及城镇化战略的实施,社区建设的重要性日益突出。我国有两千多万残疾人生活在城市社区,社区是为残疾人提供服务最直接的层面。做好社区残疾人工作,对于提高残疾人生活质量、促进精神文明建设具有重要意义。二〇〇〇年八月,民政部等十四个部门联合制定《关于加强社区残疾人工作的意见》,提出了社区残疾人工作的基本原则和主要内容。“十五”期间,要认真贯彻这个《意见》,抓住机遇,不失时机地推进社区残疾人工作。要加强组织领导,将相关残疾人工作纳入社区;要坚持“资源共享、融为一体”的原则,充分利用社区资源为残疾人服务,不断提高社区残疾人工作水平。

为贫困残疾人装配普及型假肢也是“十五”期间的一项重要工作。随着计划免疫工作的开展,我国已基本消灭了脊髓灰质炎,通过十多年来大规模为儿麻致残者实施矫治手术,已有的儿麻致残者中适合手术矫治的越来越少。假肢装配服务成为肢残者康复的一个越来越重要的方面。目前的一个突出问题是,市场上的假肢主要是中高档产品,价格较高,许多肢残者特别是农村贫困的肢残者,因经济条件限制,配不起假肢,给生活和劳动造成很大困难。一九九八年底起步的普及型假肢开发和装配工作,已经为十八个省的残疾人减免费用安装假肢两千二百余例,二〇〇〇年开始实施的“长江新里程计划”包括了普及型假肢项目，一些地方还实施了“千人站起来”假肢装配爱心助残等工程，这些都为“十五”期间开展这项新的工作，打下了很好的基础。基于上述情况，“十五”的肢体残疾康复工作进行了调整，不再实施大规模的手术矫治工程，重点放在为四万名缺肢者装配普及型假肢。

我国现有二十三万麻风病治愈存活者，其中畸残者十二万，每年新产生麻风病人约两千名，其中百分之二十五留有不同程度的畸残。他们大多得不到其他社会成员的理解，与社会正常生活隔离，生活状况很差。他们中一部分人需要手术矫治，大部分人只需配用防护鞋、防护镜、轮椅、拐杖等防护用品和辅助用具，即可大大改善生存状况。一九九九年，卫生部张文康部长曾率队深入潍坊麻风村考察，以自己的实际行动告诉大家麻风病“可防可治不可怕”。为改善他们的生存状况，“十五”计划纲要新增了麻风畸残者的康复服务工作，提出为现有十二万名麻风畸残者实施矫治手术或配备辅助用品。

重度残疾人的生活照顾一直困扰着许多残疾人及其亲属，许多家长对自己身后重残子女的生活问题深感忧虑，呼吁政府和社会给予关注并采取措施解决。最近几年已经开始出现社会力量举办的重度智残儿童寄养康复机构，受到欢迎。因此，“十五”计划纲要中提出“民办公助，鼓励社会力量兴办重度残疾人寄养机构”，这符合“社会福利社会化、社会事业社会办”的方针，也是切实可行的，政府应加大支持力度。

“十五”计划纲要还紧扣时代脉搏，重视高新科技的发展给残疾人事业带来的希望。目前，科学技术飞速发展，新技术、新材料、新产品层出不穷，其中有些完全可以应用于残疾人参与社会生活的各个方面。“十五”计划纲要提出了有关高新科技成果的应用问题，如重视高新科技成果在康复领域的应用，积极探索现代化教学手段在残疾人教育中的应用,通过信息网络为残疾人和残疾人事业提供服务等。这些将为残疾人平等参与社会生活和残疾人事业发展创造更加有利的条件。

六、分类指导,加大西部工作力度

我国地域辽阔,地区间经济和社会发展不平衡,残疾人事业的发展也不平衡。从总体上看,西部地区残疾人事业的发展水平相对落后于东部地区,如东部经济发达地区残疾儿童少年义务教育入学率已经达到百分之九十以上,而西部经济不发达地区有些省还不到百分之五十;东部地区经济的快速发展给残疾人带来了较多的就业机会,残疾人就业率相对较高,而西部地区就业率则相对较低;社会保障的水平差距也较大,最低生活保障标准北京为二百八十元,上海二百八十元,广州三百元,而西部的兰州、银川等地只有一百多元;深圳市提出到二〇〇五年在全国率先基本实现残疾人事业现代化,并相应制定了一系列高标准的目标,而西部地区在今后相当一个时期内仍需以扶贫解困为工作重点。我们到地方征求对"十五"计划纲要的意见,对于一些任务指标,东部认为提得比较保守、不解渴,西部则感到定得高了、难以完成。因此,作为发展残疾人事业的国家计划,必须统筹规划,分类指导,既要有统一目标、基本要求,又要注意因地制宜,从实际出发,不搞一刀切,鼓励各地创造性地开展工作。"十五"计划纲要统筹考虑了东西部的不同发展水平,在一些方面做出了不同的要求,如提出"经济发达地区基本实现小康,欠发达地区稳定解决温饱";在义务教育入学率上,要求"在城市市区、经济发达的县(市)达到当地健全儿童少年水平,在其他已通过普及九年义务教育验收的县(市)接近当地健全儿童少年水平,贫困地区、少数民族地区和边远地区小学阶段入学率有大幅度提高";在指导原则上提出"有条件的地方先走一步,加快发展,起带头示范作用",鼓励这些地方大胆探索,勇于实践,率先迈上新台阶;在保障措施上体现向西部倾斜的原则。

"十五"期间西部残疾人事业发展是个非常重要的问题。实施西部大开发战略,加快中西部地区发展,是国家实现第三步战略目标的重大举措,也为西部残疾人事业的发展带来新的机遇。十几年来,西部残疾人事业取得了不小的进展,但由于受经济和社会发展水平的制约,目前基础仍比较薄弱,存在许多困难。当前西部地区发展残疾人事业的奋斗精神和改善残疾人状况的愿望是非常强烈的。"十五"计划纲要提出"抓住机遇,加快西部残疾人事业的发展",针对西部残疾人事业的实际,具体提出四个方面的任务措施:首先,强调积极进取、扎实工作、务求实效;其次,强调突出重点、分步实施,力争在关系到残疾人基本生存的扶贫、康复、教育、就业以及残疾人综合服务设施建设等方面取得突破性进展;第三,在政策支持、资金投入和项目支援等方面对西部给予倾斜,工作中实行分类指导;第四,在国家东西部协作与对口支援中,做好相关残疾人工作的协作和支援。

七、关于经费保障

"十五"期间残疾人事业要加快发展,缩小差距,关键是加大投入。从"八五"、"九五"计划纲要的执行情况看,各项任务指标完成或超额完成,残疾人事业取得长足进展,中央和地方各级财政的投入起到了至关重要的保障作用。"十五"计划的康复任务由"九五"的三百万名增加到五百一十万名,教育、就业、扶贫等任务量也有较大提高,需要相应增加经费投入。中央建议提出,逐步建立适应社会主义市场经济体制的公共财政框架，这为增加对残疾人事业的投入创造了有利条件。这次我们将经费保障措施写进“十五”计划纲要，一方面是突出它的重要性，另一方面也是地方普遍的强烈要求，用中央的补贴经费调动地方的财政投入。此外，还要广开渠道，发掘社会资源，多方筹集资金，这个原则在纲要中也得到了体现。

八、突出政府主导作用，与部门工作紧密衔接

“十五”计划纲要的目标和任务是基于残疾人的实际需求而提出和确定的。残疾人的需求是多方面、多层次的，既有温饱、就业、受教育、医疗康复的需求，又有文化生活、权益保障、无障碍环境以及广泛参与社会生活的需求。残疾人需求的多样性决定了“十五”计划纲要确定的任务比较广泛。在实现残疾人需求的诸多任务中，既注意保证康复、教育、就业、扶贫、社会保障等重点工作，满足残疾人迫切而又基本的需求，同时又顾及宣传文体、无障碍环境建设等其他各项工作，满足残疾人全面参与社会生活的更高层次的需求。

残疾人事业“十五”计划纲要不是部门计划，而是国家计划。这是由残疾人事业的特点所决定的。残疾人事业是一项跨部门、多领域、综合性的社会事业，工作涉及各个部分，业务涉及多个领域。完成“十五”计划的各项任务，仅靠一两个部门是远远不够的，必须政府主导，综合协调，有关部门尽职尽责，充分发挥作用。这是“八五”、“九五”期间发展残疾人事业行之有效的基本经验。“十五”计划纲要对此继续予以强调，突出了政府主导，体现了与各部门工作的衔接。同“八五”、“九五”一样，“十五”的各项任务，还是要落实到各个部门的工作中去，要靠各部门共同努力来完成。

残疾人是一个人数众多、特性突出的社会弱势群体。在经济和

社会发展中，改善残疾人状况，逐步实现其物质和精神各方面、多层次的需求，使他们和全国人民一道实现小康，走向富裕，是党的全心全意为人民服务的宗旨和社会主义制度优越性的生动体现，是贯彻邓小平理论和江泽民总书记“三个代表”思想的重要方面，是各级政府义不容辞的责任。“十五”计划纲要正是这些精神的一个实实在在的体现。

同志们，制定实施《中国残疾人事业“十五”计划纲要》关系到残疾人的根本利益，关系到新世纪残疾人事业的健康持续发展，对促进社会发展和稳定也具有重要意义。希望大家畅所欲言，献计献策，共同把《纲要》修改好。

进一步贯彻落实《中华人民共和国残疾人保障法》[①]

（二〇〇一年三月一日）

今年是残疾人保障法实施十周年。回首十年，风风雨雨，作为残疾人保障法制订和实施的见证者之一，我心潮澎湃。十年来，在党中央、全国人大、国务院的关怀和全社会各界的支持下，残疾人保障法得以制定和较好地施行，给全国六千多万残疾人带来了福祉。

我国政府一贯重视残疾人问题。特别是十一届三中全会以后，随着改革开放的深入，经济和社会的发展，残疾人事业也有了很大的发展，残疾人权益保障工作也开始列入各级人大、政府、法院的议事日程，并引起社会各界的重视。一九八二年宪法规定了有关残疾人的内容："国家和社会帮助安排盲、聋、哑和其他有残疾的公民的劳动、生活和教育。"这为制订残疾人保障法提供了经济、社会和法律的基础。

但是，我们不能不看到，由于我国是发展中国家，特别是十多年前，生产力和人民生活水平更低。那时的残疾人事业发展受到生产力水平和其他因素的制约，处于十分落后的状态，广大残疾人的状况极其艰难。解决残疾人群体的问题，关系到国家发展、社会稳定和生产力的进一步解放，是个不容忽视的社会问题，必须引起全社会的高

---

① 这是邓朴方同志在《中华人民共和国残疾人保障法》实施十周年大会上的讲话。

度关注和重视。对残疾人来说，作为普通公民，他们享有宪法、法律、法规所规定的所有权利，这在我国颁布实施的宪法、法律和法规中，以及在我国参加的国际条约中，都做了具体的规定；同时，作为特殊群体，由于受到生理、心理条件的限制，在社会上往往处于弱势地位，在行使自己法定权利的时候，往往受到社会其他组织和个人的侵害或不公正待遇，这就要求法律必须针对这种情况制订适应于残疾人的特殊保障的法，即保障残疾人能够和普通公民一样行使其权利、使其拥有和普通公民一样的社会平等权利。随着经济、社会的发展，广大残疾人更加珍惜人生价值，渴望投身祖国建设，广泛参与社会生活的意识和法治观念增强。他们要求依法保障自己的正当权益，并以法律规范自己的行为。

一九八〇年召开的联合国大会宣布一九八一年为“国际残疾人年”，继而确定一九八三年至一九九二年为“联合国残疾人十年”，并一致通过了《关于残疾人的世界行动纲领》。《纲领》要求“会员国必须通过立法，为达到各项目标所采取的措施建立必要的法律基础和权威”。种种原因表明，制订关于残疾人的专门法律，维护残疾人的合法权益，尽快改变残疾人事业的落后面貌，十分必要和迫切。

八十年代初，我国加快了残疾人保障法的立法步伐。全国人大、国务院法制局、民政部、中国残联等有关部门十分重视，抽调精干力量组成起草小组，结合国情和我国残疾人工作的经验，参照国外法条，加强调查研究，充分听取残疾人的意见，历经六年，几易其稿。交全国人大常委会讨论时，常委会又就成立残疾人工作协调机构、分散按比例安排残疾人就业的比例等问题做了补充。

“千呼万唤始出来”。一九九〇年十二月二十八日，七届全国人大常委会第十七次会议通过了《中华人民共和国残疾人保障法》，并于一九九一年五月十五日起实施。残疾人保障法的基本精神是：残疾人,作为公民,在政治、经济、文化、社会和家庭生活等方面享有与其他公民平等的权利,受法律的保护;作为有特殊困难的人,国家有必要给予特殊扶助,并积极发展残疾人事业,减轻或者消除残疾影响和环境障碍,促进他们平等地参与社会生活,共享社会物质文化成果。残疾人保障法的颁布,是我国广大残疾人的一个喜讯,也是我国人民社会生活中一件令人瞩目的大事。这是我国在维护人权方面采取的一项重大措施,是社会主义制度优越性的又一体现。标志着我国残疾人事业开始走上法治化的轨道。

需要强调的是,残疾人保障法的一个突出特点是,保障权益与发展事业相结合,既保障残疾人的合法权益,又指导残疾人事业的发展,这是中国特色,国外没有,也不可能有,国际上对残疾人保障法的颁布实施给予了高度评价。

残疾人保障法颁布后,国家为推动残疾人保障法的贯彻落实,采取了一系列重大措施。

推动残疾人事业主要业务领域法规和地方性法规的建设:一九九四年八月,国务院发布《残疾人教育条例》,对开展残疾人学前教育、义务教育、职业教育、普通高级中等以上教育及成人教育等做出了明确规定;《残疾人就业条例》业已列入国务院立法计划;依据残疾人保障法的要求,截至目前,全国各省、自治区、直辖市均制定了残疾人保障法实施办法,内容更加具体、丰富、符合实际、可操作;全国百分之八十五以上的县和近百分之六十的乡镇制定了扶助残疾人的优惠规定;刑法、刑事诉讼法、义务教育法、婚姻法、母婴保健法、公益事业捐赠法等近四十部重要法律规定了保障残疾人权益的内容;一个以宪法为核心,残疾人保障法、国务院相关条例和地方性法规规章为基础,县、乡、村扶助残疾人规定为补充的残疾人事业和残疾人权益保障法律法规体系已经初步形成。

加大执法监督力度：全国人大将执法监督放在与立法同等重要的位置，截至目前，全国人大内务司法委员会先后对十九个省（自治区、直辖市）残疾人保障法执行情况进行了检查，地方各级人大和政府也加强了对残疾人保障法的执行和监督力度，并逐步形成制度；全国人大新闻局等单位组织中央和首都新闻单位对残疾人保障法执行情况进行舆论督导。

加大宣传力度：将残疾人保障法列入国家"二五"、"三五"普法规划，多种形式广泛深入宣传残疾人保障法。

十年来，依据残疾人保障法，各级政府把残疾人事业纳入国民经济和社会发展计划，成立了残疾人工作协调机构，有关部门各司其职，认真履行职责；建立健全了各级残疾人组织，充分发挥"代表、服务、管理"职能；全社会弘扬人道主义精神，公众对残疾人的观念发生了深刻变化，理解、尊重、关心、帮助残疾人的良好社会风尚初步形成。残疾人事业取得了举世公认的成就，残疾人状况显著改善：六百五十万残疾人得到康复；残疾儿童少年义务教育入学率大幅度提高；残疾人就业率达到百分之八十；一千多万贫困残疾人解决了温饱；残疾人文化体育生活日趋活跃，特殊艺术和残疾人体育在国内外引起强烈反响；残疾预防取得进展，多项预防措施逐步得到落实，减少了残疾的发生；各类法律服务机构和各级法律援助中心为残疾人提供了优先、优质、优惠的法律服务和法律援助，较好地维护了残疾人的合法权益。广大残疾人自强不息，素质提高，参与社会生活能力增强，范围扩大，为祖国建设做出贡献。

十年来，实践表明，深入贯彻落实残疾人保障法，是残疾人事业实现持续健康发展、残疾人权益得到较好保障的根本保证。

在看到成绩的同时，我们也应当看到，还存在一些问题：残疾人保障法的宣传工作力度还不够，许多残疾人还不知道运用这部法律来维护自己的合法权益,社会上歧视残疾人、侵害残疾人合法权益的现象还时有发生,公众依法维护残疾人合法权益的观念有待加强,残疾人保障法有待进一步加强落实等。

从新世纪开始,我国将进入全面建设小康社会,加快推进社会主义现代化的新的发展阶段。九届全国人大四次会议通过的国民经济和社会发展"十五"纲要提出:"加强残疾人事业,帮助残疾人康复、就学和就业,创造残疾人平等参与社会生活的条件。"经济和社会的发展、国家的重视给进一步贯彻落实残疾人保障法,发展残疾人事业,改善残疾人状况带来了有利的机遇和条件。特别是日前国务院批转的《中国残疾人事业"十五"计划纲要(2001—2005 年)》中明确提出,依法发展残疾人事业,依法保障残疾人权益是实施中国残疾人事业"十五"计划纲要的指导原则之一。这给我们广大残疾人、残疾人组织以极大鼓舞。

在这里,我还想跟广大残疾人朋友说几句。残疾人保障法是我们残疾人保障自己正当权益的法律武器。我们要学法,善于掌握和运用这一武器,同时也应履行法律规定的义务。权利和义务是相一致的,不能想象有凌驾于法律之上的、只享受权利而不履行义务的特殊公民的存在。希望广大残疾人朋友争做遵纪守法的好公民。

残疾人保障法是中国改善残疾人状况的"宣言",是中国发展残疾人事业的"纲领"。我坚信,随着残疾人保障法的进一步贯彻落实,我国残疾人事业、残疾人权益保障状况的前景一定更加美好!

进一步改善残疾人状况①

（二〇〇一年四月十二日）

今天召开的中国残联三届主席团二次会议，是第三次和第四次代表大会之间主席团一次承上启下的重要会议。经各位委员共同努力，圆满完成了预期的各项任务。会议开得很紧凑，是一次团结、求实、奋进的会议。

会议审议通过了郭建模同志所做的执行理事会工作报告、吴庆彤同志所做的评议委员会工作报告和各专门协会主席的工作报告。委员们一致认为，“三代会”以来的两年间，执行理事会工作思路清晰，有大局观念，抓住了残疾人事业的关键环节，不仅扎扎实实地推动了各项业务工作的开展，全面超额完成了“九五”计划规定的各项任务指标，还着力培育了良好的工作机制和社会环境，进一步增强了残疾人的主人公地位，加强了残联的自身建设，地方工作也更加活跃。这些都为残疾人事业的健康持续发展奠定了良好的基础。执行理事会根据国务院批转的《中国残疾人事业“十五”计划纲要》的要求，提出了对今后五年工作的思考：以发展为主题，加快残疾人事业发展；将保障残疾人基本生活和加强基层工作作为重点。这些考虑符合国家经济和社会发展的总体要求，反映了广大残疾人及其亲属的迫切愿望，也是经过努力可以实现的，委员们对此表示赞同。

委员们还认为，两年多来，评议委员会和各专门协会更加活跃，

---

① 这是邓朴方同志在中国残联第三届主席团第二次全体会议上的讲话。

在增进残疾人福利、激发残疾人自强精神和动员社会力量支持残疾人事业等方面开展了卓有成效的工作。第三届评议委员会认真履行职责,围绕贯彻实施残疾人保障法,落实残疾人事业"九五"计划、制定"十五"计划以及中国残联机关"三讲"教育等大事,开展监督咨询,发挥了应有的作用。评议委员结合本职工作,就地就近开展调查研究,密切联系残疾人,听取呼声,提出了许多很好的建议。评议委员会还加强了学习与制度建设,使工作逐步规范化。评议委员会两年来的工作有了加强,做了很多工作,对此我是十分感激的。我认为,评议委员的设立对残联系统来讲是十分重要的,它是民主形式,也反映本质,今后,如何加强评议委员会工作,仍是一个课题。专门协会工作得到明显加强,执行理事会重视协会工作,支持协会开展活动。各专门协会日趋活跃,活动更深入、更广泛,尤其是两个亲友会边探索边工作,取得了较大进展。各专门协会在代表本类残疾人,丰富残疾人生活,维护残疾人合法权益,协助残联为残疾人排忧解难等方面发挥了积极的作用。

两年半来,主席团较好地履行了职责,积极支持执行理事会、评议委员会和各专门协会开展工作。各位主席团委员在各自的岗位上为残疾人事业辛勤工作、无私奉献。我代表全国六千万残疾人及其亲属,向你们表示衷心的感谢和崇高的敬意。

下面,我对"十五"期间,尤其是第四次代表大会召开之前的工作提出一些意见。

(一)认真贯彻实施《中国残疾人事业"十五"计划纲要》,切实改善残疾人状况。

从新世纪开始,我国将进入全面建设小康社会,加快推进社会主义现代化的新的发展阶段。残疾人状况与社会平均水平相比还有不小的差距,有些方面甚至呈拉大的趋势。残疾人的生存和发展问题远未得到解决。“十五”期间,残疾人问题仍然是一个比较突出、亟待解决的问题。

九届全国人大四次会议通过的国民经济和社会发展“十五”计划纲要明确指出:要“加强残疾人事业,帮助残疾人康复、就学和就业,创造残疾人平等参与社会生活的条件”,为“十五”期间残疾人事业的发展提出了新的更高的要求。依据残疾人保障法及国民经济和社会发展“十五”计划纲要,国务院残疾人工作协调委员会在充分征求各成员单位、各地方和残疾人代表意见的基础上,制定了《中国残疾人事业“十五”计划纲要》,日前已经国务院批转实施。

《中国残疾人事业“十五”计划纲要》提出了“十五”期间残疾人事业的任务目标、指导原则和主要措施。着眼于残疾人状况的不断改善和残疾人事业的持续健康发展,《纲要》确定了四个方面的目标:残疾人状况进一步改善;残疾人参与社会生活的环境更加文明;为残疾人服务的能力增强;残疾人素质普遍提高。同时提出以保障残疾人基本生活和加强基层工作为重点,扎扎实实为残疾人办实事。

《纲要》着重提出,“十五”期间,残疾人事业必须以发展为主题,要加大工作力度,增加经费投入,加快残疾人事业发展。残疾人事业所面临的各种问题,只有在发展中才能解决,也只能通过加快发展来解决。对此,我们要有足够的认识,要树立加快发展残疾人事业的使命感、责任感和紧迫感。明天即将召开的第二次全国残疾人事业工作会议还将对“十五”计划纲要的贯彻执行进一步做出部署。

《中国残疾人事业“十五”计划纲要》体现了国民经济和社会发展的总体要求,寄托了全国六千万残疾人及其亲属的深切期待。贯彻实施这个《纲要》,将进一步改善残疾人状况,也将对我国经济发展、社会稳定、社会公正和精神文明建设产生积极的重要的影响。各位主席团委员在实施《中国残疾人事业“十五”计划纲要》中肩负着重要的责任。希望大家在自己的工作岗位上,积极宣传并带头贯彻落实这次主席团会议和第二次全国残疾人事业工作会议的精神,密切联系残疾人,结合本职工作,从不同渠道反映残疾人的愿望和要求,维护和增进残疾人的权益,支持残疾人事业,努力为残疾人服务,齐心协力,全面贯彻落实残疾人事业“十五”计划纲要。

(二)各级残联要进一步增强代表性和服务能力,适应“十五”期间经济社会和残疾人事业发展的新要求。

贯彻实施《中国残疾人事业“十五”计划纲要》,对各级残联的自身建设提出了更高的要求:

各级残联要密切与残疾人的血肉联系。要按照江泽民总书记关于“三个代表”重要思想的要求,深入基层,密切联系残疾人,想残疾人之所想,急残疾人之所急,努力为残疾人办实事,解决实际问题,全心全意为残疾人谋利益。按照中央关于“残疾人工作只能加强不能削弱”的精神,切实加强县和县以下基层残联建设和残疾人工作,增强为残疾人服务的能力。

要加强和改善评议委员会和各专门协会的工作。评议委员会要完善制度,扩大与残疾人的联系,了解残疾人的愿望和要求,加强对残疾人事业发展中重大问题的调查研究,加强对理事会工作的监督和咨询。专门协会代表各个类别残疾人及其亲属的利益和要求,是残疾人参与社会生活和残疾人事业的重要渠道,专门协会要积极反映和解决残疾人的困难和问题,唤起残疾人的自强精神和参与意识,促进残疾人参与社会主义现代化建设,实现人生价值。各级残联要积极为专门协会的工作创造条件。另一方面,评议委员会和专门协会积极发挥社会化工作的优势,努力发掘社会潜能,与残联的行政工作相得益彰，互相补充，将使残疾人工作更加活跃，出现新的面貌。

要加速培养残疾人干部和年轻干部，改善残联干部队伍结构。各级残联要积极、主动、加速培养残疾人从事残疾人工作，选拔优秀残疾人进入领导岗位；还要大力培养年轻干部，积极创造条件，让他们承担重要的工作；造就一支年轻化、知识化、朝气蓬勃、敢打敢拼、与残疾人心贴心的高素质干部队伍。

广大残疾人工作者要努力提高思想、政治和业务素质，发扬艰苦奋斗、脚踏实地的精神和“团结、实干、开拓、高效”的工作作风，团结广大残疾人，为完成残疾人事业“十五”计划纲要的各项任务努力奋斗。

希望广大残疾人更加热爱生活，刻苦学习，不断提高自身素质，进一步发扬“自尊、自信、自强、自立”的精神，勇于超越自我，融入社会，以主人公的姿态积极贯彻实施《中国残疾人事业“十五”计划纲要》，同全国人民一道，共创更加美好的未来。

各位委员，奋斗目标已经确定，方针措施已经明确，关键是要狠抓落实。让我们在邓小平理论和党的基本路线指引下，更加紧密地团结在以江泽民同志为核心的党中央周围，按照“三个代表”重要思想的要求，坚定信心，奋力拼搏，务求实效，同全国六千万残疾人一道，为完成“十五”期间的各项任务，进一步改善残疾人状况，促进残疾人“平等·参与·共享”目标的实现而努力工作，以残疾人事业的新成就迎接中国残联“四代会”的召开。

加快事业发展，共创美好未来[①]

（二〇〇一年四月十三日）

我们满怀豪情地迎来二十一世纪，开始了迈向现代化建设第三步战略目标的新征程。前不久召开的九届全国人大四次会议通过了《中华人民共和国国民经济和社会发展第十个五年计划纲要》，为我们描绘了世纪之初中华民族伟大复兴的宏伟蓝图。为使残疾人事业与经济和社会协调发展，国务院最近批转了《中国残疾人事业“十五”计划纲要（2001—2005 年）》。纲要确定了“十五”期间残疾人事业发展的主要目标和指导原则，提出了各项任务和主要措施。在这个重要的历史时刻，召开第二次全国残疾人事业工作会议，认真贯彻九届全国人大四次会议精神，总结残疾人事业“九五”计划纲要的执行情况，部署“十五”期间的残疾人工作，意义非常重大。现在，我代表国务院残疾人工作协调委员会，向大会做报告。

一、残疾人事业“九五”计划圆满完成，工作成效显著

一九九六年，国务院批转了《中国残疾人事业“九五”计划纲要（1996—2000 年）》。五年来，在各级党委和政府的重视、领导下，在各地、各有关部门、社会各界和广大残疾人、残疾人工作者的共同努

① 这是邓朴方同志在第二次全国残疾人事业工作会议上的报告。

力下,“九五”计划纲要规定的各项任务圆满完成,残疾人事业取得了显著成就,残疾人状况明显改善。

(一)“九五”期间残疾人事业的显著成就

康复任务大幅度超额完成。通过完善社会化的康复服务体系、实施“视觉第一·中国行动”等一批重点康复工程,四百三十三万残疾人得到不同程度的康复,比原计划超额百分之四十四;为残疾人提供特殊用品和辅助用具三百七十八万六千件;残疾预防得到重视,特需人群补碘、新生儿筛查等多项预防措施逐步落实,减少了残疾的发生。

教育有了新的发展。残疾儿童少年义务教育纳入国家义务教育体系,统筹安排,同步实施,视力、听力言语、智力残疾儿童少年义务教育入学率进一步提高;高级中等以上教育稳步发展,达到录取分数线的残疾考生百分之九十以上进入高等院校学习;省市县三级残疾人职业教育和培训机构发展到九百七十所,二百五十一万残疾人得到职业教育和培训。

就业工作全面展开。国务院办公厅批转了《关于进一步做好残疾人劳动就业工作的若干意见》,在总结经验的基础上形成系统的残疾人就业政策。四万多家福利企业集中安置了七十三万残疾人就业,七百个地市,两千零八十三个县区依法实施了按比例安排残疾人就业,个体就业和自愿组织起来就业迅速发展,残疾人就业率由百分之七十提高到百分之八十。

扶贫解困成效显著。国家将残疾人扶贫工作纳入扶贫攻坚总体规划,同时制定实施了残疾人扶贫专项计划,加大残疾人扶贫工作力度,累计扶持一千三百二十七万农村贫困残疾人参加生产劳动,其中八百二十九万人解决了温饱。通过实行最低生活保障制度,采取各种救济、补助、供养等措施,共使二百六十九万特困残疾人的基本生活得到保障。

文化体育生活日趋丰富活跃。残疾人文化体育生活逐步融入社会公共文化体育活动,适应残疾人特点的特殊艺术和体育得到发展,残疾人艺术团成功地出访了美国、日本等国家,残疾人运动员在重大国际体育赛事中获得三百八十六枚金牌,展示了我国人权保障的成就,为祖国赢得荣誉。

社会环境更加文明进步。人道主义进一步弘扬,公众对残疾人的认识发生深刻变化,理解、尊重、关心、帮助残疾人的良好社会风尚进一步形成,残疾人事业更加深入人心。“全国助残日”、“红领巾助残”、“志愿者助残”、“法律助残”等多种形式的助残活动广泛开展,不仅帮助了残疾人,也优化了社会风气;城市道路、建筑物无障碍设施建设步伐加快,影视节目加配字幕,更多的电视台、广播电台开办了手语新闻和残疾人专题节目,残疾人平等参与社会生活的环境得到改善。

残疾人自强不息,贡献社会。广大残疾人自尊、自信、自强、自立,努力提高思想道德和科学文化素质,积极参与社会生活,在各条战线上为祖国建设做出贡献。各行各业涌现出一批富有时代精神的先进人物,一百二十名残疾人自强模范受到国家表彰,二十六名优秀残疾人被评选为全国劳动模范和先进工作者。一大批残疾人经过培养和锻炼,走上各级残联领导岗位。残疾人作为残疾人事业的主体,发挥着越来越重要的作用。

(二)讲求实效,打好基础

“九五”期间的残疾人事业,在积极推进各项业务工作的同时,更加注重讲求实效、打好基础,着力做好关系到残疾人事业长远发展的基础性工作。

一是确立了现代文明社会的残疾人观，奠定了残疾人事业的理论基础。近年来，党的第三代领导集体，特别是江泽民总书记发表了一系列重要的文章和讲话，以马克思主义的观点，结合国际和我国残疾人事业的实践，着眼于我国残疾人状况的改善和经济、社会的协调发展，历史、全面、深刻地阐述了现代文明社会的残疾人观，为残疾人事业提供了理论基础，是我们认识和解决残疾人问题的指南。

二是基本形成了政府主导、社会各界参与、协调运作的残疾人事业工作机制。根据残疾人事业跨部门、多领域、业务广泛、综合性强的特点，适应事业发展的需要，各级政府充分发挥主导作用，将残疾人事业纳入经济和社会发展大局，加强领导，加大投入；国务院和地方残疾人工作协调委员会进行调整充实，明确了各成员单位的职责分工，综合协调作用进一步加强；有关部门各尽其职，认真做好相关残疾人工作；社会各界广泛参与，支持残疾人事业发展，对残疾人给予更多的关爱和扶助；残疾人组织得到加强，“代表、服务、管理”职能进一步发挥。政府主导、各尽其责、密切配合、协调运作的工作机制，有效地推动了残疾人事业的发展。

三是贯彻国家依法治国方略，进一步将残疾人事业纳入法治轨道。残疾人事业法律法规体系初步形成，并不断完善。除残疾人保障法外，已有近四十部重要法律在相关条款中规定了保障残疾人合法权益的内容，残疾人事业更加有法可依。各级政府和有关部门依法行政，加强法规和制度建设，做到各项残疾人工作职责明确，有章可循；执法检查力度加大，卓有成效；法律服务和法律援助逐步开展，为残疾人提供了大量优先、优质、优惠的服务和援助；法制宣传教育更加广泛、深入，广大残疾人的法律意识和社会公众维护残疾人合法权益的法治观念进一步增强。

四是地方工作更加活跃，基层工作得到加强。各地从实际出发，解放思想,大胆探索,积极主动地开展工作,不断迈出新的步伐,创造出许多宝贵经验。东部沿海地区积极探索残疾人事业现代化的路子,西部地区乘大开发的东风加大残疾人工作力度;各地普遍制定优惠政策和扶助规定,解决残疾人的各种困难和问题;许多地方政府将有关残疾人和残疾人工作的项目纳入每年为民办实事的承诺中;一些地方拨出专款,实施针对残疾人特殊困难的专项生活保障;"一人捐献一元钱,资助残疾小伙伴"、"千名白内障复明工程"、"爱心助残工程"等形式多样、富有特色的助残活动蓬勃开展;百分之九十五的乡镇、街道建立了残疾人组织,残疾人工作者发展到八万多人;一百四十一个市(地)、六百四十七个县(市、区)有了残疾人综合服务设施,为残疾人提供切实有效的服务。日趋活跃的地方和基层工作,为残疾人事业注入了新的活力,帮助残疾人解决了大量的实际困难。

残疾人事业"九五"计划纲要的全面完成,使我国残疾人事业迈上了一个新台阶,达到了一个新水平,给广大残疾人带来了实实在在的利益,为新世纪残疾人事业的持续健康发展奠定了良好的基础。残疾人事业作为社会主义事业的一部分,在经济和社会发展中发挥着越来越重要的作用。

残疾人事业所取得的成就,饱含着党和政府的亲切关怀,浸透着各地方、各部门的辛勤努力,也是社会各界热情支持的结果。在此,我代表国务院残疾人工作协调委员会,代表全国六千万残疾人及其亲属,向所有关心、帮助残疾人和支持残疾人事业发展的人们,表示由衷的感谢和崇高的敬意!

在肯定成绩的同时,我们必须清醒地看到,目前残疾人状况与社会平均水平相比还存在不小的差距,有些方面甚至呈拉大趋势:三千万残疾人处于社会低收入阶层,其中九百七十九万贫困残疾人尚未解决温饱;多数残疾人尚未得到基本的康复服务;残疾儿童少年义务教育入学率远低于健全儿童少年,其中盲童更低;残疾人就业机会少,障碍大,就业率低;对残疾人的歧视和偏见仍然不同程度地存在,侵害其合法权益的现象仍时有发生;残疾人自身素质还不能适应社会发展需要,有待进一步提高。残疾人问题仍是一个比较突出、亟待解决的问题,我们必须高度重视,进一步采取措施,努力加以解决。

二、顺应国家"十五"大局,
加快残疾人事业发展

从新世纪开始,我国进入了全面建设小康社会,加快推进社会主义现代化的新的发展阶段。国家的国民经济和社会发展"十五"计划纲要规划了今后五年鼓舞人心的奋斗目标,其中特别提出:要加强残疾人事业,帮助残疾人康复、就学和就业,创造残疾人平等参与社会生活的条件。这既为残疾人事业发展带来了难得的机遇和有利的条件,也提出了新的更高的要求。

国家在"十五"期间把发展作为主题,残疾人事业也必须坚持以发展为主题。发展是硬道理。残疾人事业所面临的各种问题,只有在发展中才能解决;只有发展,才能帮助广大残疾人与全国人民一道,跟上社会前进的步伐。"十五"期间,残疾人事业必须加大工作力度,增加经费投入,加快发展,进一步缩小残疾人状况与社会平均水平的差距。这既是广大残疾人的强烈愿望,也是经济和社会发展新形势对残疾人事业的客观要求,体现了我国社会主义制度的本质。

依据国家在这一重要时期的战略部署,"十五"期间残疾人事业发展的主要目标确定为四个方面:残疾人状况进一步改善;残疾人参与社会生活的环境更加文明;为残疾人提供服务的能力增强;

残疾人素质普遍提高。这些目标的实现,将使残疾人事业发展到一个新的水平。

为实现上述目标,必须坚持以下指导原则:依法维护残疾人权益,发展残疾人事业;将残疾人事业纳入国民经济和社会发展大局;发挥政府主导作用,坚持社会化工作方式;继续贯彻“讲求实效,打好基础”的方针;统筹规划,分类指导;充分发挥残疾人和残疾人组织的作用。

三、以保障残疾人基本生活为重点,扎扎实实为残疾人办实事

“十五”期间,党中央、国务院把提高人民生活水平作为一切工作的根本出发点。残疾人工作要以保障残疾人基本生活、改善残疾人生存状况为重点,做好扶贫、就业、教育、康复、社会保障等工作。

加大扶贫工作力度,帮助农村贫困残疾人解决温饱、致富奔小康。将残疾人扶贫纳入政府扶贫计划统一实施,继续开展残疾人专项扶贫,适当加大用于残疾人扶贫的资金投入,继续推行各种行之有效的扶贫方式,扶持一千二百万农村贫困残疾人参加生产劳动。

认真贯彻国务院办公厅批转的《关于进一步做好残疾人劳动就业工作的若干意见》。坚持集中与分散相结合的方针,采取优惠政策和扶持保护措施,多渠道、多层次、多形式地促进残疾人就业,使残疾人就业率达到百分之八十五左右。完善残疾人就业服务体系,为残疾人就业提供全面服务;大力开展职业培训,提高残疾人劳动技能;适应社会需求,发展盲人按摩。

大力发展教育,提高残疾人素质。切实将残疾儿童少年义务教育纳入国家义务教育体系,特教学校合理布局,推广随班就读,努力

提高残疾儿童少年义务教育入学率；发展高级中等以上教育；加强残疾人职业教育与培训；采取有力措施，帮助贫困残疾人学生就学。

继续开展康复工作，帮助残疾人改善功能，提高能力。实施一批重点康复工程，使五百一十万残疾人得到不同程度的康复；进一步完善社会化的训练服务体系，使残疾人普遍得到康复服务；加强残疾预防工作，减少残疾的发生。

切实将残疾人纳入社会保障体系，保障残疾人基本生活。将符合条件的残疾人纳入城市居民最低生活保障制度，做好对贫困残疾人的救济、扶助、供养，帮助城镇残疾人职工参加社会保险，解决好无业贫困残疾人的基本医疗、养老问题，加强残疾人社会福利机构建设和管理，有条件的地方适当提高残疾人的生活保障水平。

为加大保障残疾人基本生活的工作力度，国务院残疾人工作协调委员会批转实施了《长江新里程计划》。这一计划由香港著名爱国实业家李嘉诚先生资助一亿元港币，旨在满足广大残疾人的迫切需求，并针对发展需要创造基础条件。这是一项涉及康复、教育、就业和服务设施建设的宏大社会工程，各地、各有关部门要将该计划的任务指标、配套经费和主要措施纳入本地、本部门的“十五”工作，统筹安排，一并实施。

四、营造文明进步的社会环境，为残疾人平等参与社会生活创造条件

“十五”期间，要进一步树立良好的社会风尚，加强法制建设，推进无障碍建设，广泛开展群众性文化体育活动，为残疾人平等参与社会生活创造有利条件。

在全社会大力弘扬人道主义，宣传现代文明社会的残疾人观。

倡导理解、尊重、关心、帮助残疾人,广泛开展扶残助残活动,树立良好社会风尚,培育有利于残疾人事业发展的舆论环境。

进一步加强法制建设。完善残疾人事业法律法规体系,依法行政,加大执法检查力度,广泛开展法律服务和法律援助,深入进行法制宣传,增强残疾人的法治观念,提高全社会依法维护残疾人权益的意识。

积极推行城市道路和建筑物无障碍,发展信息和交流无障碍。在新建或改建城市道路、交通设施、重要公共建筑物、居住区以及住宅时,要认真执行无障碍设计规范;推动民航、铁道、交通等行业的无障碍设施建设;电视新闻、电影、电视剧逐步加配字幕,服务行业人员学习、掌握中国手语服务用语。

广泛开展文化体育活动,丰富残疾人生活。社会公共文化机构努力为残疾人提供服务,满足残疾人的文化需求;进一步活跃残疾人群众性文化体育;发展残疾人特殊艺术,提高残疾人竞技体育水平。

五、加强基层工作,
增强为残疾人服务的能力

广大残疾人生活在基层,基层是落实各项残疾人工作的基础。“十五”期间,要加强基层残疾人组织建设,推进社区残疾人工作,建好残疾人综合服务设施,增强为残疾人服务的能力。

加强残疾人组织建设,切实履行“代表、服务、管理”职能。以基层为重点,进一步完善组织体系,提高干部队伍素质;活跃专门协会工作,密切联系广大残疾人;团结、教育残疾人,激励残疾人的奋发进取精神,增强其参与社会生活的能力。

适应社会发展,大力推进社区残疾人工作。加强组织领导,将康

复训练与服务、生活保障、劳动就业、文化教育、无障碍环境建设等各项残疾人工作纳入社区建设，充分利用社区资源，切实为残疾人提供服务。

加大残疾人综合服务设施建设力度，增强为残疾人服务的能力。要创造条件，增加投入，每个市县都有一所残疾人综合服务设施，为残疾人提供康复训练、聋儿语训、职业培训和用品用具供应服务，办成残疾人之家，切实改变基层基础设施匮乏、服务能力薄弱、残疾人难以得到服务的状况。

六、抓住机遇，
加快西部地区残疾人事业的发展

国家实施西部大开发战略，为西部地区残疾人事业的发展带来历史性的机遇。西部地区残疾人事业要抓住这一机遇，乘势而上，加快发展。

西部地区残疾人工作，要从实际出发，积极进取，把发扬自力更生精神与争取各方支持结合起来，扎实工作，务求实效。

抓住重点，分步实施。要根据西部地区广大残疾人的实际状况和迫切需求，统筹规划，重点抓好关系到残疾人基本生存的扶贫、康复、教育、就业等各项工作，加强为残疾人提供服务的能力，力争取得突破性进展。

加大政策支持，增加资金投入。中央财政补贴、残疾人专项扶贫贷款要给予适当倾斜。基础设施建设、海内外援助、国际合作项目，凡适合西部地区的，优先安排，并在项目责任制、资金运作、监督管理等方面加强指导。

将残疾人工作纳入东西部协作与对口支援工作中。有计划、分

步骤地支持、组织东部地区残联选派干部到西部帮助工作,西部地区残联输送干部到东部挂职锻炼,开阔眼界,转变观念,互相学习,取长补短。东部有条件的地方,积极提供资金、设备等方面的支持。

七、提高认识,加强领导,确保“十五”计划纲要目标的实现

残疾人事业是社会主义事业的一部分,是我国人权保障的重要方面。残疾人事业的发展对改革、发展、稳定的大局有积极的促进作用。发展残疾人事业,改善残疾人状况,是小平同志共同富裕理论的具体实践,是贯彻江泽民总书记“三个代表”重要思想的要求,是社会主义制度的本质所决定的,各级政府和全社会要将其作为义不容辞的责任。我们一定要提高认识,充分理解残疾人事业的重要意义,树立发展残疾人事业的使命感、责任感和紧迫感。

希望各级政府进一步发挥主导作用,加强对残疾人事业的领导,切实将残疾人事业“十五”计划纲要规定的各项任务纳入本地国民经济和社会发展计划,统筹规划,加大投入,认真实施,确保各项任务圆满完成。

各级政府残疾人工作协调委员会要充分发挥综合协调作用,进一步完善工作制度,协调各成员单位和有关方面解决好残疾人工作中的重大问题。各有关部门要各司其职,切实将相关残疾人工作纳入本部门工作之中,积极主动地做好。全社会要大力弘扬人道主义,倡导和谐友爱、团结互助的良好风尚,理解、尊重、关心、帮助残疾人,积极支持残疾人事业。

各级残疾人联合会作为残疾人的组织和残疾人事业的工作机构,要认真履行职责,密切联系广大残疾人,全心全意为残疾人服务,要积

极参与实施“十五”计划纲要，主动承担相应的工作任务，协助政府，依靠社会力量，认真做好残疾人工作，为国家分忧，为残疾人解难。

广大残疾人要热爱生活，乐观进取，适应社会主义市场经济新形势的要求，不断提高自身素质，发扬自强精神，增强竞争和参与意识，承担起应肩负的社会责任，履行好应尽的社会义务，积极投身改革开放和现代化建设的伟大实践，为祖国建设贡献力量。

同志们，我们肩负着发展残疾人事业、帮助六千万残疾同胞改善状况的历史使命，任务光荣而艰巨。让我们高举邓小平理论伟大旗帜，紧密团结在以江泽民同志为核心的党中央周围，按照“三个代表”重要思想的要求，振奋精神，开拓进取，扎实工作，为祖国的繁荣昌盛，为实现残疾人事业“十五”计划纲要的目标，共创美好的未来而努力奋斗！

新时期残疾人事业的四个发展阶段[①]

（二〇〇一年四月十六日）

面临新世纪，我们说残疾人事业进入了一个新的发展阶段。以前开会，也经常讲"残疾人事业达到一个里程碑"、"上了一个新台阶"、"进入一个新阶段"。讲里程碑，可以一公里一个，有很多；台阶，一层楼二十二个，也很多。但是讲发展阶段，需要认真研究一下，到底根据什么来认定？我想，恐怕还是要以残疾人事业发展的基本形态来认定，这一段形态是什么，在干些什么，就是处于什么发展阶段。一般来说，一个事物总是有发生、发展、消亡三个阶段。从中国残疾人事业发展的实践看，从可以预见的将来看，我目前的个人看法是残疾人事业大致可分为四个发展阶段：第一阶段是创业阶段，第二阶段是成形阶段，第三阶段是拓展阶段，第四阶段是全面发展阶段。

第一阶段是开创阶段，也可以叫创业时期。

创业的特点就是突破，有一个从无到有的过程。我国新时期的残疾人事业是在小平同志亲手制定的党的十一届三中全会路线指引下，伴随着我国经济社会的发展而逐步发展起来的。一九七八年，中国盲人聋哑人协会恢复活动。一九八四年，中国残疾人福利基金会成立。一九八六年，"联合国残疾人十年中国组织委员会"成立。一九八七年，我国首次对残疾人状况进行抽样调查。一九八八年，中国

---

① 这是邓朴方同志在第十五次全国残联工作会议上的讲话第一部分。

残疾人联合会成立。中国残联第一次全国代表大会报告中写道:“十一届三中全会以来的十年,是我国残疾人事业取得较大进展的十年,是我国残疾人事业崛起的十年。”“崛起”这两个字,讲的实际上就是一个开创过程。我们的一般习惯也是把中国残联第一次全国代表大会作为中国残疾人事业创业的一个标志。后来我想了想,从 1988 年到 1990 年《中华人民共和国残疾人保障法》的通过和颁布实施这两年,工作形态基本上也是创业。制定残疾人保障法,各省市区开始制定残疾人保障法实施办法,以及建立残疾人联合会、进行组织建设、实施五年工作纲要等一系列事情,都属于开创性工作。所以,这个创业阶段是不是可以往后挪两年,到一九九〇年?也就是说,是不是以残疾人保障法的颁布实施来界定创业阶段?昨天,我跟几个同志讨论这个问题,他们都不同意,觉得还是以十一届三中全会到残联第一次全国代表大会为一个历史阶段,理由比较充分一些,这种界定比较学术化。不管怎么说,这个创业阶段,大概就在一九八八年、一九九〇年以前的范围之内。

这一阶段,我们在思想理论上接受了《关于残疾人的世界行动纲领》,确定了“平等·参与·共享”的目标,突破了人道主义禁区,广泛地宣传残疾人事业,转变社会观念,得到了社会的广泛支持。在这个阶段,盲聋哑协会恢复工作,基金会成立,更重要的是中国残联和各级残联成立。在这个阶段,制定了残疾人保障法,各省开始制定残疾人保障法实施办法;甚至在一些地市县,特别是一些县,对残疾人的几优几免优惠政策已经开始出现了。在这个阶段,成立了残疾人工作协调机构,当然,开始是联合国残疾人十年中国组织委员会。在这个阶段,制定了工作规划,并且开始在残疾人事业各个领域上进行突破。可以说,在创业阶段,在所有的基本领域,我们的工作都有所突破,虽然都是初步的、不成体系的。在创业阶段,残疾人基本生活状况有所改善,但是很难说是大规模、实质性的改善,我们做的主要工作还只是宣传和建设。真正要为残疾人服务,够到残疾人,能直接服务,对我们来说,那时能力还明显不足。在创业阶段,社会观念也开始转变,但对残疾人事业,我认为还没有足够的理解。二十世纪八十年代,我们所到的任何一个地方,虽然在态度上都表示支持你,但心里想什么就很难说,这是我那些年的感觉。这个阶段的特点还跟历史有关系,就是说,残疾人事业的发展水平还严重滞后于社会经济发展。但是,这个阶段,残疾人事业从无到有、从小到大,我们把它干起来了,这是残疾人事业最重要的一个阶段。当然,这个阶段的形成,大环境就是十一届三中全会以来国家的改革开放、经济发展。也就是说,这个阶段是在这样一个大背景下来完成的。

第二阶段是成形阶段。

成形阶段跟我国的第二步发展战略相吻合,到二十世纪末,也就是到本次残疾人事业工作会议的前一年底。这个阶段,是一个快速发展的时期。我们有时候讲残疾人事业大发展,但没有具体界定的东西。什么是大发展?我认为快速发展、发展得非常迅速就是大发展。

同时,这也是打基础的一个阶段,残疾人事业各个领域的工作基础在这个阶段打起来了。正像这次工作会议上大家所总结的,在这个阶段,我们建立和完善了理论体系。我们在二十世纪八十年代初提出了很多理论上的东西,那么在第二个阶段,我们的理论基本上形成了体系,特别是江泽民总书记为《自强之歌》所作的序言,我们的理论体系基本得到了反映。此外,我们在这个阶段还建立了残疾人事业法律法规体系,不仅仅是保障法,还包括各省市县的相关法规规章、优惠政策、扶助规定,甚至于农村的优免政策等,也都普遍出现了，给残疾人群众带来了很大的利益。同时，我们在执法、执法监督、普法宣传、法律服务、法律援助等方面形成了工作体系。组织体系开始完善，推到了乡镇一级，有的地方甚至推到了村、社区一级，残疾人组织机构大都建了起来。工作会议对我们的工作体系和业务体系也做了充分的总结。总体分析来看，这个阶段，我们的体系形成了，体系内部能够成为一个有机的整体。但是，我们的体系基础并不牢固、不巩固、不丰富、不完善。在组织体系方面，基层组织还非常薄弱，面临着被削弱的可能；在工作体系方面，社会化管理也非常弱，等等。在这个阶段，我们通过自己的工作，明显地、大规模地改善了残疾人的基本生活，改善了残疾人发展的外部环境。但是，这种改善仍然是初步的，我们的服务能力、服务的范围仍然不大，覆盖面还不够广。从目前的社会状况来看，社会对残疾人事业的理解、认同，我认为是最好的一个时期。说句老实话，群众对残疾人事业真正有了理解、有了认同，这一点同志们可能都会感受到。但是，我们对社会的这种支持、对可以利用的社会资源，运用仍很不够，还没有创造出一套方法把社会的理解和支持转化成推动残疾人事业的实际行动，还需要很多探索，不断创新做法，总结经验。另一方面，社会的理解和支持也是变化的，我们只有继续做好工作，这种理解和支持才能够继续下去。我觉得，在这个阶段十年左右的时间里，经过努力，残疾人事业与社会经济发展水平的差距缩小了。但讲同步，还是说不上，比如说，现在残疾人生活状况都在提高，但与健全人的差距是不是也有拉大的趋势呢？总之，在成形阶段，残疾人事业的各种框架基本形成，我们的服务能力得到增强，事业得到社会的广泛认同，与社会的差距缩小。应该说，这十年做出了很多成绩，讲“历史性的成就”、“辉煌的成绩”，我想都不过分。在这个阶段，残疾人事业的基础打下来了。

第三个阶段是拓展阶段

拓展阶段是我们从这次会议之后要开始的一个阶段。它的主要特征是丰富、完善、深化残疾人事业的体系。这一个阶段仍然是一个快速发展的阶段,仍然是一个打基础的时期,所以,“讲求实效,打好基础”这8个字仍然是我们的基本方针。原先我们设想,前两个阶段完成后,开创了,成形了,是不是应该有个全面发展了?现在看来,离全面发展还有距离。也就是说,我们还要做很多工作,才能全面发展。需要夯实基础、巩固成果,需要完善机制、丰富内容,需要不断地开拓进取、不断地深化我们的事业。我们这一个“十五”计划的目标,一条是残疾人生活状况改善,一条是社会环境更加文明,一条是服务能力增强,一条是残疾人素质提高。这四个基本目标就反映了我们要做的事情,也反映了拓展期我们的基本思路,就是要干这些事情。这四句话虽然比较虚,但所含的内容应当是非常丰富、非常广泛的。如果把它落到实处,我们就可以做许许多多的事情。这个目标的实现,将使我们的事业从根本上得到层次提升,为下一阶段残疾人事业的全面发展创造、打好一个基础。这个阶段需要多长时间,现在还不知道,我想可能需要十年,需要“十五”、“十一五”两个时期,也就是说,与国家全面建设小康社会这个阶段相吻合。到二〇一〇年,经过十年的拓展,残疾人事业有了良好的基础后,下面一个阶段,也就是全面发展的阶段,才能够到来。

第四个阶段是全面发展阶段。

在这个阶段,我们设想——只能是设想,到二十世纪中叶,与我们国家第三步走的战略目标——达到中等发达国家水平的战略目标相适应。它的主要特征——我现在还不能想得很完善——就是在一个良性运转的环境下，残疾人事业不断地积累、不断地提高，走向现代化。正如我们“三代会”所提出的，在这个阶段，残疾人事业与国家经济社会发展大体同步。我想了一下，“大体”二字可以不要，全面发展阶段就是要与国家经济社会同步。当然，“大体”有也好，留有余地；如果强烈一点，我就要同步，也没有什么了不起。残疾人的生活状况有更大的改善，残疾人“平等·参与·共享”的目标在政治、经济、文化等各个方面基本得到体现。这是“三代会”目标的文字内容。

残疾人事业消亡是最高级和真正光明的阶段。

再说几句题外之话，就是第五个阶段，这一阶段是消亡阶段。残疾人事业的消亡我认为是最高级的一个阶段，是一个真正光明的阶段。“消亡”就是在这个社会形态没有了残疾人事业，残疾人所有的目标都能得到实现。我不知道将来会不会有这个阶段，也许到共产主义才能实现，也许不到共产主义就可以实现——到社会主义现代化建设进行到一定程度的时候，残疾人事业就可以自然地融入各项工作当中，不需要单独提出来了，那就是最高阶段。

我们提出的这四个阶段，基本上与我们国家的各个发展阶段相适应，但总体上说是滞后的。第一个翻一番的时候，全国人民基本解决温饱，我们残疾人的生活状况还是十分困难，残疾人事业和社会的差距仍然很大。第二个翻一番，全国达到小康了，我们刚刚基本解决温饱，一小部分达到小康。差距虽然缩小了，但仍然存在并且比较大。第三个阶段，全国进入全面建设小康社会，加快推进社会主义现代化的新发展阶段，我们进入拓展阶段，全国全面小康完成，我们的拓展工作也要完成，在这十年之内，无论如何要把基础打得牢牢的，为全面发展创造条件。然后，才能在全面发展阶段跟全国人民一道迈向现代化。

认清了这四个发展阶段,解决了对残疾人事业发展的历史、现状和将来的认识问题,我们就能够站得高一点、看得远一点,把日常工作与残疾人事业的大局紧密地联系在一起,有利于我们认识工作、指导工作。

当然,还有一个问题值得注意,即残疾人事业的发展水平,随着发展进程的不断推进,因地域不同而呈现不同特点的现象开始出现。所以,我们在安排工作、指导工作的时候,要实事求是、因地制宜,这样才能实现残疾人事业的健康发展。

提高认识，巩固基础，加强工作力度[①]

（二〇〇一年五月九至十六日）

这次来山西，前后八天走了四个市，一面走一面看，感到非常兴奋，尽管是走马观花，但作为一个残疾人工作者，能对基层有一个比较深入的了解，也是一个难得的机会，收获不小。

对残疾人事业来讲，山西的大环境很好。省委、省政府历届领导对残疾人事业都很重视、支持，现在看来残疾人事业有了基础，对残疾人事业的认识是到位的，支持的力度是很大的。运城市的副市长董宏运对残疾人事业支持的力度是非常大的，下边残疾人也有反映，残疾人到他这儿来，他能顶得住，敢于拍板。山西残疾人工作的基础是很好的，组织建设非常到位，乡镇残疾人组织比较完整，一直到村都有组织，这就很不错了。我原来一直担心基层的工作不到位。如果基层工作不到位，残疾人工作还怎么做？残疾人是最困难的，又是最穷的，这怎么办呢？

另外，整个社会的助残已成为一种风气。这次看了一个个体户，看了一个钢厂。接触了一个老头叫李春元，他自己办了一个残疾人福利厂，还捐资办学校，自己当校长，反映出社会方方面面对残疾人

---

① 这是邓朴方同志二〇〇一年五月九日至十六日在山西省进行工作调研时的讲话摘要。调研历时八天，会见了山西省委书记田成平、省长刘振华、副省长范堆相等省领导，走访了太原、晋中、运城、临汾等市及部分区县，接见了晋中市市长王雅安等当地党政领导及省残联理事长苏高文、太原市残联理事长孔福良等同志，听取了残疾人工作汇报，召开了残疾人座谈会。

事业的支持。

也接触了一些残疾人,现在接触残疾人和我前几年接触残疾人就不一样了。刚开始接触残疾人、开残疾人座谈会时,残疾人都是哭哭啼啼的,一谈起来没有四五个钟头下不来,事情也多。这次就不一样了,很多残疾人都关心残疾人事业的大局,主动为残疾人事业做贡献,整个面貌大不一样了。

这些年来,残疾人事业在山西实实在在有了非常大的进步,无论是外部环境还是内部工作都是有基础的,经过巩固、调整、充实、发展,就会有一个非常良好的基础。但总的印象是山西这几年财政紧张,困难很大,但我觉得大家克服困难的劲头也很大。

(一)从山西残疾人工作整体来看,我认为有好些工作是走在全国前面的。

首先,突出的是山西残联从省到市、到县、到乡镇,特别是乡镇有一部分是专职的,有一部分是兼职的,专职的还不少。这次看了几个地方,都在进行撤并乡镇的工作,但残联在乡镇有位置、有职责是肯定的。我看了几个乡镇以后很高兴,在撤并乡镇工作中,残联的工作不被削弱,这是非常重要的。在整个残联组织建设上,山西的网络已经形成。

第二,山西的扶贫工作力度是很大的,最近这三四年,残疾人扶贫总量大概在三十多万。当然,康复扶贫贷款起到了一定的作用。另外是大扶贫,在大扶贫里面把残疾人纳入。同时,专项扶贫开展得也很不错,各市县汇报的扶贫数量是非常大的。当然,还有返贫的情况,特别是残疾人的返贫是不可忽视的。在这个问题上,我看你们反映得不是很充分。但我看你们的材料反映了这个问题,一是脱贫量较大,另一个是返贫量也很大,尤其是这两年大旱的情况下,返贫量是较大的,扶贫任务挺重。但总的来说，山西的扶贫工作确实做得不错。

第三，山西还有个特别好的地方，就是各市县对残疾人工作的认识比较到位，这也是山西的一个特点和优势。尽管拿不出更多的钱来，但是认识是到位的。只要认识到位了，残疾人事业就能够推进，这一点是非常重要的，给我的印象也比较深刻。特别是刚才说的运城市的董市长，作为主管副市长对残疾人的事非常重视。

第四，山西还有许多好的经验。如晋中市发了个文，其中提到有关残疾人就业保障金的收缴问题，财政协助残联收"吃皇粮"的，工商税务部门协助残联收企业和个体户的，有明文规定。临汾有个永和县，还是个穷县，已经实行了财政代扣，社会反映也不错。财政代扣虽然是个临时办法，但也是个减少矛盾的办法，不然矛盾会很多。还看到运城市的康复扶贫贷款，一共是一百八十万，政府又配套了四百万，共两千二百万，全部以小额贷款发放到位，小额到户，一般的是一千五百到两千元，大户也有五千元的，这个真难办到，扶贫真正落实了。我问他们农行怎么办，他们说采取"五户联保"，这样就不用存折抵押了，是个好办法。

第五，山西还有全国别的地方没有的经验，就是每年全国助残日期间为残疾人事业捐款，形成了一个助残的热潮，已经形成了风气。这在全国也是个学习的榜样，全国应该向山西学习。这都是好的经验。

总之，山西很多方面都有好的经验，中国残联应向山西学习，全国其他省、市也应该向山西学习。

（二）还有几方面在现有基础上可以提高。

第一，总体来说，地市县办公条件还差一些，地市一级不算太好，但马马虎虎，主要是县条件太差，有些地方困难到只有三个编制，每人每年只有五块钱的办公经费，太少了。临汾有三个县残联没有电话,我问了一下老苏,其他地市也有这样的情况。我给临汾的书记、市长说了,他们说临汾穷也没穷到这个地步。

基础设施建设问题有经济基础的因素,但也不完全是,像太原市是省会城市,不是穷吧,省会城市怎么会穷?经济情况不是很差的,可现在的县级基础设施是零,而运城市一半以上的县已经建成,太原市反倒落到后面,这怎么说得过去,归结起来还是个认识问题。太原市提出五年内全部到位是不行的,作为省会城市,条件比其他市地都好,不能那么长时间,应该用两到三年的时间使每个县区都要建成。临汾市的书记也说了,就是个认识问题。此外,基础设施占用的地皮,政府可以通过无偿划拨解决,基本建设方面的一些税费再减一些,这样财政可以少拿钱,不能都买商品房,太昂贵了。省残联对这项工作要做些具体安排。

第二,残疾人就业。分散按比例就业,在太原市和其他几个城市,我都跟他们宣传了。这个事的来由,是因为我们原来把所有的就业都加在政府身上,后来借鉴外国经验,和劳动部门商量,办法就是要把就业的责任由整个社会承担,政府承担最终责任,又把这个办法写进了保障法里边。另外,又和财政部就征缴使用办法发了文。现在,残联收缴出现了很多问题,有些单位领导不理解、不支持,甚至把政府令扔到地上,弄得上门的小女孩哭鼻子。按比例就业、收取就业保障金的目的是为了安置残疾人就业,不达比例要收就业保障金也是为了促成就业。收就业保障金是政府行为,残联收缴有困难,有的地方由财政、工商、税务等部门代收、代扣,建议省政府考虑这个办法,加强力度。这是合法的,不要合法的不去收,不合法的却偷偷摸摸地乱收。收取保障金不是乱收费,这笔资金是政府基金,行政事业单位可由财政代扣,企业可由税务部门代扣,个体由工商部门代收。这笔资金收回来,残疾人事业发展的资金问题就解决了。我和几个地市都谈了，他们也都通了，特别是太原市说："这个事咱们一块办了就完了，省得残联弄不下来。"昨天，我们和临汾的书记谈，他说，这个事硬一点什么矛盾都没有了，他基本同意我的看法。他说，马上商量个办法，立刻就办这个事情。看来，这个事情只要硬一点，什么矛盾都没有了，软一点到处都沸沸扬扬。我和范省长也议了一下，这件事情如果全省能够推开最好，一时全省做不下来的，这四个市可以率先走一步，立刻就可以做到。我和临汾市的书记、市长说，这个钱收缴上来，就不要替残疾人事业的经费着急了。他们听了特别高兴，说：你可帮我们出了个好主意。这个钱收上来，就不会出现只有五块钱办公经费、电话也没有的现象了。

第三个是特殊教育。二三十年后残疾人是什么状况，要看现在的特教状况。特教主要由教育部门抓，残联要积极支持。特教要统一布局。盲人、聋人主要考虑在市场经济中怎样参与竞争。山西盲、聋分校很可贵。盲生、聋生在一块不符合科学规律。太原市盲校应该作为全省盲教的中心，发挥其辐射作用，把随班就读带起来，教师要到这里来培训。盲生教育从小学到大学要完善起来。在大学可以做好多学问，如数学、文学、历史等，将来就业的路子就打开了。太原盲校应该办高中班，要把高中这个断层解决好，学生将来可以上大学。我主张六岁就上学，通盘安排，通盘实施，要通过社会捐助解决困难盲生就学问题。

总的来看，山西报的数字高于全国水平，盲童的入学率全国是百分之五十，山西已达百分之七十，聋童入学率全国是百分之七十多一点，山西达到百分之七十三，每一项都高一点。但我从盲校的数量、盲生的特教班、聋校的数量、弱智班的数量看，都不是特别高。我看，统计数字和实际情况对不上号，是统计技术问题还是别的，请你们认真对待。省里要贯彻全国特教工作会议精神，要根据全省的财力和社会发展的需要,对全省的特教工作做一个通盘的考虑。

第四,关于扶贫贷款问题。山西从总体上看不错,运城是百分之百贷下去了,全省是百分之五十贷下去了。我说,山西是吃亏了。因为国家是贴息贷款,财政部已经把贴息给了农行,你的钱贷不下来,所有的利息等于白出了。运城怎么就贷下去了,不但一千八百万贷下去了,政府给的四百万也以小额贷下去了。看来是认识问题,当然,农行也要沟通。运城说能不能再给加点,全省去年是三千八百万,总的来说量不是很大,比大扶贫要小得多,但这个工作做起来要费事得多,是吃苦的事,残联来做,农行要支持。一九九九年临汾是四百八十万,到二〇〇〇年不敢要了,只要了一百八十万,实在是太少了,而且县残联有厌战情绪。县残联说这头农行要抵押,乡的房产证不要,非得要县城的房产,县残联要有基础设施建设就可拿这个抵押,又没有。中国残联又要求小额信贷,农行又不干了,所以两头挤,没法工作,就有了厌战情绪,就不要贷款了。后来他们的书记说,怎么能不要呢,说什么也得贷出去,怎么就还不上?看来,工作力度还是要加大。

第五个问题,就是无障碍设施。山西在这方面落后于其他省,太原的迎泽宾馆都没有。也有一点了,我们在洪洞县,他们那个"大槐树"旅游点就有无障碍设施,尽管还不太标准,但毕竟想到了,我特别高兴的就是这一点。我问了一下苏高文,他们与建设厅发过文,我们与建设部下过文,但没有措施,没有推动。这个事情怎么推动呢?要推动各市。比如太原市,你必须在建设部门设个章子,就跟北京一样,北京现在就有无障碍设施审查章,有这个章你就能施工,没这个章你施工就是不合法的。有这项审查和没这项审查就不一样。这个事情我想恐怕还要和建设部门共同商量。最重要的是新建的要有个审查章,这个是不花钱就能解决问题的。太原市也应该改造一下,包括马路、商店等。这个只要重视了、抓了,花不了多少钱的,有的还是不需要花钱的。要认真抓,多做工作。

第六个是残疾人专用机动车运营的问题。我的态度是不同意一下子全部取缔,这毕竟是残疾人生活的一条路子。别的城市不能再像太原市这样取缔残疾人专用机动车运营了,我对这个事不满意,不赞成。太原残联你有本事像上海那样,把一个领导的工作做十多次吗?凡出现这种事,就说明残联工作不得力。我不赞成这种做法,我反对。

还有就是残疾人干部的问题。这个我从上届换届的时候就开始推动省级班子配备残疾人干部了,但抓得晚了,等到换届时才临时抓,有的条件差,有的需要破格,另外,残疾人自身的素质够不够也是个问题。现在我提出来,下一步每个市县,三个编制的一定要配一个残疾人,两个编制的争取配一名。希望组织部门和省残联要早点抓,不要像我们抓省残联时那样被动。如果组织部门能够及早介入,比如与省残联联合起来,商量个办法,发个文,看到好的就小步快跑,不要破格了,经过选择到时候提拔就可以了。

(三)大中城市的专门协会工作要加强。

在大中城市,包括地市,要把专门协会的工作抓起来,这有几方面的意义:一是只有专门协会的工作活跃起来了,代表性才能充分体现;二是专门协会的工作开展起来了,才能够团结广大残疾人共同努力,共同奋斗。互相之间有所交流、有所教育,有了问题可以及时解决。另外,也要把广大残疾人团结在党和政府的周围。如果残联不把专门协会的工作开展起来,不把残疾人团结在党和政府周围,就会出现新的矛盾。一旦出现新矛盾、新问题,将来就不好解决。

省残联怎么做那是另外一回事,起码太原市残联应拨出专款,找个地方,花点钱,让大家活动活动,定期开展交流活动,智力和精神残疾人亲友会也应该开展活动。现在说句老实话,有点经费给大家解决不了多少问题,但互相之间哪怕是交流交流、聊聊天,心里都会得到很大的安慰。有什么问题及时提出来,我们可以逐步解决。真正解决问题不在交流,但是交流是解决问题必不可少的一部分,所以残联作为残疾人的代表组织也好,管理组织也好,服务组织也好,无论从哪个功能来讲都要充分发挥残疾人的积极性、主动性。特别是专门协会,活动开展起来了,要有一定的形式,要不断地进行下去,要不断地把活动开展得越来越好,搞得越来越红火。聋人互相之间要有更多的交流,这样才能把广大聋人团结起来,年纪大的应当更加团结。青年聋人的高犯罪率问题始终是我们关注的一个话题。

要给聋人以更高水平的教育,将来聋人上高中的问题也会出现。另外,年长者应当带动年轻人,把年轻人联系在一起,没有工作,争取给他们安排工作,思想觉悟不高的给他们提高思想觉悟。聋人之间互相交流应该更加容易一些,这就会把年轻聋人带好。

人权观念与残疾人权益保障[①]

（二〇〇一年五月）

《残疾人维权法律知识保障手册》即将付梓出版，谨表示衷心的祝贺！

在近代欧洲，启蒙思想家洛克、孟德斯鸠和卢梭等人将权利看作是人的依自然规则自由生活所不可或缺的自然本质。十九世纪德国法学家梅克尔则进一步将该观点表述为：权利是法律赋予权利主体的一种以享有或维护特定利益的力量。一六七九年、一六八九年、一七〇一年英国国会分别通过《人身保护法》《权利法案》《王位继承法》，将天赋人权的思想作为立法的指导思想，体现在每一条法律条文中，成为调整和规范人们行为的准则。美国独立战争期间，一七七六年第二次大陆会议通过的《独立宣言》，集中表述了天赋人权和主权在民的思想。一七八九年法国议会通过的《人权宣言》以启蒙思想家理论为基础，体现了天赋人权和主权在民的精神。以宪法开列权利清单、以立法构造权利体系，遂成风气，人权作为权利体系中公认的基本原则总是在规设其他权利方面具有逻辑上的天然优势。我以为，正是由于上述的天然优势，才产生"天赋人权"这样强烈鲜明的表述。实际上，人权并非天赋，它是人与自然、人与人、人与社会斗争的成果。如果再向前看，当然权利的共享并不是对天赋人权精神的否定，而是对其精神的延伸。

---

① 这是邓朴方同志为《残疾人维权法律知识保障手册》所作的序言。

一九二六年九月,一些国家签订了国际性的《禁奴条约》,宣布消灭奴隶制和奴隶的贩卖;一九二九年国际法学会通过了《国际人权宣言》,它开宗明义:“每一个国家有义务承认每一个人对于生命、自由和财产的平等权利,并有义务给予该国领土的一切人不分国籍、性别、种族、语言和宗教以这些权利充分的和完全的保护。”尽管这一宣言未能成为公认的国际文件,但它对以后《世界人权宣言》的颁布奠定了思想理论的基石。一九四一年八月,美国总统罗斯福和英国首相丘吉尔联合签署《大西洋宪章》,宪章共八条,内容主要是两类:一是重申和强调人权;二是呼吁世界各国人民联合起来,共同反对战争。宪章公布后,在国际上产生了很大影响,其直接的作用是促成国际反法西斯侵略的统一战线。另一方面,唤醒了人们对人权的重视。一九四五年,联合国这一国际性组织宣告成立,通过了《联合国宪章》,第一次将人权确立在国际性组织的历史文献之中,郑重向全世界宣告:“欲免后世再遭今代人类两度身历惨不堪言之战祸。重申基本人权、人格尊严与价值。”联合国把保障人权作为国际组织的宗旨,专门成立了人权委员会,并于一九四八年十二月十日通过了《世界人权宣言》,这是国际组织第一个系统地提出保护人权和基本自由为内容的国际文献,它对战后国际人权运动的发展以及包括《关于残疾人的世界行动纲领》《智力迟钝者权利宣言》在内的区域性和专门性人权宣言的产生,在根本指导思想上起到奠基的作用,其中的基本规则,成为指导各领域人权宣言的法则。此后,联合国于一九六六年通过了《经济、社会、文化权利国际公约》和《公民及政治权利国际公约》,统称为“国际人权公约”。如果说《世界人权宣言》是对《联合国宪章》“人权与基本自由”这一概念的权威解释和具体化,那么,两个国际人权公约则可以说是对《世界人权宣言》内容的进一步补充、完善。随着加入这个公约的国家不断增多,人权观念更加深入人心。

二次世界大战给人类带来了极大创伤,战争夺去了无数人的生命,战争造成了无数人的伤残。战争给人类带来了灾难,同时也给人类敲响了警钟。人们呼唤和平,渴望健康,要求社会和谐人道。一些国家开始建立收容机构,对伤残者采取康复措施,补偿功能,在此基础上,又引发出伤残者其他权利的保障问题,残疾人日益受到各国政府和社会的重视。为了保障残疾人的权利,联合国早在一九六九年就颁布了《禁止一切无视残疾人的社会条件的公约》;一九七一年联合国通过了《智力迟钝者权利宣言》,首次提出了残疾人的权利。一九七五年联合国通过了《残疾人权利宣言》,确认《关于残疾人的世界行动纲领》,一九九四年联合国通过《残疾人机会均等标准规则》,将"平等·参与·共享"作为总的奋斗目标。这一切都表明残疾人事务已充分引起国际社会的广泛重视,残疾人和残疾人权利保障问题已被提上联合国和国际社会的议事日程。

我国政府一贯重视残疾人问题。特别是十一届三中全会以后,随着改革开放的深入,经济和社会的发展,残疾人事业也有了很大的发展,残疾人权益保障工作已被列入政府、人民法院、人民检察院的议事日程,并引起社会各界的重视。一个以宪法为核心的,残疾人保障法、国务院相关条例和地方性法规、规章为基础,县、乡、村扶助残疾人规定为补充的残疾人保障法律法规体系已初步形成。在重视立法工作的同时,各级人大和政府还加大了执法检查的力度,将执法检查放在与立法同等重要的位置。不仅如此,为了维护残疾人的合法权益,各级法律援助中心、律师事务所、公证处、基层法律服务所等也伸出了法律援助和法律服务之手,将残疾人作为重点对象,提供优先、优质、优惠的服务,成为残疾人合法权益的保护神。

残疾人既是普通公民,又是特殊群体。作为普通公民,他们享有宪法、法律、法规所规定的所有权利,包括政治权利、劳动权利、公平分配权、特权、继承权、知识产权、契约自由权、债权、请求权、人格权、身份权、婚姻自由权以及生命权、社会和文化权、发展权、健康权等等。这在我国颁布实施的宪法、法律和法规中,以及在我国参加的国际条约中,都做了具体规定。残疾人和普通公民一样拥有这些法定权利,任何组织和个人都不得非法侵犯残疾人作为普通公民所享有的这些法定权利。

作为特殊群体,残疾人由于受到生理、心理条件的限制,其在社会上往往处于弱势地位,在行使自己法定权利的时候,往往受到社会其他组织和个人的侵害或不公待遇,这就要求法律必须针对这种情况制定适应于残疾人的特殊保障法,即保障残疾人能够和普通公民一样行使其权力,使其拥有和普通公民一样的社会平等权利。因此,在残疾人拥有和普通公民一样的权利之外,法律还规定残疾人享有社会福利权、社会救助权、社会保险权、社会优抚权等社会物质帮助权,以及机会平等权、身份平等权等社会平等权。在我国,针对残疾人的特殊情形制定了大量的特殊维权法律、法规,充分保障了残疾人能够享有这些社会保障权利。

残疾人作为公民,在享有法律规定的权利的同时,也应履行法律规定的义务,权利和义务是相一致的,不能想象有凌驾于法律之上的、只享受权利而不履行义务的特殊公民的存在。希望广大残疾人朋友争做遵纪守法的好公民。

当前,国家正在实施依法治国的方略,残疾人事业也不例外,也要走上依法治法理的轨道,市场经济就是法治经济。随着市场经济的发展,残疾人参与社会生活的面会加宽。参与机会增多,必然会遇到各种新的问题,需要以法律手段加以调整,残疾人若要维护好自身权益,必须拿起法律武器。依法发展残疾人事业,依法维护残疾人的权益,这是社会主义市场经济的必然要求。

手册的作者们经过几个月的辛苦劳作，对大量的法律法规进行了仔细认真的甄别、分析和挑选，从中归纳总结出了我国残疾人所享有的一系列法定权利，并且利用自己的法律知识对该权利体系进行了界定和说明，他们的工作是具有积极意义的，应得到社会各界尤其是残疾人的认同和感谢。我殷切期望社会各阶层人士都来关注残疾人这一特殊社会群体，大家都来共同维护残疾人的合法权益，使他们与普通公民一样平等充分参与社会生活，共享人类物质文化成果。全国人大内务司法委员会、国务院法制办、司法部对该手册进行了认真严肃的审定。最高人民法院肖扬院长、最高人民检察院韩杼滨检察长、国务院法制办杨景宇主任、全国人大内司委顾金池副主任委员、司法部刘飏副部长欣然提笔为手册题辞，倾注了对广大残疾人的爱心和关怀。在此，我代表全国六千万残疾人向他们表示衷心的感谢！应当肯定地说，本手册的出版和发行，既是对我国残疾人权利维护现状的一次较有见地的总结和概括，也是全国残疾人朋友们维护自身权利的一本工具书，它的社会意义将是深远的。

残疾人解放
与现代化城市的残疾人工作①

（二〇〇一年六月二十八日）

一、残疾人解放是人类解放过程的一部分

每个党员从一开始入党的时候，都有一个决心、一个志向，就是要解放全人类。实际上人类解放是一个漫长的历史过程。从原始社会进入奴隶社会，从使用工具开始到摆脱大自然的束缚，这是人类由完全服从于大自然支配的状态中解放出来；然后从奴隶社会进入封建社会，是从奴役中解放出来；从封建社会进入资本主义社会，很大程度上是从压迫中解放出来；从资本主义社会进入社会主义社会，是从剥削中解放出来，这些过程都是人类解放过程的组成部分。当然，这种解放过程有时候用的是革命手段，有时候用的是改革手段，有的时候用的是建设手段。

人类解放大概分为两个层次，一个是从压迫、剥削和奴役的状况中解放出来，这种解放采取革命的手段比较多一些，也有改良的，如英国资产阶级革命。一个是从愚昧、偏见、无知、歧视当中解放出来，比如，二十世纪兴起的民族、民主解放运动，反对种族歧视、反对歧视妇女、反对歧视残疾人运动，这种解放是针对歧视、偏见、愚昧、落后、

① 这是邓朴方同志在天津市与区县长座谈时的讲话摘要。天津市委书记张立昌、副书记兼市长李盛霖、副书记宋平顺、副市长夏宝龙等领导同志参加了座谈会。

无知的运动。

当然,还有我们人类从自身的各种禁锢中解放出来,或者是对外部环境的改善而解放生产力,解放出人的积极性、主动性、创造性,这些解放有激烈的革命,但采取的往往是改良的或建设性的手段。无论是革命也好,改革也好,建设也好,它都是人类解放过程的一部分。

在二十世纪开始到二十一世纪继续发展的残疾人解放运动,正在我国和世界各国蓬蓬勃勃开展起来,比如说,我们国家连续多年执行残疾人事业计划,在国内大力倡导人道主义,颁布了残疾人保障法,把残疾人工作落到基层、落到实处,都是为残疾人解放做贡献,这个解放既是对残疾人精神上的解放,也是把他们从所处的困境中解放出来,是生活上的一种解放。我始终认为,我们做残疾人工作离不开一个大的思想,就是人类解放,残疾人解放就是人类解放。我想残疾人是所有社会人群中最困难的一个群体,如果我们能把残疾人解放这件事情做好,就在人类解放的历程中迈出了巨大的一步。所以无论是我们共产党人对人类解放而奋斗一生的理想,无论是我们遵循全心全意为人民服务的根本宗旨,还是我们人民政府为人民的基本思想,从哪方面来说我们做好残疾人工作都是值得的,特别作为一个共产党人,做好残疾人工作更为值得。今天各位区县长来了,跟大家交换一下这个想法,就是大家共同为残疾人多做一点事情、做好一件事情。

二、解放思想,坚持创新,
做好现代化大都市的残疾人工作

天津的残疾人工作在市委、市政府的领导下,在各局、委、办和各区县同志们的支持下,在残疾人工作者的努力下,取得了巨大的进

展、历史性的突破,几年来连续保持全国领先地位。天津的残疾人工作已经有了一个相对牢固的基础,无论是组织体系、业务体系,还是法律法规体系,各个方面框架结构都挺好。可以说这几年来,天津残疾人工作由一个原始状态发展到现在,已经打下了一个相当好的基础,具备了继续发展的可能性。

天津市委、市政府特别重视残疾人工作。立昌同志、盛霖同志都非常关心支持残疾人事业,这次向他们汇报交流有着很多共同语言;平顺同志以前主管残疾人工作,连续两届把残疾人工作抓上去了,很支持残联,支持残疾人事业,工作力度非常大;宝龙同志接了这个班以后,使我们残疾人事业又上了一层楼。

社会各界对残疾人事业也很支持,比如说媒体,电台、电视台连续七八年给残疾人制作播出专题节目,整个社会都给带动起来,形成了扶残助残的良好社会风尚,这些对残疾人事业都是非常大的支持。天津市的残疾人工作一直对全国有着重要的影响。早在一九八三年,中国残疾人联合会还没有成立,中国残疾人福利基金会刚刚筹办的时候,我国残疾人在香港举行的远南运动会上拿第一块金牌的便是天津运动员。天津拍了在全国有影响的、用智残人来做主要演员的电影《启明星》,这是谢晋同志导演的,咱们天津的小演员主演。又比如一九九〇年,全国人大常委会在通过《中华人民共和国残疾人保障法》的时候,全国人大代表李成刚代表残疾人在人大会上讲出了残疾人的心声,推动了残疾人保障法的通过,效果非常好。再比如,这些年来,天津市基层组织建设在全国树立了一面旗帜,对全国有着重要的影响,是对全国最大的贡献。我想今后天津的残疾人工作一定能够更上一层楼,不但使天津的残疾人得到实惠,使天津的社会更加文明,同时也对全国产生重要的影响。

康复方面,全面完成各项康复指标,社区康复也有一定进展,精神病防治有先进单位,做得很出色。教育方面,无论是盲教、聋教、弱智教育,还是不属于特教范围之内的肢残人教育,都得到了重视和发展,聋人高中办得不错。残疾人就业工作也取得很大进展,我一九九七年来天津,按比例分散就业已经启动,现在全面展开了,就业率比较高。

天津市为人民服务的这种氛围,为人民办实事的这种作风最为可贵,给我的印象和体会特别深。一切为了人民,一切依靠人民,全心全意为人民服务,这是瑞环同志在天津提的口号,现在已深入各级党政领导干部、每一个基层工作人员的心中。天津为人民群众办实事,这已是多年来形成的作风。天津残疾人工作在基层组织建设上、在基层为残疾人基本生活服务方面做得非常出色便是体现。市残联、区县残联有自己的综合服务设施,有服务的内容,有辐射作用和影响力,级别、编制都到位。

天津市的残疾人工作有一个非常突出的特点,就是扎实。基层组织建设在全国是最好的,从上到下形成体系,建立得比较完善,任务落实到每个专干、每个残疾人联络员,他们工作出色,能够充分发挥作用。而且我这次看到,专干已经工作两三年了,这两三年来,我认为我们专干工作是非常积极有效的,特别是我到宝坻县,专干排了一排,坐了一大溜,姑娘、小伙子全都很年轻,我很高兴。这些专干有文化,最低是高中文化程度,绝大多数是大专、大本的。一批年轻的、有朝气的新生力量进入残疾人的专干队伍中来,他们朝气蓬勃,舍得吃苦,舍得下力气,和残疾人群众密切联系,创造性地开展工作,出现了一片可喜的现象。再往下,村里的残疾人联络员有指定的,有推举的。村里的残疾人推举一个联络员,基层的民主形式有了,这让我想起瑞环同志三月份在政协常委会闭幕式上的讲话:我们不赞成西方的民主,但是我们对自己的民主建设往往注意不够。显然这种推举是新鲜事物,我们以后要研究,当然,不一定都是这样,也有自愿报名的。大家都很积极,联络员活跃起来,何愁残疾人的问题解决不了?残疾人服务社、站运转好的有百分之六十,还有百分之二十中等,作为乡镇一级的残疾人服务社,运转到这个程度非常不容易了,很了不起。所以我认为,天津的残疾人事业从上到下组织建设这么完善,工作这么有效,这是天津最宝贵的财富。这就是我们全面建设小康社会的一个基础,走向社会主义市场经济的一个基础,走向现代化的一个基础。这个宝贵财富不是所有地方都具备的,非常可贵,这个基础不能丢,这是天津的看家宝。我想,只要有了这个基础,再加上我们解放思想,坚持发展,坚持创新,天津市的前途一定是美好的。

残联有专干、有地点、有工作、有联络员,这个基础无论如何也不能丢掉。以后将要面临农村税费改革和机构改革问题,我也就这个问题跟宝龙同志探讨了,他同意我的看法,立昌、盛霖同志也表了态,专干还是保留;接触的几个区县的领导同志,都认为没问题,我听了以后非常高兴。税费改革是大事,也是根本解决我们党和人民群众、和农民关系问题的一件大事,政策性很强,无论如何也要办好。我觉得对残疾人事业要办好两件事情,一件是巩固基层队伍,第二件是要稳定优惠政策。费改税了,以前从费上出的钱将来从税上怎么出?这就要研究了,残联要积极参与研究,也拜托各位区长、县长,请大家在这个问题上要支持。咱们努力了这么多年,有了这么个基础,有了这么个家底,如果一风吹了就太不划算。而且,我认为这就是咱们天津的宝贝,咱不能丢掉。所以,我认为巩固以前的基础是天津下一步残疾人工作很重要的一环。

除了巩固以外,我认为天津市的残疾人事业还应该考虑的一个重要问题,就是我们在已经有了一定工作基础的条件下,在天津要建设成一个现代化的港口大都市的背景下,要以怎样的要求来安排天津的残疾人工作？当然，残疾人的基层工作、基层组织建设、残疾人的基本生活需求要继续加强巩固，这个不能放松。但是当经济发展了，人民生活水平提高了，到全面建设小康社会的时期，按照现代化的港口大都市的要求，残疾人工作是不是要更上一个台阶？比如说，我们法律法规体系是不是要更健全？现在是法治社会，市场经济什么都讲法，法治社会是治理的治，不是制度的制，法治社会是整个社会用法来治理，含义就广泛多了。如收取残疾人就业保障金要规范化的问题，保障金是政府基金，它是合法的一个基金，是专项用于残疾人事务的，整体来说是增加财政收入，当然，现在还不宜纳入预算管理。这是中央开的口子，所以收的时候一定要规范化。总之，在残疾人事业法律法规体系建设方面，天津要下功夫，要更上一层楼。比如说，残联系统的作用是不是有待进一步增强？政府支持了，社会网络也有了，残联的纽带作用怎么发挥，是不是该更上一层楼？市残联、区县残联的纽带作用、辐射能力、指导能力要加强的关键是要带动基层，这是最核心的东西，所以残联的纽带作用要充分发挥出来。

再比如，作为现代化港口大都市要求残疾人工作的一些基本形象如无障碍问题是不是应该开始考虑？我一进大港区，沿路就看到无障碍设施，这很好，但我看有的坡道做得不好，太斜、太陡。大港区有几个坐轮椅的？坐轮椅的有几个到电话亭去打电话？盲道上有几个盲人在走路？未必有多少。但是为什么做这个，它主要是体现我们人民政府以人为本的服务理念，政府建设的所有公共设施要为每一个人服务，哪怕只有一个人有需求，我们只要能做到，都要去做，这就是政府工作的一个思维方式。在外面看来这是文明的象征，对广大人民群众来说，这不但是方便残疾人的，也是方便老年人的，方便妇女和儿童的，甚至是方便健全人的。比如说坡道，我们曾经在一处坡道和台阶前守过十来分钟，百分之九十的健全人都走坡道，特别是老人抬脚困难,有个坡道就方便多了。我们参观广场时看到的电话亭健全人也能用,孩子用更方便,老年人背弯了,用那电话也方便。所以,公共设施无障碍建设是为人民服务思想的体现,是为每一个人服务思想的体现,同时也是为所有人服务思想的体现。除了公共设施无障碍以外,还有住宅无障碍,现在中国已进入老年化社会,年纪一大腿脚就不利索,千千万万的老年人要坐轮椅,现在看到的虽然不多,这一是因为咱们的轮椅少,二是因为咱们的老年人勉强能走就要走一走。天津也进入老龄社会了,现在住宅的通道基本是不能走轮椅的,希望各位区县长考虑将来在建设小区的时候,起码有一部分住宅应该是轮椅可以通过的。小区建设除了住宅以外,小区内的商店、邮局,各种服务设施都要无障碍。北京已建了一个示范区,天津也要考虑这个问题,否则怎么能说是现代化港口大都市?我们为人民办实事这个基础有了,现在可以考虑有计划有步骤地安排一些项目,不是说要争取政绩,而是要提高档次和工作水平。现在其他城市上得很猛,天津对这件事有点着急是有道理的,但还要实实在在。

另外,天津市要全面贯彻国家"十五"计划纲要和残疾人事业"十五"计划纲要。国家的"十五"计划纲要是以人为本的,已经不单是经济计划指标,还有社会指标,还有人民生活指标等等一系列其他指标。"十五"计划纲要所提的环境要改善、服务能力要增强、人的素质要提高等等,都适合于残疾人,内涵是很丰富的。天津作为现代化大都市,在贯彻"十五"计划纲要时,几个基本指标要做到什么程度,必须有计划、有步骤地进行安排。我们残疾人工作在确定计划,确定奋斗目标的时候,要考虑我们所处的背景,这点始终都不要忘记。我觉得现在中国的大背景有几个:第一个大背景是人口多,底子薄,这个基本国情是长期伴随着我们社会主义初级阶段的,要几十年甚至上百年才能改变,底子薄也许有半个世纪就可以改变,人口多要改变就难了。第二个大背景是走向社会主义市场经济,前面已经走了很长时间了,后面还要走很长时间,也许十多年,也许是二十多年,恐怕总要有个十年二十年的过程,社会主义市场经济才能够完善起来,才能够良性运转起来。特别是社会主义市场经济不完全等同于资本主义市场经济,除了有些资本主义市场经济特征之外,我们还有社会主义的内容,还要把这些内容有机地结合起来,不能生拉硬套,这里就有一个不断创新的过程,当然也要付出成本和代价,这个大家要有清醒的认识。第三个大背景是这十几年才产生出来的,东西部差距的拉开、地域性收入差距的拉开和贫富差距的拉开,每个地区的贫富差距的拉开都会相当长时间地伴随着我们国家的发展过程。天津当然是东部发达地区,也是沿海开放城市,有东部地区的优势和特征,那么就要发挥这些优势和特征。在天津市,从剖面上看,也有富的人,也有穷的人,穷的人就是残疾人,这个基本情况我们在制订计划时一定要考虑。第四个大背景我认为很重要,即知识经济、高科技、全球化、信息化等等特征。全球化的过程已经在进行了,后工业社会在发达国家已经产生了,高科技、信息化对经济影响力越来越大,对人民生活影响力越来越大,这些我们都不占优势,甚至是劣势。正值我们国家实现工业化的过程当中,后工业社会来了,信息化、产业化来了,全球化来了,人家都是在工业化已经成熟的情况下来到的,我们还在工业化进程当中,第二步、一个新台阶又摆在我们面前。这也给我们提供了一个机遇,可以采取跨越式发展,但更多的是对我们的发展所带来的困扰。

人口多、底子薄这个现状长期不能摆脱,进入社会主义市场经济要付出代价,贫富差距拉开造成社会矛盾和冲突,全球化、信息化给我们带来新的压力和机遇,这些都是我们不得不面对的现实。我们在考虑经济工作、政治工作,考虑残疾人工作的时候,要以这个大背景为基础。社会主义市场经济形成过程中所要付出的成本和代价是什么？它会使残疾人更穷。作为残疾人工作者就要考虑这些因素，一方面残疾人生活水平往下掉，不是说绝对生活水平往下掉，而是相对生活水平往下掉；另一方面，在竞争过程中残疾人处于极端不利的处境。在这种情况下，我们要认真考虑怎样鼓励一部分有能力的残疾人参与社会主义市场经济？竞争有障碍，怎么去补偿？要采取教育的办法、康复的办法、分散按比例就业的办法等等一切办法，要采取行政手段、法律手段等等一切手段，包括党政干部和社会各界“帮包带扶”、“结对子”等方法对残疾人给予扶助，这都是我们的优势。还有一部分残疾人通过扶持实在不行，我们也要保障他们的基本生活。刚才大港的同志讲大港区对残疾人全面实行了最低生活保障，残疾人养老保险问题也正在探索，我看要把它做完善。虽然落实了低保，但残疾人的人格要受到尊重，不能说低保就低人一等。我们昨天在和平区与一位享受低保的残疾人座谈，他四十多岁，儿子都上大学了，本来是修自行车，但市场搬迁，没这么多人修自行车，在这种情况下和残联联系既当残疾人联络员，又帮助别的残疾人修机动车，争取自力更生过两年不再吃低保。我一听非常感动。总之，我们一定要从这些基本点、特别是从社会主义市场经济切入点来研究怎么能够使残疾人继续得到一个平等参与和共享的机会，怎么样使天津市的社会文明在残疾人事业方面得到体现，怎么样使残疾人工作适应现代化港口大都市的要求，我相信天津一定能够做好。

同时，我也希望天津今后的发展能够继续对全国给予支持，比如说天津理工学院聋人工学院，房子设备已经有招收五百名学生的能力，现在在校生是一百二十二人，如果学制是三年，一年招收一百七八，到“十五”后期收满五百名学生，这对全国是多大的支持！而且天津理工学院聋人工学院搞好了，在全世界都有影响，这是中国残疾人事业的一颗明珠。今后中国残联要支持,但更需要我们天津自力更生,大家一起努力,在国际交往、在聋人教育方面领先是完全可以的。当然,贯彻“十五”计划应该是全面的,除了理工学院搞好聋人教育,聋人高中教学质量也要提高,盲人高中是不是应该搞起来？盲人上到初中就不能再上学了,没高中啊。大家想想残疾人面对市场经济,普通人都是高中、大学毕业,我们盲人、聋人是初中毕业,在市场上怎么跟人竞争？所以要把盲、聋教育链建起来。只要有愿意上学的,我们就应当建高中。没钱上学的,想法争取社会救助,现在捐资助学的不是很多吗？往这引导完全可以做得到。就业方面,分散按比例不只是收钱的问题,而是送人的问题。昨天看了开发区,他们很需要人才,我们可以有计划地往开发区送点儿优秀的残疾人,送到大工厂、大公司去,让他们看看我们有残疾的小伙儿棒不棒。不要只收保障金,若送合格的劳动力到这个地方工作,那活儿才叫漂亮。实在送不了那么多劳动力,才收保障金,然后用保障金把残疾人培训出来,提高残疾人劳动素质,这才是工作思路。

支持残疾人事业是社会公平的体现[①]

（二〇〇一年七月二十一至三十一日）

中国残疾人事业与新疆真有不解之缘。刚成立基金会时，请王震担任名誉主席，王老一直关心残疾人。请赛老担任名誉理事，我去过他家好几次，他一直支持残疾人事业。后来王恩茂同志、司马义同志都很支持残疾人事业，现在司马义同志是国务院残工委主任，我在他手底下工作很愉快。新疆历届党委、政府都很支持残疾人事业，特别是九七年王书记主持一次常委会，既是常委会，又是政府工作会议，他说，对残联提出的要求应全面满足，而提出别的事情不一定全面满足，残疾人一定要全面满足，这方面多做一点，别人不会有意见。从那以后，残疾人工作包括基层组织建设、教育、就业、基础设施建设，就全面铺开了。新疆残疾人工作在全国不是排在后面，虽然经济基础比较薄弱，比较薄弱的省份比较容易排在后面，但新疆排在十多位、二十位以内，这就比其他十几个省要好。这与自治区党委、政府对残疾人事业的支持是分不开的，支持力度很大，很不容易。

厉以宁有一篇文章谈了公平的四层含义，读了很受启发。他认为公平应该是每个人的资源都应完全一样，如在水资源紧缺面前，市

---

① 这是邓朴方同志二〇〇一年七月二十一日至三十一日在新疆维吾尔自治区调研时的部分谈话摘要。其间会见了自治区党委书记王乐泉、自治区主席阿不来提·阿不都热西提和自治区副主席阿不都卡德尔·乃斯尔丁等党政领导，接见了新疆残联理事长鲍明海、乌鲁木齐市残联理事长马玉芳等同志，听取了残疾人工作汇报，考察了乌鲁木齐市及和田地区的残疾人工作。

长和市民都应只有一杯水，而不是市长每天都洗热水澡，而市民连水都喝不上；公平应该是每个人的机会都应完全均等，如受教育机会，参加高考等，我认为现在残疾人和健全人的起跑线就不一样，残疾人只有在康复训练以后才能进一步接受教育，享受机会；不平等也是一种均等，如局长和处长的工资问题，局长就应比处长多拿钱；公平还表现为一种认同，如一家有三个儿子，老大上到初中，老二上到高中，老三上了大学，这种现象谁也不会认为不公平，主要就是一种认同，这也叫公平。我认为他的这些观点对今后的残疾人事业发展有指导意义，人们就应该宽容一点，只有认同了，许多事情就好办了。

新疆的残疾人工作有两个东风，一个是西部大开发，一个是残疾人事业“十五”纲要。大体上，我把上海国际大都市的要求、北京现代化首都的要求、天津现代化港口的要求提出来了。新疆怎么办，建议作为边疆地区，在开发西部的时候不要撒芝麻，把重点城市突出搞起来，一定要搞好，如乌鲁木齐的康复楼、教育、就业，以及一些基础设施建设。把这些搞得漂亮点我认为有很好的辐射作用，比如特教学校，我建一个特别好的，师资力量雄厚，教学设施齐全，管理优秀，这样就能带动全省。再如职业学校把它搞好，原来欠的账该补齐的补齐，把它办好，这样对全省的就业工作是一个推动，将来精简机构，有些工作就可以放下去让他们做。再如康复中心请支持一点，以前建的给民政拿走了，这么多年也不好意思要了，再盖一个，借这个东风，一定要建好，一定要对全省的康复有所指导，不能搞个没用的东西。这样有特教的基地，有康复的基地，有就业的基地，工作就带动起来了。还有周围一些中心城市，比如喀什、石河子、库尔勒等，搞得像样一点，通过这些中心城市的辐射，再带动一大片，不能全面撒芝麻。

基础设施建设问题，中国残联提出每个县三百至五百平方米，我认为小县就没必要这么大，要这么大它也建不起。我建议分三类，阿副主席提出标准不能降低,我同意,但安排上要实事求是,这样就能解决新疆的问题。

关于财源的问题,中央大财政有财政倾斜,区财政要提足残疾人事业经费,也不一定非到百分之二,要提到能适应需要就行。中国残联也适当倾斜一点,我尽量给你支持,但只是象征性的,不能从根本上解决你们的问题。新疆自己可以开些财源,如以前做得比较好的募捐,你要有什么项目,拿出项目来,党委、政府一号召,给你一部分政策,一次性的,全自治区都给你募捐,就可以解决部分问题,解决一些政府拿不出钱而又必须办的一些问题。过一两年、两三年搞一次,不要太频繁了。

阿副主席提出来有奖募捐的问题,现在新疆的情况和全国的不一样,新疆有奖募捐的钱残联一点用不上,这个恐怕不正常,别的省有的是自己商量的,每年切多少比例。中央的财政中国残联切一块,省市的也要各自切一块。广东百分之二十,有的地方百分之十,有的百分之十几,有的没定比例也能用上,像新疆一点没用上我没见过,理解上肯定有问题。有奖募捐如果分级划块用于残疾人事业,各级残联的电话费等等工作经费就可以解决了。大事不能解决,小事总能解决。

还有几个财源,以前没重视,就是残疾人就业保障金,这个钱是政府性基金,财政是开了口子的,分散按比例就业,保障法有规定,中国残联和财政部联合发了文,规定了管理办法。这是政府基金,前几年财政要纳入预算管理,我跟财政部说,将来反正是你财政的钱,现在收缴、使用还不规范,一下子收了就扼杀了,等把它发展起来,规范化以后再收也不迟。这是财政部明文确定财政该收的钱,国务院禁止乱收费,有些地方不该收的乱收,该收的不收。新疆在这方面做得比较好,全疆收了七千八百万,如全部收上来,恐怕不是这个数。根据昌吉州的经验,昌吉州一个比较差的县,一年收十几万,好的县几十万、上百万的都有。这样,基层残联的费用全部解决了,还用得着财政另外拿钱吗?基础设施建设、残联的工作经费也就都解决了。如果自治区能收一点,各级残联都能收一点,这样全区残疾人工作就好开展了。在收的过程中,残联是执行单位,不像工商、税务等部门,工作没有手段,收缴有难度。觉悟比较好的,如石油系统的单位,有钱,能交的交了。但新疆各地的收缴力度、发展也不平衡,如乌鲁木齐市,财政答应代扣的就能收上来,但工商、税务管的,就收不上来。昌吉州有好经验,财政拿钱的单位财政代收,税务管的税务代收,工商管的工商代收,这三家一代收,就全上来了。我看这个经验可以,山西采取的也是这个办法。一是减少矛盾,二是保证收上来。如果这个解决了,残疾人的经费大部分都解决了。

新疆五十多个县残联还没有车。我看新疆这地方没车没法开展工作,几十公里、上百公里如何下乡?基层确实很难,中国残联拿五十万,一个县一万,其他请政府想想办法。

另一方面,要用好康复扶贫贷款。小额信贷基层农行感觉难,一怕还不上,另外一个特别啰嗦,他怕负责任就要求担保,我在北京的时候就和农行讲,要担保怎么行,我要有存折还来找你干什么。这件事要和农行协调好,既然有这笔钱,中央又有贴息,你不用就可惜了。我看他们用得不错,前几年用到百分之八十一,在这百分之八十一里小额信贷占到百分之四十,说明工作做得很好,很多省到不了这个水平。

总之,一方面自治区出点政策,工作给予安排;一方面募捐,从社会筹集;有奖募捐再切一部分;中央大的方面对西部给予倾斜,中国残联象征性地给一点;分散按比例就业抓紧点;康复扶贫贷款这些给指标的钱一定要用好。这样几方面一凑合,残联日子就好过了。有些钱可用在基层,有些可用于乌鲁木齐等中心城市的建设上,总得有点“形象工程”,没钱我们搞不成。现在我们多少有一点了,我觉得应该上一些有辐射作用的、功能比较强大的、起窗口作用的项目。这不算锦上添花,仍是雪中送炭。这样事业就会健康发展。

我很愿意到省区里来,能学好多经验,包括业务上能学到许多经验,这次来我发现昌吉州的经验就很好,这就是一个学习的过程。虽然有些事以前也知道,但不是很具体。这次我要到和田去,到最穷的地区去,向基层同志学习,一方面业务上多学习,一方面汲取政治营养。不能当官做老爷啊!不接触群众,不了解基层的同志,全心全意的思想从哪儿来呀?

要以“红柳”精神推动残疾人工作[①]

（二〇〇一年七月二十九日）

这次到新疆了解残疾人工作，只到和田地区跑了一下。和田地区是维吾尔族比较聚集的地方，那个地方我看了一下，生态环境真是比较恶劣，从飞机上一看，到处都是一片荒漠，山上也是一片荒漠，平地也是沙漠。新疆维吾尔自治区的生态环境以前有印象，这次来又加深了。各族人民在这种生态环境之下，能够顽强地和大自然做斗争，争取生存，在这个基础上逐步迈向小康，求得发展的权利，我觉得这是一件非常不容易的事情。自治区各族人民顽强奋斗的精神就像大漠戈壁上顽强生存的红柳，让我感动，我会把在这儿的收获带回去，带一棵沙漠的红柳回北京。残疾人和残疾人工作者也要学习新疆各族人民的奋斗精神，我本人也要鞭策自己，多做一点工作。

残疾人是更为困难的群体，因为经济的不发达，社会资源相对匮乏，人力、物力、财力都不足，方方面面工作都要上，残疾人工作就更加困难。现在，各地残联手里的钱不一样，这次我到和田去看了两个县，手里基本没有钱。策勒县残联有一辆汽车，没有油钱，真是买得起牛买不起缰绳。一个县残联没有汽油下乡，怎么接触残疾人？怎么推动工作？绿洲和绿洲之间，少则十几公里，多则几十公里，怎么工作？残联工作非常艰难。同时，我觉得我们的残疾人也相当困苦，我看了三户残疾人，还不是最困难的，都是比较好的、有点成绩、有点

---

① 这是邓朴方同志在新疆维吾尔自治区残疾人座谈会上的讲话摘要。

活路的残疾人,我看他们仍然相当困难。在这种情况下,今天能够跟大家坐在一起,有一种说不出的激动,总觉得我们残疾人群众能够在这样困难的条件下,比别人付出多得多的代价,做出这些成绩来,真是非常了不起的一件事情。

自治区的残疾人工作在党委、政府的关怀下,在残联的努力下,特别是在广大残疾人群众的共同奋斗下,才取得今天的成绩。新疆的残疾人工作在全国不算落后的,算是中等的。在这样的生态环境、财力、经济基础下,能做到中等水平,我认为是相当好的。就跟残疾人一样,残疾人做出跟健全人一样的成绩,就必须付出比健全人更多的努力。今天来这么多残疾人,虽然发言的只有几位,但咱们有个见面的机会,更多的人还没有这个机会,所以请大家回去转达我对新疆残疾兄弟姐妹的问候。

咱们国家经济发展在世界上是处于低水平的,现在我们的综合国力有所提高,但人均下来,无论资源、收入都远远低于世界的平均水平。新疆一些地方、一部分人还没有达到温饱,要达到小康还要继续努力。

今天是残疾人座谈会,就说说残疾人的话。我到和田地区看了,那个地方就是农业,耕地就是那么多,水就是那么多,人口还在不断增加,如果那个地方打不出石油来,我们提高人民生活水平靠什么?靠农业科技,养殖业的科技,将来是不是可以做到"公司加农户",比如说内地的大公司能到这里来,利用这里的农产品,加工出东西,然后输到全国乃至输到国际上。但是,咱们想一想,这些事情容易做到吗?都不容易做到。沙漠还在往南推,人口还在增加,人均劳动生产力怎么提高,这都是难题。我们国家要实现现代化,从温饱到小康,从小康到中等发达国家水平,这是一个很长的过程,我想我这一辈子是看不到中国成为中等发达国家是个什么样子了,在座诸位中年轻一点的可能还有点希望,年纪大一点的也都不可能看到这一点。我们的广大残疾人要认识到,在我们现在的发展状况下,尽管你付出很大的努力,但发展仍是有限度的。在这种情况下,残疾人群众尽管得到社会各方面的照顾,但生活水平长期处于低水平状况是不可避免的。你想怎么怎么着,办不到。和田地区百分之九十八的残疾人是贫困户,贫困户里残疾人占到三分之一,这很可怕。我们应通过我们的工作逐步改变这种状况,但想一口吃一个胖子,天下掉馅饼,这不可能。残疾人要有这样的一个精神准备,包括残联的工作人员。长期处于低水平的状况,要想根本改变需要很长很长的时间,我们残疾人包括我们的残疾人领袖都要有一种宏观的认识,只有长期艰苦不懈的奋斗,只有一代两代三代乃至更多代人的奋斗,残疾人状况才能得到根本改变。我们残疾人要求的机会平等也不是马上就能实现的。很多机会都是不平等的,本来就不是在一个起跑线上,没有能力把残疾人的缺陷补足了和大家站到同一起跑线上。所以,做一个长期的、艰苦奋斗的精神准备,对我们是必需的,这是我最基本的一个想法。

第二个想法,在这种情况下,残疾人工作包括我们残疾人自己不是无所作为的,我们应当有所作为。我们知道我们的劣势,知道我们的困难,也知道这个问题的长期性,所以每个同志都要多努一把力。两个层次,如果你处于一个非常低的水平,不多努一把力,你根本活都活不成,就是说,你不努力就要饿肚子。第二个,你只有多努一把力,才能达到与健全人一样的水平,才能超过其他人。我认为每个残疾同胞都要多努一把力,才能在有限的情况下,最大限度地改变自己的生活状况,最大可能地改善自己的家庭状况,最大可能地使孩子们得到良好的教育,让我们的后辈比我们生活得更好。作为残联来说,也要做这样的努力。自强不息的精神不是一句空话,每个优秀残疾人的事迹都是实实在在的。

第三个想法,刚才有些残疾朋友说到孤独感,我想这个问题是客观存在的,但我们应当设法改变它。无论从代表性的角度考虑,还是从残疾人之间的互相需要来看,都应使专门协会的工作活跃起来。全自治区专门协会怎么活跃,因新疆太大了,这个我不敢讲,包括中国残联专门协会的工作也很困难,分散在各地,开个会都困难,但乌鲁木齐市应当首先试一下,把各专门协会的工作先活跃起来。专门协会要有活动场所、有活动经费、有残疾人活动的积极分子,残联要对专门协会的工作给予指导。肢残人聚到一起经常谈一谈,可以互相帮助。智力残疾人和精神残疾人亲友会,一般一个家庭都有几千元的住院费,你说让谁出,咱们残联也没钱,大家凑在一起,聊聊天,交流交流经验,你有困难我帮你一下,这总可以吧。你家里有个弱智孩子,很痛苦,我家有一个弱智孩子,咱们凑在一起,弄杯茶水,聊聊天,交流你的孩子怎么办,我的孩子怎么办,这总可以吧。你这边有困难了,也许我那边有个门路解决,这总可以吧。集中起来,能解决的解决一点,这总可以吧。我不是说都能解决,咱们能办一点就办一点,只要尽到心了,谁也不会有意见。专门协会有它的实际功能,也有道德上的功能,也有代表性的功能,也有残联把心与残疾人贴在一起这样一个功能。乌鲁木齐首先要把专门协会搞起来,每个协会都要有经费。刚才有些同志反映,残疾人反映事情没有渠道,这就是渠道。在专门协会里培养一批积极分子,把专门协会活跃起来,加强与残疾人的联系,让大家感到更多的温暖,要把这个事情做好。在综合设施上新疆整体比较落后,但要尽量做好它。有机会见到你们书记、市长,我跟他们磕磕头,让他们弄好点,起码有个辐射、带动作用,一定要做好。

第四个想法,作为残疾人群众,咱们应当心胸更加开阔一些,眼界应当高一些。残疾了,遇到的困难更多,内心容易产生情绪,更加激烈一些,这就需要更加宽阔的心胸,社会就是这样一个社会,经济条件就这样一个经济条件,有时候你要认这个账,没办法。我们要面对现实,心胸开阔,乐观向上,多困难也不能放弃乐观主义。残疾人保障法里专门写到乐观主义,不知道大家注意到这个问题没有,残疾人要自尊、自信、自强、自立,要有乐观主义精神。没有开阔的心胸没有乐观主义你就没法活。乐观主义也是提高自己生活质量的一个手段,你要有乐观主义,你的生活质量就高了。前几天,我看到一份材料,讲印度人的生活质量比中国人高,我大吃一惊,其实这里并不是指生活的各个指标,他们认为,东亚人包括日本人、韩国人、中国人老是在拼命,工作努力得很,总觉得不愉快。印度人呢?他老是那么高高兴兴的,饿不死,比别的国家生活得愉快。这也有个民族性的问题。假如一个人,无论他生活得多么艰难,如果他有满足感,有向上的乐观的精神,他不觉得这是一种苦,生活质量就提高了,这个道理通不通,对不对,我没想好,我把它介绍给大家。如果大家感到自己的生活永远是愉快的,对困难有一种迟钝的感觉,对外界给我的任何一点欢乐放大,这样,生活质量就提高了。如果进行自我心理的调整,心胸开阔,乐观进取,本身就是对自己生活质量的提高,也对得起自己吧。如果什么事老是不高兴,自己给自己找别扭,老是在较劲,生活质量肯定不高。要不断向上,才能感觉生活充实,才能乐观。每个残疾人都要有宽阔的心胸,乐观向上,更好地面对现实,更好地处理与社会、家庭、组织等方面的关系。

第五个想法,特别要求残联要密切联系残疾人群众。这个我们多次讲了,这里我不多讲。残联要吸收残疾人,地市一级下一次换届,班子三个职位的,一定要吸收一个残疾人,两个职位的,尽量吸收一个残疾人。残联吗,总得有残疾人代表在里面工作吧,特别是领导干部。以前为什么少,这是有客观情况的,主要是熟悉机关工作、有比较好的文化教育水平的残疾人不太容易找到。特别是残联是从上往下建立的,中国残联建立以后建省残联,省残联建立以后建市残联,形成了客观的条件。健全人在里面工作,全心全意,也是我们残疾人的代表。不一定残疾人上来,才是我们残疾人的代表。健全人,比如老鲍,作为残疾人的代表,大家也认账,是不是?但残疾人要逐步进入到各级残联领导岗位上,上一届要求进入省一级,下一届要进入地市一级,县现在还不敢要求,实事求是嘛!现在,要选人,物色人,需要培养的培养,需要教育的教育,无论如何下一届地市一级要配残疾人领导干部。残联也要多开几次座谈会,各级残联要订立制度,比如地市残联的领导干部定期到县开座谈会,自治区残联的领导干部定期到地市开座谈会,一年开一次总行吧,不够再多一点,先保证一年开一次,以后慢慢形成制度,每个理事长一年开它几个座谈会,沟通的渠道就多了。每个残联干部都要多交几个残疾朋友,一方面与残疾人沟通,更好地为残疾人服务,同时体现残联的代表功能。

加快残疾人劳动就业的发展步伐[1]

（二〇〇一年七月三十一日）

新的世纪对残疾人事业提出了更高的要求，提供了难得的发展机遇。国家“十五”计划纲要明确提出，要“加强残疾人事业，帮助残疾人康复、就学和就业，创造残疾人平等参与社会生活的条件”。国务院批转的《中国残疾人事业“十五”计划纲要》，确定了“十五”期间残疾人事业发展的主要目标和指导原则，提出了各领域的任务和主要措施。伴随着我国经济和社会的全面加速发展，我国的残疾人事业将有较大的发展，六千多万残疾人基本生活状况将会有较大的改善。

这次就业工作会议是贯彻“十五”纲要的一次重要会议，目的是提高认识，统一思想，抓住机遇，加快残疾人劳动就业的发展步伐，把残疾人就业工作提高到一个新的水平。这次会议的重点是研讨残疾人分散按比例就业工作，还要研究盲人按摩工作，对要进一步做好盲人按摩工作以及如何开拓盲人新的就业领域，也要研讨一下。下面，我讲几点意见。

一、取得的成绩和面临的形势

“九五”期间，残疾人劳动就业工作成绩显著。全国三十个省、自治区、直辖市人大、政府均已颁布按比例就业的法规和政令；百分之

---

① 这是邓朴方同志在全国残联残疾人就业工作会议上的讲话摘要。

九十二点三的市(地)、百分之八十五点七的县(区)已按省有关规定实施了按比例就业;全国省市县(区)残疾人就业服务机构已达三千零一十二个,为残疾人提供就业服务,这些机构发挥了重要作用;五年期间培训残疾人一百一十一万人,安置就业一百一十万人,残疾人就业率从百分之七十提高到百分之八十点七。

这次会议将表彰一批开展按比例就业工作的先进省市县,在受表彰的先进单位中,有为开拓这项工作做出突出贡献,在全国一直处于领先地位的地区;也有近几年奋发努力,扎实工作,由落后变为先进的地区。新疆、广西、内蒙古、云南、贵州、甘肃等地处西部地区的省、自治区,在极为困难的情况下,开拓进取,积极工作,取得了极为可贵的成绩。这充分说明,只要残联领导班子高度重视,克服一切悲观的无所作为的思想,真正把残疾人就业工作摆上日程,认真研究,狠抓落实,是完全可以把这项工作抓上去的。在此,我代表中国残联,代表全国六千万残疾人向工作在残疾人就业战线上的广大干部、职工表示衷心的感谢!

“十五”期间,全国就业形势仍将十分严峻,在市场经济逐步建立和市场导向就业机制的逐步形成过程中,作为弱势群体的残疾人在就业方面将面临更为激烈的竞争,残疾人劳动就业工作的压力将进一步加大。一方面,在转向市场经济的过程中,许许多多的企业,变得十分困难,大量的职工下岗,全国就业形势十分严峻;另一方面,残疾人原有的就业渠道,比如福利工厂,遇到极大的困难,很多福利工厂的残疾人下岗了。甚至一些有知识有文化的残疾人毕业生,进入劳动力市场以后,也不能找到自己的岗位。一个是国家总的劳动就业形势的紧张,一个是残疾人原有就业渠道遇到困难和新的就业渠道开拓比较艰难,造成残疾人就业形势十分严峻。在这种形势下,要在充分体现党和政府对残疾人就业的保护和扶持的同时,按照社会主义市场经济规律和以市场为导向的就业机制的客观要求开展残疾人就业工作，就成为我们面临的一个重大课题。因此，我们要在思想和措施上做好适应新形势的准备，处理好特殊群体保护性就业和竞争就业的关系；全面提高残疾人就业服务队伍的素质，加强专业服务能力；要加大残疾人职业教育和培训工作的力度，提高残疾人职业技能水平和竞争能力，促使残疾人就业工作在新时期取得更大的成绩。

二、充分认识新时期残疾人劳动就业工作的重要意义

劳动就业工作，是各级残联的一项重要工作。就残疾人而言，劳动就业是残疾人实现人生价值最重要的途径，是残疾人获得经济收入、实现真正自立、平等参与社会生活的基础；对国家而言，就业能够充分发挥残疾人的聪明才智和潜能，使之真正成为经济和社会发展的一支重要力量；对残联而言，是对能否有效地履行“代表、服务、管理”职能的考验，对提高残联的政策水平、协调能力、工作能力，加强队伍建设，都有极大的促进作用。可以这样说，残联的各项工作，如康复工作、教育工作、宣传工作等各项工作的成果，都可以通过残疾人能不能更多地实现就业来体现。对此，各级残联都必须有明确的充分的认识。现在残联面临的最大问题是就业问题，残联应该下决心来啃这个硬骨头，在艰苦的工作中锻炼成长起来。

三、解放思想，开拓进取，促进残疾人按比例就业不断发展

目前，我国残疾人就业主要有三种形式：集中就业、按比例就业和个体就业。残疾人按比例就业，是在向市场经济转化和建立市场

导向的就业机制时,国家为保护和扶持残疾人就业而采取的重要措施,并以法律形式规定下来。落实并做好按比例就业工作,是各级残联的责任。按比例就业从试点到在全国实施,已走过十年的历程,并已取得巨大的成绩,但仍处在探索和开拓阶段,对此我们必须要有清醒的认识。按比例就业不是中国发明的,我们是从外国引进的。在搞这项工作初期,我访问了一些西方发达国家,包括日本,当时我们就看到这种就业方式是很有前途的。我们考虑的出发点是,原来我国残疾人就业是由国家负担,残疾人有了困难,就找政府,民政就花钱办福利企业,把残疾人收到里面,稳定社会。这样政府既要办工厂,又要给福利企业减税,残疾人的就业都包在政府身上。实际上,政府的能力毕竟是有限的,而社会每个成员都有责任承担残疾人就业问题。分散按比例就业就是逐步实现从政府完全负担向以社会负担为主这样一个根本的转变,但是最终责任还是在政府身上,政府承担着最终责任。

一九八八年,我国开始研究分散按比例就业,紧跟着把分散按比例就业写到残疾人保障法里,之后在一些省市进行试点,现在已在全国进行推广。也就是说我们走了四大步:第一步是怎样确立这个路线,第二步是怎样写进残疾人保障法,第三步是怎样试点推广,第四步是怎样能够规范化,并且使其健康发展。现在就是这第四步的关头,这次会议主要解决这个问题。为做好残疾人按比例就业工作,以下几点应引起大家高度重视:

第一,各级残联和残疾人就业服务机构要转变观念,研究如何在市场导向的就业机制下,有效地开展按比例就业工作。社会和用人单位要转变观念,认识到安排残疾人就业是应尽的社会义务,而且残疾人只要经过适当的职业培训,并提供适应的岗位,是完全能够胜任工作要求的,要自觉地接纳残疾人就业。广大残疾人也要转变就业观念,适应新的就业环境,正确对待就业机制带来的变化,在灵活多样的就业形式中实现就业。

第二,强化残疾人职业培训,要体现在提高培训质量,增强残疾人综合素质上。要依靠社会一切可利用的培训资源,培养符合劳动力市场需求的各类人才,使残疾人在政策保护下的竞争上岗能力得到提高。大家都来研究,怎样加强培训,我认为要充分利用劳动部门和社会的资源。有的地方同志讲,我好不容易收点保障金,还要往劳动部门投钱。这种观念要改变。完全靠自己办,怎么能那么快地适应市场呢?怎么能在那么大的范围适应市场呢?没有劳动部门这个强大的后盾,恐怕是不成的。

第三,开展就业服务,是促进按比例就业发展的不可或缺的重要工作。通过与劳动力市场紧密联系的残疾人就业服务网络,为残疾人和用人单位提供全面的服务。建立机构规范化、手段现代化、人员专业化残疾人就业服务体系。我在国外看到的就业服务机构特别注意评估。残疾人来了,先进行评估,这个残疾人的残疾程度如何,能力如何,心理素质怎样,知识水平怎样,心理状态怎样,最后得出一个结论,这个人适合什么样的工作,这就是评估。这个残疾人经过评估以后,再送到培训机构去,然后再进入劳动力市场。所以就业服务是很专业化的,而我们现在缺乏这套专业化的东西,我们既缺乏专业化的服务体系,也缺乏专业化的工作人员,这种状况要改变。

第四,探索和规范残疾人就业保障金的收缴和管理方法,全面促进就业工作的开展。收缴就业保障金必须要有规范化的收缴办法,上海和其他一些地方都有比较好的经验。有了规范化的收缴办法,就减少了残联和社会的矛盾,减少了残联和各个单位的矛盾,也减少了残联的工作压力,能腾出手来狠抓职业培训和就业服务工作。

以上四条,是我给大家出的题目,希望大家在此次会议和今后工作中认真总结经验,进一步研究、探索。这些问题解决了,我们的残疾人就业工作,就真正走上了正轨,我国的残疾人事业将得到极大的发展,将造福千万残疾人。

在这次会议上还要研究盲人按摩工作,这是残疾人就业工作的重要组成部分。盲人是残疾人中最困难的群体,我们要在搞好盲人按摩工作的同时,认真研究和开拓盲人就业的新渠道,使盲人就业工作上一个新台阶。盲人按摩工作现在搞得不错,但是只有这一条路,将来还会有危机,到有危机的时候,再找其他路子就晚了,所以在搞好盲人按摩工作的同时,要研究开拓盲人就业的新路子。

同志们,在刚刚结束不久的第二次全国残疾人事业工作会议和第十五次全国残联工作会议上,党和政府为残疾人事业的各项工作在新世纪的全面发展绘制出了宏伟的蓝图。今天,在新世纪的第一年,我们召开的残疾人就业工作会议,总结过去,部署“十五”,就是要将规划变为现实。让我们以饱满的热情,踏实的工作,为将残疾人就业工作在新的世纪推向一个全新的发展阶段而努力奋斗!

加强专门协会工作[①]

（二〇〇一年八月十六日）

今天，研讨班就要结束了，这几天大家聚在一起，学习有关文件、交流经验，研究如何加强专门协会工作，这是个好办法。特别是请各省盲协主席和组联干部一起来研究，对协会工作有很大的推动作用。

举办盲协主席研讨班，这是残联成立以来的第一次。开班式上大家听了建模的讲话，反映都很好，我也看了建模的讲话提纲，他讲的许多意见我都同意。通过研讨大家也提出了很多很好的建议、意见，畅所欲言，心情非常舒畅，精神非常振奋，增强了责任感和做好协会工作的信心和决心，这对于进一步加强盲人协会的工作有着重要的意义。我觉得这个班办得很好，也很成功，除了盲人协会应该举办研讨班以外，其他几个专门协会也应当举办研讨班。

怎样做好盲人协会的工作，对每一个盲人，对每一个主席来说是非常重要的；对于残联来说，也是一个重大的课题。残联除了盲人协会以外，还有其他几个专门协会，如何做好这几个专门协会的工作，如何使这些专门协会充分发挥作用是十分重要的问题。我也始终在想，残联怎样加强残疾人的代表性，怎样加强专门协会的工作，怎样加强评议委员会的工作，将来怎样发挥主席团的作用等等，我觉得这些对残联来说，都是非常重要的事情。中国残疾人联合会从一九八八年成立，就是全国所有类别的残疾人综合的一个代表组织，主席团

---

① 这是邓朴方同志在全国省级盲协主席研讨班上的讲话摘要。

是由各类残疾人和残疾人工作者共同组成的,代表着各类残疾人的利益;同时,它也是一个工作的组织、服务的组织,还要参与有关的管理。正是因为有着代表、服务、管理三种功能,所以才使得残疾人联合会在推动残疾人的事业、代表残疾人的利益、为残疾人服务等方面取得了巨大的成就。就盲人来说,大家反映这些年来得到了许多利益、实惠,也证明了这一点。但是,残联这种代表功能的实现,除了要直接为盲人服好务,能够代表大家的根本利益以外,如果不能把专门协会工作做好,从完整意义上来说,就不能说我们的代表功能发挥得非常好。所以,一定要做好专门协会工作。我今天就专门讲讲怎么样来把我们盲人协会办好,把我们所有的专门协会办好。

一、对做好专门协会工作的意义要有一个完整的认识

对于这个问题,残联系统的干部是不是认识到位了,我们专门协会的同志是不是认识到位了,我看未必。所以,我认为还是要提"为什么"这三个字。大家知道,江泽民总书记提出"三个代表"的重要思想,要代表先进生产力的发展要求,代表先进文化的前进方向,代表最广大人民的根本利益。对残联系统来说,最重要的是怎么体现代表全国六千万残疾人的根本利益,对于我们盲人协会来说,怎么代表八百七十七万盲人的利益,如果我们不能体现这个代表功能,实际上就等于我们脱离了群众。党不能代表人民群众,党就要脱离群众;残联不能代表残疾人,残联就脱离了残疾人群众;盲协要不能代表盲人,盲协就脱离了盲人群众。脱离了群众,就等于是自掘坟墓。

发挥好专门协会的作用,可以充分体现残联的代表职能。实际上,代表职能是残联的一个根本的职能,也是最初始的一个职能。代

表残疾人的根本利益，保持与广大残疾人的血肉联系是残联的生命线，也是我们存在的基础。所以，残联如果不强调代表职能，虽然我们可以做很多事情，盲人按摩工作、盲童教育工作等等，但做完之后，回过头来看一看，我们跟残疾人有没有密切的血肉联系，是不是能够充分了解残疾人的疾苦，是不是能够代表残疾人的利益、维护残疾人的权益，是不是能够把大家最需要的事情做好等一系列问题，我们未必能够做得好，我们的漏洞还是很多的。在代表职能里面，专门协会起着很大作用。大家知道，残联有主席团，主席团下面有执行理事会、评议委员会、专门协会，但是真正体现代表功能，还是我们的各个专门协会，五个专门协会是残联的主体。什么叫残疾人联合会？所谓联合会，就是各个协会的一个联合，我们虽然没有把大家作为一个组织独立出来，然后再把它联合起来，但是我们一开始讲联合会的时候，就应该是这样一种概念。有人讲得极端点，说可以没有残疾人联合会，但是不能没有盲人协会，不能没有聋人协会，也不能没有其他协会。有时我跟大家说，也许我们中国残疾人联合会办得非常好的时候，我们就消亡了，也就是说如果盲人协会、聋人协会都能完全独立工作了，联合会也就不一定存在了。再进一步说如果盲人协会办得非常好了，每个盲人都能完全独立地在社会上生活了，盲人协会也可以不要了。所以姑妄说之，当你真正消亡的时候，就是工作做得最好的时候。五类专门协会都是残疾人联合会的主体协会，如果我们残联的各级组织不认识到这一点，那就要犯大错误。

专门协会工作搞好了，残联也才能够更加密切地联系残疾人。目前，我们在省残联领导班子里面配备了一个残疾人，但多数还都是肢残人。中国残联里有一个盲人理事、一个聋人理事、一个肢残人理事长、一个副理事长。在省一级是不是应该有更多的残疾人进入领导班子，最近这两年，我要求地市残联到下届换届一定要有一个残疾人进入领导班子,那么我现在想,下一届省级残联班子里面是不是也都配上盲人、聋人、肢残人,起码是有一个理事,我看可以考虑。这样,在残联班子里面有了各类残疾人的代表,就能联系更广大的群众,使得我们盲人群众、聋人群众在残疾人事业中发挥主体作用,并且参与社会生活,参加到社会主义建设中去。

专门协会工作搞好了,才能够把我们残疾人团结在一起。我们现在的情况是什么呢?目前有很多问题存在。在会议讨论中,大家也都反映出来了,实际上这个问题我们也都知道,比如:大多数地方,特别是在大中城市,专门协会组织建设工作缓慢,一些地市还没有专门协会。我记得在过去有三分之一的县有盲聋哑协会,在县一级就可以展开工作了。那么残联成立后,一些地方的专门协会还没有成立,有些地方虽然成立了协会,但由于残联干部对这方面的工作重视不够,使得我们的协会形同虚设。据反映,我们有的省盲协主席找理事长、部室主任汇报工作,四年都没谈成。这是非常典型的例子,这种情况无论如何再不能够继续下去了。很多地方专门协会没有必要的经费、场地和工作人员;我们的协会主席、副主席和协会队伍是不是能够充分适应新形势的要求,这些都是问题。中国残联成立十三年了,这个问题无论如何要改变了。大家说这次会议是不是开得有点晚了,讲晚确实有点晚,如果讲不晚,也可以说不晚,因为任何事情发展都是有过程的。残联成立以后,首先要解决自己的生存,必须把各级残联建立起来,建到县残联差不多用了一届的时间;第二届以后,又遇到机构改革、乡镇残联建设问题,因为真正联系群众,必须建到乡镇啊!这样,把这个工作做完,第二届就过去了。专门协会现在提出来,"三代会"提出来,是适当的。刚才滕伟民有个说法,我很赞成,就是我们以前虽然干了很多工作,但是我们那个时候是一个层次的问题,现在我们又有了新层次的问题。随着残疾人事业的发展,加强专门协会的工作刻不容缓,如果再不抓就晚了,或者说再不抓就更晚了。过去我们对这个问题的认识也许还不到位,现在我觉得对这个问题的认识到位了。所以,我们要在这个时候强调把专门协会的工作做好,实实在在地把专门协会工作抓起来。

二、专门协会当前的任务

第一维护盲人的合法权益;第二起到呼吁、反映、咨询的作用;第三要凝聚、引导广大盲人群众团结在残联的周围;第四要进入到具体的业务工作中去;第五要有自我教育的作用。我觉得这五个方面基本上把我们要做的工作涵盖起来了。作为盲人协会,要坚定地维护盲人的合法权益,我认为这是最重要的事情。我们代表残疾人,代表什么呢? 就是在他们的利益受到损害、受到侵害的时候,我们的盲协主席、我们的同志能挺身而出,我们残联干部当然也应该说话了。我们要敢于说话、敢于斗争。大家都说怕把乌纱帽丢了,我看各位主席在残联也没有乌纱帽,也不用怕丢这个乌纱帽。另外,专门协会要更多地开展丰富多彩的活动,包括文化活动,学习活动,增长技能的活动。刚才听到会议代表建议在盲人中开展扫盲问题,我想这都是需要我们做的,也就是建模提出的我们要介入到一些业务领域当中去。有关盲人业务领域,盲协要有限度的、以适当的方式介入进来,有些事情可能要以盲协为主来做,有些事情由机关来做、盲协要协助,总之,是要合作起来做。再就是调查研究,听群众意见。对于盲协来说,发现、培养一批新的盲人干部也非常重要。在我们盲协里面要不断地吸收新鲜血液,有一批积极分子进入到盲协来工作。当然,大家都是兼职的,不可能都是专职的。要发现最优秀的人才,培养选拔到我们各级领导岗位上来。如果能输送到残联机关来是最好的;暂时还不能到残联机关工作,到盲协中充分发挥有效的作用,联系残疾人群众,提出问题,跟残联各部门沟通,维护盲人群众的合法权益也是非常好的。所以说,我们要不断地更新,不断培养积极分子,把人才使用好,给他们压担子,使他们成长起来。这一工作残联机关要做,执行理事会要做,盲人协会自己也要做。

三、怎样加强专门协会工作

我想,首先要贯彻积极、有效、健康的工作方针,第一积极,第二有效,第三健康。积极,就是我们现在要坚决地把专门协会工作抓起来,要以积极的态度把专门协会活跃起来,让它充分发挥作用。有效,就是大家不说空话,不做虚功,我们做一件事情,就要扎扎实实,符合实际,实事求是。健康,就是使我们专门协会能够健康地发展,作为盲人协会,就是既能够使盲人的主导地位,主动性、积极性发挥出来,协会的作用发挥起来,又能够和执行理事会合作起来,能够和各个方面协调起来,形成良性的运转机制,健康发展。

其次,要积极研究、分类指导。我们要研究省级盲协怎么做,省会城市盲协怎么做,大中城市、中心城市怎么做。我总感觉到,专门协会工作要真正做起来,还是中心城市比较容易,一下子伸到基层、伸到县里边去,不一定就能见到成绩,不一定就做得好。无论怎么样,省会城市、中心城市,人们生活水平稍微高一些,文化水平比较高一些,大家容易联系,容易形成凝聚力,容易活跃起来。在此基础上再研究县级怎么做,经济欠发达的地市怎么做。还有一个问题,东部、中部、西部地区,恐怕盲人所面临的问题也是不同的。比如青海,我听说面临的问题仍是吃饭,北京、上海这些发达地区是怎么样走向现代化的问题。所以说,有个分类指导的问题,东部、中部、西部,城市、农村，省级、中心城市和县级等等，这些方面都要分别进行研究，要根据这些地方的特点，来确定哪个地方，哪一级应当做什么，或者是主要做什么，抓哪几个方面的问题。我想在这个问题上我们不能主观想象，不能主观臆断，而要根据客观情况实事求是，我认为实事求是的作风在残联应该大力发扬。

工作要有步骤。先做什么，后做什么，这一点要强调。我始终强调先做中心城市，省会城市先做起来，中心城市先做起来，做好了，有底了，再往下推。事情总是一步步做起来的，我认为应该现实一点。总之，任何问题都要实事求是，分个轻重缓急，分个难易程度，首先做容易的、见效快的。

执行理事会要好好研究一下怎么样分步骤把盲人协会、聋人协会、肢残人协会、精神残疾亲友会和智残亲友会的工作做好，各个协会做什么，要分别研究。盲人协会与聋人协会所做的工作是不会相同的，盲人协会、聋人协会与肢残人协会所做的工作会有更大的不同。当然，还有两个亲友会，两个亲友会到底做什么，怎么做，这些都需要分别研究。对各个不同类别、各个不同层次的协会做什么，我们要心里有底，有计划分步骤地推动，这样专门协会才能活跃起来。

四、执行理事会要给予保障

我提出一个概念，执行理事会与盲人协会是什么关系？我认为不是领导与被领导的关系。执行理事会是主席团的执行机构，日常工作机构，应该是工作班子、执行班子。但是盲人协会是主体协会，盲人协会领导都在主席团，主席团应该领导执行理事会。怎么现在主席团委员见省残联理事长都见不着，连个省残联部室主任都见不着，都汇报不上工作？这是本末倒置。所以，在各级残联机关，各级执行理事会应树立一个观念:执行理事会是向主席团负责的,同时也要对盲人协会、聋人协会等各个协会的工作负责,各个专门协会的日常工作是由残联机关承担的。

各地残联的执行理事会都要充分认识到专门协会工作的重要性,要多支持,多指导,绝不允许再出现对协会工作不管不问的现象。这里面执行理事会对专门协会的支持、服务应该从多方面来体现。比如说,北京市理事会与各专门协会领导三个月开一次联席会议,这个制度非常好。是不是每个省都规定下来?执行理事会给各个专门协会每半年通报一次情况。又比如说,执行理事会要抓专门协会的工作,要在重点城市抓好试点,积极推行,既然是执行机构,就有责任抓好,使协会工作真正活跃起来。

有个问题要探讨一下,中国盲人协会对省级盲人协会是否应该有业务指导关系?这个问题要认真研究,如果有,以后章程要修改一下。我认为上级盲人协会对下级盲人协会应当有业务指导关系,这一点很重要,有了它以后,上下串起来,工作比较好做,在组织上就有了保证。

各省组联部的同志要向理事长汇报一下,尽快把大中城市、中心城市的协会组建起来,尽快把盲人协会、聋人协会等各类协会工作开展起来。各级残联机关应当分派专人负责专门协会的具体事务。人员怎么定,应当向各省提个要求,比如盲人协会、聋人协会需要几个人,部室主任谁负责,工作人员谁负责,尽快把人员配起来,因为大家都分散在各个岗位上,中间要有个穿针引线的人。应该把省会的活动场地建立起来,中心城市的综合服务设施利用起来,要有固定场地,如果不能固定也要保证有场地可用。

再就是经费问题。中国残联要和各省理事长打招呼,从今年开始,各省每个专门协会每年活动经费一万元应该有保证;各中心城市的经费也要有保证，要固定个死数，不是上限，是下限，是个底数。各省组联部的同志回去要说一下。

最后一个问题是培养干部问题。执行理事会对优秀残疾人干部，特别是对优秀的盲人、聋人要着重注意培养，要着重考虑任用，否则任用不起来。这几年我一直强调各个地市下一届换届一定要有一个残疾人进领导班子，省级残联无论如何要有一个盲人、一个聋人进理事会，现在就作为一个要求定下来。要准备一个专门的文件，对残疾人进领导岗位，进入残联工作做一个规定，特别是盲人、聋人干部，还要吸收亲友会的成员进来，总得有代表人物在这里工作，这对执行理事会的工作方向、任务有所校正。

总之，这次研讨班办得很好，通过这次研讨班，再结合其他几个协会研讨班，执行理事会应该认真讨论一下，在下次工作会议上我们作为一个课题把它郑重提出来，到那时应该拿出一套完整方案，包括我们为什么做，怎么做，做什么，如何保障，供大家讨论。

这届理事会对这项工作抓得不错，这一届还有几年，希望能够把这件事再认真抓一下；也希望组联部认真做好服务工作；更希望各专门协会，希望今天在座的盲人协会主席，包括省里的同志和中国盲人协会主席、副主席共同努力，把我们协会工作越办越好！

与欧盟官员谈《残疾人权利公约》[①]

（二〇〇一年十月十二日）

我这次率团造访欧盟，就残疾人事务，特别是共同推动联合国制订《残疾人权利公约》事宜交换意见，感到十分高兴。我与欧盟负责外交事务的委员彭定康先生进行了很好的会谈，就一些重要问题达成了共识。各位是主管社会事务的高级官员，我愿就《残疾人权利公约》问题谈谈我的看法。

第一，欧盟国家是最早倡导制订《残疾人权利公约》的联合国成员国。早在八十年代初，“国际残疾人年”结束、“联合国残疾人十年”开始之际，意大利、瑞典就曾分别在联合国提出了制订《残疾人权利公约》的提案，受当时国际残疾人运动发展水平的制约以及缺乏与众多发展中国家的沟通，两个提案均未获通过。随后，欧盟又积极倡导并主持制定了《残疾人机会均等标准规则》，成为联合国残疾人事务领域的重要国际文书。这是欧盟对国际残疾人事务的重要贡献，中国和广大发展中国家对此给予高度评价。

第二，人类社会已进入二十一世纪，国际残疾人运动也已进入了一个新的发展阶段。通过“联合国残疾人十年”等全球性活动，残疾人人权保障意识不断提高，各国更加重视残疾人事务，通过发展残疾人事业，促进了残疾人的“平等·参与·共享”等权益保障。然而，对

---

① 这是邓朴方同志访问欧盟时在比利时首都布鲁塞尔与欧盟社会事务官员的谈话。

于残疾人这个弱势群体，联合国有了《关于残疾人的世界行动纲领》，有了《残疾人机会均等标准规则》，却缺乏有法律约束力的国际文书，比如说一部《残疾人权利公约》，这不能不说是联合国在推动残疾人事务方面的一大缺憾。

第三，国际上最具代表性的五大残疾人组织——残疾人国际、康复国际、世盲联、世聋联和融合国际，于二〇〇〇年三月在北京召开最高领导人会议，各方的共识是努力促成联合国尽快启动《残疾人权利公约》的制订程序，为各国政府加快发展残疾人事业、保障残疾人权益提供一个良好的国际法律环境与工作依据。目前，制订《残疾人权利公约》已成为国际残疾人的共同心声与强烈愿望，若置全世界十分之一人口的残疾人的诉求于不顾，将给联合国的形象造成莫大伤害。

第四，我与国际残疾人事务杰出活动家、联合国残疾人事务特别报告员、来自瑞典的林奎斯特先生曾多次就《残疾人权利公约》问题交换意见，已达成了高度一致。我们正通过不同的渠道，以不同的方式推动我们的共同目标早日实现。据林奎斯特先生讲，欧盟一些成员担心，一旦《残疾人权利公约》出台，《残疾人机会均等标准规则》将失去意义，我对此有不同的见解。《残疾人机会均等标准规则》是一个很好的残疾人事务指导性文件，为各国做好残疾人工作提供了技术指南，明确了任务与方向，可操作性强。然而，其最大的缺陷是缺乏法律约束力，不能从履行义务角度要求各国强制执行，而《残疾人权利公约》是具有法律约束力的文书。由于《残疾人权利公约》的条款只能是原则性的，须为各国履行留有一定余地，所以《残疾人机会均等标准规则》正好弥补了《残疾人权利公约》这方面的不足。我认为，这两个文件不仅不矛盾，反而是相辅相成、互相促进、互为补充的。

第五，据我们了解，鉴于联合国已通过了多个维护弱势人群权益的公约，一些欧盟国家认为公约太多了，有些国家已表示不再支持类似的新的公约。对此,我有着相反的看法。正是由于联合国已通过了有关妇女、儿童、劳工、移民等一批公约,实际上已经改变了联合国原有的公约体系结构。在"人权公约"总的原则下,一批针对某一类弱势群体的公约发挥了独特的作用。在这个情况下,如果唯独没有《残疾人权利公约》,在联合国的公约体系内,就已形成了对残疾人的歧视,这是应当改变的。简而言之,正因为现在公约多了,所以必须增加《残疾人权利公约》。这点希望欧盟国家能够体谅。

第六,我对《残疾人权利公约》的总体构想是,该国际文书既能促进各国残疾人事务的总体发展,又能为保障残疾人人权明确一些原则,应注重社会发展与人权保障的平衡,应成为各国普遍欢迎与接受的国际法律文件,给各国残疾人事务的发展提供帮助。该国际文书既要体现残疾人人权保障的一般性原则,又要考虑到各国,特别是广大发展中国家的实际情况,这是未来《残疾人权利公约》取得成功的关键所在。

我希望欧盟作为国际社会和联合国的一个重要力量,积极支持《残疾人权利公约》的制订。中国愿与欧盟一道为这一重要国际文书的尽早出台而共同努力。

与联合国人权高专鲁宾逊夫人谈人权[①]

（二〇〇一年十一月九日）

我与鲁宾逊夫人近年来多次见面，已成为朋友。你对残疾人人权事务的关注及对联合国制订《残疾人权利公约》的积极态度令我印象深刻。近年来，经过双方努力，中国与联合国人权高专办的对话与合作机制已建立，我们可以在此平台上就人权问题坦诚地交换意见。

人权问题是复杂的。人们公认的原则虽然大体一致，但具体理解却大不相同，这是由于各国的历史文化背景是不同的。即使是一个国家，对人权问题的认识也是不断变化的，比如美国，《独立宣言》的人权原则就与今天美国的人权思维有很大的差别。我个人更喜欢《独立宣言》的人权原则，而不喜欢美国人现在唱的调子。世界上也没有任何一个国家的人权状况是完善的、无懈可击的，中国有中国的问题，美国有美国的问题。

我承认中国在人权保障方面存在许多需要改进的地方，比如在残疾人领域，不如意的事情太多了。我本人从事残疾人工作，这项工作就是维护人权的工作，我对人权保障事业有感情，是抱着真诚的态度来努力改善中国残疾人的人权状况的。我们深知维护残疾人的权益是十分艰难的，也真的希望国外的朋友帮助我们。但我反对西方利用人权问题对中国施压，用人权"大棒"攻击我们。使用这种手段，会涉及中国的国家利益和民族感情，是中国所不能接受的。中国的

---

① 这是邓朴方同志在接见联合国人权高专鲁宾逊夫人时的谈话。

人权保障需要改进,不仅需要靠自身的努力,而且也需要外国朋友的帮助,只要这种帮助出于真心,是对我们改革开放的大局、对真正意义上的人权保障有益的。

对于来自外部的批评和建议,只要是真心的,哪怕是言辞激烈一些,我们都会予以考虑。即使有些批评是错的,我们也会认真听取。只要是真正的人权捍卫者,都会欢迎这种真诚的对话。朋友们提出的建议,我们会根据实际情况,充分考虑,并在各项工作中逐步改进。

令人厌恶的是,西方一些媒体、一些政客出于政治上的需要,恶意攻击中国的人权状况。对此类攻击我是坚决反对的。一些政客打着人权的旗号,动辄指责别国人权状况,以达到某种政治目的,这是对人权最大的亵渎,是给人权保障事业抹黑。还有一点需要强调,在人权问题上搞双重标准,不把人权当作客观真理与正义的象征,而是当作一种政治工具,以此来捞取私利,这种所谓人权卫士是可耻的,他们是人权事业的破坏者。

我赞赏鲁宾逊夫人在人权问题上采取的真诚与务实的态度,我也愿意与你就人权问题进行深入探讨。我相信,中国政府和中国残疾人组织愿意与你及人权高专办在涉及人权保障的广泛领域进行对话与合作。

深化和推进残疾人扶贫开发工作①

（二〇〇一年十一月十三日）

今年五月，党中央、国务院召开中央扶贫开发工作会议，总结了《国家八七扶贫攻坚计划》实施以来的成就和经验，部署了今后十年的扶贫开发工作，我国扶贫开发进入了新的历史阶段。残疾人扶贫开发是国家扶贫开发的重要组成部分，受到党中央、国务院和有关部门的高度重视，前不久颁布实施的《中国农村扶贫开发纲要（2001—2010年）》和国务院批转的《中国残疾人事业"十五"计划纲要》，都明确对残疾人扶贫提出了新的更高的要求。为贯彻中央扶贫开发工作会议精神，切实做好新时期的残疾人扶贫工作，在国务院领导同志的关心、指导下，国务院扶贫开发领导小组、财政部、中国人民银行、中国农业银行、中国残疾人联合会共同制定了《农村残疾人扶贫开发计划（2001—2010年）》。

这次全国农村残疾人扶贫开发工作会议，是由国务院扶贫开发领导小组、中国农业银行、中国残疾人联合会联合召开的，主要任务是：以"三个代表"重要思想为指导，贯彻落实中央扶贫开发工作会议精神和《农村残疾人扶贫开发计划（2001—2010年）》，对近十年的残疾人扶贫开发工作进行总结，研究、部署今后十年的工作。同时，对多年来在残疾人扶贫工作中辛勤工作、成绩突出的先进单位和先进个人进行表彰。

---

① 这是邓朴方同志在全国农村残疾人扶贫开发工作会议上的报告。

下面,我代表国务院扶贫开发领导小组、财政部、中国人民银行、中国农业银行和中国残联做工作报告。

一、残疾人扶贫开发的成绩和基本经验

扶贫开发是党中央、国务院为缓解和消除贫困、最终实现共同富裕而采取的重大战略措施。在扶贫开发过程中,党中央、国务院始终关心、重视解决残疾人这一特殊群体的贫困问题。一九九一年国务院批准的《中国残疾人事业“八五”计划纲要》首次以国家计划的形式,提出了残疾人扶贫工作的目标、方针、途径和措施,有组织、有计划的残疾人扶贫在全国范围逐步展开。一九九二年,国家根据残疾人的特点和特殊需求,设立康复扶贫贷款,专项用于残疾人扶贫。为全面落实《国家八七扶贫攻坚计划》,“九五”期间,又先后制定了《中国残疾人事业“九五”计划纲要》《残疾人扶贫攻坚计划(1998—2000年)》,采取了一系列针对性更强、更加有力的政策措施,增加资金投入,加大工作力度,进行全面攻坚。近十年来,在各级党委、政府的领导下,通过有关部门、社会各界以及贫困残疾人的艰苦奋斗和共同努力,残疾人扶贫工作取得了显著成绩:

一千多万贫困残疾人初步解决了温饱,贫困残疾人数量已由一九九二年的两千万人下降到二〇〇〇年底的九百七十九万人。越过温饱线的残疾人生活状况、生存环境得到有效改善,家庭收入增加。

二百多万残疾人接受了农业实用生产技术培训,掌握了一技之长,他们中的大多数通过辛勤劳动在较短时间内解决了温饱,很多人还成为技术能手和脱贫致富的典型。

农村残疾人扶贫服务体系初步形成,全国农村百分之八十的县建立了残疾人服务社,百分之六十的乡镇建立了残疾人服务分社,为

贫困残疾人提供各项服务，成为残疾人扶贫工作重要的组织保障。

残疾人扶贫开发工作的进展，为国家扶贫战略目标的实现做出了重要贡献，对推动残疾人事业的发展发挥了重要作用。在工作实践中，各级政府、各有关部门实事求是、勇于探索，广大残疾人积极参与，创造了许多行之有效的适合残疾人特点的经验和做法。

（一）充分发挥政府的主导作用

残疾人是一个特殊而困难的群体。据一九九二年统计，全国贫困残疾人有两千多万，约占全国贫困人口的四分之一、残疾人总数的三分之一。贫困比例高，贫困程度重，扶贫难度大，残疾人扶贫成为整个扶贫工作的主要难点之一。中央和有关部门把残疾人扶贫纳入国家计划，统一安排，同步实施。从一九九二年起，有关部门召开了五次残疾人扶贫工作会议，完善扶持政策，进行动员部署。地方各级政府根据中央精神，加大了扶贫开发力度，切实把残疾人作为扶贫开发对象，制定扶贫计划，安排工作经费，在人财物等方面给予大力支持。许多地方党政领导同志把残疾人扶贫摆到重要位置亲自抓，深入基层，调查研究，检查指导。一些没有扶贫工作机构的省，专门成立了各级残疾人扶贫开发领导机构，加强领导和组织协调工作。有些省自上而下层层签订责任书，实行目标考核责任制，把任务落到实处。很多基层党政领导同志除了抓好工作外，还包户包人，效果显著。实践证明，政府的主导作用和领导同志的表率作用，是做好残疾人扶贫的关键。

（二）实行扶持到户到人的方针，采取行之有效的扶贫方式

由于残疾人的特殊性和居住分散的特点，必须采取具体而有针

对性的扶贫方针和方式。扶贫开发之初,我们在试点的基础上,确定了必须扶持到户到人的方针。从一九九二年起,将这一方针具体化为“公司加农户”方式,辐射、带动到户到人,积极加以推广。一九九八年,根据小额信贷投入少、见效快、覆盖面大、回收率高,适合扶持残疾人参加生产劳动的经验,积极推广小额信贷扶贫方式。同时,将“公司加农户”、小额信贷与社会帮扶等紧密结合,做到扶持资金到户、干部帮扶到户、扶贫项目到户,取得了明显效果,受到广大贫困残疾人的普遍欢迎。多年的实践证明,根据当地资源优势和市场需要,因地制宜,选择有助于直接解决温饱的种植业、养殖业、手工业和家庭副业项目,扶持到户到人,是解决贫困残疾人温饱问题的有效方式。

(三)用好扶贫资金,发挥最佳效益

在残疾人扶贫开发工作中,国家投入了大量的扶贫资金。一九九二年,国家在国定贫困县以外的地区安排康复扶贫贷款,开展残疾人专项扶贫。康复扶贫贷款由“八五”期间的一亿元,逐步增加到一九九九年的每年八亿元,截至二〇〇〇年底已累计投入二十六亿元,财政给予贴息。为了管好用好贷款,发挥其最大效益,中国农业银行专门制定了《康复扶贫贷款管理办法》,对康复扶贫贷款的范围、对象、方式和管理等做了明确规定。同时,各级农行与残联共同对康复扶贫贷款执行情况进行了多次检查。这样做,有效保证了康复扶贫贷款的安全周转和使用。到“九五”末,中央投放的康复扶贫贷款直接扶持了三百多万贫困残疾人解决了温饱,贷款的使用效益好。

各地政府积极采取措施,筹措了相当数量的资金投入残疾人扶贫开发。一些得到中央扶贫贷款较少的地方,省政府专门安排资金作为贴息,由残联向银行、信用社贷款,扩大扶贫贷款规模;有

的地方以政府为主建立残疾人扶贫解困基金，专项用于残疾人扶贫；有些地方政府还建立扶贫基地，安置、辐射、带动贫困残疾人。这些做法，有效地拓展了残疾人扶贫资金来源渠道，推动了残疾人扶贫工作。

（四）调动残疾人的积极性，发扬自强自立精神

残疾人脱贫致富，需要国家的扶持和社会各界的帮助，更需要残疾人自身的努力。近十年来，各地举办了各种不同类型的培训班，本着干什么学什么的原则，普遍开展了残疾人实用技术培训，推广了一大批农业实用技术，提高了残疾人的科技、文化素质和劳动技能，增强了摆脱贫困的信心，极大地激发了残疾人求生存图发展的愿望。他们积极参与，努力学习，克服困难，辛勤劳动，大多数解决了温饱。残疾人通过自身劳动解决温饱的现实，改变了社会上存在的“残疾人只能救济，不是扶贫对象”的认识。残疾人积极参与，自强自立，已成为残疾人扶贫工作的内在动力。

（五）完善服务机构，提供有效服务

残疾人参加生产劳动有很多困难，在生产过程中非常需要全方位的系列化服务。近几年来，在全国县、乡两级建立了残疾人服务社，基本形成了残疾人扶贫服务体系。残疾人服务社积极配合基层农业银行，做好康复扶贫贷款的发放、使用、回收和管理，帮助残疾人贫困户选择项目，进行实用技术培训，并提供从事生产所需的各项服务，帮助残疾人与帮扶者或农村社会化服务机构建立联系。残疾人普遍反映，这样做，技术有地儿学，产品有地儿卖，困难有人帮，解除了他们的后顾之忧。

(六)广泛动员社会力量,开展"帮包带扶"活动

残疾人扶贫开发是一项社会系统工程,需要社会各成员单位的密切配合,社会各界广泛参与,提供帮助。多年来,"党政机关、企事业单位包村","党员、干部结对包户",志愿者、邻里、富裕户"一帮一","众帮一"等做法,不仅在残疾人扶贫中发挥了重要作用,而且促进了社会扶残助残良好风尚的形成。动员社会各界广泛参与,已经成为解决残疾人温饱的有效措施。

这些经验,是在党和政府的领导下,广大干部、群众和残疾人共同创造、积累的,符合我国国情,体现了我国社会主义制度的优越性,是残疾人扶贫开发工作的宝贵财富,在新时期要继续坚持,不断创新。

二、新阶段残疾人扶贫开发的形势

在《国家八七扶贫攻坚计划》基本完成之后,党中央、国务院及时决定:从二〇〇一年到二〇一〇年,集中力量,加快贫困地区脱贫致富的进程,把我国的扶贫开发事业推向新的阶段。中央强调,基本解决农村贫困人口温饱问题,只是扶贫开发、实现共同富裕的一个阶段性胜利。巩固扶贫成果,在这个基础上实现小康还需要一个较长期的奋斗过程。中央要求,要充分认识扶贫开发的长期性、复杂性和艰巨性,继续摆在重要位置,做出不懈努力。

残疾人扶贫开发是国家扶贫开发的重要组成部分。认真分析残疾人扶贫的形势,确定今后的任务目标和方针、政策,对贯彻中央扶贫开发工作会议精神,进一步搞好残疾人扶贫开发十分重要。

(一)贫困残疾人数量仍然很大

目前,没有解决温饱的贫困残疾人近一千万,约占全国尚未解决温饱贫困人口的三分之一;已经初步解决温饱的残疾人,很大一部分并不稳定,还在温饱线上徘徊,一遇灾害或困难,极易返贫。这两部分人都是扶贫开发的对象,帮助他们尽快解决温饱并稳定脱贫,是新时期残疾人扶贫开发工作的主要任务。

(二)扶持难度进一步增大

残疾人是社会中的弱势群体,由于残疾影响和外界障碍,各方面都面临很大困难。加上贫困残疾人百分之八十五没有接受过初中以上文化教育,缺少劳动技能,更增加了扶持的难度。由于这些原因,国家采取的以工代赈、劳务输出等重大扶贫措施,难以落实到残疾人身上。残疾人在项目选择上也受到很大限制,一些技术含量较高的项目,相当多的残疾人不经过培训难以从事。此外,尚未解决温饱的残疾人,残疾影响和贫困程度相对更重,必须为他们提供更加具体、切合实际的扶持和帮助。

(三)缺乏及时有效的服务

随着农村经济体制改革的深入和农村产业结构的调整,农村残疾人扶贫最关键的环节是要为残疾人提供及时有效的产前、产中、产后服务,使其劳动成果尽快走向市场,达到脱贫的目的。但是,现在农村建立的社会化服务体系实行的是商业运作、有偿服务,残疾人因过于贫困,很难得到服务。针对这一情况,近几年建立的残疾人服务社,虽然初步形成了网络,为残疾人做了大量服务工作,但是由于经费缺乏,人力不足,服务能力有限,难以满足残疾人的迫切需求。

(四)认识还有待进一步提高

随着国家扶贫工作的深入,各级党委、政府普遍从体现社会主义制度优越性和实现共同富裕目标的高度,重视残疾人扶贫。但是,也仍然存在一些认识问题:一些地方的领导同志认为贫困残疾人都是扶不起来的救济对象;一些扶贫任务小的地区的领导,认为贫困残疾人少,不扶也不影响大局。由于这些不正确认识,导致了这些地区残疾人扶贫工作组织领导不力,资金投入不足,扶贫贷款不能及时到位,影响了残疾人扶贫工作的进展。

新时期的残疾人扶贫开发虽然形势严峻,困难很大,但是我们应该看到有许多有利条件:一是党中央、国务院更加重视残疾人扶贫工作,今年颁布实施的《中国农村扶贫开发纲要》,将贫困残疾人作为全国扶贫开发的重点对象之一,要求纳入扶贫范围,统一组织,同步实施;二是随着我国经济发展和综合国力的增强,国家对扶贫开发的投入不断加大;三是经过近十年的工作,积累了许多适合残疾人特点、行之有效的残疾人扶贫工作经验;四是扶残助残的社会风尚日益形成,社会各界参与和支持残疾人扶贫开发的积极性越来越高;五是广大贫困残疾人发扬"自尊、自信、自强、自立"精神,参与扶贫开发、战胜贫困的信心进一步增强。因此,只要我们抓住国家扶贫开发带来的良好机遇,充分利用一切有利条件,调动一切积极因素,克服困难,共同努力,就能够完成新时期的残疾人扶贫开发任务。对此,我们要充满信心。

三、认真贯彻落实《农村残疾人扶贫开发计划》,深化和推进残疾人扶贫开发工作

《农村残疾人扶贫开发计划》是依据中央扶贫开发工作会议精神

和《中国农村扶贫开发纲要》,在充分调查、深入研究、广泛征求意见的基础上制订的。“计划”明确了今后十年残疾人扶贫开发的任务目标、基本方针和主要措施,是做好新时期残疾人扶贫工作的指导性文件。

今后十年残疾人扶贫开发的任务目标是:尽快解决贫困残疾人的温饱问题,继续巩固已有的扶贫成果,提高贫困残疾人的生活质量,缩小贫富差距,为实现共同富裕创造条件。“十五”期间扶持一千二百万农村残疾人,使尚未解决温饱的基本解决温饱,初步解决温饱的稳定提高收入。实现这一目标,要坚持以往的成功经验和做法,根据国家扶贫开发的新形势、新要求,以及贫困残疾人的特殊需求,进一步突出重点,明确分工,协同作战,落实责任。

(一)继续坚持将残疾人扶贫开发纳入各级政府扶贫开发计划,统一安排,同步实施,并予以特别扶助。

中央在全面分析扶贫开发的实际情况后,确定了一批扶贫任务大的县,作为扶贫开发工作的重点县,予以重点支持。但是,这些地区的贫困残疾人,只占贫困残疾人总数的百分之三十左右,而大多数贫困残疾人生活在重点县之外的地区。贫困残疾人的分布情况,决定了残疾人扶贫开发必须坚持分类指导的原则,在不同地区采取不同的做法。

国家扶贫重点县,扶贫开发工作是中心任务,集中了中央和地方的主要扶贫资金,有完善的扶贫工作体系和目标责任制。这些地区,必须切实将残疾人扶贫开发纳入当地政府扶贫计划,落实对残疾人贫困户扶持的具体措施,在当地的中央和地方扶贫资金中予以优先考虑和支持,统一组织,统筹安排,同步实施。

国家扶贫重点县以外的地区,贫困人口主要由地方各级政府采取措施,安排资金进行扶持。由于这些地区贫困残疾人占贫困人口的比例较大,地方政府和有关部门要把解决贫困残疾人的温饱作为本地区扶贫工作的重点,针对残疾人的特点,制订相应的残疾人扶贫开发计划,筹措资金,狠抓落实。中央将继续安排康复扶贫贷款,支持这些地区的残疾人扶贫开发,这些地区的政府也要进一步加大对残疾人扶贫开发的投入。

沿海发达省市,残疾人贫困问题主要由当地政府负责解决,要根据贫困残疾人数量和实际需要,积极采取有效措施,扶持当地贫困残疾人,帮助他们增加收入,尽快脱贫。

(二)采取有效方式,扶持到户到人

新阶段的残疾人扶贫开发,仍然要坚持到户到人的方针,采取各种行之有效的扶贫方式,千方百计增加贫困残疾人的收入。要以能够直接解决农村残疾人温饱的种植业、养殖业、手工业和家庭副业为重点,选择适合市场需要、兼顾残疾人特点的项目,不搞没有辐射、带动作用的工业项目。要因地制宜,从实际出发,选择最有效的扶贫方式,与地方支柱产业相配套,积极推行“公司加农户”和订单农业,为残疾人发展生产提供服务。同时要在规范的基础上,继续稳妥地推行小额信贷。发展“庭园经济”,是适合残疾人特点、增加收入的有效途径,有条件的地方,要积极推广。事物总是发展的,残疾人扶贫会不断出现新情况、新问题,我们要解放思想,勇于创新,在实践中不断创造新的有效的扶贫方式和经验。

(三)大力开展实用技术培训,加大科技扶贫力度

提高贫困残疾人的劳动技能和文化素质,充分调动他们的积极性,是推进残疾人扶贫的重要的基础性工作。要通过各种不同类型的短期培训班和社会现有的各类职业技术培训机构,有针对性地大力开

展残疾人实用技术培训，提高贫困残疾人掌握实用技术的能力和文化素质，做到每个受训的贫困残疾人都能掌握一项或多项实用技术，培训后能适应农业生产劳动的需要。同时，要积极采取措施，鼓励科研机构、各类农村合作机构直接参加残疾人扶贫开发项目，发挥他们的作用，提高产品的科技含量，增加市场竞争能力。

（四）加大扶贫投入，努力提高资金使用效益

继续加大对残疾人扶贫开发的投入，是完成新阶段扶贫开发任务的重要保证。中央和地方财政部门要加大用于残疾人扶贫资金的投入。各省在制订中央和地方财政扶贫资金使用计划时，都要安排一定数量，重点用于贫困残疾人发展种植业、养殖业、引进优良品种、推广先进实用技术和残疾人实用技术培训。中央将继续安排康复扶贫贷款，主要用于国家扶贫重点县以外地区的残疾人扶贫。康复扶贫贷款在确定的贴息期限内，执行人民银行规定的优惠利率，优惠利率与基准利率之间的差额由中央财政据实补贴。在保障资金安全的前提下，要简化程序，适当放宽残疾人扶贫项目贷款的条件，根据产业特点和项目情况，适当延长贷款期限，使康复扶贫贷款更有效地发挥作用。各省、自治区、直辖市也要千方百计筹措资金，不断增加残疾人扶贫的投入。同时，必须进一步加强资金管理，提高使用效益，对挤占、挪用和贪污残疾人扶贫资金的违纪、违法行为，要严肃处理，决不姑息。

（五）弘扬中华民族的优良传统，动员社会各界参与残疾人扶贫

“帮包带扶”贫困残疾人户，是残疾人扶贫开发工作重要的成功经验之一。新时期，要继续坚持下去，要搞得更好。要积极倡导、动

员党政机关、团体、企事业单位,领导干部、党员、团员、志愿者和其他社会热心人士,开展扶贫结对活动,单位包村、个人包户,帮助筹措资金、落实优惠政策、选项目、学技术,进一步在全社会形成“人人为贫困残疾人献爱心、送温暖”的氛围,通过各种形式扶持、带动贫困残疾人摆脱贫困。

(六)要为贫困残疾人提供完善的服务,不断强化和完善服务社建设

为贫困残疾人提供有组织、有计划的完善的生产服务,是残疾人扶贫开发的关键环节。各级政府要积极组织、动员当地社会化服务体系,在充分尊重贫困残疾人生产经营自主权的基础上,切实为贫困残疾人提供产前、产中、产后的完善服务。各级残联要加强对服务社的领导,强化和完善残疾人服务社的建设,注意吸收懂管理、善经营的人才,建立健全各项规章制度,增强服务意识,提高服务水平。地方政府要在工作经费、工作条件等方面给予支持。

(七)加强组织领导

解决贫困残疾人的温饱问题,继续推进残疾人扶贫开发工作,是各级政府的责任。各级政府和有关部门要从政治和战略的高度,充分认识新阶段扶贫开发工作的重要性,把思想统一到中央扶贫开发工作会议的精神上来,按照江泽民总书记“三个代表”的要求,进一步增强责任感,加强对残疾人扶贫开发工作的组织领导。各地政府要根据新阶段扶贫开发工作的要求,制订残疾人扶贫开发计划,做好动员、部署,实行目标责任制,确保各项任务落到实处。领导同志要深入基层,调查研究,帮助解决工作中遇到的实际困难。从事残疾人扶贫工作的有关部门,要相互沟通,密切配合,团结一致,共同努力,做

好工作。

同志们，残疾人扶贫开发是帮助农村贫困残疾人解决温饱、致富奔小康的重要措施。任务光荣，责任重大。让我们在以江泽民同志为核心的党中央领导下，高举邓小平理论伟大旗帜，认真贯彻“三个代表”重要思想，心系贫困残疾人群众，继续艰苦奋斗，开拓创新，奋发努力，扎实工作，夺取残疾人扶贫开发的更大胜利！

建设一支过得硬的高素质的残疾人工作者队伍[①]

（二〇〇一年十二月十八日）

我国新时期的残疾人事业发轫于党的十一届三中全会以后。二十多年来，残疾人事业从开创到成形，取得了历史性的成果。残疾人事业的组织体系、理论体系、法律法规体系基本形成，业务领域不断拓展，尊重、关爱残疾人，保障残疾人权益不受侵害的意识日益深入人心，残疾人的生活状况明显改善，残疾人事业得到社会的广泛认同。

江泽民总书记说："残疾人事业是崇高的事业，是我们社会主义事业的一部分。"当前，我们正在为实现中国残疾人事业"十五"计划纲要确定的目标而努力，这就是：残疾人状况进一步改善，残疾人参与社会生活的环境更加文明，为残疾人提供服务的能力增强，残疾人素质普遍提高。这个目标的实现，将为残疾人事业的全面发展奠定更加坚实的基础。到本世纪中叶，随着国家第三步战略部署的实施，残疾人事业将与国家经济社会发展大体同步，残疾人状况一定会有更大的改善，残疾人"平等·参与·共享"会在政治、经济、文化等方面得到全面体现。这是一个真正光明的崭新阶段，也是我们每一个残疾人工作者矢志不渝为之奋斗的宏伟目标。

为实现上述目标，需要建设一支在思想作风和专业知识方面都

① 这是邓朴方同志为《残疾人工作基本知识读本》所作的序言。

过得硬的高素质的残疾人工作者队伍。毛泽东、邓小平等老一辈无产阶级革命家非常重视干部队伍的培养，多次指出：政治路线确定之后，干部就是决定的因素；“要在坚持社会主义道路的前提下，使我们的干部队伍年轻化、知识化、专业化”。江泽民同志在谈到加紧培养适应新世纪要求的中青年领导干部的问题时强调：“任用干部，要坚持德才兼备的原则。具有坚定的政治立场和信念，具有真才实学和开拓精神，这些都是基本要求。”当今社会已经进入“知识经济”和高科技发展的时代，许多新事物、新知识需要我们了解和掌握。残疾人事业在这个大发展的社会环境中也在不断接受新的东西，不断创新，催促我们去不断地摄入新的知识营养。

目前，我国残疾人工作者队伍达数万人。应当看到，我们这支队伍是伴随着事业的快速崛起在边实践、边学习中逐步形成的，在特定的历史条件下不可能有系统学习的机会；另一方面，近年来这支队伍又充实进大量的新人，给工作带来活力，但这些新人对残疾人工作缺乏必要的、系统的了解。这种情况使得我们的工作队伍在整体素质上还难以适应新形势下残疾人工作的需要。因此，加强学习，特别是较系统地学习残疾人工作的理论知识、业务知识，是不断提高我们这支队伍素质的刻不容缓的任务，也是摆在每一位残疾人工作者面前的重要课题。残疾人工作者在工作中要面对大量的方方面面的具体问题，这些问题既涉及理论、方针、政策、法规，又涉及方式、方法和相关的业务知识。对这些问题把握得正确与否，处理得恰当与否，都直接关系到残疾人切身利益，关系到残疾人工作基础的巩固。我们的事业就是靠这些具体的、一点一滴的工作构筑起来的。这就要求每个残疾人工作者除了有良好的职业道德、敬业精神，还要有较全面的业务知识和分析、判断、解决问题的能力。

为适应培训残联干部的需要，中国残疾人联合会编写了《残疾人工作基本知识读本》。我认为这本书不仅可以供残疾人工作者学习,也可以推荐给残疾人及其亲属,以及一切关心残疾人事业的朋友们。一位哲学家说过:生活之树常青,而理论是灰色的。作为“基本知识”,这本书肯定存在诸多的不足,总是赶不上日新月异实践的发展,满足不了实践的需求。我们真诚地希望广大残疾人工作者在学习过程中紧密结合工作实际,发扬创新精神,不断丰富残疾人事业的知识宝库。

残疾人事业的思想建设和组织建设①

（二〇〇二年一月十二日）

一年来，我国残疾人事业又取得新的进展，各级残联上上下下，同心同德，代表残疾人利益，为残疾人服务，残疾人事业取得了很大的成绩。对于这些，新宪同志的报告里给予了充分肯定，对二〇〇二年的工作提出了意见。我对这个报告完全同意。今天我不讲具体业务，跟大家谈一谈残疾人事业的思想建设和组织建设。

一、解放思想，与时俱进

我国新时期残疾人事业是改革开放的产物。一提起思想建设，就会使我们想起八十年代那个轰轰烈烈、激动人心的时期。新时期残疾人事业是在党的十一届三中全会路线指引下，伴随着我国的改革开放逐步建立起来的。那时，拨乱反正，进行实践是检验真理唯一标准的大讨论，全党工作重心转移到经济建设上来，人民生活水平不断提高，价值观念发生了重大变化，思想舆论日趋活跃。在那个时候，人道主义思想开始突破禁区，再加上我们吸收国际上“平等·参与·共享”的思想，在这个大环境下，我国广大残疾人在党和政府领导下，奋起自强，不断努力，开创了残疾人事业的新局面。首先是盲人聋哑人协会恢复工作，然后是中国残疾人福利基金会的创立，最后

---

① 这是邓朴方同志在第十六次全国残联工作会议上的讲话。

成立了中国残疾人联合会。中国残疾人联合会成立就是那个时期开创残疾人事业最主要的成果和标志。

此后,残疾人事业不断发展壮大。在这个阶段,仍然不断解放思想、开拓进取,制定了残疾人保障法,成立了国务院残疾人工作协调委员会,制定实施了第一个五年工作纲要①和“八五”、“九五”计划纲要,又制定“十五”计划纲要,形成了残疾人事业的理论体系、政策法规体系、组织体系、业务体系。可以说,不改革、不解放思想、不创新、不进取就没有残疾人事业的今天。为什么提历史,就是要提醒我们,当有了成绩,有了成规,有了经验后,要特别注意保持青春和活力。这是我们的传统,不但过去是这样,今后仍要这样,这不能丢掉。今后残疾人事业还要发展,我们还要创造,否则,不进则退。

在讲到残疾人事业思想建设的时候,我们应该明确提出,我国残疾人事业在思想理论方面最重要的任务就是:高举邓小平理论伟大旗帜,以“三个代表”重要思想为指导,认真学习贯彻江总书记关于现代文明社会残疾人观的重要论述,积极宣传实践人道主义,争取残疾人解放,坚决维护广大残疾人的利益,坚持解放思想,与时俱进,永葆开拓创新的活力。这就是我们在思想理论方面最重要的任务。现在全国上下都在学习贯彻“三个代表”重要思想,我认为用“三个代表”重要思想来指导残疾人事业,要求我们要学得活,懂得深,用得实,这样才能有效地指导残疾人工作。

残疾人事业如何贯彻“三个代表”重要思想,我谈点自己的体会。

首先代表先进生产力发展的要求。我认为从政治经济学角度来

---

① 《中国残疾人事业五年工作纲要(1988—1992年)》是国务院一九八八年九月三日批准颁布实施的第一个残疾人事业发展规划;一九九一年十二月二十九日国务院批转了《中国残疾人事业“八五”计划纲要(1991—1995年)》,包括了《中国残疾人事业五年工作纲要(1988—1992年)》后两年的任务。

看，就是上层建筑要与生产力发展相适应，不是说，电子工业、信息工业，这就是先进的生产力，挖煤就是落后的生产力，不是这个意思，不指哪个行业，而是你这个政党，你这个组织，你的这些主张是不是适应生产力的发展方向，是不是适合生产力的发展要求。一个组织，它的主张适应而不是违背生产力的发展方向，促进而不是阻碍生产力的发展，它就是正确的，它就有了生机，有了活力。平常我们讲，顺势者昌，逆势者亡。代表了先进生产力的发展要求，就是顺势者，就可以昌。当然，我们也要不断学习新的科学知识，引进新的科技成果，努力发展生产力，提高综合国力。

代表先进文化前进方向，我认为最主要的是强调文化进步，强调建立理想道德体系，实际上是高举文明进步的大旗，作为一个政党来说这很重要。当然，什么是先进文化，没有一个准确的界定，现在我没看到很好的界定。从原始社会、奴隶社会、封建社会，再到资本主义社会，到社会主义社会、共产主义社会，它的文化形态一步比一步先进，这样说是可以的。但是文化又不只是随着这些社会形态的变化而兴衰的。比如说地域文化、民族文化、宗教文化，文化是丰富的，是多元的。比如说，基督教文明是一种文化，那么现在伊斯兰文明，你不能说它是一种落后文化。伊斯兰文明也有精华在里头，基督教文明也有糟粕在里头。而且，新的文化是不是一定是先进文化，也不一定。比如说，现代社会上，越是现代化，越是出现了一种颓废的东西，这也不能说是先进文化。所以，强调先进文化的前进方向，就是要强调文化的进步，就是强调在吸收全人类创造的文明成果的基础上，再有所发展，有所进步。对中国来说，就是要以马克思主义为指导，把我们的革命文化，马克思主义所形成的、中国共产党所创立的、无数先烈所实践的那种革命文化，与传统文化优秀的部分结合起来，吸收西方先进的文化，从而重建我们社会的道德文化体系。

代表广大人民群众的根本利益,就是要强调全心全意为人民服务。这个问题,各个阶级,包括历史上的统治阶级,都懂得这一点,就是要强调执政党的阶级基础与群众基础。水能载舟,亦能覆舟。这个唐太宗都懂得。所以我们只有全心全意为人民服务,代表了群众的根本利益,真正为老百姓谋了实际利益,群众得到实际利益,从长远上,我们才能站得住脚。我认为这应当是提出“三个代表”重要思想本身的含义。

同时,我认为还有延伸的三个方面的意义。第一,从政治层面上看,全党统一到“三个代表”上来,与中央保持一致,同心同德,这是政治层面的意义。第二,从理论层面上看,“三个代表”的提出为理论创新打开了大门,“三个代表”是什么,代表先进生产力的发展要求,这是马克思主义政治经济学的精髓,就是生产关系与生产力、上层建筑与经济基础相适应。代表先进文化的方向,也就是我们追求真理,追求进步,追求文明的基础思想。代表最广大人民群众的根本利益,那就是要解放全人类。这可以说是马克思在创建马克思主义时,他脑子里就是这些东西。“三个代表”和马克思主义创建之初衷是一致的。现在强调“三个代表”,针对实际情况强调“三个代表”,就是提出了这样一个思路,就是从马克思主义创始的基点来考虑,我们所有的理论方针政策,整个建党学说都要在这个基础上重新思考,为理论创新、制度创新打开大门,这个意义可能比我们现在说的现实意义更大一些。第三,从思想层面上看,解放思想,与时俱进,创新精神,充分体现在我们提出“三个代表”这个过程当中。提倡“三个代表”,就是要大家解放思想,要大家与时俱进,就是要大家有创新精神,全党都要解放思想,与时俱进,不断创新,这个力量就大了,这个局面就活了。我认为我们残联系统学习“三个代表”最主要的,各位都要特别注意的,就是这一点,可能它最具现实意义。

当然,要思考“三个代表”的问题,还要结合国内外形势的变化,要结合我们国家现代化的进程,我们的经济建设、我们的改革开放的实际情况,要结合残疾人工作的实际情况,结合广大残疾人日益增长的物质文化需求。我们大家都是做残疾人工作的。结合工作实际,下面我说三个问题:第一是人道主义和残疾人事业的关系;第二是坚持维护残疾人利益;第三是坚持解放思想,与时俱进,不断对残疾人事业进行理论创新与制度创新。

人道主义是人类文明进步的产物,它不只是资产阶级战胜封建主义的一个思想武器,几百年来也被证明是优秀的思想体系和道德标准,它是全人类共同的精神财富。人道主义在历史上发挥过巨大的作用,千百万人道主义者的实践使它倍增光辉,无数的人道主义者还在实践它。在大多数国家,人道主义思想是社会的基础思想,许多人为它献出生命。人类解放是人道主义的延伸,没有人道主义的思想,就不可能设想有人类的解放。现代政治权利上叫得最响的人权,也是它的延伸。它呼唤正义,呼唤一切真善美的东西;它维护一切生灵的权力,哪怕它是最弱小的、有缺陷的。它不是自私的,是博爱的;它尊重自己,也尊重他人,它尊重人类,也尊重自然。从人道主义的理念出发,我们可以求得人与人、人与社会、人与自然的和谐,最后达到天人合一的境界。人道主义是残疾人的朋友,是残疾人的精神支柱,也是广大残疾人和邪恶势力做斗争的武器。每个残疾人工作者,都要宣传实践人道主义,用以净化心灵,用以增强信心,用以向一切不公正的事情做斗争。

坚持维护残疾人利益是对残联的本质要求。全心全意为残疾人服务,是我们一以贯之的思想和行为。每个残疾人工作者,不只是一个好的公务员,好的社会工作者,好的专业人士,好的干部,更重要的是一个为残疾人解放而奋斗的战士。我们的所有工作,都要以残疾人的利益是否得到保障,残疾人状况是否得到改善这个标准来衡量。残疾人“平等·参与·共享”的实现,才能最终体现生产力健康发展的要求。广大残疾人没有安排好,你能说上层建筑适应了生产力要求吗?残疾人本身也是生产力资源,上层建筑健全了,才能适应生产力发展的要求。残疾人解放,现代残疾人观的实践与发展,更是社会文明、社会文化发展的体现,这一点,在中国有着特殊的现实意义。我们代表维护了残疾人的利益,才能说我们代表维护了最广大人民群众的根本利益。因为残疾人是广大人民群众中最困难、最弱势的群体,只有把他们的权益维护住了,才能理直气壮地说我们维护了最广大人民群众的根本利益。所以,残联系统的所有干部,在贯彻“三个代表”重要思想的精神时,都要牢牢地抓住维护残疾人的利益这一个根本点。

解放思想,是残疾人事业得以创立和发展的必不可少的条件,今后还要加上“与时俱进”四个字,这是残疾人事业发展的希望。我们有了理论,不能说它是成熟的,它随着时间的推移要发展、要变化。我们有了体系,还有个完善的问题。我们有了组织,还需要不断加强、改进。我们制定的方针政策,符合实际吗?是不是真正符合残疾人需要?都要在实践中继续检验。今天是对的,是真理,那么明天呢,要打个问号。许多新情况新问题出现了,我们要注意观察,比如说,加入 WTO 后,大家看到了它对经济层面的冲击,那么对社会、对文化有没有冲击?比如说,现在信息化、全球化势不可挡,对我们有什么影响?有利的东西我们利用了多少?不利的东西我们防范了多少?这些都是课题。国际上 NGO(非政府组织)近五年到十年空前活跃,而且联合国也给 NGO 以很重要的地位,它的发言权越来越大,这个我们怎么理解,怎么利用。再比如说,国际非营利组织 NPO 是怎么活动的,我们了解不了解。将来中国社会发展了,这种组织是不是会更多,我们在里面要起什么作用,怎么样运用这种组织形式来为我们服务。再有无论是经济工作,还是其他工作,特别是社会福利工作,专业化的倾向越来越明显。现代化专业化的社会福利工作是如何操作的,很多东西我们不懂,一些事情人家已经做了,我们才发现原来是这样。如果我们感觉不敏锐,思想不活跃,不能解放思想,不能与时俱进,我们就没有开拓创新的能力,我们就要落伍,就不能在未来的社会站稳脚跟,就可能会被淘汰。历史证明,一个社会,一个组织,只有不断研究新事物、解决新问题,与时俱进,才能永葆青春。

二、对残联组织建设的思考

中国残联,设计于一九八七年,成立于一九八八年,由基金会和盲聋哑协会合并,重组而成。我们一开始设计的是半官半民,事业团体,代表、服务、管理三种功能,精简、统一、效能,我们设计的是小民主,真民主,没有搞大民主。我们的执行理事会设计得比较强,主席团设计得比较虚,评议会设计比较弱。这样的设计,十三年来被实践证明基本上正确。没有这样一个设计,我们不可能在较短的时间里这么快地把残疾人事业发展起来。按照这个模式来工作,我们残联才最大限度地代表了残疾人利益,才很好地发挥了残联工作效能,既为残疾人服务,同时也对残疾人事业进行了有效管理。直到现在,我仍然认为,我们有着一个好的组织体系。这里有许许多多好的工作人员。

那么,残联的组织形态是否定型了呢?回答是,它还不是一个定型的组织,它还在发展的过程之中,还要不断地在理论上实践中发展自己、完善自己。随着残疾人事业发展的不同阶段,它会有变化;随着我国现代化建设的发展进程,它会有变化;随着残疾人生活水平的提高,素质的不断进步,它会有变化;随着国际残疾人运动的发展,它会有变化。事物总是不断地发展变化,残联的组织也会随着发展变化,这是不以人们的意志为转移的事实、规律,我们必须正视。问题是,我们必须冷静地研究它、分析它,并正确地解决它。好的东西,我们要坚持,不足的地方就要改进。

有时候我在想,我们的弱点是什么?这些年一直在看这些事情,在讲这些事情。我看有三个方面最明显:一是它的代表性体现得还不够充分,换句话说残疾人在这个组织也还不够活跃;二是基层工作还十分薄弱;三是社会化工作还不够强。前两个弱点,是残联发展过程中形成的。我们的代表性还不够,残疾人还不够活跃,我们残联都是参照行政机关的模式建立的,我们调的大都是党政干部,残疾人本身进入的就少。基层工作不强,虽然从成立残联起就拼命推动,从中国残联到省残联,到地市残联,到乡镇残联乃至社区,一直在不断推动,推了十三年,但是我们仍然不能说我们的基层强了,还是弱呀!还有就是我们在开始设计的时候,就没有把这个民主机制设计得很大,有些是先天不足,有些是必须在过程中完善。我们社会化工作有缺陷,原因有两方面,一方面是主观注意不够,我们的主要精力是运用行政手段,这个是非常有效的,不抓住就不能做这么多事情。但另一方面对社会资源注意不够。当然,在残联刚成立的时候,社会资源相对贫乏,工作还不那么活跃,这是客观原因造成的,社会资源的发展、积累、开发、引导还有一个过程,这也是个现实。

这三个问题我在以前许多场合都讲过。十三次工作会,讲过残联代表性发挥不够,讲过要运用社会化工作方法,讲过基层工作建设。十四次工作会,讲的是残疾人事业持续健康发展,也都涉及这些问题。去年十五次工作会,又讲解放思想,开阔视野,也是这些与组织建设密切相关的问题。

这几年,我每到一个省,着力讲的、最关心的还是组织建设问题,特别是县残联、乡镇残联,这两年讲得比较多,推动的也是这些,拜托省委书记、省长，拜托市委书记、市长，见到县委书记、县长也拜托，拜托给我们县残联搞成正科级，搞个五百平方的服务中心，把它建立起来，多给拨点经费，光给电话费不行。还讲乡镇要有个工作人员，三万人以上的乡镇要有专职工作人员，都讲这些事情。

这两年讲得比较多的还有专门协会。专门协会要充分发挥作用，要配好残疾人干部。的确，这些年来，在各级残联的努力下，我们做了很多有效的工作，我们在这些方面有了很大进步，这次各地经验交流就不少，很多讲得都很好。比如北京讲社区，天津讲基层建设。北京的社区直选我就看了，很好。咱们工作都到社区了，非常可喜呀！替大家张罗张罗，民主形式也有了，也到了基层了，这是我们多年梦寐以求的事呀！天津的乡镇都配有专职工作人员，有的还有两个，我去天津看的时候，清一色的年轻人，非常可喜！学历也高，有大学的，大专的，这是主力。确实，各个省根据自己的情况都有自己的创造性，都有自己的发挥，都做了许许多多工作。在这些方面我们取得了很大的进步。那么有人就讲，我们不是干得很好么，总体上大家干得很好，这个大家都承认，缺点在逐步克服，大家也承认，你怕什么呢？还唠唠叨叨。说实话，我的确有种危机感。我的确担心，如果我们指导不正确，抓得不落实，残联组织发展不健康，总有一天，我担心会出事的。

请大家想一想，我们到底能为多少残疾人服务，有多少残疾人受惠。我们做了不少工作，但真正得到帮助的残疾人有多少？没有得到帮助的又有多少？是得到帮助的多还是没有得到帮助的多？康复、教育、就业，我们直接够得着的残疾人与六千万比一比，毕竟是一个很小的数字。当然，这样比也不很科学，但大家不妨这样想一想。我经常说，我们没做的要比做过的多，这一点要承认。残疾人多数都生活在困难之中，或受到疾病的折磨，或遭受歧视，或处于无助的绝望之中。这样的人是大量的。

我就是个残疾人,你别看我现在好好的,我也不是这儿疼就是那儿疼,也处处不便,像我这样的人还感到困难、不便,更不用说那些无助的人啦。大家想想,你又是残联,责任又在你肩上,你又够不到这些人,这事情能不危险吗? 再比如,我们辛辛苦苦地建立起一个组织体系,如果引导不当,或抓得不紧,工作人员不能保持创业初期的敬业精神,弄不好真会异化成一个大的官僚体系,那岂不闹了一个大笑话。我们的体系无论如何也不能成为官僚体系,要真正成为残疾人的朋友、成为残疾人的家才行,但做到这样又何尝容易!

此外,残联是个统一组织,精简、统一、效能这是我们的优点,但统一之中是不是会抹杀了各类残疾人的特点,统一性会不会抹杀个性,我想这是可能的。强调了统一,怎么样发挥个性,要认真地对待。同是残疾人,盲人什么感受,聋人什么感受,都不相同。肢残人里面也不同。残疾人类别很多,每个人痛苦都不一样。每类组织每类人都有自己独特的要求。在中国我们必须强调统一性,但是,抹杀了个性也会出问题。我们要把各级残联建成“残疾人之家”,必须残疾人认账才行。

残联成立十三年了,在残联的组织中,残疾人积极性和主动性发挥得怎么样? 有多少机会发言? 我们残联够得到基层残疾人吗? 刚才我说了,北京是直选,够得着残疾人了,但够不着的总还是多的吧!我们基层这么薄弱,许多工作人员不是专职的,有的还是民政代的,群众认识不认识残联的工作人员,你残联的工作人员认识不认识残疾人,你摸不着、够不着残疾人,那么广大群众还会拥护你吗? 社会发展了,残疾人主体意识增强了,要求也就更高了,你这个组织结构还适应不适应? 小平不经常讲吗,群众答应不答应,群众拥护不拥护,我说的就是这些问题。我们现在有一个强大的行政机构,但我们的评议会比较弱,我们的主席团比较虚,我们这个监督制约的机制是不是要调整,是不是要更加强一点?

另外,将来社会越来越多元化,思想也更加活跃,更加多元,一个僵化的机制是不能适应这种新的变化的。社会不断变化,不断进步,我们努力跟还跟不上,更不用说,一僵化就更跟不上了。所以一想到这些问题,我就会不安,我就有一种危机感。

有一些矛盾,苗头已经出来了,有些可能现在还露不出来,将来也一定会显露出来。比如说,这几年闹得比较凶的,就是残疾人专用机动车问题。最近刚给大家发了个材料,上访的大部分是专用机动车问题。我看材料写的,一百三十八个城市不准营运。我看了以后,非常伤心。这两年,反复讲,让各级残联顶住这个事情。一百三十八个城市不准营运,怎么钻出来的?地级市一共才三百八十九个呀!我早就想拜访公安部,最近我又说赶紧做准备工作拜访公安部去,我做工作太晚了,太不敏锐了。这么一统计下来我才觉得问题这么严重。多少残疾人的饭碗被砸了,它怎么能不来上访?怎么能不来集体上访?刚过年,我不该唱这个调子,但咱们既然开工作会,我就该说这个事情。危险哪!我看这叫作“盛名之下,其实难副”。

我们背着残联的名,承担着重任,但我们够不着残疾人,为残疾人服务能力又有限,再加上我们的作风再出毛病,再有点官僚主义,残联和残疾人间的矛盾就是眼睛看得到了。我们上面有了一个庞大的行政体系,但我们基层又薄弱,我们的干部接触不到残疾人,残疾人见不着我们的干部,泥捏的脚,“泥足巨人”,能站稳吗?我们以前是改革开放的快船,走在前沿,旗帜打在前面,但我们如果不思进取,我们的思想就会陈旧,我们工作就会落后。不努力,我们就是“停舟侧畔千帆过”,我改了一个字,将“沉”字改为“停”字,我们残联就成了停舟。请大家想清楚。中国社会发展变化很快,社会资源多元化的趋势也已经来到,人们的思维方式也会更加多样,你要不去主动适应,你就会被挤到圈子外面,你就没有分配蛋糕的机会。

随着残疾人生活水平提高,整体素质也会提高,参政议政的自主意识也会提高。以前你替大家服务了,大家是满意的,以后呢,大家就要求有更多的参与、有更多的发言权,这是早晚的事。最近开了个专门协会主席研讨班,咱们不开研讨班,各省的聋协主席自己就开起研讨班了,这不是已经看得着的吗? 你能说大家的要求不正当吗? 我觉得是正当的呀! 如果我们不主动抓这些事情,是不是我们要自责呢? 或者说,我们抓晚了,是不是我们要自责呢? 我们的口号不就是要"平等·参与·共享"吗? 这种事要早做准备,你不去掌握群众,团结群众,教育群众,别的力量就会插进来。无论是从什么方面,特别是从政治方面要多考虑这些事呀!

现在,我们各级残联的国际交往在增加,以后会更多,我们在国际领域中,NGO 形象就会越来越重要,所以,怎么样和国际交往相适应,怎么样更好地和国际接轨,这个问题就提到我们面前。一个大的系统,处理复杂的问题,要用行政手段来解决,一切要按体系制度程序办事,否则就会乱。这样的机构是必要的。但这样的机构,也有弱点,就是容易滋生官僚主义和容易失去活力。这时,就要用民主监督机制来制约它,用残疾人的参与来激活它。这问题要考虑了。有一次吴老找我说,咱们评议委员会将来还要不要,我说不是要不要的问题,而是要加强。为什么吴老提出这样的问题呢? 他觉得评议会的监督机制不够,评议、监督、咨询都不够。将来"四代会"我们是不是要考虑加强。我们这个体制是残疾人代表组织,如果不把这个体制设计好,既让它有制约,又让它有活力,又让它能高效运转,不设计好,会有很多矛盾出现。加强民主监督,这是个结构安排。在讨论结构时,有一句话叫:"程序比内容更重要。"这是讨论民主结构的原则性的一个说法。设定一个程序，哪怕有的时候它浪费一点时间，效率低一点，但是这个程序是保持你长远健康必不可少的。现在也许抛开这个程序，抛开这个机制，动作快点，办事脆点，但是要出事就是大事。我们看外国议会在讨论什么事情，讨论个乌七八糟的事，也那么煞有介事，好像没多大意思，但这个程序是必不可少的，可以说比内容更重要。

总而言之，危机是存在的，现在也许看得见，也许看不见，看不见的以后一定也会看见的。出了矛盾，我们现在还罩得住，将来可能有罩不住的时候。今天我是跟大家讨论，可能我说得有点悲观，但是我觉得眼睛多看点问题，脑子多想点危机有好处。我认为化解危机的最好的办法就是未雨绸缪，把问题找准了，方子开对了，主动地有步骤、有秩序地用我们的应对措施来逐步化解这些危机矛盾。我认为，主动的态度，才是最安全的；一被动，就危险。

怎样主动地转变，往哪个方向转变，我认为有三个方面：一是使残疾人在残联更活跃；二是使残联在基层更活跃；三是使残疾人和残联在社会上更活跃。另外，我认为，残联的一切改革，都要迈小步子，不能迈大了。每一步，要走小，不怕慢，就怕乱。现在我们的机制还很好，我们运转得还不错。我刚才谈的这些危机，也是见微知著，只是我们在分析自己的情况，看到自己的弱点，我们必须正视它，解决它。但是我们不能对自己没有一个基本认识。否则，要出事，要走弯路。好的东西不能丢，也不能轻易否定已取得的成绩，但也要有前瞻性，要居安思危。所以说稳定、变化二者都要。具体怎样操作，我想今天说不出一二三四五，说句老实话，我也没想清楚，但有一条，要结合“四代会”的前期做准备工作，早点探讨，先务点虚，把方向性的、大的东西弄好。要综合考虑，慎重研究。哪些事该怎么办，希望省里的同志多出出主意，争取“四代会”有一些新的变化，这些变化既能延续我们好的传统，又能避免我们的弱点，同时为今后的发展开出一个好头来。古人说：治大国若烹小鲜。这话也可以用来理解我们的事业发展，咱们也要像烹小鲜那样认认真真，一丝不苟。

我们的主席团将来怎么办要考虑，我跟建模说，主席团每次开会，老开不了，代表大会后一次，代表大会开始前一次，中间再开一次。开一次会花很多钱，又开不起，缩小了代表性又不足，所以主席团就虚了。我们想加强点，现在还没有好办法。评议会我认为必须加强，残联有个比较强的监督机制，有好处，也许觉得有些工作不方便，执行理事会不方便，我刚才说了，这种不方便正是我们不犯大错的一个保证。专门协会要加强，我认为可以考虑在中国残联五个专门协会进行法人登记。建模你们研究，暂时不做定论，我觉得应该考虑这个事了。当然，我也讲了，必须在统一的前提下，统一是咱们最大的优点。有了这个优点，同时又把个性解放出来，这样生动活泼的局面就出现了。我今天就谈些想法，讲讲我的危机感，残联怎么走，怎么发展，跟大家交换一下思想，大家都可以讨论。

还有残联配备残疾人干部的问题。是不是省一级要有个盲人理事，有个聋人理事，地市级要配一个残疾人领导干部。这个工作我以前提过，可不可行，大家也可以讨论。“四代会”前，省地市县都要换届，这些事情要综合起来考虑，提前做好准备。当然，我们干部队伍基本还是要稳定，所以工作一定要早做，要做得稳妥一点。上次换届我们就做得很仓促，当时就检讨了，这次汲取教训。

总之，残联组织是个好组织，是个优秀的组织，它的体系是健康的，以前我们走过的道路证明了这一点，今天它仍然好，明天它还会发挥很大的作用。残联的组织要不断完善和发展，只要我们审时度势，周密安排，它一定能够更加健康地发展，一定能够不负众望，实现自己的伟大使命。

爱心将改变他们的一生[①]

（二〇〇二年二月二十七日）

在第三次全国爱耳日来临之际，我们在北京人民大会堂举行第三次全国爱耳日“救助贫困聋儿就学暨助听器捐赠仪式”。全国人大、国务院、全国政协的领导和国家十二个部委的负责同志、德国西门子听力集团总裁里德里奇先生等贵宾专程出席今天的活动，充分体现了中国政府和社会各界对残疾人事业的一贯重视与关怀；充分体现了德国西门子听力集团对中国听力语言康复事业的支持与关爱。在此，我谨代表两千多万聋人对国家有关部委和德国西门子听力集团表示崇高敬意和衷心的感谢。

今天，西门子听力集团向中国残疾人福利基金会捐赠听力助听器一千台，并承诺捐资救助五百名贫困聋儿上学。这一善举将得到全社会的赞赏和关注，将使千名贫困聋儿告别无声世界，五百名由于贫困不能上学的聋儿与健全孩子一样就读小学，他们将走向新的生活。你们的爱心，将改变他们的一生。

中国有聋人两千零五十七万，其中七岁以下聋儿八十万，每年新生聋儿三万余名。九十年代后，聋儿康复作为一项抢救性康复工程列入国家计划系统实施。目前，已发展到全国一千五百多个聋儿康复机构和数万个社区家庭康复点，初步形成了有中国特色的聋儿康复工作体系，十多年来各康复机构已对一十六万三千的聋儿进行了

---

① 这是邓朴方同志在救助贫困聋儿就学暨助听器捐赠仪式上的讲话。

听力语言训练,使其开口说话,其中百分之二十的聋儿已进入了正常幼儿园和普通小学。但是,目前的康复能力与聋儿实际需求仍然存在较大差距,多数聋儿还在无声世界中生活;由于受经济条件和技术能力的限制,农村在训聋儿助听器配戴率较低,康复效果较差。

中国政府在“十五”期间将加大听力语言康复工作实施力度。卫生部、教育部、中国残疾人联合会等十二个部委继续组织好每年的全国爱耳日活动。广泛宣传耳聋预防,提高公众听力保健及防聋意识;加强耳毒性药品的管理,做到合理用药;开展新生儿听力筛查及早期干预,减少听力语言残疾的发生。在广大农村,特别是西部地区,开展“听力助残”活动,动员社会力量,资助贫困聋儿配戴助听器,使他们及时得到康复回归社会。今天,西门子听力集团的捐助行动必将带动全社会都来关心和帮助残疾人。

我们深感自己肩上的责任重大,要与社会各界一道,为更多的聋儿走出无声世界,让更多的贫困的残疾儿童就学做出不懈努力。

努力创造条件，为盲人做更多实事[①]

（二〇〇二年四月二十八日）

《盲童文学》是我国国内唯一的一份盲童文学刊物。单是这一点，就足够说明她的珍贵，她坚持下来多么不容易。这是不寻常的十八年，付出巨大辛劳的十八年，不断向新的目标攀登的十八年。应该说，十八年来，它在陶冶盲童心灵，丰富盲童生活，引导盲童自强，给盲童以温暖、以欢乐、以智慧、以希望、以信心方面，做出了重要的贡献。这里面饱含着《盲童文学》作者和编辑人员深厚的人道情怀和崇高的仁爱精神。这种贡献从成功举办"《盲童文学》伴我成长"征文活动中可以看出来，从盲童代表坚毅乐观的眼神、健康向上的微笑中可以看出来。

盲人是残疾人这个特殊而困难的群体中，更特殊、更困难的群体。这些年来，虽然我国平等参与的残疾人事业，包括盲人事业，在政府和社会各界支持下，取得了不小成就，但冷静地说，我们为盲人朋友特别是基层盲人朋友包括盲童，做的事情还不多，许多应该做的事，限于条件，还没有做到。今后要更加努力地创造条件，为更多的盲人朋友、盲童做更多的实事。

视障儿童教育研究中心作为非政府组织，在徐白仑同志主持下，除了承担"金钥匙"计划的制订与实施外，一直承担《盲童文学》

---

① 这是邓朴方同志在《盲童文学》创刊十八周年庆祝集会上的讲话。

的编辑工作。这是一件有深远意义的、塑造人的灵魂的工作,是社会主义精神文明建设的组成部分。我相信,在全心全意为盲童服务宗旨的指导下,今后一定会把这项工作做得更好,在更广阔的基础上,把刊物办得更加丰富多彩,更加富有朝气。

我想强调,视障儿童教育研究中心的成功实践证明,依靠非政府组织、非营利组织(NGO、NPO)举办社会公益事业是一条可行的路子。应当认真总结这个机构独立运行的经验,社会化的经验,使为残疾人服务的组织更加前沿化,多样化。非政府、非营利组织是社会的新生力量,它们通常有很好的宗旨和贯彻宗旨的行动,透明度高,具有广泛的信誉,将在社会生活中发挥日益显著的作用。这是社会朝着现代化发育、变“大”的一种表现。祝《盲童文学》、也祝视障儿童教育研究中心,随着我国社会现代化步伐的加快,在团结教育残疾人,引导盲童积极向上,努力学习,推进平等参与方面,发挥更大的作用。

弘扬人道主义，倡导志愿精神[①]

（二〇〇二年五月十八日）

在“国际志愿者年”期间，在第十二次全国助残日即将到来之际，共青团中央、中国残联正式启动了“百万青年志愿者助残行动”，这是弘扬人道主义，倡导“奉献、友爱、互助、进步”志愿精神的具体实践，是贯彻江总书记“三个代表”和中央提出的关注最困难群体有关指示的具体措施，是落实《公民道德建设实施纲要》、弘扬中华民族扶残济困优良传统的良好典范。

改革开放以来，我国残疾人事业取得长足发展，广大残疾人在党和政府以及社会各界的关心帮助下，生活状况得到明显改善。但是，目前全国还有近一千万贫困残疾人等待救助，绝大多数残疾人仍需要得到包括日常生活、出行、就学、就业、就医、法律援助等方方面面的帮助，尤其是其中的三百多万特困残疾人，他们的需求更加具体和迫切。长期以来，共青团中央和各级团组织在扶残助残方面做出了重要贡献，各地广泛开展了“志愿者助残”和“红领巾助残”等活动并产生了良好的社会影响。现在团中央又在“志愿者助残”基础上全面启动“百万青年志愿者助残行动”，力争在“十五”期间，使三百多万特困残疾人都能得到青年志愿者“一助一”的帮助，并通过推行志愿者注册制度、志愿服务时间储蓄制度和创建志愿者助残服务基地、服

① 这是邓朴方同志在“百万青年志愿者助残行动”启动仪式上的讲话。

务站等具体措施,将助残行动长期、稳定地坚持下去,这是社会文明进步的具体体现,更是三百多万特困残疾人及其亲属的福音。

希望各级残联组织积极行动起来,以"百万青年志愿者助残行动"为契机,充分发挥残联志愿者助残联络站的作用,认真做好调查摸底工作,摸清每一个特困残疾人的实际需求,主动配合各级团组织帮助残疾人与志愿者建立"一助一"帮扶对子,把这项实实在在的行动抓出成效来。通过这一行动,不仅使广大残疾人受益,而且使志愿者在助残行动中展现青春风采、升华美好情操、弘扬时代精神。

切实做好残疾人法律服务及维权工作[①]

（二〇〇二年五月十八日）

十多年来，我国的残疾人事业取得了举世瞩目的成就，残疾人状况明显改善，社会各界更加关心支持残疾人事业，维护残疾人权益。这既是切实贯彻宪法、残疾人保障法，依法发展残疾人事业的结果，又得益于我国社会精神文明建设、公民道德建设日益深入，得益于团结互助、平等友爱的良好社会环境。

残疾人法律服务及维权工作是残疾人事业的一项重要内容，开展残疾人法律服务及维权工作是顺应国家依法治国大局，切实落实国家宪法、法律规定的保障残疾人基本权益，维护社会公平，促进司法公正，体现社会文明进步的一项重要举措。和残疾人事业一样，十多年来，在各级党委、人大、政府、司法部门等的重视、领导下，在各有关部门、社会各界的支持下，我国的残疾人法律服务及维权工作也取得了很大的成绩。全国三千多家律师事务所接受各级残联指定或委托，集中为残疾人提供法律服务；各级法律援助中心、公证处、基层法律服务所，都将为残疾人提供法律服务作为重点列入工作范围；各级残联系统专门维权机构及一些民间法律援助机构等也积极发挥职能，为残疾人提供法律服务。

这次表彰的残疾人维权先进集体、个人就是从中涌现出的典型，

---

① 这是邓朴方同志在全国残疾人法律服务及维权工作座谈会上的讲话摘要。

他们既是法律的忠实实践者,从他们身上又体现了中华民族扶弱济困、助人为乐的高尚品德,他们在平凡的岗位上做出了不平凡的业绩,受到了广大残疾人和社会各界的好评。

虽然残疾人法律服务及维权工作取得了积极的进展,但是我们应看到,残疾人权益保障仍面临不少困难和问题。当前我国的残疾人事业仍滞后于经济和社会发展,残疾人状况与社会平均水平相比还存在不小的差距,有些方面甚至呈拉大趋势。由于历史的原因和世俗偏见的影响,社会上还存在对残疾人的不正确观念,侮辱、虐待、遗弃、伤害残疾人,侵犯残疾人合法权益的现象仍时有发生,有些甚至相当严重。受自身残疾的影响和经济条件的制约,残疾人在发生法律纠纷时,普遍面临着咨询难、请律师难、打官司难、无力支付法律服务费用等问题,平等权利、合法权益往往得不到有效的保障。

此外,伴随着经济发展和社会进步,残疾人参与社会生活的机会增多,参与范围扩大,法律意识增强,在参与社会生活过程中必然会介入各种社会关系,需要通过法律等手段维护权益。这些表明,加强残疾人法律服务及维权工作仍然是一项艰巨而又紧迫的任务。

江泽民总书记指出:“残疾人事业是崇高的事业,是我们社会主义事业的一部分。”“各级党委和政府要高度重视这一事业,给予更多的关心和支持,全社会要继续发扬扶残助残的良好风尚,为残疾人送去更多的温暖。”我们要以江泽民总书记重要指示为指针,积极弘扬人道主义精神,满怀对残疾人的关爱之情,按照残疾人保障法的要求,切实做好残疾人法律服务及维权工作。

各级残疾人联合会作为残疾人的代表组织,做好残疾人法律服务及维权工作,是各级残联义不容辞的责任,也是今后长期要抓好的一项重点工作。各级残联要以主人翁的姿态,高度重视这项工作,主动与司法、行政机关、新闻媒体等建立密切联系,反映残疾人需求,提出意见和建议,配合司法、行政机关、新闻媒体等共同做好残疾人法律服务及维权工作。广大残疾人要继续弘扬自尊、自信、自强、自立的精神,学会运用法律等武器维护自身合法权益,同时要做遵纪守法的好公民。

在这次座谈会上,司法部、中国残联联合命名启动了司法行政系统、残联系统残疾人维权示范岗工作,开展残疾人维权示范岗活动,是切实贯彻残疾人保障法,执行《中国残疾人事业“十五”计划纲要》的要求,对于推动残疾人维权工作具有十分重要的意义。今后,中国残联将继续联合有关部门开展残疾人维权示范岗活动,以更好地维护残疾人合法权益。

让我们高举邓小平理论伟大旗帜,紧密地团结在以江泽民同志为核心的党中央周围,按照“三个代表”重要思想的要求,进一步做好残疾人法律服务及维权工作,为发展残疾人事业和保障残疾人权益做出新的更大的贡献!

省会城市应当给全省残疾人工作做出表率[①]

（二〇〇二年五月二十八日）

来郑州前，河南省残联理事长阎国祥同志给我介绍了郑州的工作，刚才听了姚市长的汇报，看了就业中心，我觉得非常好。这些年来市委、市政府一贯非常重视残疾人工作，残疾人事业取得了很大的进展，在组织建设、康复、劳动就业、教育、无障碍建设、文化、体育、宣传等方面都取得了很大的成绩，社会环境也有了很大的改变、很大的进步。我非常感谢市委、市政府的关心和支持，感谢各局委办的帮助，另外也感谢郑州市残联的全体工作人员，特别是基层工作人员的努力。刚才我看过的就业服务中心，精神面貌很好，工作比较规范，给我的印象非常好。

我想从一般工作规律的角度讲点看法。

郑州作为省会城市，应当给全省的残疾人工作做出表率。以前，有些省会城市经常出现“灯下黑”的现象，郑州的组织建设方面也曾

① 这是郑朴方同志在河南省郑州市调研时的讲话。二〇〇二年五月二十七日至三十一日，郑朴方同志调研河南省残疾人工作，会见了河南省委书记陈奎元，省长李克强，省委副书记王全书，省委常委、省委秘书长李柏拴及副省长张洪华等省领导，并就残疾人工作有关问题交换了意见；听取了省委常委、郑州市委书记李克，副市长姚待献关于残疾人工作的汇报和省残联的工作汇报，召开了由省、郑州市各专门协会负责人、残疾人及亲友、残疾人工作者参加的座谈会；考察了洛阳市残疾人工作，会见了省委常委、洛阳市委书记孙善武，听取了洛阳市长李贵基、副市长刘应安关于残疾人工作的汇报。

经有过这样的情况。这几年郑州赶上来了,市政府挑选优秀的干部进入市残联来工作,同时把区县包括街道、乡镇基层这一级残联都建了起来。我不知道现在你们街道乡镇怎么样,在乡、镇机构改革的时候,不要把已经建立的乡镇工作给削弱了,甚至可以在改革中加强现在的机构,做出适当的、合理的安排,把乡镇工作保住。

现在,社区建设抓得比较紧,全国的风头已经起来了,北京已经开始建立社区残疾人小组,进行残疾人直选。你们要注意动向,根据郑州的实际情况,研究一下这个事情,在社区里面把残疾人工作开展起来。残疾人工作在社区开展起来了,我们就可以把工作做到最基层,许多问题就可以就地解决落实。北京的经验你们有机会可以去看看,借鉴一下推动自己的工作。许多问题利用社区的资源就可以解决,不需要花什么钱;当然,有的社区资源丰富点,有的社区资源少一点。这样一来整个残疾人组织体系建立起来了,与残疾人就有了密切联系。

我不知道你们什么时候换届,明年吧?残疾人领导干部的配备,你们要考虑,组织部门也要考虑,认真选拔热爱残疾人事业、具有管理能力、工作能力强、素质高的优秀残疾人到领导岗位上来。残疾人代表组织的领导岗位是要有残疾人的。我们在全国要求市一级要配一个,这个要求,希望能够做到。

康复工作方面,你们市的康复中心建设有个规划我看了,非常好,建议能够二三十年不落后,否则你房子刚盖好就落后了。里面的装修好坏暂时没什么关系,外面的壳一定要盖好了,里面的差了,重新装修就是了,壳盖坏了,你要看它几十年,会一直有遗憾。基础设施除了康复中心,还要有教育服务中心;另外还有区级活动中心,恐怕你们应该考虑了;有了规划,希望区一级的尽快建好,这样的话残疾人能有一个去处,有地方去,就能把残疾人团结到残联这边来,起到桥梁和纽带的作用。要团结残疾人、教育残疾人,不只是为残疾人服务,同时还是一个与残疾人联系的重要渠道,没有这些设施,没有个“点”,总是不行啊！康复里边有一条是精神病康复,希望要继续做好,这不仅关系到精神病人的健康问题,也关系到社会治安问题。其他康复尽量往社区延伸,特别是市一级,要尽量往社区延伸,社区的点建立起来特别重要,尽量往基层社区、往下面走。

省会城市要特别注意城市道路和建筑物的无障碍建设,这一点我们已经强调很多了。去年,我们颁布了一个《城市道路和建筑物无障碍设计规范》,这是一个新的标准,具有强制性。早期做好这件事情是节约和省钱的办法,如果抓得晚的话,将来改造要用大量的资金,造成很大的浪费。省会城市有这样的经济社会发展水平,在这一点上要做一个表率。

我进市区沿路就看到好几个小区都在建设,住宅的无障碍化现在也应该提到议事日程上来,现在不只是残疾人,老年人也需要。老年化社会迟早要来,郑州我不知道什么时候来,早晚也会来的。老年人到时候也需要电梯,也需要坐轮椅,而且老年人数量很大。现在北京就有这个问题,我接触到很多人,很多人都在想:唉呀！我这年纪也大了,要选择一个平一点的、有无障碍设施的地方住,不然将来坐上了轮椅怎么办呢？这是客观规律。我们过去强调城市道路、公共设施无障碍化,现在住宅无障碍设施问题也应提到日程上来,特别是正在建的小区。在小区规划里面,各种服务设施、娱乐设施、邮电、银行等类似设施统统都应无障碍化,从一开始就一步到位。住宅里边出入口也想办法建成无障碍的,如果里面有电梯,路就都通了。这个事情抓好了以后,群众会很方便;不只是今天,将来大家也会感谢你的。无障碍建筑一定要搞好,要作为一件大事认真抓这件事情。

还有一个就是残疾人教育问题,我看你们抓得很好,残疾儿童入学率都已经达到百分之九十几，作为省会城市，这个是应当做到的。我这次跟省委书记、省长都说了，要加大投入，统一规划。我想，其中有一点，就是教育结构不合理，我不知道这儿有没有盲高中、聋高中。河南作为一个九千多万人口的大省，应该考虑到这一点，我想最后的任务可能会最先落实在郑州，所以我也在这里提一提。健全学生初中毕业也就是完成九年义务教育后，乐意考高中可以考高中，愿意上职高就可以上职高接受职业教育，愿意进入社会也可以进入社会，这是一个完整的教育链。而现在残疾人的九年义务教育最高只有初中，聋生、盲生上到初中就到此为止了，以后就没有高中可上了；他们没有进入高中的机会和权利，没上高中就不能上大学本科。这是个很大的缺点，也是致命的弱点。现在我们办的残疾人高等教育都是大专，或是培训，说是大学，实际上达不到大学本科水平。而在其他国家残疾人教育链从初级教育到高等教育是贯通的，中国的残疾人教育链是断层的。现在我推动很多省来做这件事情，省教委应当统一安排。郑州无论如何要在这个事情上带个头，能不能在你现有的盲校、聋校中选择比较好的，比如市盲校，加个高中班？另外建一个聋高级中学，聋生直接上来可能有点困难，因为他们受教育程度比较低。但是盲生可以使用普通教材，一块来学，一样的教材，这样的话就可以把教育链完整建立起来。

特殊艺术的魅力[①]

（二〇〇二年五月三十一日）

表演艺术为世人喜爱，艺术家受世人敬仰。

伴随中国改革的深化与开放的拓展，新世纪之初，国际表演艺术协会在北京举办国际论坛，这是我们的期待与荣幸。我衷心祝愿会议圆满成功。

中国先哲称“艺术”为“礼乐”，“乐”指娱乐，“礼”指文明。艺术，是人类精神生活的需要，具有审美和激励功能，可以愉悦身心，宣泄情感，陶冶情操，净化心灵。一部人类文明史，总是伴随着艺术发展史。

进入知识经济时代的今天，艺术在人们生活中的作用日显重要。我非常感谢在座的各位艺术家，为艺术的发展与交流辛勤耕耘，必将丰富人们的精神文化生活，促进社会文明进步，增进人间友爱。

人们不会忘记，贝多芬，一个失聪的伟大作曲家，世界未曾给他欢乐，他却将欢乐带给人间，并留给世人不朽的灵魂。中国盲人音乐家阿炳，在颠沛流离的痛苦生活中，创作了三百多首辉煌乐章，《二泉映月》成为华夏音乐宝库中与世长存的经典。著名小提琴家伊扎克·帕尔曼、歌唱家安德烈·波切利，仍活跃在今天表演艺术舞台上。

在我们这个世界上生活着六亿残疾人，他们同样热爱生活，渴望艺术。伴随社会的发展，二十世纪八十年代，人类艺术的百花园里绽

---

① 这是邓朴方同志在国际表演艺术协会北京论坛上的演讲。

放出一朵奇葩，人类语汇中产生了一个新词——特殊艺术，一九八九年六月，首届国际特殊艺术节在华盛顿举办。残疾人为表达对艺术的追求，对生活的热爱，以特殊方式塑造艺术，以特殊艺术启迪人生，以真情呼唤友爱。

在具有悠久文化底蕴的华夏大地，中国残疾人在著名艺术家的关爱与指导下，探索着特殊艺术的发展，举办了五届全国性残疾人艺术节，造就了残疾人表演艺术人才，创编了特殊艺术经典。中国残疾人艺术团的足迹踏遍我国山山水水，出访三十多个国家，登上艺术殿堂——卡内基音乐厅、斯卡拉大剧院，深入家庭社会，以特殊方式带给人们艺术的享受和心灵的震撼。

朋友们，我曾看过一些著名艺术团体的演出，还看过上百场残疾人艺术团的演出，都令我赞叹。但说实话，残疾人艺术家的表演给我的感觉是特别的。每当盲人演奏绝妙的音乐，聋人伴随音乐翩翩起舞，肢残人以形体语言诠释人生，弱智人潇洒地指挥交响乐团时，观众情绪起伏。他们时而仔细品味优美的舞姿，静心聆听行云流水般的琴声，陶醉于美的享受；时而热泪盈眶，赞叹不已，动情于心灵的撞击；时而掌声雷动，相伴高歌，感动于生命的伟力。

残疾人艺术家所表达的人性与艺术之美令我陶醉；所展现的人的尊严、生命的价值、意志的力量，令我钦佩。我想，这就是特殊艺术的魅力。

我诚挚地邀请您走近中国残疾人艺术团，分享艺术和伟大的人类精神。

我殷切地期待您伸出友爱与艺术之手，帮助残疾人圆美好人生与艺术之梦。

完善组织体系
是中部地区残疾人工作的基础①

（二○○二年七月三日）

现在，我们中部地区残疾人工作怎么搞，我一直在思考这个问题。东部地区是朝着残疾人全面参与社会生活、朝着高的层次、朝着向国际社会靠拢的目标来推进。但中部地区怎么办？在中部地区，有些事情要办，办起来却有困难；不能办吧，也许又干出来了。所以说中部地区是一个比较活的状态，可塑性非常强。西部地区，我们的要求比较简单，把基础工作做好了，把扶贫工作做好，其他业务工作完成计划，大致就可以了。中部地区要全面做好残疾人工作，一定要把残疾人联合会的组织体系完善，把残联的体系构架搭好。搭好架子、夯实基础、量力而为、发挥特长，是不是这样一个基本思路？当然，中部地区情况也不尽相同，要求也会不一样。

第一，组织建设。

全国都较好，湖南的问题比较多，还有一部分没有单列，我与正午书记、云川省长交换了意见，我的意见是今年年底全部解决问题，书记、省长比我更进一步，答应尽快解决。常德还有两个县区没有解

---

① 这是邓朴方同志在湖南省常德市残疾人工作汇报会上的讲话。邓朴方同志在二○○二年七月一日至七日对湖南省残疾人工作调研期间，会见了湖南省委书记杨正午、省长张云川、副省长庞道沐等省领导，听取了残疾人工作汇报，参加了残疾人座谈会，并考察了长沙、张家界、常德等市县的残疾人工作。

决，这是认识问题。在民政部门有什么好处呢？就是民政部门有钱，另外就是工作力量比较强，能在一定程度上帮助残联工作。但随着政治、经济、文化的发展，残联工作就必须要脱离民政这个壳了。残联有更广泛的工作范围，不是民政出点钱，救济一下或简单地办几个福利厂，把人送进去就行的。所以在很早的时候，中国残联和省残联就脱离民政了，包括县市也是这样。开始我要求残联脱离民政的时候，各省的理事长都跟我较劲，特别是很多县的理事长都不愿意离开，他们不愿意把民政厅的副厅长辞了，不愿意把民政局的副局长辞了，就是计划单列了、脱离了，也要兼着民政厅的副厅长或民政局的副局长。为什么呢？民政厅掌握着许多资源，很多事情办起来方便，残联理事长下到地市，有的地市不买账，但挂着民政厅的副厅长，哪个地市也不敢不买账。而脱离出来后有一个艰苦创业的过程，没有房子，没有电话，没有桌椅板凳，什么都没有。但实践证明脱离出来后两三年，面貌就很快改变了，不但办公设施有了，各种经费有了，业务工作、社会募捐、福利工厂等都可以搞起来，力量自然就加强了。

更重要的是，要引导残疾人全面参与社会生活，和社会各界合作。残疾人救济要与民政部门合作，打官司的事情要与司法部门合作，宣传要与新闻单位合作。另外，残疾人还有许多特殊的事情，这些你不能总是通过民政局局长向县委、县政府汇报，你要直接向县委书记、县长汇报，这样整个工作就展开了。如果还是作为民政代管的一个部门，就够不上来，很大程度上限制了残疾人事业的发展。

还有一点，就是残联是残疾人的代表组织，代表组织就不能老在政府里面，而要在政府的外面，不仅要做政府做的事，还要做民间做的事。在国际交往中，作为一个残疾人的代表组织，你还是一个民政局的副局长，人家就会问你，你到底是政府组织还是非政府组织？所以这个问题一定要下决心解决，而且解决也不困难，只是一个认识问题,这次一定要全面解决,书记、省长已经同意了。

第二,要把各项基础设施建设好。

常德市残联已经有了,很好。中国残联给了四十万元,建了四个县残联综合服务设施,中国残联分期分批给各个县,建起来应该没有问题。但市、区是不给钱的,希望自己解决,要逐步安排资金,市里支持一点,区里拿一点。作为一级残联,总得要有一个地方、一个为残疾人服务的基地,得有一个残疾人活动的地方,大家可以到这儿来坐一坐,谈谈心。中国残联要求,每个县五百平方米,穷县还可以搞小点,我不主张搞得太大,要实事求是,一般按标准,不行就小点,大家先干起来。条件好的地方,大点也行,但不能搞"胡子工程",不能贪大、求洋,不能超出经济实力能够承受的范围。

第三,残疾人工作要向下延伸。

在今年的工作会议上,我说了一个很大的忧虑,就是我们残联已经建立十多年了,但我们残联的干部接触残疾人的面还是比较小,县级比较薄弱,乡镇更加薄弱。残疾人都生活在基层,残联干部都在上面,残联怎么服务残疾人?怎么代表残疾人?而且这些残疾人,几乎都是处于贫困无助的状态,一是贫困,二是需要得到帮助,特别是他们的身体都有缺陷,他们很多人都有病痛,在这种情况下,残联说是残疾人的代表组织,又够不着残疾人,残疾人就有意见了,怎么让残疾人感受到残联是残疾人的家、是我们自己的代表呢?就是要把工作做好,做到基层,其中一个核心就是加强县残联,只有县残联加强了,才能有条件做好基层工作。

除了加强县残联,还要加强乡镇残联,我们要用强有力的县残联推动乡镇残联工作。乡镇残联要设专干,三至五万人口的乡镇,设一个专干比较好，小的可以兼职，但要有牌子、要有专职理事长，有办公地点、服务点，这样可以伸向基层。

在城区，可以把工作做到社区，省会城市我是要求做到社区，地市一级能做到社区，我也赞成，这样能够发挥大家的积极性、主动性，花钱又不多，在社区中成立一个残疾人协会，选举自己的领导人，利用社区资源，就可以办许多事情。这样我们就能联系到残疾人。只要我们残联的工作能够推进到基层，我们就能够代表残疾人，能够确确实实为残疾人服务，我们就能为党和政府分忧，能够把社会矛盾解决在基层，解决在萌芽状态，而不是让矛盾扩大。所以残联工作要坚决地向基层延伸，我希望大家能够找出一种比较合理的办法，把残疾人工作推广到基层中去。这是一些基本的想法。

第四，让更多的残疾孩子接受教育。

你们的按比例就业，已经开始向规范化方向发展了，优惠政策比较落实。

特殊教育方面有两个聋哑学校，多办班、多随班就读，把残疾儿童少年的入学率提高。常德城区有五十万人口，也可以办一个弱智学校，你们与教委商量。办班，需要指导；办学校，不仅可以接受市区的弱智孩子，还可以指导这些班级。以一定的特教学校为骨干，以大量的随班就读为主体的格局没有变，这个骨干要有，有了一个龙头，就可以把这些弱智班、随班就读都指导起来。你们要注意残疾儿童少年入学率这个问题，要争取让更多的残疾孩子接受教育。大家想想，将来我们国家发展了，大家生活更好了，市场经济更完善了，竞争更激烈了，而那时，我们现在这些孩子没有文化，又有残疾，他怎么在社会上竞争呀？所以对残疾孩子的义务教育要抓紧，它的重要性，可能比一般孩子的义务教育更加重要、更加迫切。

横向到边，纵向到底[①]

（二〇〇二年七月七日）

我这次到秭归来，原想看一看移民情况，没想到看到这么好的残联，非常高兴，真是超出我的想象。县残联工作从资料看，只是说由于搬迁，利用了这个机会，我看还不只是这样。从你们的工作来看，原来就有一个比较好的基础，同时既利用了移民搬迁，也利用了政策、外界的扶持、大家的帮助，使我们残疾人工作更上一个台阶。

县残联组织建设到位。一九九〇年残联成立，一九九五年计划单列，正科级单位，有聋儿语训部、就业服务所，五个行政编制，十四个工作人员，在县级残联是比较多的。我觉得在一个四十多万人口的县，有这样的编制和人员，就能够很好地开展工作。另外乡镇残联也成立了。

“横向到边、纵向到底”，这个口号很不错，横向到达最远的地方，纵向能够一直插到群众身边，我最愿意看到的就是这个。口号喊出来了，我不知道你们做到了多少，但我相信，在这个口号感召之下，各级政府领导高度重视，广大残疾人工作者和各级政府工作人员共同来做，肯定可以做好。

---

① 邓朴方同志二〇〇二年七月七日至十日对湖北省残疾人工作进行了调研，会见了湖北省委书记俞正声、副省长苏晓云和省委常委、宜昌市委书记孙志刚等领导，听取了残疾人工作汇报，考察了武汉、宜昌等市县的残疾人工作。这是邓朴方同志在湖北省秭归县残疾人工作汇报会上的讲话。秭归县委书记王万修、县残联理事长周宗平等同志参加汇报。

刚才我们看到的那户残疾人，落实了优惠政策，减免了费用。而且不只是他一个。在整个搬迁过程中，综合考虑了残疾人的不同情况，身强力壮的、在外谋生比较容易的就移民；身体有一些困难的，移出去不方便的就靠近县城，做手工业呀、家里安排一个人就业呀等等。这一户就是爱人安排做清洁工，自己发挥一技之长做点工艺品。刚才王书记介绍了，不只是这一个人，而是综合考虑全部，工作做到这样，我从内心感谢您。

秭归县的残疾人工作，材料看了，有关残疾人的政策很多，《残疾人保障法实施办法》，“九五”、“十五”计划纲要，特别扶助办法、优惠政策等等。分散按比例就业工作也开展了，只是开展得不容易，现在就业保障金主要在政府机关里收，今后要推行到企业去，企业也有责任。这都是理直气壮应该收的，而且可以增加财政收入。

我特别感兴趣的是秭归县残联的无障碍坡道，实际是二层楼，但利用山区特点，利用道路的坡度把二层楼无障碍化，很好，在其他县我头疼这个事情。现在每个县残联都要求建五百平方米综合设施，我不希望把残联变成官衙门，而要让残疾人能使用上。山区建无障碍本来就不容易，你们现在利用了山区的特点，反而比别人更容易做到，真不简单。所以说，只要有心，就能把事情做成；你要没有热心，不动脑筋，怎么有积极性？怎么有创造性？

扶贫工作纳入了大扶贫计划，你们是国定贫困县，把残疾人纳入了大扶贫，“帮包扶带”，小额信贷也搞了，很好。有了这样的工作基础，再利用移民的条件，这样工作就上去了，我看了非常兴奋。白内障复明还争取到爱德基金会的捐赠，有两家医院做手术，人工晶体植入率百分之百，有一个做一个，有十个做十个，用不了再派医疗队，很好。

我想做残疾人工作，最重要的是精神。这些年来，随着改革开放的深入，社会进步了，人民生活水平提高了，残疾人需求增长了，而残疾人工作从最低的条件下起步,对残疾人工作者来说没有一股拼劲,没有创造性、积极性、主动性,工作就搞不上去。对于残疾人干部来说,理事长强了,工作就往前进,理事长弱了,工作就往下掉。不像民政局局长、卫生局局长,他们强一点弱一点,都不会在很大程度上影响工作。而残联就不一样,只要你这个班子强,各项工作都起来,班子一弱,马上垮下来。因为残疾人工作是开创性的,一切工作都要重新创造,重新起步,一切工作都几乎从零开始。在这种情况下,我们残联干部的积极性、主动性、创造性的发挥就很重要。在这个过程中,特别需要党委、政府的关心支持。王书记我感谢您了,今天亲自汇报,刚才讲得如数家珍,说明你把心用在这方面了。其实你不用花很多精力做残疾人事情,选一个好干部、好班子,把基层组织健全了,到时候点到为止,他们自己就会自行活动起来,进入良性循环。

"横向到边、纵向到底"是个关键。横向到边我不敢说怎么样,纵向到底太重要了,周理事长工作做得非常好。纵向到底是残疾人工作的一个核心,残联建立了,有代表功能、服务功能、管理功能,其中代表功能是第一位的。作为残联,总得代表残疾人,纵向不能到底,够不到残疾人,你怎么代表残疾人?残疾人也不承认你是他的代表。其次,纵向不能到底,你怎么为残疾人服务。我在今年的残疾人工作会上特别提到,省地市县残联都建立起来了,如果不能建到乡镇,像你们一样纵向到底,就会脱离群众。一个是我们不能代表他们,为他们服务,另外一个是残疾人也不会把你当成自己的人,残联也不能成为残疾人的家。只有做到残疾人把你当成自己的代表,把残联当成自己的家,残联才能扎根,才能说我们建立残联是办了一件大好事。如果不能纵向到底,浮在面上,不接触群众,不为残疾人服务,成了一个官僚架子,那岂不搞了一个大笑话。我记得安徽有一个残疾人对我说,他讲,我看了你的讲话,你讲如果残联成了个残疾人头上的官僚机构，不仅是个大笑话，那是犯罪。我看了以后很震动。建了残联以后，升格、计划单列，加强县残联力量，加强乡镇力量，要求配专职干部等等，这一切努力，什么目的？就是要纵向到底。只有做到这样，才能说残联代表了残疾人，才能为残疾人服务，才能说残联在中国大地扎根了。你们乡镇大的有四万多人，可以考虑配一个残联专干。我不知道在贫困县困难大不大，在其他省探讨这个问题时，困难都不是很大。我觉得兼职不是不可以，但大乡镇专职好一些，小乡镇可以兼职，要有人做这个工作。这个尺度怎么掌握，可以探讨研究。我主张三万人以上乡镇要有专干，你们这里怎么办，可以根据实际情况，这个尺度我拿不准，但无论如何要纵向到底。

科学看待残疾人事业，正确把握残联工作方向[①]

（二〇〇二年七月八日）

我这次到宜昌来调研，与苏省长一路搭伴同行，看到了宜昌的政治、经济、社会发展情况，我很激动，很高兴。宜昌政治稳定，经济发展，社会进步，文化繁荣，残疾人工作、残疾人事业也得到全面发展。无论从哪个层面、哪个角度来说，宜昌都是优秀的——优秀的人物、优秀的事迹、优秀的工作，整个一个生动活泼的局面。我觉得非常可喜。

一、宜昌市的残疾人工作

宜昌市的残疾人工作受到党委、政府的高度重视，从书记、市长到各委办局对残疾人工作都非常支持，在去年纪念《保障法》实施十周年之际，几位书记、市长在报上发表署名文章、电视讲话，这在全国是少有的。政府每年召开残工委会议，人大、政协都对贯彻落实残疾人保障法的情况进行检查和视察。市里多次举行大规模的为残疾人募捐的活动，扶残脱贫的力度很大，贫困人口已从四十一万下降到四万多人。助残活动开展得有声有色，形成了很好的社会氛围。

---

① 这是邓朴方同志在湖北省宜昌市残疾人工作汇报会上的讲话摘要。湖北省副省长苏晓云，省委常委、宜昌市委书记孙志刚，宜昌市委副书记、市长王振友，副书记周水舟，市委秘书长李亚隆，副市长王传豪等省市领导及宜昌市残联理事长袁家福等同志参加会议。

宜昌的残疾人工作者努力工作，奋发有为，是一支非常可爱的队伍。昨天我见到秭归县的周理事长，我问他，你来残联工作有什么感觉？他说越干越想干。这个话很朴实，说明他入了境了，而且，他也干得很好，搬迁之前就已经做得很有起色，搬迁之后，又借这个机会推行无障碍设施建设。你看，县城都在山上，都是陡峭的，他利用地形差别，不仅县残联综合服务楼搞了一个无障碍设施，而且县城主要的地方都建有无障碍设施。正是我们基层的一些同志的创造性工作、奉献精神、献身精神、事业心、为残疾人服务的这种热情，推动了残疾人工作的开展。所以我们经常说，我们残联就是要这样工作才能真正代表残疾人，才能成为残疾人之家。宜昌残联做了大量卓有成效的工作，大力推动了残疾人事业。宜昌的残疾人文体方面获奖不少，像邰丽华，是我们艺术团的台柱子；我们今天看望的盲人，他原来是厂长，企业倒闭后开始学按摩，重新站起来，现在发展成按摩院，还取了“布耐德”这个名字，很有创意，英文的“布耐德”(blind)就是盲人的意思。

宜昌残疾人组织建设基本到位；康复工作政府投入也比较大，“视觉第一·中国行动”、“长江新里程计划”都在实施，各项康复工作都能较全面地完成。秭归县医院有两个点可以做白内障复明手术，作为一个国家贫困县，这很不容易。现在还有很多县不能做。

特殊教育，我没有看到全面情况，枝江、当阳两市残疾儿童可以达到百分之九十的入学率。县市的特教学校可大可小，有的简陋，有的设备不全，但至少你们市里这所特校教学设施比较全，管理比较好。有了这样一所学校就可以指导县里的学校，指导随班就读，起指导、辐射作用，起中心骨干作用。这样的办学方式，残联主要是要做好同教育部门的协调工作，特教是教育部门的责任，教育部门也有能力来办，我们没有这个能力，教学是非常专业的。

宜昌的残疾人就业工作,无论是分散按比例就业还是集中安置就业都很好,现在你们还在建一些新的福利工厂,尤其是采用对口支援福利工厂的办法,这倒是一个新鲜事。一般来讲,一个县办一个福利工厂,头两年也许是不赔,再多办两年,也就都赔光了。办福利工厂就得像你们这样:市场在外,资金在外;管理是人家引进来的,资源在我们这边,外面有市场,有较好的管理,在这种情况下,政府可以免税,厂家也能从免税中得到利益,残疾人也能够就业,挺好!你们宜昌的福利工厂现在是不是都能稳住?这一块还是要稳住,若是不稳住,大批残疾人生活就会有新的困难。

另外,你们的残疾人就业保障金财政代扣、文体活动、助残活动都值得学习。孙书记、王市长,在社会改革开放、经济快速发展、矛盾冲突加剧形势下,宜昌的残疾人事业这些年来能取得这样的长足进步,残疾人能有一个平等参与社会生活、共享社会文化成果的机会,说明你们做了很多工作,我向你们表示衷心的感谢!

二、我们如何看待残疾人事业

为什么这些年来,残疾人事业能得到长足进步,残疾人事业为什么越来越成为我们社会主义现代化建设过程中,社会文明进步进程中的一项越来越重要的工作,我想给大家谈点自己的感受。

我国在解放初期就着手解决残疾人的困难问题,建立了盲人聋哑人协会。但在那样一个平均主义的社会里面,残疾人工作不能成为一项独立的全面开展的工作。原来的平均主义社会,大家都穷,残疾人也穷,残疾人吃不饱饭,大家同样吃不饱饭,人不患寡而患不均。“文化大革命”以后,随着我们国家新时期改革开放的开始,人们生活水平逐渐提高,产生了新的社会矛盾,一部分人先富起来,残疾人这个群体在社会上明显地落伍掉队了。大家都温饱了，残疾人还没温饱；大家达到小康了，残疾人还在为自己的温饱而努力。再加上一旦社会进步之后，社会需求就多样化，原来吃饱了上班，能够吃饱就行了，现在虽然残疾人的温饱问题还没有完全解决，但大多数人在基本解决了温饱之后，已经开始全面参与社会生活。在这种情况下，残疾人工作的社会需求就出来了。与此同时，国际上开展了"残疾人十年"活动，提出了"平等·参与·共享"的《关于残疾人的世界行动纲领》，我国一些关心残疾人的有识之士也开始接受这种思想。加上我们这几年来积极地推行人道主义，使大家都认识到残疾人同样也是人，同样也有人的权利，同样要共享人类物质文化成果，这种思想逐渐为全社会普遍认同。在这种情况下，八十年代中期，首都及其他城市一批青年残疾人就组织起来，成立了残疾青年协会，不知宜昌有没有，武汉是有。为参加国际上残疾人体育活动，一九八三年国家体委成立了伤残人体育协会，比我那时搞基金会还早。我在那个时候就感受到这种大潮，感受到残疾人事业就要红红火火地发展起来了，我们于是顺着潮流一步一步把残疾人事业搞起来。如果没有社会基本需求，没有社会文明进步，没有改革开放这么个大环境，一切都谈不上。

随着残疾人事业的继续深入，我们不只是要解决残疾人的吃饭问题，这也不仅只是涉及残疾人的问题，还有更加广泛的社会问题。比如说，从社会发展来说，我们国家从改革开放到现在，基本上讲有两个特点：一是我国在不断地改革，二是国民经济、社会发展有一个长时期的比较快的发展速度。这都是我们需要的、希望的。国民经济的增长是大家孜孜追求的，但是我们也看到这些东西带来的另一面。比如说，既然要改革，就要触及各种人的利益。社会资源在一个时期总量总是相对固定的，但是也会逐年发展。改革就是要调整这种资源,调整各种社会资源,包括分配的资源。在这种调节过程中,有的人会得到利益,有的人的利益就会受到冲击。所谓改革就是要打破一些旧的东西,甚至打破一些旧有的社会利益集团,打破旧的格局。而在这个旧格局下生存的一些人得到的利益都会受到冲击。

改革是要付出成本、付出代价的,中国历史上的改革者从来没有一个有好下场,所以我们在改革初期就说,改革不是一件容易的事。老人家讲改革也是革命。中国改革历来就是改革完了,效果出来了,改革者自己身败名裂了。改革带来了社会矛盾冲突。经济发展快是我们追求的,但快就会带来社会冲突矛盾,快就会带来不平衡,也使各方的利益不平衡得不到及时调整。我们总是在追求平衡,但又总是处在不平衡之中。平衡是相对的,不平衡是绝对的。

快也会对整个社会文化产生冲击,不光经济变化快,社会形态变化也快,这种快使我们的各项方针政策都跟不上经济文化发展的速度,就会有很多的漏洞。行贿行为也出现了,腐败行为也出现了。因为经济发展快而带来矛盾冲突的社会现象不仅只在中国是这样,拉丁美洲、西欧在经济发展最快的时期也是这样。马克思写《资本论》也是资本主义发展最快的时期。再加上我们搞经济体制改革,市场经济带来了深刻的社会变化,也带来了许多的社会矛盾,这么多下岗职工,这么多问题,都亟须解决,所以这个时候,社会一定是动荡的、冲突的。

我觉得我们国家在这方面做得是非常好的,这么多年来,不是像俄罗斯那样搞大的社会改革,一下子把社会搞乱,国家搞垮,我们是不断以小的步伐来代替大的变革,我们每小步走下去,都会引起社会小的震动,但不会引起大的动荡。在这个时候,就需要社会建立一个“安全网”,没有安全网,就不能保障经济的持续快速发展,这在西欧表现得特别明显,欧洲初期实现经济快速发展而没有稳定发展,就是因为他们没有建立健全的社会安全网。实际上,两次世界大战的根本原因都是在这里。欧洲在五十年代吸取了教训，各国开始在社会安全网上下功夫，包括北欧走向福利社会，各国社会福利改革，才形成了五十到七十年代西方长期快速的经济发展，人家把我们甩在后头了。假如没有这样一个社会的稳定机制，将会出现非常难以预料的危险。

我们残疾人工作就是社会安全网的一部分。随着经济发展，人民生活水平提高，我们贫困人口里面残疾人比例是越来越高，贫困人口在缩小，但残疾人比例在提高。一般地说，贫困地区贫困人口中残疾人占百分之五十，发达地区占百分之八十，北京、上海百分之九十五以上是残疾人。所以要想解决稳定机制问题，要想建社会安全网，要想解决“锅底”的问题，就要解决残疾人问题。所以残疾人问题在我们社会主义现代化建设的大局里面，是有它的地位的，政府工作应该把它考虑进来。残疾人群体不小，宜昌市的比例达百分之六点零九，比全国略高。全国残疾人家庭达到百分之十八，也就是两亿多人口，这些人都非常困难。我们在开展残疾人就业工作时讲，“救人一命，稳定一家，影响一片”。

残疾人事业的发展也是社会发展的一部分，我在前年会见联合国秘书长安南时，我就讲，社会发展与经济发展是一个车上的两个轮子，如果只有经济发展，没有社会发展，车就会在原地打转，不可能走到我们要到的目标，他很同意。所以在这方面，我们在经济发展的同时，也要考虑社会发展，也要考虑精神文明建设。

我们是共产党人，共产党的宗旨是造福人民，全心全意为人民服务，过去要翻身做主人，现在搞社会主义建设，我们要让大家共同富裕。共产党的性质决定了共产党人要为广大劳动人民的利益服务，特别是为困难的群体服务。这是党的性质和社会主义性质决定的。以前在革命阶段，团结贫下中农、工人阶级推翻旧的制度。而新的民主制度建立起来后，我们该怎么办？我们怎么对待群众？特别是怎么对特困难群众?这是考验我们党的素质和社会主义性质的试金石。而在这个困难群众里面,残疾人群众是社会的“锅底”。我们没有很多统计资料,以前做过一个粗略的推断,大多数残疾人家庭收入只有健全人家庭的一半。现在我们没有学术上的统计,也很难做出统计,将来有机会,中国残联研究室可以考虑这个问题。但总的来说,残疾人是最贫困的人群,这是可以肯定的。在社会的各类弱势人群当中,残疾人是最困难的,老人里面残疾老人最困难,妇女里面残疾妇女最困难,儿童里面残疾儿童最困难;所以在所有人群里面,残疾人是最困难的。不但中国如此,世界上其他国家也是如此。怎样使这群人能够跟上社会步伐,特别是社会主义市场经济的步伐,是我们每一个共产党人、每一个有责任感的社会公民都要思考的问题。

残疾人每做一件事,都要比别人付出更多的代价,也就是说残疾人是我们这个社会中付出代价最多的一群人,而残疾人收入是社会上最少的。就是这样一群付出多、索取少的人,当我们为他们做一点点事后,他们就说共产党好,社会主义好,比那些发了财回头还骂你的人,我们是不是应该认为,残疾人是社会上最好的公民,我们共产党人是不是应该扪心自问,我们是不是应该为他们做得更多一点呢?我们为他们多服务一点是应当的。

三、残疾人自强不息的精神
是社会主义文化建设的重要内容

残疾人自尊、自信、自立、自强的精神,是社会主义文化建设的重要内容。残疾人一生都处于困难之中,他一生都在拼搏。他每干一件事情,哪怕是一件很容易的事情,都要多费力气,这样就锻炼出了残疾人自尊、自信、自立、自强的精神。但残疾人也有一些弱点,可能

封闭一些、偏激一些、自卑一些，这些现象都有，但更多的人能够在日常生活中形成一种顽强的作风，这种顽强的作风，自强不息的精神，也是我们中华民族的脊梁。我在河南讲了，其实我在其他地方也讲过，五十年代两本书教育了一代人，一本是《钢铁是怎样炼成的》，一本是《把一切献给党》。我们这些五十年代的人就是在这两本书的影响下形成了人生观、价值观，形成了一生的立场和追求。新时期又出现了张海迪等各种各样的先进人物，他们这种自强不息、顽强拼搏的精神是我们这个社会最可宝贵的文化财富。

相比之下，经过“文化大革命”之后，我们的道德基础、理想基础受到了很大冲击和破坏，我们现在的年轻人，在道德理想方面有很大的缺陷，加上资本主义等方面的因素，我们看到因社会道德基础、理想基础遭到很大破坏而产生的不应该出现的社会现象。怎样建设我们的道德文化，中央提出了以德治国，就是要强调这方面的问题。国外机构统计我们大陆的大学生和台湾的大学生，大陆青年还不如台湾的，大陆的想跳槽就跳槽，不如台湾、西方的大学生。而要改变这样一种面貌，不是一朝一夕的事情，是一个长期的过程，在这个长期的过程中，我们残疾人的这种精神是一枝花，开起来很漂亮，对社会是一个很大的教育。所以我们要搞“红领巾助残”，我更看重红领巾在助残中的自我教育。家长们感慨道，孩子们从来不关心别人，助残以后，受到很大教育。所以我们在党员干部中开展“一帮一”，在扶贫中间不仅仅是帮助了残疾人，也净化了我们干部的心灵。所以做好残疾人工作，也是社会主义文化建设的一部分。

我不是搞残疾人工作就到处卖狗皮膏药，我向来把残疾人工作放在国民经济发展的大局、社会发展的大局、精神文明建设的大局，包括国家的基本性质和党的基本性质的大局中来考虑。也正是从这些角度来看残疾人事业，才使得我理直气壮地做这项工作，才使得我们所有残疾人工作者有更深的功底、更厚的背景来做我们的工作,使得我们的工作更加积极、更加有效。

四、残疾人联合会的工作往哪个方向走

残联成立十四年来,工作有了很大进步,得到了社会的认可,得到了党中央、国务院的认可。广大残疾人工作者队伍是优秀的、可喜的,付出了青春,但回报不多,他们的家庭也做出了牺牲,我觉得这支队伍非常可爱。只有有了这样的队伍,我们才能把残疾人工作做好。我们处在创业阶段,残疾人工作非常繁重、非常艰苦,既没有权,又没有钱,残疾人到这里来,还得自己掏腰包解决其吃饱问题。我们面对众多的残疾人,又没有解决问题的手段,非常难。做一个县残联的理事长,究竟素质要多高?政治上要坚定,还要有团结协调的能力,还需要有办事的能力和开创精神,另外你还得协调政府领导和政府部门,看残疾人还要下乡,上上下下都要顾到;方方面面,文化界、教育界、体育界、卫生界、新闻界都要接触,还要接触宗教界,宗教界也有为残疾人服务的。所以说做个残联理事长是非常不容易的。理事长素质好,残联工作就上来,一弱就掉下来。残疾人工作非常艰难,特别在基层。

残联组织体系是否有自己的弱点?有,从中国残联、省残联到市县残联,组织体系健全,但纵向到底还没做到。纵向到底做不到,就接触不到残疾人群众,我们拼命也要建立这个东西,没办法!残联有几万人的干部队伍,你不能全面接触残疾人,人家残疾人不认你,你怎么成为残疾人的代表组织?所以纵向到底是我们残联组织建设始终坚持不放的目标。但是这么长的时间还没有全面到位,我们焦急啊!你不是代表残疾人的组织,有什么生存价值?纵向到底始终是

残联的弱点，这是我们长期要抓的事情。

另外，作为残联来说要增强代表性，这也是我这些年来在工作会上经常讲的。怎么做好残疾人的代表组织呢？我以前反复强调残联机关中要有残疾人，但一直落实不好。我们的干部都是从党政机关调过来的，以前受招工条件的限制，残疾人招不了工，转不了干，党政干部中残疾人极少；现在也很困难，残疾人文化水平又不高，培养起来也很困难，造成我们残联队伍里面残疾人少，代表性差。但是，并不是机关里有残疾人就具有了代表性，更要靠我们的工作。一个理事长是健全人，并不说明他不代表残疾人；一个残疾人做理事长他如果不热心，也不一定就代表残疾人。这是辩证的，不可一概而论。但在残联组织里面是否应该有更多的残疾人在里头，我想应该是的。如果我们不注意在代表性上下功夫，将来早晚要脱离群众。这几年，我们一直强调，在组织体系上、在班子结构上，特别要求地市级残联一定要有一个残疾人理事长或副理事长。这是全国统一的要求，是结构上的安排。但安排了残疾人理事长，也不一定有了代表性。还必须在残联工作指导思想上，在其他各个方面都要强调代表性。

另外一个方面，残疾人工作要更加强调社会性。我们残疾人工作有两手，有党政工作的一手，也有社会工作的一手。现在的情况是党政工作一手强，社会工作一手弱。我们大多数残联工作者只会做行政工作，不会做社会工作，这是全国残联的普遍现象。如果不会做群众工作，不会做社会工作，你就不能充分动员社会资源。实际上，政府对残疾人工作承担最后的责任并不意味着政府把所有的残疾人工作都包揽下来，而更多的是让社会来做，更多的要动员社会的人力物力资源。所以没有社会力量，单靠政府力量，无论是物力财力都不可能开创一个活跃的残疾人工作新局面。

总而言之，开展残疾人工作必须做到上述三点：一要纵向到底，二要加强代表性,三要加强社会化的管理和社会化的工作。我们残联过去、现在、将来都要朝着这个方面去努力。我们要求市里专门协会要更多地工作,更多地活动,有个千把块钱的经费,有个地点,残疾人能在那里活动,让残疾人觉得有自己的组织,代表性就体现出来了。现在我们几个专门协会还不是法人,外国人就给我们捣乱。去年世界盲人协会大会上,有个国家提出,中国盲协不能作为世界盲协的成员,因为它不是法人。这个问题中国残联正在研究,中国残联的专门协会都要办成法人,市级协会怎么办我们还在研究。如果我们不及时调整大方向,路子就可能走不正。

残疾人工作要分类指导[1]

（二〇〇二年七月九日）

有一个问题请大家来探讨，就是中国残疾人事业发展的度。原来一直在讲中国残疾人事业远远落后于中国社会经济政治的发展。现在看来，残疾人事业发展到一定程度，中部、东部、西部差距开始拉开，所以对残疾人工作的指导，也要有所区分。比如上海要用现代化大都市来要求，北京用现代化首都来要求，一千万人的城市，各项设施都要有比较好的标准，眼光要长远一点。当然，我们不是绝对向西方靠拢，我们有些工作并不比西方差，我们要发挥我们的优势，完全可以在有些方面做得比西方好。

西部地区贫困人口多，财政困难，主要解决贫困的问题，要求不能太高，高了他不能承受。中部地区怎么发展，怎样使残疾人工作指导方针能符合中国的国情，我们现在还没有一个成熟的考虑。在中国，不管中部、东部、西部，人口多，底子薄的国情改变不了。二十多年改革开放，人口多改变不了，底子薄可以慢慢改变。所以我始终认为中国社会主义现代化进程不可能太顺利。对我们的进步我们既要自豪，也要振奋精神，又不可估计过高。社会发展形态、社会主义市场经济各项因素培育和发展也很不容易。所以我们准备着还要走弯路，还要有挫折，还要经历艰难。

---

① 这是邓朴方同志二〇〇二年七月九日在湖北省残疾人工作汇报会上的讲话摘要。湖北省委书记俞正声等领导参加会议。

残疾人工作指导也要冷静,一方面要积极发展,要拼命往前赶。中部地区怎么发展?要做到什么程度?你说要做很多事,财政困难,社会方方面面都很困难,是不是能够承受你的要求还是个问题。你说不能做很多事,也许又能做出很多事。这次到河南,又到湖南,又到湖北调研,有个想法不知对不对,就是要把骨头架子搭起来,搭好骨头架子,长多少肉,根据实际情况,根据你的残疾人工作是不是活跃,你的干部是不是强,根据各项工作开展的实际情况,也可能今年多长点肉明年少长点肉,也许这个时期多长点肉,下个时期少长点肉,多长少长没关系,但要把骨头架子搭起来。如果没有骨头架子肉往哪儿长?长不起来,皮之不存,毛将焉附?所以如果把骨头架子搭好了,把我们残疾人工作的各项指标填进去,计划一下每年长多少肉,我想是可以的。现在中国残联已经把中部、西部、东部分开来评比、分开处理,希望得出科学的指导方法,但做得不够。希望省残联和各方面给我们提点建议,到底怎么分类指导,怎么要求大家,怎么使我们各项工作既能成为社会主义现代化积极的组成部分,同时又不超越现实可能性;既是一个活跃的状态,又是一个可持续发展的状态。

不要做“泥足巨人”①

（二〇〇二年七月十日）

好几年没来武汉了，这次来看到武汉残疾人工作有了很大进步，我很高兴。武汉市的劳动就业、“济世之家”、聋儿康复运转得都不错，服务意识不断增强，这些都是在市委、市政府的领导下取得的。市委罗书记在许多关键问题上做了重要批示，给予残联很大支持，这是一种实实在在的支持，政府各委、办、局对残联的支持也很大。在社会力量助残方面，如法律界、文艺界、体育界、新闻界、教育界等，形成了一个支持残联的比较有效的合作机制，办活了残疾人事业。有时候，社会出人出力比政府拿钱办事业更生动、更有效果。武汉市残联积极努力，艰苦奋斗，在此我感谢你们。新的残联班子要发扬能吃苦的精神，创造性地工作，要把残疾人事业搞活。

昨天在省里听汇报，正声书记讲到，做残疾人工作要解决一个为什么人的问题，我们的工作是为残联做的，还是为残疾人做的，这之间是有区别的。要紧紧抓住为残疾人服务这个中心，残疾人工作才

---

① 这是邓朴方同志在湖北省武汉市残疾人工作汇报会上的讲话摘要。武汉市委书记罗清泉等同志参加会议。

“泥足巨人”(feet of clay)，典出《圣经·但以理书》第二章巴比伦国王尼布甲尼撒之梦：他在梦中看见一尊光彩夺目的塑像，头是精金，胸臂是银，腹股是铜，两腿是铁，脚是半铁半泥。忽然天外飞来一块石头，击碎了巨像的泥足，整个塑像也分崩离析。这个梦预兆了巴比伦帝国的命运。后来，人们把“泥足巨人”引申解作不可告人或鲜为人知的严重缺憾、弱点等。

不会走上邪路,正声同志讲得非常好。

听了武汉市的残疾人工作汇报,感觉到武汉残联的工作是在切切实实为残疾人办事,工作一直延伸到了基层。罗书记亲自拍板,把街乡镇的专干配起来,基层工作活跃了。配备专干不要增加群众负担,特别是农民负担不要增加,农民很困难。乡镇干部也可以适当地配一些残疾人,把服务搞到基层去。

昨天在省里我讲了残疾人工作的思路,其中很重要的是"横向到边、纵向到底"的原则,进一步建立完善残疾人工作体系。

武汉市残联成立十几年了,区县残联建设是薄弱点,致使乡镇基层残疾人工作没有很好开展起来,残联干部不能扎根于群众,接触不到群众。也许我们的干部接触了少数群众,但是接触不到广大的群众,不能为群众有效服务,不能真正代表残疾人,更谈不上对残疾人事业进行有效的管理。

在今年中国残联的工作会议上我讲过,残联是一个行政机构的架构,按照这样的架构建立了各级残联系统。但脚是泥捏的,是个泥足巨人,水一泡就垮了。如果我们这么久搞了一个官僚机构出来,凌驾于残疾人之上,那就成了一个大笑话,就是犯罪。听了正声的讲话,我触动很大,当然,我们广大的残联干部是好的,大家辛辛苦苦地为残疾人办了那么多事,但是我们要防止这种现象。现在各级残联是机关,其体制与残联"代表、服务"的性质有不相符合的地方,不接触群众,残联就会成为官僚机构。怎样来引导它?怎样充分地发挥"代表、服务"职能?怎样能把工作做到基层去?怎样进行社会化的工作等等?都需要我们认真地思考、探索。

武汉的社会化工作积累了一些经验,全市残联怎样把社会工作做得更好?"半官半民,亦官亦民","官"这头行政手段不能放弃,政府该管的要管,该开协调会的开协调会,该下文件的下文件,该贯彻的贯彻,该拨款的拨款,没有这个,好多事办不成,中国就是这个体制。但是怎样更多地做“民”的工作?特别是残联的干部,不要把自己当作一个官,我们虽然有级别,但你不能始终觉得自己是个官,你就是一个公仆,我们所有的党政干部都应该这样想,残联的干部更应该这样想。

另外,区残联机构单列和机构升格的问题,多谢罗书记比较坚决的批示,亲自安排,全面解决,这要全面落实。市残联整个工作比较活跃,往基层抓的力度比较大,但是深入不到区一级的工作。这么大个武汉市,区一级如果还在民政里挂着,怎么搞得活?市残联对区残联能不能指挥得动?恐怕也有失灵的时候。既然是残疾人的代表组织,一定要体现它的代表性,拉出去,跟外国人交往,你总不能说是民政局副局长。这主要是从残联的性质、工作方式和将来的发展这个角度来考虑。这个问题在全国范围五年前就解决了,你们要贯彻罗书记指示,坚决迅速解决。

用政治优势
来保证康复扶贫贷款的落实①

（二〇〇二年七月二十九日）

这些年来，宁夏的残疾人扶贫工作取得了许多成绩。有的是基地辐射，有的是小额到户，另外还有科技扶贫和其他形式的扶贫，特别是干部的"帮包带扶"。这个做好了，就能够使大量的残疾人摆脱贫困，或者使他们能够维持生存。这里面有些是维持生存，有的是摆脱贫困，个别的是逐步致富。

残疾人扶贫工作，你们说的"帮包带扶"，很好。扶贫工作里面做得不好的一条，也是问题比较大的，是上面提到的康复扶贫贷款。我觉得对宁夏来说，是万万不应该的。本来就穷，中央给了政策，几年几千万的贷款，往年一年是一千五百万、一千六百万，今年是两千万，你们不用就白白地损失了。本来没有钱，有钱还不用，就为了几个扯皮的什么事？我觉得政府实在管不了，党委就应该管一管。就这码事都治不了吗？还是共产党的天下吗？特别是这笔贷款牵涉到这么多贫困人口的扶贫问题，牵涉到他们的饭碗，牵涉到他们的穿衣，这是救命的钱啊！救命的这点钱，扯皮就扯了一两年，为了个技术上的环节扯皮争论，我觉得自治区党委应该给予严肃的批评。

---

① 这是邓朴方同志在宁夏回族自治区残疾人工作汇报会上的部分讲话。邓朴方同志二〇〇二年七月二十九日至三十一日在宁夏调研期间，听取了自治区残疾人工作汇报，视察了自治区残联、银川市残联和青铜峡市，会见了自治区党委书记陈建国、自治区副主席马骏廷和银川市委、市政府等领导同志。

这个事,我们再跟农总行通个气。扯皮是绝对不行的呀!今年两千万眼看要泡汤,这怎么行呀?宁夏又是这么个穷地方,你若是个富地方,我也不管了,这笔钱你爱要不要,不在乎了。若在乎这个钱呀,就务必要协调好,尽快协调好,尽快地正常运转。

康复扶贫贷款要跟“帮包带扶”结合起来,现在还款率百分之八十,应当及时提高。你只有提高还贷率了,农行才有积极性来贷款。咱们这个康复扶贫贷款,本身就有根本性缺陷,是政策性贷款商业性运作,本身就是有矛盾的。这个矛盾现在我在中央没办法消化,只有在地方消化。所以党委、政府都要用强有力的手段介入这个事情,消化这个矛盾。对残联来说,就是要提高还款率。既然是政策性贷款,就应当用党政优势,用共产党的政治优势来保证,这是提高还款率的一个根本办法。“帮包带扶”,我就不信县委书记包的这户还不上钱!我就不信县公安局局长包的这户还不上钱!无论基地也好,还是小额信贷也好,同“帮包带扶”结合起来,和党政干部目标责任制结合起来,保证这笔钱及时还上,防止金融风险。

咱们也替农行想一想,它要防范金融风险,它有它的要求。还不上的话它的信贷员就会撤职,你也得替农行的同志想一想。刚才说起的这个扯皮事,无论如何不能允许。一方面农行的同志要明白,康复扶贫贷款是政策性贷款,政策性贷款就有责任义务在里头,是必须完成的;另一方面,我们也得替农行商业性运作着想,双方互相体谅,互相合作,再加上党政强有力的干预,把这件事做好,提高还贷率,贷款才有保证。现在是零呀,这项工作要认真把它抓好。

西部地区的残疾人工作要再迈一个新台阶[①]

（二〇〇二年七月二十九日）

一、进一步提高对残疾人工作的认识

宁夏残疾人工作这些年来在党委、政府的领导下，在各局、委、办和社会各界的大力支持下，在广大残疾群众自尊、自信、自强、自立精神的鼓舞下，通过大家的艰苦奋斗，特别是在自治区残联及各级残联，尤其是基层残联同志们积极活跃的工作推动下，取得了非常大的成绩，你们做了很多了不起的事情。宁夏财政比较困难，整个社会经济发展水平与东部沿海地区相比还有一定差距，人民生活水平还相当贫困，尤其是南部的八个县贫困总人口占了一半以上，尽管是这种情况，你们还是做出了非常出色的成绩。咱们历届党委、政府都非常关心、支持、重视残疾人事业，能把残疾人事业列入议事日程，残疾人工作协调委员会能够发挥作用，积极支持残联开展工作。我对党委、政府也表示衷心的感谢！

我感觉从残联组建到现在的这些年来，宁夏的残疾人工作有很多特色。比如说：你们的组织建设比较完备，各地市都能够按中国残联要求，做到计划单列、理事长专职，而且乡镇不管专职、兼职都归到残联。现在又要求，农村要做到村里，城区要做到社区里。这样把工

① 这是邓朴方同志在宁夏回族自治区进行工作调研时的部分讲话摘要。

作开展起来了，就很了不起。工作会有好有坏，有的工作积极活跃一些，有的工作流于形式，这都属于正常现象，总是有做得好的，有做得差的，但这些工作都开始做了。

康复工作全面完成各项业务指标，残疾人就业的工作格局已经基本形成。残疾人扶贫工作也取得了许多成绩，有的是基地辐射，有的是小额到户，另外还有科技扶贫和其他形式的扶贫，特别是干部的“帮包带扶”。这个做好了，就能够使大量的残疾人摆脱贫困，或者使他们能够维持生存。这里面有些是维持生存，有的是摆脱贫困，个别的是逐步致富。另外，城镇残疾人不能劳动的，或者特别困难的，全部纳入低保，这个工作也做得很好。特殊教育、宣传文体工作也取得了很大的成绩。特别是社区工作，把残疾人工作纳入社区的各项工作，纳入民政工作里面、民政社区服务里面，纳入卫生部门的社区服务里面等等，如果这些方面的工作做好了，社区残疾人协会也就有活动了。综合服务设施二十八个县（区）级单位已经建到十四个，安排了七个，这个也是很大的成绩，很不容易了。法制建设等方面也都有长足的进步。

可以说，宁夏残联成立十几年来，在大家的努力下，残疾人工作已经取得了一个历史性的进展，这都是大家努力的结果，应该感谢大家！宁夏残疾人工作纵向比较是有成绩的。在全国横向比较，有可比之处，也有不可比之处。比如说，有些确实需要花钱的事情，你没有人家规模做得大。人家一弄几千万、上亿的钱就花出去了，你只能是几十万、几百万地往里投，像这样的事情就很难相比。但也有可比之处，有些工作就是在现有情况下还应该进一步努力，我觉得还有这样的可能性，宁夏残疾人事业更进一步、再上一个台阶的余地我觉得还是有的。来到这里看了以后的基本印象，就是这些年来宁夏的工作已经给残疾人事业创造了非常好的氛围。比如说，党委、政府的日程已经有了残疾人工作的位置,在群众心里也有了自己的位置。就是说,这些年来宁夏对残疾人工作的重视程度与以前相比已经大不一样了。以前说残疾人都残了,还让他就业干什么?都瘸了、拐了,还就什么业,学什么习?这些年来,群众观念发生了很大变化,政府工作日程里面有位置了。

但是我觉得对残疾人工作的认识还要进一步提高,做好残疾人工作不仅仅是着眼于残疾人的利益,而是为了改革开放的大局。我们要改革开放,就要求有一个稳定的社会环境。要有个稳定的社会环境,就必须对各种不稳定的因素逐渐消化。近些年来,中央特别关注稳定,残疾人工作就是稳定工作的一个最重要环节。在东部沿海地区的贫困人口里面,残疾人的比例是不断提高的,经济越发达,人民生活水平越高,贫困人口里残疾人所占的比例就越大。在西部地区占百分之五十左右,在东部地区、沿海地区占百分之八十左右;在北京、上海的贫困人口里面,百分之九十五以上接近百分之百都是残疾人,除了个别的,如欠债、生大病导致的贫困以外,其他几乎都是残疾人。能够活动的、障碍比较少的残疾人,一般都能摆脱贫困。所以要做好残疾人工作,要把它放在大局里面。中央这几年来特别注重弱势群体工作,所以我们要把它看作是一个义务,很重要的一个义务。残疾人工作在社会主义精神文明建设当中也起到了巨大作用。

江总书记提出了“三个代表”的论述,其中一条是要全心全意为人民服务,从“三个代表”的高度来看,也应当加强和重视残疾人事业。

二、继续努力,再迈一个新台阶

宁夏残疾人工作还应当继续努力,在已经取得巨大成绩的基础上,再迈一个新台阶,我觉得这点还是能够做到的。其实宁夏原来的残疾人工作在全国应该还是可以的,包括基金会的时候,宁夏的工作还是活跃的,残联组建以后,也还比较活跃。原来一些基础性的东西大家做得比较好,最初期的工作做起来比较容易,可能越做到后来,需要人力、物力、资金的支持越多了。在这种情况下,一些经济不发达省份会吃些亏,特别在全国范围评比中会更吃亏,就是说我们的经济、社会发展水平还不能够支持一个需要高速发展的残疾人事业,还要随着经济社会发展逐渐地进步。

宁夏残联工作的发展余地还是很大的。宁夏几年来政治经济文化都发展了,特别是我这次来,看到银川市房地产发展很好呀!从房地产上就看出你们的经济在发展。我想随着经济社会的发展,一定会给残疾人工作提供更新的发展空间和更大的余地。另外,我觉得只要指导方针定好,位置摆好,宁夏的残疾人工作就能够随着社会经济的发展取得比较大的进步。残联班子劲头很足,我觉得这样一支队伍,劲头很足,心气很高,就是个条件;宁夏经济社会的发展也会提供条件,咱们残联班子上上下下有这个劲头,士气可鼓不可泄。

三、西部地区残疾人工作的发展思路

西部地区残疾人工作有自己的发展特点,工作该怎么做?什么个思路?我下面谈的还不成熟,是一个探讨性意见,来跟你们探讨。

西部地区的经济发展普遍慢点,对残疾人工作的支持比较欠缺。在这种情况下,又要发展,又要建设,又要吃饭,还要发展残疾人事业,中间不可能没有矛盾,没有冲突;各方面都兼顾,也比较难。我想,最终残疾人事业要有一个基础点,但要想有大规模的人力、物力、财力投入是不可能的。西部大开发,在社会福利方面不能给你很多,在基础设施建设上也不会有很多投入;自治区政府再给你多拨一点,蛋糕给你多切一点,我主张多切一点,当然还是有限的;中国残联又穷,即使给你倾斜,最多也只能给你十万、二十万、八十万。

那么在这样困难的情况下,怎么做才能符合西部大开发的潮流?怎么样跟上西部大开发的步伐,我觉得是很为难的一件事情。我去新疆看了,也是到处缺钱,但看了后有个启发,我仔细分析了一下,跟他们新疆人也探讨了一下。我跟他们说,我有个建议,搞大乌鲁木齐市,把乌鲁木齐市的残疾人工作搞强,集中精力、人力、物力、财力,把它搞强,然后用大城市来辐射。我看宁夏也有这个特点,你们一共五百来万人口,银川市占一百来万,如果你们把银川市的残疾人工作搞强搞大了,就把全区四分之一的工作做好了。而且银川的经济力量相对比较强,你盖了这么多房子,光收税也收了不少。中央财政给你银川也比较多,再加省一级的,是不是比较强?集中力量把大城市搞好。在边远地区、贫困地区,集中力量搞好扶贫工作,把残联的骨头架子搭好。贫困地区的基础设施不一定要求多好,只要有就行。全国要求每个县五百平方米,宁夏如果五百米有困难,三百米也行,如果仍然盖不起,我觉得只要有就行。其他地方把架子搭起来,贫困地区把扶贫工作抓起来,就是先把群众急需解决的康复、就业、教育、扶贫这几项工作扎扎实实地抓起来。现在我们不是已经全面完成了吗?把省级机构和银川市的残疾人事业抓起来了,然后用这两个地方的实力辐射全自治区。就是把中心城市的工作做强做大,然后带动贫困地区。这样的话,就可能使我们在财力的分配上不至于过于盲目。有限的资源,撒芝麻就什么事也干不成。

我这个是社会发展的思路,对不对,我现在没有把握。贫困地区我们不能放弃,主要的一些工作,如基础组织建设、康复、扶贫、教育工作也都要抓起来,扶贫工作是重点。其他方面的一些工作,以银川市为重点把它抓起来,这样一个战略思维或布局,是不是可以使我们能够有所作为呀？我再强调一下，这是一个探讨性建议，不是一个指示，不是一个结论，必须经过你们仔细算账、仔细安排，看是否有可能这样做。集中精力打个歼灭战，集中优势做成一件事，这样把残联工作的形象给树立起来，把社会形象给树立起来。就对外交往来说，你什么都没有，怎么对外交往，怎么争取外面的援助？你也没有这个接口呀！所以要把这个接口给建立起来，把形象建立起来，把样子做起来，贫困地区也会慢慢有个样子，有个奔头，也会把残疾人的心气，把残疾人工作者的心气带起来，就能形成一个新的生动活泼的局面。这是一个基本思路。

我觉得宁夏残联现在到了一个关口，就是你前面已经有点底子了，但要想再迈一个台阶，又得下大力气，才能迈得下来，正走在这个关口上，希望咱们自治区残联上下拧成一股绳，再拼它一家伙，让宁夏残疾人事业再上一个台阶，更上一层楼，借着西部大开发的好政策，咱们能借上点光，物质上、政策上能够倾斜的，动点脑筋多争取点。大开发的东风呀，物质上借得不多的，精神的光也得借。借这个东风，把宁夏的残疾人工作扎扎实实地、踏踏实实地干一下，然后能够更上一层楼，让我们宁夏的残疾人能够跟上政治、经济、文化发展的步伐，共享社会物质文化发展所带来的成果。

艰苦奋斗是工作全面进步的基础[①]

（二〇〇二年八月三日）

甘肃我十几年没来了，经济发展很快，兰州面貌焕然一新。甘肃去年的经济发展超过全国平均速度。在中央的支持下，在西部大开发的机遇中，我想甘肃的经济一定会快速发展起来，人民生活水平一定会进一步提高，各项工作都会取得新成绩。西部是一片希望的土地，我看到的是一片希望。

一、艰苦奋斗是工作全面进步的基础

我在北京也看了些材料，听到不少反映，甘肃残联的工作不错。记得从成立基金会开始，甘肃残疾人工作就比较积极，近十几年的工作基本没有大的动荡。特别是近几年，甘肃的工作取得突飞猛进的进步。虽然经济发展不快，但残疾人工作是领先的，做到这一点很不容易。我们有一个内部不成熟的标准，甘肃位居全国第八位，非常了不起。其他几个西部省份远远落在后面。这与甘肃省委、省政府的重视和支持是分不开的。省地县各级政府签订了目标责任书，省领导参加残疾人工作会议和重要活动一百五十多人次，很有力度。在扶贫资金上给予倾斜，投入一亿多元，累计三亿三千万。宋书记、陆

① 这是邓朴方同志在甘肃省残疾人工作政府汇报会上的讲话摘要。甘肃省省长陆浩，省委副书记陈学亨，省委常委、副省长洛桑灵智多杰，省政府副秘书长孙公平，省残联理事长朱雪明等同志参加了会议。

省长每次下乡都要看望残疾人，解决残疾人的生活困难。在康复上投入两千多万，基础设施上两千多万，还有文艺体育上一千多万，这个投入力度真不小，而且见了效。在康复中心看到许多肢残人都是免费安装的假肢，白内障患者都复明了。社会各界对扶贫工作都很支持，“帮包带扶”了很多残疾人。各级领导带头捐款，共捐了四千多万元。另外，甘肃残联班子团结，干劲足，干部队伍素质好，看到你们这样工作，我很高兴，感谢你们。

甘肃残联的艰苦奋斗，是工作全面进步的基础。

组织建设非常好，地市县残联组织健全，村一级也建了残疾人小组。架子有了以后，就有了工作，就会出现好的工作局面，这样，城里面可以把工作做到社区。乡里面的专兼职干部配得比较齐，百分之六十专职，百分之四十兼职，有人做工作了。把残疾人工作做到基层是我们一直所追求的。

扶贫解困工作也比较突出，不仅残联在抓，扶贫办也在抓，党委、政府还专门下发了扶贫文件，扶贫办与残联下发了文件，还转发了上级文件，光扶贫文件就不少，而且投入不少，扶贫效果不错。省政府出台的社会帮扶意见措施很具体，内容、做法很详细，我看了以后很高兴。甘肃省的扶贫任务特别重。

残疾人分散按比例就业，核心是不要由政府一家承担，社会各单位都有义务和责任安排残疾人，这在国际上是一种通行做法，效果比较好，把政府的一部分负担转到社会，最后政府再兜底。福利企业在市场经济中可能要垮一批，但存活下来的要尽量安排残疾人。另外就是个体就业，有点手艺、技术，然后去就业，这一点你们做得也不错。

康复工作也不错，而且工作水平不低。中国康复中心在你们中心设了分院，医务人员全部接受了专业训练，医疗水平高，接受康复医疗的人还不少，说明你们工作做得好，否则人家不来，但就是地方有点拥挤。

特殊教育方面,入学率达到百分之七十七,跟以前相比,发生了翻天覆地的变化,弱智儿童达到了百分之八十多,这是相当大的进步。总体看来,甘肃的残疾人受教育情况在全国还是低的,但是,我想随着经济的发展,随着教育规划的逐步推进,残疾人教育会逐步提高的。

基础设施建设也取得了很大进步,四十个地县完成了建设任务,省里面拿出钱来支持。无障碍建设方面,省上十个部门制定了加强无障碍建设的意见,省委、省政府进行了批转,明确提出无障碍不仅方便残疾人,而且方便老人、妇女、儿童,甘肃有一百多万残疾人、几百万老人、一千多万妇女儿童,把无障碍建设的意义说清楚了。而且无障碍落实在县级,县上实现了突破,玛曲县建设了高原第一条盲道,这一点不简单,无障碍能在甘肃这样一个不发达的西部省份开始普及推开,确实是一件令人高兴的事情。总的来说,甘肃近几年的工作取得了历史性的进展,下一步是逐步发展的问题。甘肃残疾人工作和全国一样,不仅改善了残疾人状况,而且促进了经济和社会的发展。

下面要谈一谈残疾人工作怎样更上一层楼的问题。

二、残疾人工作始终是国家大局的一部分

虽然我们取得了一定成绩,但还要继续努力。做残疾人工作不能只把眼光放在残疾人及其亲属身上,要始终把残疾人工作看作国家大局的一部分。残疾人事业的创建和发展是改革开放的产物,始终是国家大局的一部分。任何一个国家,也包括我国,经济发展会带来很多的矛盾,会带来很多的不平衡,不平衡会造成许多社会问题。改革会伤及一部分人的利益,会保护一部分人的利益。总的来说,改革是前进的,但改革过程中不可能使每个人的利益都得到保证,所以说改革是得罪人的事情。既得到人民的拥护,同时一部分人要付出

代价,改革是有成本的,改革会带来不稳定因素。特别要强调社会弱势群体,如果只注重改革发展而不注意社会稳定,社会就会走弯路。实际上,一九八九年“六·四”风波就是不稳定的表现。其他国家包括发达国家和发展中国家,在经济高速发展时期、转型时期也会产生一些矛盾冲突,等等。这些现象是在经济高速发展的情况下产生的。因此这个时候稳定是第一位的,要广泛关注弱势群体。

经济社会不能广泛发展,改革就不能持续进行。强调弱势群体,在我们国家既是一个话题,也是一个重点。特别是残疾人,是弱势群体中的弱势。老年残疾人是老年人中的弱势,妇女儿童里面残疾妇女儿童最困难,下岗职工里面残疾人职工最困难,健全人下岗了还有机会就业,残疾人下岗了他就没办法再就业。所以说,要想使我们国家有一个长期稳定的发展,如果不注重弱势群体,不做好残疾人工作,我们的经济不可能持续发展。

当然,从社会主义制度来说,从共产党的宗旨来说,要求我们更多地为残疾人服务,社会主义制度的根本目标是解放和发展生产力,还有共同富裕。

从另一个角度讲,做好残疾人工作也是社会文明进步的标志之一,一个社会怎样对待残疾人,就是其文明程度的体现。如果歧视、忽视残疾人,就不是一个健康进步的社会。所以说全社会都来尊重、理解、关心、支持残疾人事业非常重要。残疾人在困境中表现的自强精神,也是中华民族几千年的民族精神的体现。我们强调社会帮扶,如“红领巾助残”不仅给残疾人提供了帮助,也是对社会的教育。“帮包带扶”就是对干部的教育,“红领巾助残”就是对青少年的教育。有家长对我说:我的孩子从来不知道关心别人,自从他参加了“红领巾助残”后,学会了关心家人、关心他人,这就是质的变化。所以说残疾人自强对社会的影响以及社会对他们的态度,也是社会主义精神文明建设的重要组成部分。在社会主义制度条件下,我们必须广泛提倡人道主义。

江总书记提出了“三个代表”的思想,“三个代表”就是全心全意为人民服务。要代表广大人民群众的根本利益,必须把残疾人利益也代表进去,这样才能代表人民群众完整的利益。代表先进文化的发展方向,就是追求进步,追求文明,追求理想的社会。追求什么,这些在残疾人工作中就能体现出来。因此,我们要把做好残疾人工作提高到贯彻“三个代表”的高度来认识。

做好残疾人工作是我国人权保障的重要部分,应该说,在国际上,我们的残疾人人权保障,是为国家尽了力的。美国的人权白皮书,每年都不得不用很大的篇幅来肯定中国残疾人的人权保障工作。中国残疾人人权保障在国际上有比较良好的形象。我国怎样保护残疾人的权利,维护残疾人的利益,也是国家人权工作的一部分。

把残疾人工作纳入国家大局,我们的工作就不是孤立的。只要我们把残疾人工作纳入大局,顺着大潮来推动,残疾人事业的发展就是健康的。这一点,每个残疾人工作者都要牢牢抓住,把它与国家的中心工作紧紧联系起来,这样才能不断地、有效地推进残疾人工作。

残疾人工作要做到全心全意为残疾人服务。我们甘肃残联有一支很好的残疾人工作队伍,我们的干部要牢固树立全心全意为残疾人服务的思想,切实树立起一个信心来,才能把残疾人工作推向更高的水平,更上一层楼。

三、做强中心城市,辐射周边地区

我们残疾人工作有难度。去年我去了新疆,前面又去了宁夏,我知道西部省份做好残疾人工作有难度,财力有限。这样我就提出一个思路,新疆把乌鲁木齐搞强,宁夏把银川搞强,搞强了中心城市再辐射周边地区。在西部开发的过程中,我们除了做好全面工作之外,重点要抓大城市,用大城市来带动周边。我看了你们的康复中心,我觉得你们可以再做大,做大了以后可以接纳更多的残疾人来康复。而在定西要建康复中心恐怕作用就不明显,根本就没有用,各地的残疾人还是要到兰州来。而且省康复中心可以直接派人到县里去,我想如果省里做强,兰州做强,然后再选一两个城市,帮他一把就能做强。比如,基础设施建设,边远县、小县不一定要五百平方米,三百平方米也可以,只要有地方、有人干活就行了,为什么非要五百平方米呢?我觉得这个要实事求是,因地制宜。但你兰州市就不能这样,兰州市的区县要做强一些,不能低于这个标准;经济好一些的地方要求要高一些,穷的地方要求低一点,实事求是,只要你有了就行了。所以说要分类指导,区别对待,这样的话,在宏观指导上要顺利一点。这是探讨性质的,没有跟理事会认真商量;但我总是想,不能机械地执行某一个指标,机械地开展某一项工作。要在工作中动动脑筋,想一想实事求是,有效地把工作开展起来。我提出这样一个思路,有条件的地方做大做强,然后辐射薄弱地方的工作,这样可能会使我们的工作有效开展。

四、甘肃残疾人工作的努力方向

甘肃的工作还要坚决全面贯彻“十五”计划,康复、教育等工作要全面展开。其中,教育上要全面规划,还要分期分批地执行教育规划,按照西部标准进行,因为西部总体低于全国水平,不一定按全国水平来要求或攀比,就按你们的计划、你们的情况逐步提高,达到你们的标准。

康复上除了完成各项业务指标外,要把兰州的康复中心做好,很好地辐射周边地区;各地不一定按省上的模式来搞。再探索一条社区康复的路子,让残疾人就近、就地接受康复治疗。

劳动就业方面,想多说一点。按比例就业保障金纳入预算管理,但在使用、管理方面还不很规范,以后将正式纳入规范化管理。以前收保障金不是找人来收就是自己去收,很不规范,成本也比较高。本来是该收的,你用不规范的收法,反而闹成不正当的了。我看你们准备采取财政、税务代收、代扣不错,残联要做好服务工作,要把主要精力放在向企业事业单位荐人、送人上,而不是收钱上。首先做好安置,在此基础上统计出来,不够标准的要收保障金,但残联就不要去收钱了。采取代征代收的方法,这样不仅降低了成本,而且减少了许多矛盾。是不是矛盾很多?有些省去收钱,人家就把政府的文件扔出来了,还说什么文件不文件的,不知道你们甘肃有没有?这个事情早晚要好转的,将来使用也要规范,因为纳入预算管理后,就不方便使用了。可能有时行,有时就不行,你们要有精神准备。

无障碍设施建设,县级要实现突破,中部和东部地区强调这一点,现在西部地区也提出来了,我倒要鼓励你们,关键是抓好新建和扩建工程的无障碍化,这样少花或不花钱就能解决很多问题。至于改造要量力而行,比如,在兰州市人口比较集中的地方,特别是残疾人需要量大的地方,应改造一批,其他地方量力而行,按照少花钱多办事、不花钱也办事的原则进行。

关于扶贫工作的“帮包带扶”,要加强,我赞同。康复扶贫贷款四千万,只落实了两千万。我认为与中央扶贫政策是矛盾的,政策扶贫资金进行商业运作这本身就不合理,造成很多矛盾,全国各地都很尖锐。宁夏去年一分钱都未落到残疾人头上。宁夏当然有特殊情况,银行自己贷了一部分款下去,残联没有承认,因为没有残联的章子,财政就不认。你把残疾人的款贷到别的地方去了,我就不认你。结果财政和农行一打架就是一年时间。我认为这对残疾人是一种犯罪。一些省份残联把房产都抵押了,给残疾人贷款,那么明年房产我还能抵押第二回吗？我哪儿来的抵押物啊！我想这个问题要从两方面解决。一方面中央政策问题我们协调解决,看怎样改造一下。另一方面希望省委、省政府,特别是省委做好工作,因为毕竟有政策扶持的成分在里头。银行是商业运作,但贷款是政策性贷款,银行没有贷下去本身就有责任。另外康复扶贫贷款还要注意一点,你只有百分之七十的还款率,人家就不愿意。我建议把扶贫贷款与干部"帮包带扶"结合起来,由干部出面帮助贷款。你们试试看,这条路能不能走？与基地扶贫结合起来,把"帮包带扶"做起来,残联做些深入细致的工作。再一个,我们西部本来是个穷地方,有那么多钱用不上,真是可惜了。中央方面我能否做下来,没有把握,但是希望在这种情况下,各省要尽力把这部分钱用起来。现在有的省份做得不错,全部或超额贷款,有的省份贷了一半。另外,你们的无障碍建设受到了表扬,今后要继续抓好,这不仅是社会形象问题,而且是方便弱势人群的基本措施。特别要在大中城市抓好落实,像洛桑省长所说的,青藏高原修了第一条盲道。非常感谢你们的工作。

另外,希望省委、省人大考虑,在人大、政协换届的时候,吸收残联领导和各类残疾人进去,都安排一下。另外残联要积极推荐全国人大代表和全国政协委员,我们两头做,一方面我们从中央这方面争取,另一方面省人大、省政协要安排,这样就会好办一些。

总的来说,这次来甘肃看到各项工作取得很大进步,我们已没有什么说的了。我想甘肃省的工作一定能够在现有基础上更上一层楼,而且仍然走在全国前列。

致亚太经社会执秘函[①]

（二〇〇二年八月十二日）

尊敬的金先生：

在“亚太残疾人十年”即将结束之际，我谨致函对您及您所领导的联合国亚太经社会秘书处为“亚太残疾人十年”的成功开展做出的努力表示赞赏，对即将开始的第二个“亚太残疾人十年”表示祝贺。

如您所知，根据二〇〇一年十二月十九日联大56/168号决议，联合国就制订《残疾人权利公约》所成立的开放式特设委员会于二〇〇二年七月二十九日至八月九日在纽约召开第一次会议。欧盟、拉美、非洲及亚洲部分国家代表出席会议，国际残疾人非政府组织的代表也出席了会议。经过认真的讨论，各方对制订一项旨在保护残疾人人权的国际公约已不持异议，相信在未来几年中，特委会还将继续召开会议，着手起草公约文本。墨西哥政府已率先提交了公约草案，作为会议的基础性文件。

亚太地区是世界上残疾人口最多的地区，残疾人事业的发展在国际上具有重要地位和意义。亚太地区绝大多数国家属于发展中国家，我们应积极协调立场，参与特委会工作，确保未来形成的公约符合亚太地区的利益。

---

① 亚太经社会即联合国亚洲及太平洋经济社会委员会，日常办事机构为秘书处，秘书处的最高官员为执行秘书。

此次会议上,中国、日本、韩国、菲律宾、印尼、印度、巴基斯坦等国代表出席,菲律宾还被推选为会议主席团副主席。中国政府对制订公约表示明确的支持并提出了原则性建议。与拉美、欧盟相比,亚太国家在公约问题上仍缺乏高层的沟通与协调。鉴于今年十月下旬将在日本滋贺召开亚太残疾人问题部长级会议,我十分希望将制订公约问题列入会议议程,以便亚太国家就此问题达成共识并协调行动。

如蒙您对此建议给予积极考虑,我将不胜感谢。

开拓创新，扎实工作，实现残疾人“人人享有康复服务”①

（二〇〇二年八月二十九日）

第三次全国残疾人康复工作会议今天开幕了。在党的“十六大”前夕，全国人民深入学习江泽民同志“五·三一”重要讲话、深入贯彻“三个代表”重要思想之际，召开这次会议，充分体现了党和政府对广大残疾人的亲切关怀，对残疾人康复工作的高度重视，必将为新世纪之初我国残疾人康复事业的发展提供新的动力。

这次会议的主要任务是：贯彻国务院办公厅批转的六部门《关于进一步加强残疾人康复工作的意见》，总结工作，表彰先进，交流经验，推动残疾人康复事业全面持续发展。

我受会议主办单位委托，向大会做工作报告。

一、残疾人康复工作的主要成绩与基本经验

我国有组织、有计划、大规模的残疾人康复工作，开始于二十世纪八十年代。一九八七年国务院进行了全国残疾人状况抽样调查。调查结果显示：残疾人状况亟待改善，康复是他们最迫切的需求之一。这一结果引起党和政府的高度重视。一九八八年，国家将残疾人康复工作纳入发展规划。同年八月，召开首次全国康复

① 这是邓朴方同志在第三次全国残疾人康复工作会议上的报告。

工作会议,确定开展白内障复明、儿麻后遗症矫治和聋儿听力语言训练三项抢救性康复工程。一九九〇年,第二次全国康复工作会议制定了"三项康复"工作技术标准,完善工作规程。此后连续实施三个"残疾人事业五年计划纲要",残疾人康复业务领域不断拓展,服务项目逐步增加,康复机构从无到有,专业队伍由小到大,工作体系、业务格局、运行机制日臻完善,服务能力有所提高,康复工作取得显著成绩。

(一)传播了现代康复医学观念,各有关部门和全社会对康复事业的认识和支持有了极大的提高。

一九八八年,在一些友好国家的帮助下,我国建成了第一个综合性的残疾人康复研究机构——中国康复研究中心。此后,各地省地市及部分县(区)相继建立起康复中心(站),目前已达一千五百多个。一九九六年,卫生部发布了《关于综合医院康复科管理规范的通知》,现代康复医学研究和实践开始进入我国。十几年来,一些医科院校开设了康复治疗专业,百分之五十的医学专业开设了康复医学类课程,大部分综合性医院开设了康复科室,康复和康复医学研究取得了长足的发展,康复的观念得到了社会的广泛认同,社会公众尤其是残疾人的康复意识普遍提高,更多的人懂得并愿意接受康复治疗和训练,以恢复、改善功能,提高社会参与能力。

康复事业得到了政府和社会的普遍重视。各级政府将残疾人康复工作纳入国民经济和社会发展规划,统筹安排,加大投入,充分发挥主导作用。有关部门也把康复工作摆上日程,纳入职责,组织、实施与部门职责相关的康复工作。社会各界广泛参与,以多种形式支持、帮助残疾人康复。残疾人康复成为一项各界广泛参与的社会工程。

(二)初步形成了适应我国国情的康复事业发展模式

建立起管理、指导与服务统一协调的社会化工作体系。政府及相关行政管理部门组成的各级康复工作办公室,负责组织管理、制订规划、筹措经费、协调实施;医疗康复机构、专业学(协)会和各类专家组成技术指导组,充分发挥专业优势,培训人员、传授方法、提供咨询服务;依托城乡医疗保健、社区服务网络和残疾人家庭,搭建为残疾人提供康复服务的工作平台。三个层次,各有分工,有机结合,协调运作,初步形成完整、有效的社会化工作体系。

基本形成了比较完备的康复业务格局。康复服务业务领域不断拓展,由最初抢救性的"三项康复"工作,发展成为包括精神病防治、特需人群补碘、用品用具供应服务等八个领域、覆盖各个类别残疾人的需要、预防与康复并重的比较完整的业务体系。

在大力推进康复工作的同时,注重开展残疾预防工作,宣传普及优生优育和残疾预防知识。针对遗传、疾病、药物中毒、事故、环境污染和其他致残因素,制定法律法规。组织和动员社会力量,开展"爱耳日"、"爱眼日"和"精神卫生日"等群众性宣传教育活动,逐步增强全社会"预防残疾,增进健康"的观念,减少残疾的发生。

重点工程与普遍服务相结合,满足残疾人多样化的康复需求。针对广大残疾人最迫切的康复需求,在一定时期,选择几项受益广、见效快、效益好的项目,作为重点康复工程,集中力量大力推行。同时,从康复需求的多样性出发,以社区为基础、家庭为依托,推广实用、易行的康复方法,广泛开展康复医疗、训练指导、知识普及、家庭培训、咨询服务、转介服务等。点面结合,突出重点,使残疾人普遍受益。

（三）六百万残疾人得到康复，形成了一定的康复服务能力，为残疾人康复事业的持续发展奠定了基础。

三百八十六万盲人重见光明。通过组派医疗队赴农村、加强县级医院眼科建设、培训眼科医护人员等一系列措施，建立、完善了白内障复明工作机制和技术体系，年手术能力从一九八八年的五万例提高到一九九九年的四十万例以上，实现了白内障致盲人数负增长的历史性突破。

十七万低视力者走出朦胧世界。通过配用助视器，进行视功能训练，增强了参与社会生活的能力。

十六万聋儿接受听力语言训练，能够开口说话，百分之二十三进入普幼、普小，结束了“十聋九哑”的历史。广泛开展耳聋预防宣传，普及耳病防治知识，提高了公众爱耳防聋意识。

一百二十三万重症精神病患者得到治疗和康复。在全国覆盖四亿人口的五百五十一个县（市）推行“社会化、综合性、开放式”精神病防治康复，国际社会誉为“世界精神卫生史上规模最大的一次社会实践”。

完成儿麻后遗症及其他肢体残疾矫治手术七十二万例，装配假肢、矫形器四十九万件。为农村贫困残疾人减免费用安装我国自行研制开发的普及型假肢，使众多肢残者改善功能，回归社会。

五十二万名肢体残疾者、智力残疾儿童就近就便得到社区家庭康复训练，提高了生活自理和社会适应能力，减轻了家庭和社会的负担。

广泛宣传麻风病“可防、可治、不可怕”，组派医疗队为麻风畸残者实施矫治手术、配备辅助用具，改善了他们的生存状况。

提供上百品种、近四百万件用品用具，帮助残疾人改善了功能。

九千一百九十四万名新婚育龄妇女、孕妇、零至二岁婴幼儿服用碘油丸,有效地预防了因碘缺乏造成的智力残疾发生。

由于我国的康复工作起步晚、起点低、基础薄弱,起始阶段着眼于“紧迫性”,许多工作带有抢救的性质。在发展过程中,从“应急”入手,同时注重打好基础,增强持续发展的能力。白内障复明工作,逐步由组派医疗队,到加强县级医院眼科建设,留下一支“不走的医疗队”。肢体残疾康复,从时效性较强的儿麻矫治手术入手,发展到建立假肢装配点,推广普及型假肢,开展社区、家庭康复训练。任务带动建设,我国基础康复服务能力在十几年间得到了稳步的提高。各地普遍建立了专业的残疾人康复设施,农村基层和城市社区建立了数千个康复站点,医疗、保健、预防机构和城乡卫生服务网络积极为残疾人提供康复服务;建立了技术指导网络,健全了各项康复工作的技术标准和工作规程;培养了一支热爱残疾人事业、具有较高专业水平的康复人才队伍,加强了对全科医生和基层康复员的培训,加强了对残疾人及其家庭的康复知识普及,形成了多元化、多层次的康复服务模式,为残疾人康复事业的持续发展奠定了基础。

实践证明,残疾人康复工作解放了生产力,促进了社会的文明进步,体现了党和国家对最困难群体的关怀,得到国际社会的高度赞扬,树立了我国良好的人权保障形象。

这些成就的取得,是各级党委和政府亲切关怀和正确领导的结果,是各有关部门辛勤努力的结果,是社会各界热情支持、广泛参与的结果。在此,我代表会议主办单位,向所有为残疾人康复事业奉献爱心、付出汗水和辛劳的各界人士,表示衷心的感谢和崇高的敬意!同时,我也代表全国六千万残疾人,特别是六百多万获得康复的残疾人及其亲属,向所有为残疾人康复事业做出卓越贡献的人士,表示由衷的谢意!

二、当前面临的形势和任务

从新世纪开始，我国进入了全面建设小康社会，加快推进社会主义现代化建设的新的发展阶段。国家“十五”计划明确要求：“加强残疾人事业，帮助残疾人康复、就学和就业，创造残疾人平等参与社会生活的条件。”根据国家在这一时期的重大战略部署，国务院批转了《中国残疾人事业“十五”计划纲要》，纲要对包括康复在内的各项残疾人工作提出了明确的任务和要求。最近，国务院办公厅又转发了六部门联合制定的《关于进一步加强残疾人康复工作的意见》，提出到二○一五年残疾人“人人享有康复服务”的奋斗目标。这一目标，与国家发展的大局是一致的，既令人鼓舞，又需付出艰苦的努力。

当前的形势是，根据国务院一九八七年组织进行的残疾人状况抽样调查，百分之六十的残疾人有程度不同的康复需求。而目前我国六千万残疾人中，仅有六百多万残疾人得到了康复，大多数残疾人的康复需求尚未满足。随着广大人民群众生活水平的提高和科学技术的进步，残疾人对康复的需求与日俱增。康复工作的现状与残疾人的康复需求之间存在相当大的差距，与国家经济、社会发展的总体水平也不相称。

制约康复工作发展的主要因素，有以下几个方面：

与新的体制还不相适应。当前社会主义市场经济体制已初步建立，国家经济社会正快速发展，医疗卫生体制改革也已启动，社区建设正在进行。我们的康复工作尚未完全适应这种变化，没有实现与医疗卫生体制改革和社会保障制度改革的对接，尚未与农村初级卫生保健和城市社区服务体系充分融合，利用社会资源缺乏必要的政策引导，康复的福利、保障性质与产业化运作还没形成很好的结合点。如果不能与时俱进、跟上社会发展变革的步伐,将会严重影响康复工作的开展。

缺乏有力的宏观调控。残疾人康复服务是公共卫生服务的一部分。残疾人保障法和残疾人事业的国家计划中,都明确规定了政府、部门和社会对残疾人康复工作的职责。但是,在具体执行中,有些地方和部门,未能尽职尽责,缺乏组织协调,资金配置短缺,工作力量不足,康复资源匮乏,甚至责任不清、相互推诿,虽然个别单项康复业务取得了一定的成绩,但总体上缺少宏观调控和合理规划,形不成合力,制约了康复工作的健康发展。

经费不足成为突出问题。一些地方没有将康复经费纳入财政预算,经费投入缺乏稳定的来源,得不到有效的保证。一些地方财政部门核定的残疾人康复经费标准较低,而且没有随着残疾人康复工作领域的拓展相应加大投入。社会资金的筹集仍缺乏顺畅的渠道和有效的手段,作为一种竞争性的公共产品,社会尚未成为残疾人康复服务的重要提供者。

康复资源的利用水平有待提高。康复资源不足与资源利用不足的问题同时存在。康复机构数量少、设施落后、服务能力弱、分布不合理。综合医疗服务机构由于体制、政策等方面的原因,未能在残疾人康复领域充分发挥作用。特别是在基层,缺乏大批掌握基本康复知识、技术,服务意识强,能为残疾人就地就便提供康复服务的人员。由于我国经济社会发展中明显的城乡差别和地区差别,康复资源的分布不均,使得贫困地区和贫困残疾人康复难的问题相当严重。

康复医学研究、专业人才培养、康复知识普及等基础性工作,有待进一步加强。我国康复医学起步比较晚,专业人才匮乏,技术水平参差不齐,还没有建立起完备的人才培养和管理机制,公众的预防与康复意识也比较薄弱。国际上,现代康复医学的研究和实践在过去十多年中发展很快,对一些新的理念、先进的技术成果,我们需要及时了解掌握,采纳吸收,以丰富提高自己。

这些都是我们在实现残疾人“人人享有康复服务”目标的过程中面对的困难和问题。但另一方面,也必须看到,为实现这一目标,我们具备了越来越多的有利条件:

一是党中央、国务院非常关心人民群众,尤其是困难群体的生活,将不断提高城乡居民的物质和文化生活水平确定为我们一切工作的出发点和归宿,要求各级政府和有关部门“以人为本”、“执政为民”,善谋富民之策,多办利民之事,尤其要为困难群众排忧解难,这是我们进一步做好残疾人康复工作的重要基础。二是随着政府职能的转变和公共财政体制的建立,各级政府都将加强对公共服务事业的投入、规划和管理。三是医疗卫生体制改革、社会保障制度改革的深化,也会为残疾人康复工作提供越来越好的政策环境和工作条件。四是随着社会资源的不断积累、丰富和社会文明程度的提高,社会力量兴办的康复服务也将在整个康复事业中发挥越来越重要的作用。因此,我们对实现残疾人“人人享有康复服务”的目标充满信心。

三、解放思想,与时俱进,以创新精神进一步做好残疾人康复工作

国务院办公厅批转的卫生部、民政部、财政部、公安部、教育部和中国残联《关于进一步加强残疾人康复工作的意见》,阐明了残疾人康复工作的重要意义,确定了今后一个时期工作的总体目标和指导方针,做了政策性规定,是今后一个时期残疾人康复工作应认真遵循的重要文件。

二○○○年,我国已经基本实现了“人人享有初级卫生保健”。六部门的《意见》根据国家发展大局和残疾人的需求,分阶段提出今后一个时期残疾人康复工作的目标:到二○○五年,在城市和中等以上发达地区的农村,有需求的残疾人百分之七十得到康复服务;在经济欠发达地区的农村达到百分之五十。到二○一○年,在城市和中等以上发达地区的农村,有需求的残疾人普遍得到康复服务;欠发达地区的农村达到百分之七十以上。到二○一五年,实现残疾人“人人享有康复服务”。这一目标的提出,是党和政府对弱势群体的关怀,是社会公平、公正的具体体现。为实现这一目标,需进一步采取以下措施:

(一)以“三个代表”重要思想为指导,进一步提高认识,加强对残疾人康复工作的组织领导

康复是改善或补偿残疾人功能的重要途径,帮助残疾人增进身心健康,提高生活、学习、工作的社会适应能力,回归主流社会。实现残疾人“人人享有康复服务”,有利于残疾人实现人生价值,创造社会财富,减轻社会负担;有利于残疾人改善生存状态,提高生命质量,回归社会主流;有利于唤起各界人士对残疾人的爱心和对公益事业的支持,推动精神文明建设和社会的文明进步。关心、支持残疾人康复工作是党和政府全心全意为人民服务宗旨的具体体现,是全社会的共同责任。

卫生、民政、财政、公安、教育等政府职能部门和各级残联多年来为残疾人康复事业的发展做了大量艰苦细致的工作,希望各有关部门从贯彻落实江总书记“三个代表”重要思想的高度,进一步提高对残疾人康复工作的认识,把残疾人康复工作作为执政为民的德政民心工程,切实列入议事日程,融入本部门业务,并根据新的形势和任

务进一步调整工作路数，充分发挥各自优势，加强组织领导，加大投入力度，既各司其职，又相互配合，共同完成好《意见》规定的各项任务。各级残疾人康复工作办公室要协调解决残疾人康复工作中的重大问题，做好检查督导工作。要继续坚持社会化的工作方法，充分发挥技术指导网络的作用，进一步调动医疗、保健、预防机构及城市社区和农村基层卫生服务网络积极性，整合现有的康复服务资源，争取在比较短的时间内，实现康复服务能力和水平的大幅度提高，确保残疾人"人人享有康复服务"目标的实现。这是我们当前面临的最紧迫的一项任务。

（二）积极开发、引导社会资源进入残疾人康复领域

社会主义市场经济体制的初步建立和国家经济发展、社会文明程度的提高，为残疾人康复工作提供了新的有利条件。有关部门要适时研究制定引导社会资源进入残疾人康复领域的政策法规，鼓励民间力量兴办各类残疾人康复设施，倡导热心公益事业的各界志愿者为残疾人康复各尽所能。现有各类残疾人康复机构要积极探索，争取更多的社会资金和技术资源参与合作。社会现有设施、设备和其他各种社会资源要为残疾人提供康复服务。总之，通过政策引导、资金扶持、典型示范，逐步建立起投资主体多元化、运作机制市场化、服务方式多样化的康复服务模式，形成多种所有制的康复机构互相促进、共同发展，多种服务模式互相补充、齐头并进的格局。

（三）加强队伍建设，提高服务水平

队伍建设是做好残疾人康复工作的保障。目前我国康复技术人才匮乏，服务能力不足，必须加强专业队伍建设，充分发挥其核

心骨干和技术指导作用。要将残疾人康复专业纳入国家教育计划,培养高素质的专业人才;将残疾人康复纳入全科医生培训的内容,提高基层服务水平;对城市社区和农村卫生技术人员进行康复知识培训,以加强对残疾人家庭康复的指导。国家逐步完善康复专业技术职务系列,建立和规范残疾人康复技术人员任职资格评定体系,稳定专业队伍。

(四)加大经费投入,提供资金保障

要实现"人人享有康复服务",必须加大康复经费投入。自一九八八年实施残疾人事业五年工作纲要以来,国家一直将残疾人康复经费列入中央财政预算,保障了残疾人康复工作的开展。许多地方政府也对残疾人康复工作给予了经费支持。目前,广东提出以人口覆盖面,核定经费投入基数,区别发达、中等发达及贫困地区经济情况分别制定标准,将残疾人康复经费纳入全省各级财政预算,这种做法值得各地学习借鉴。各级政府要按照国家计划规定的康复任务指标,将残疾人康复经费列入财政预算,提供经费保障。并根据经济的发展、财政收入的增加和公共财政体制的建立,相应增加投入。康复经费严禁挤占挪用。

社会捐助是残疾人康复经费的重要来源。随着经济发展和社会文明程度的提高,社会各界和人民群众既有愿望也有能力帮助残疾人康复。有关部门要研究制定引导、鼓励社会各界为残疾人康复事业捐赠的政策法规,建立有效的激励机制。同时,要积极争取国际合作,以国际普遍采用的项目合作形式,推动重点康复的实施。从各地收取的残疾人就业保障金中,可以安排一定数量的资金,用于对康复后的残疾人进行职业和生产劳动技能培训,使残疾人逐步回归社会。

多渠道筹措资金,用于贫困残疾人康复救助、残疾人康复基础设施建设等。《意见》中已就残疾人康复经费问题做出了明确规定,各地要按照文件要求积极贯彻落实。

(五)抓住机遇推进社区康复,提高基层康复服务水平

当前正在全面推进的社区建设,为残疾人普遍享有康复服务创造了有利的条件。我国有两千多万残疾人生活在城市社区,社区是直接为残疾人提供服务的工作层面。社区康复具有就近就便、因地制宜、简便易行等特点,是现阶段大多数残疾人进行康复训练最有效的形式。国务院各有关部门相继出台了《关于发展城市社区卫生服务的若干意见》《关于加强社区残疾人工作的意见》等文件,都已将残疾人康复工作纳入其中。各级政府和有关部门在规划和部署社区建设工作时,要将残疾人康复工作列入整体规划,纳入社区建设内容,开辟适合的场所,配备适宜的设备,通过在社区开展调查摸底,掌握残疾人的康复需求,积极开展以家庭康复训练为重点的社区康复,组织志愿者就近就便为残疾人提供服务。社区卫生服务机构要为残疾人提供医疗康复,培训社区康复骨干、志愿者和残疾人家属,指导家庭康复训练,并做好转诊工作。

相对于城市社区而言,农村残疾人康复面临更多的困难,是实现残疾人“人人享有康复服务”的重点和难点。要充分利用农村医疗卫生保健网覆盖面广、扎根基层的优势,提供技术咨询、进行巡回指导,开展康复服务。在农村要大力开展家庭康复,组织培训残疾人家属,普及康复基本知识,推广经济实用的器具和简便易行的训练方法,让康复进入家庭。浙江一些地区将残疾人康复工作纳入村医考核,有力地推进了当地残疾人康复工作,这样的经验值得推广。

(六)大力开展救助,让贫困残疾人得到康复

把康复与救助结合起来,帮助贫困残疾人康复,是雪中送炭之举,是扶贫工作的有效途径。“康复一人,解放一家,影响一片”,得人心,顺民意,经济、社会效益俱佳。

各地要因地制宜,积极探索贫困残疾人康复救助的有效途径。各级政府要制定并逐步完善贫困残疾人康复治疗和医疗救助政策,采取分级负担、减免费用等措施,解决贫困残疾人康复治疗问题;积极筹措专项资金用于贫困残疾人康复;充分考虑残疾人康复的特殊性,对有特殊困难的残疾人可通过医疗救助制度给予照顾。同时,积极开发社会资源、动员社会力量为贫困残疾人康复奉献爱心。上海市将精神病门诊治疗纳入医疗保险,并对精神病人住院医疗费中自负的部分实行减免;深圳市实施《残疾人特殊困难救济补助办法》,规定享有城乡居民最低生活保障的残疾人,每人每月补助医疗康复费一百元;北京、天津、上海、吉林、辽宁、河南、浙江等省的许多市县采取分级负担的办法,筹措资金,解决贫困残疾人康复困难。这些举措都为贫困残疾人的康复救助做出了有益的探索。

西部欠发达地区在开展贫困残疾人康复救助方面,面临更艰巨的任务。国家和政府有关部门要结合西部大开发的战略部署,在实施重点康复工程时予以政策和经费的倾斜,解决贫困残疾人康复问题。东西部地区加强协作,对口支援,重点做好贫困残疾人康复工作。

研制推广普及型康复器具,也是解决贫困残疾人康复的重要手段。普及型假肢装配,以低廉的价格,使大批贫困残疾人站立起来;“听力助残”,使一批贫困聋儿走出无声世界。要下力气研制开

发推广成本低廉、简易实用的康复器具，探索适合众多贫困残疾人康复的技术途径。

（七）继续组织实施好重点康复工程

各地要认真组织实施《中国残疾人事业“十五”计划纲要》提出的“精神病防治康复”、“聋儿听力语言训练”、“社区康复训练与服务”等八项重点康复工作以及正在实施的“视觉第一·中国行动”、“长江新里程计划”等一批重点国际合作康复工程，解决残疾人康复的迫切需求，带动康复工作全面开展。使我们的工作方法、运行机制在借鉴国际成功经验的基础上更加规范。各地要予以高度重视，加强领导，配足经费，协调配合，规范运作，争取好的效益。

同志们，在党和政府的高度重视和社会各界的关心支持下，残疾人康复工作已经取得了历史性的进步，我们从较低的起点走出了一条适合国情、具有特色、全面发展的道路，打下了较好的基础，积累了宝贵的经验。现在，残疾人康复工作新的目标已经确定，广大残疾人和他们的亲属迫切期待着我们，前面还有更艰巨的工作等待我们去做。让我们高举邓小平理论伟大旗帜，按照江泽民同志“三个代表”重要思想的要求，全面贯彻《关于进一步加强残疾人康复工作的意见》，扎实工作，勇于创新，为开创残疾人康复工作的新局面，实现残疾人“人人享有康复服务”的崇高目标努力奋斗！

特奥运动是一种心灵的交融[①]

（二〇〇二年九月八日）

我很高兴参加组委会第二次会议，我代表中国残疾人联合会和全国六千万残疾人及他们的亲属，向精心筹备和组织第三届全国特殊奥林匹克运动会的陕西省委、省政府以及有关部门和全省人民表示衷心的感谢，也感谢你们对残疾人事业和特奥工作的关心、重视和支持。

全世界约有一亿七千万智力残疾人，我国约有一千二百万智力残疾人，这是一个极其困难的特殊群体。多年来，党和政府以及社会各界对残疾人事业和特奥工作给予很大的关心和支持，特奥运动在我国得到了广泛开展。参加特奥运动，是广大智力残疾人走出生活困境，提高生活质量，拓展生活空间，参与社会生活的重要途径。特奥运动为他们展现了新的天地，帮助他们克服了极大的心理障碍，同时也向社会展现了良好的精神面貌。特奥运动员在运动场上同其他运动员、教练员、志愿者，相互交流，传递着真诚和友谊，使他们走出原来相对封闭的生活，迈向更广阔的天地。同时，社会各界人士满怀爱心广泛参与特奥运动会的各项工作，理解、尊重、关心、帮助他们，使他们和其亲属深切感受到人道主义的精神，感受到社会的温暖。可以说特奥运动是一种心灵的交融，体现着人类社会最美好的情感。

---

① 这是邓朴方同志在全国第三届特奥运动会组委会第二次会议上的讲话。

来到陕西，我们感受到陕西省各级领导及社会各界对残疾人事业的深情厚意和第三届全国特奥运动会组委会高效、细致的组织工作。相信在党和政府的高度重视下，在社会各界广泛支持下，本届运动会一定会办得精彩、圆满、成功。

《残疾人权利公约》将是对人类人权保障事业的极大促进[①]

（二〇〇二年十月十五日）

二十一年前，随着人类历史和社会文明进步的发展，“残疾人国际”作为国际残疾人领域最具有广泛代表性的组织在新加坡诞生了。这标志着国际残疾人运动一个新时代的开始。

二十年后的今天，人类社会已进入了一个新的世纪。回首二十年的发展历程，在经济、社会发生深刻变化的年代，残疾人运动的蓬勃发展，无疑已成为推动人类文明进步的动力。

从二十世纪八十年代初开始，国际社会采取一系列重大行动，制定了一系列纲领性文件，为推动残疾人状况的改善发挥了十分积极的作用。国际社会的一致努力与行动创造了残疾人运动发展史上最良好的发展势头，形成了不可阻挡的发展趋势。

我们高兴地看到，国际社会越来越形成一种共识，即制订并执行《残疾人权利公约》将是切实保障残疾人权益，改善残疾人生活状况的一种有效的手段。中国是制订《残疾人权利公约》的积极倡导者和有力的支持者。我们认为，通过《残疾人权利公约》这样一个具有法律约束力的国际文件，将进一步唤起国际社会为改善残疾人状况、保障残疾人人权担负起应有的责任和义务，有利于促使各国采取更加

---

① 这是邓朴方同志在“残疾人国际”第六届世界大会（日本札幌）开幕式上的致辞。

行之有效的措施发展残疾人事业。《残疾人权利公约》的制订将使国际人权公约体系,特别是针对弱势群体权利保护的人权文件趋于完整,是对人类人权保障事业的极大促进。

我们主张,《残疾人权利公约》应建立在国际社会人权保障与残疾人事业发展成果的基础之上,与现有的人权文件和联合国制定的《关于残疾人的世界行动纲领》和《残疾人机会均等标准规则》相辅相成,互相补充、互相促进。《残疾人权利公约》的内容应充分注意到人权保障与社会发展的平衡,既要提出残疾人人权保障的标准,又要明确各国的责任与义务,通过发展残疾人事业,达到保障残疾人人权的目标。同时,还应对生活在发展中国家的残疾人给予特别关注,提出务实的可行的原则与目标。

残疾人组织是推动国际社会制订切实可行的《残疾人权利公约》的决定性力量。目前,各国际残疾人组织已积极投身于这一伟大进程并发挥着积极的建设性作用。各类残疾人组织空前团结,为我们共同的目标一致努力,是我们力量的源泉。“残疾人国际”是全世界各类残疾人的自身组织,有着强大的凝聚力和影响力,是国际社会不可忽视的力量。我们所面临的最急迫和最重要的任务是促进国际社会尽快制订符合我们切身利益和需求的《残疾人权利公约》。中国各类残疾人组织对“残疾人国际”寄予厚望,特别是在促进《残疾人权利公约》的进程中发挥自己的影响力和独特作用,成为促进人类文明与进步事业的积极力量。

中国的残疾人事业是国际残疾人运动的重要组成部分。中国的改革开放政策和经济、社会的全面发展,为中国残疾人事业的发展提供了各种机遇和可能。中国残疾人联合会作为“残疾人国际”大家庭的一员,在为改善中国六千万残疾人状况,促进残疾人充分参与、机会平等做出不懈努力的同时,愿与国际社会一道,为全球残疾人状况的不断改善做出应有贡献。

在康复国际大阪论坛《残疾人权利公约》专题会上的讲话

（二〇〇二年十月二十一日）

今天，有机会与各位国际残疾人运动领导人共同探讨有关制订《残疾人权利公约》问题，感到十分高兴。首先请允许我代表中国残联对启动制订《残疾人权利公约》进程做出积极贡献的墨西哥、南非等国政府及联合国人权委员会、联合国社发委员会残疾人事务特别报告员林奎斯特先生、残疾人国际、康复国际等组织表示衷心感谢。

回顾过去二十年残疾人运动的历史，我们可以清晰地看到，国际社会、残疾人组织为残疾人状况的不断改善一直在做着不懈的努力。从一九八一年"国际残疾人年"，到一九八三至一九九二"联合国残疾人十年"以及随后开展的若干个地区性"残疾人十年"，残疾人问题越来越引起各国政府及国际社会的关注。

残疾人状况的改善及残疾人平等参与社会的程度，作为衡量一个社会文明与进步的重要标准，已被越来越多的国家所认同并接受。随着联合国《关于残疾人的世界行动纲领》和《残疾人机会均等标准规则》的制定与实施，残疾人状况的改善受到国际社会的普遍重视。然而，残疾人作为社会中一个极其特殊而困难的弱势群体，其生活状况的改善远远滞后于人类社会经济、社会发展总体水平，无视残疾人尊严、忽视残疾人价值、践踏残疾人人权的现象仍十分普遍与严重。现存的国际人权文件没有充分考虑到残疾人的特殊需要，联合国有关残疾人的文件也显露出缺乏法律约束力的缺陷。为此，国际社会有义务采取更加有力的措施，改变目前对残疾人十分不利的状况。

国际社会围绕制订《残疾人权利公约》的议题，已酝酿了近二十年。人类社会发展到今天，随着国际残疾人运动的蓬勃开展和社会文明与进步的进程，制定一项旨在保障残疾人权利的人权文件已成为历史之必然。这是代表全世界六亿残疾人及各类残疾人组织的共同心声，也是人类社会文明与进步事业发展的需要。

过去几年中，我曾有机会与安南秘书长、德赛副秘书长、前人权高专罗宾逊夫人、林奎斯特先生及许多国际残疾人组织领导人交换意见。我认为，所有的会谈都是建设性的和鼓舞人心的。现在，大家已达成共识，一致认为制定并实施《残疾人权利公约》将是保障残疾人人权、促进残疾人事业发展的有效措施。国际上最有代表性的五个残疾人组织于二〇〇〇年三月在北京召开领导人会议，发表了《北京宣言》，其核心是向全世界表明国际残疾人组织为早日促成《残疾人权利公约》做出不懈努力的决心与信心。

我们高兴地看到，过去几年中，通过国际社会、特别是国际残疾人组织的努力和卓有成效的工作，制订《残疾人权利公约》进程已启动，并向着令人满意的方向发展。这个面向残疾人的国际人权文书的制定，将使联合国现有的人权保障体系趋于合理与完善，将极大地促进人权保障事业和经济、社会更加和谐、健康地发展。成为国际残疾人运动的一个里程碑，并对人类文明与进步事业做出积极的贡献。

《残疾人权利公约》的制订，应建立在充分吸取以往的成功经验和教训的基础之上，它不能脱离特定的时代背景。我认为，《残疾人权利公约》的内容应充分肯定现有的人权文件和有关残疾人的国际文书的积极作用和所确定的一系列原则。公约应当，也有可能与现有机制相辅相成、互为补充、互相促进。

残疾人问题既是人权问题，也是社会发展问题。在明确提出残疾人作为平等一员应享有的基本权利的同时,更要强调指出,社会发展是实现残疾人人权必不可少的前提与条件,明确国际社会应对其承担的责任与义务。这样就兼顾了人权与社会发展的平衡,旨在通过发展残疾人事业,促进残疾人人权保障的实质性进展,避免成为一个只唱高调而无实际内容的空泛文件。

公约还必须考虑到世界各国历史文化背景各异、经济发展水平参差不齐,残疾人迫切需求的侧重点有所不同的事实。因此,在制订公约时,应充分兼顾不同国家的国情,采取积极务实的态度,特别应关注发展中国家残疾人的特殊困境。考虑到生活在发展中国家的,占世界残疾人口百分之八十的残疾人需要及发展中国家用于残疾人事业的资源的匮乏,我认为,公约既要提出国际通行的残疾人人权保障标准,又要在实现这些目标的措施方面给予各国高度的灵活性与余地,使其成为各国普遍能接受的指导性人权文件,成为对各国残疾人工作的开展起到积极促进作用的工具。

残疾人工作是国际社会最容易找到共同语言的领域。《残疾人权利公约》应充分体现处于不同历史文化背景、不同发展水平国家之间的理解与合作精神。我衷心期望,通过国际社会的积极合作,通过各国政府与残疾人组织的共同努力,一个全面反映残疾人需求、保障残疾人权利、促进残疾人事业发展的《残疾人权利公约》能尽早完成并发挥其在人类社会人权保障和社会发展事业中的特殊作用。

各位代表,中国政府和中国的各类残疾人组织是制订《残疾人权利公约》的积极倡导者和有力的支持者,这是顺应人类历史发展潮流和残疾人事业发展趋势的举措,将会有效地促进中国人权保障事业的发展和残疾人状况的改善。我们愿与各国致力于这崇高而伟大事业的人们一道,积极参与制订《残疾人权利公约》的进程,发挥建设性作用,并为这一目标的早日实现做出积极的贡献。

无障碍设施建设
体现了以人为本的现代文明理念①

（二〇〇二年十月三十一日）

出席今天的会议我很高兴。从一九八九年试行《方便残疾人使用的城市道路和建筑物设计规范》到去年新《设计规范》正式颁布实施，十多年来，我国无障碍设施建设从无到有、逐步推开，取得了显著的成绩。这次会议将进一步加强新《设计规范》实施力度，推动全国无障碍设施建设工作。残疾人是无障碍设施建设最大的受益者。我代表中国残联和全国残疾人向为此做出辛勤努力和贡献的有关部门、专家及建设者表示衷心感谢。

无障碍设施建设不仅是方便老人、妇女、儿童和其他社会成员的重要措施，更是广大残疾人平等参与社会生活的基本条件，是残疾人的迫切需求和强烈愿望。没有坡道、盲道等基本的无障碍设施，残疾人无法安全方便地出行，无法出入公共服务设施，甚至连家门都出不去。几级台阶对健全人来说不算什么，而对于残疾人就是横在他们面前的大山，将他们阻隔于社会生活之外。障碍，使残疾人在社会生活中处于某种不利的地位，正常作用的发挥和平等参与的机会受到限制，也影响其公民权利的实现。残疾人呼唤无障碍，渴望生活在一个自由交往、充分参与的生活环境中。

无障碍设施建设体现了以人为本的现代文明理念，体现了党和

① 这是邓朴方同志在全国无障碍设施建设工作电视电话会议上的讲话。

政府对有特殊困难和特别需求群众的关怀,是实践“三个代表”重要思想的一项“民心工程”,是社会文明进步的标志。应当指出,无障碍设施建设不是一种社会经济的负担,恰恰相反它不仅具有巨大的社会效益,而且通过改善人们参与社会生活的物质环境,拓展了人们能力发挥的机会和空间,从而可以创造经济效益。严格按照无障碍设施建设法规进行城市道路、建筑建设,可以避免将来改造带来的经济损失和资源浪费。这是一件利国利民、影响长远、意义重大的好事、实事。

由于历史和经济条件的制约,我国无障碍设施建设起步较晚、起点较低,尽管经过近些年来的努力取得了很大的进展,但仍然存在一些亟待解决的困难和问题。无障碍的社会意识有待提高,特别是领导干部、有关部门及设计和建设专业人员对无障碍设施建设的知识、法规了解不充分,对其必要性和重要意义的认识不到位;有关无障碍设施建设的法律、法规、规章执行得不是十分有力,对已建无障碍设施缺乏有效的管理;旧有城市道路、公共建筑和居住建筑无障碍改造任务相当繁重,但改造规划缺失或不落实,大多数地区无障碍改造进展缓慢。总的来看,我国无障碍设施建设、管理水平与现代化城市应有的功能和形象尚存在一定的差距,与广大的老人、妇女、儿童和残疾人现实需求还不适应。

无障碍设施建设是一项社会系统工程,需要各方面协调配合,共同努力。各级残联要积极参与无障碍设施建设工作,主动配合建设行政主管等政府相关部门,做好无障碍设施建设、维护、管理和监督工作,同时要反映残疾人的意见和建议。开展创建无障碍设施建设示范城市活动,是推动无障碍设施建设工作的有力措施。残联作为发起和主办单位之一要认真做好各项有关工作。

国务院领导同志十分重视无障碍设施建设工作,前不久温家宝副总理、司马义国务委员就无障碍的社会意义、规范建设和设施管理做出重要批示。温家宝副总理又致信这次会议，从实践“三个代表”重要思想的高度，要求高度重视并抓好无障碍设施建设工作。这对今后进一步做好全国的无障碍设施建设工作具有重要指导作用，我们要认真贯彻落实。

同志们，这项工作的任务目标已经明确，让我们共同努力，消除障碍，为包括残疾人在内的所有社会成员，创造一个更加美好的社会生活环境。

活跃残疾人文化生活，为残疾人融入社会创造条件[①]

（二〇〇二年十二月三日）

在全国人民认真学习贯彻党的“十六大”精神，团结一致共建小康社会的喜庆气氛中，在纪念国际残疾人日之际，首届全国残疾人书法、绘画、摄影大赛颁奖仪式暨优秀作品展今天在这里举行。首先，我代表本届大赛主办单位中国残联、中国书法家协会、中国美术家协会、中国摄影家协会，向获奖的残疾人朋友们表示热烈的祝贺！向常年帮助残疾人、指导他们业余创作的各界艺术家们，向支持本届大赛和展览的企业界朋友们表示衷心的感谢！

本届大赛规模宏大，盛况空前，是多年来残疾人艺术事业发展的一次大检阅，对于推进残疾人艺术交流，活跃残疾人业余文化生活，提高残疾人艺术创作水平和全面参与社会生活的能力，展示残疾人艺术才华和自强不息精神具有重要意义。

在我结识的众多残疾朋友中，很多人在艺术上很有才华，也常看到他们创作的各种艺术作品。这些朋友超越自我，孜孜以求，在艰难的条件下，克服常人难以想象的困难，拼命苦学，令我深深感动。他们有的已小有名气，可以通过艺术创作自食其力，但更多的是默默无闻地拼搏，充满乐观地面向明天，这更加令我感动。他们用自己的行

① 这是邓朴方同志在首届全国残疾人书法、绘画、摄影大赛颁奖仪式暨优秀作品展开幕式上的讲话。

动追求着美，追求艺术的理想境界；他们所传达出的热爱生活、珍惜生命的态度和渴望，特别值得弘扬和学习。这次大赛，为这些富有才华的残疾人提供了一个充分展示的契机和舞台；是对那些默默攀登艺术高峰的残疾人的褒奖和回报。我相信，这次大赛，必将促进残疾人文化事业的发展，为社会主义精神文明建设增光添彩！

本届大赛和展览得到了书画摄影界领导和专家的大力支持和帮助，感谢之余我希望，以此为开端，使更多的富有才华的残疾人朋友得到你们悉心的指导和帮助，并把残疾人艺术创作的队伍拉起来，更加经常地举办各种笔会和展览。这不仅仅活跃了残疾人的文化生活，更为残疾人融入社会、自立自强创造了条件。健全人和残疾人携手共进，我们的社会才会更加和谐，我们的未来才会更加美好！

中国残疾人事业“十五”计划纲要的实施已到中期，残疾人文化事业在“十五”期间将达到一个新的水平。建设小康社会，既要解决残疾人的生活困难、康复、教育、就业、生活保障等基本问题，又要满足他们的精神需求，提高他们的文化素质。让我们努力实践“三个代表”重要思想，与时俱进，开拓创新，为实现“平等·参与·共享”的目标而努力奋斗！

“奋发文明进步奖”是残疾人文艺成就的集中展示①

（二〇〇二年十二月十八日）

今天，来自首都和有关省市文化、艺术、影视和出版界的代表济济一堂，在这里隆重举行第三届“奋发文明进步奖”颁奖大会。我谨代表中国残疾人联合会、中国残疾人福利基金会，代表全国六千万残疾人，对大家的光临表示热烈的欢迎，向获奖单位和个人表示由衷的祝贺！对在百忙中亲临颁奖大会的全国人大常委会副委员长王光英同志及中宣部、文化部、国家广电总局、新闻出版总署的领导、各位评委及新闻界的朋友表示衷心的感谢！

残疾人事业是社会主义事业的一个组成部分。十几年来，伴随着国家改革开放的进程和经济的发展，我国的残疾人事业取得了历史性进展和举世瞩目的成就：残疾人的生存状况发生了深刻变化；事业发展的社会环境得到根本改善，人道主义进一步弘扬，社会各界越来越多地理解、尊重、关心和帮助残疾人，扶残助残的良好社会风尚正在逐步形成；广大残疾人自强自立，为社会主义两个文明建设做出了重要贡献。所有这些，充分体现了我国对弱势群体人权保障的高度重视，充分体现了改革开放的中国社会的文明与进步。

残疾人事业的发展和成就的取得，饱含着党和政府的深切关怀，饱含着社会各界的大力支持。中宣部、文化部、广电总局、新闻出版总署

① 这是邓朴方同志在第三届“奋发文明进步奖”颁奖大会上的讲话。

等部门多年来大力支持残疾人事业的文化、艺术、影视、出版工作，指导并参与了三届“奋发文明进步奖”的评选工作，充分体现了你们对残疾人文化艺术工作的重视；厦门奋发企业有限公司为残疾人事业慷慨解囊，提供奖励基金，让我们深切感受到了来自社会的温暖。

本届“奋发文明进步奖”的评选是对近年来我国残疾人文化艺术工作所取得的成就的一次集中展示。很多文化艺术精品在社会上反响强烈。这些作品弘扬了人道主义，鞭笞了社会上歧视残疾人的丑恶现象，颂扬了人类文明中最为宝贵的奉献、互助精神，讴歌了残疾人不畏艰辛、顽强拼搏的精神风貌，对于弘扬奋发图强的民族精神具有十分积极的意义。我们相信，在中宣部、文化部、国家广电总局、新闻出版总署等部门的高度重视和精心指导下，在社会各界的大力支持下，通过广大文艺、影视、出版工作者的不懈努力，一定会涌现出更多更好地反映残疾人生活和残疾人事业、为广大群众所喜爱的文化艺术精品。

党的“十六大”刚刚闭幕，让我们紧密团结在党中央周围，高举邓小平理论伟大旗帜，以“三个代表”重要思想为指导，开拓进取，扎实工作，为全面建设小康社会，为社会的文明进步，为进一步发展残疾人事业，实现残疾人“平等·参与·共享”的崇高目标而努力奋斗！

社区残疾人工作的有益探索[①]

（二〇〇三年二月）

“社区”，是近几年“热”起来的一个“新词语”。和这个词儿含义最相近的词儿也许是“基层”。

其实，基层是一个很含混的概念。在计划经济年代“条条”比“块块”重要。每个“条条”都是一个金字塔，塔尖是中央，塔身是地方，而地方的每一层级都是上一层级的基层。这些基层由一个个“单位”组成。每一个单位都是一个小社会。所谓的基层，实际上是一个边际很难界定的众多单位的松散集合体。

随着我国改革开放事业的不断推进和市场经济的深入发展，我国的社会形态也发生了巨大的变化。所有制形式的多元化，人事劳动制度和户籍制度的改革，城市化进程的加速，人口流动的日益频繁，社会成员从属于单位的管理体制逐渐式微，造成大量的“单位人”转变为“社会人”。这样，原来的单位集合体更为松散，而脱离了单位的“社会人”在一定区域之间的联系反而逐渐增强。这些条件，使得从西方舶来的社区概念逐步为我们所接受。

社区究竟是什么？就是聚居在一定区域的人们所组成的社会生活共同体，广义的社区包括农村社区，在目前条件下，我们所说的社区主要指城市的经过基层社会管理体制改革后的居民委员会辖区。我之所以要比较详细地介绍社区这个概念，是因为社区对于残疾人

① 这是邓朴方同志为福建省残联《“同人论坛”论文集》所作的序言。

来说,有着十分重要的意义。

现在,一个人不一定生活在一个单位了,但他一定生活在一个社区。这个社区应该把以前通常由企业承担的社会职能以及从政府剥离出来的一部分服务职能承载起来。

我国有六千万残疾人,他们全部生活在农村乡镇和城市社区,也就是我们以前所说的基层,其中大约有两千万残疾人生活在城市社区。残疾人的基本生活和基层的残疾人工作,是这些年我们关注的重点,残疾人事业的第十个五年计划也把这"两基"作为工作重点。我们常说,残疾人工作要"够得着"残疾人,要"横向到边,纵向到底",实际上就是说,要把工作扎扎实实地做到乡镇去,做到社区去,让每一个残疾人需要时"看得见"你,"够得着"你,"靠得上"你。衡量一个地方残疾人工作做得好不好,用什么作标准?主要看那个地方乡镇或社区的工作做得怎么样,看残疾人的生活是否得到改善,看他们是否享有了应该享有的各种服务。由于残疾人身体状况和经济条件的限制,他们对社区的依赖程度远远超过健全人。残疾人之间、残疾人与社会的信息沟通和交流,要求社区提供必要条件;残疾人的康复、教育、培训活动,许多要在社区进行;残疾人的文化体育娱乐大多由社区安排;对残疾人的扶贫救助、就业指导,离不开社区的扶持和帮助;建立残疾人的社会保障体系,也需要社区发挥作用。可以这样说,社区应该是残疾人的家,社区也能够成为残疾人的家。

我参观过一些城市的社区,那里的残疾人工作做得有声有色,残疾人不仅在基本生活保障、康复、教育、就业、婚姻、法律援助和文化生活等方面得到关爱和支持,在行使民主权利、参与社区决策、挖掘自身价值、展示特殊才能等方面,也取得了明显的成绩,这是非常令人欣喜的。它使广大残疾人看到了希望,看到了"平等·参与·共享"不仅是一个目标和理想,也是一种现实,经过努力完全可以争取到的现实。

但是,社区工作毕竟是一个新生事物,社区残疾人工作对我们来说,也是一个全新的课题。我们需要深入研究社区残疾人工作的内涵、规律和特点,才能把这项工作做好,唯其如此,当我听说在第十二次全国“助残日”活动期间,福建肢体残疾人协会举办了以“残疾人保障与社区”为主题的“同人论坛”,我感到这是做了件好事。在这个“同人论坛”上,专家学者和实际工作者发表了许多很有见地的观点,也总结了一些很有价值的经验,这是对残疾人理论建设的一个贡献,对指导社区残疾人工作的实践也将有所裨益。

现在,福建省残联把论坛的论文结集出版,我就写了上面一些话权作为序言。希望有更多的理论工作者和实际工作者涉猎这方面的研究,进行更加深入的探讨,并取得更大的成绩。

关于带领残疾人共同奔小康和残联组织架构调整①

（二〇〇三年二月二十二日）

最近几年,每次工作会上都安排我讲话。这次是“三代会”换届以来本届最后一次年度工作会议,事先征求了中国残联一些同志和部分地方残联理事长的意见,大家提的问题很多。我想,不能面面俱到,总的说要给大家鼓劲、要给大家提气儿。这次会议的主题,就是学习贯彻“十六大”精神,研究残疾人事业发展和“四代会”换届的问题。现在省市和基层的换届马上就要开始,到六月底完成,九月份中国残联要换届。残联系统如何切实贯彻“十六大”精神,我想大致有以下几个问题:一是依据“十六大”提出的全面建设小康社会的宏伟目标,抓住机遇,加快发展,勾画本世纪头二十年残疾人事业的蓝图;二是全面深入实践“三个代表”,全心全意为残疾人服务;三是高举人道主义旗帜,推动社会文明进步;四是解放思想,实事求是,与时俱进,开拓创新,永葆生机与活力。今天我想重点讲两个问题。

一、学习贯彻“十六大”精神,带领残疾人共同奔小康

(一)国家全面建设小康社会的形势和目标

“小康”这个概念古已有之。两千五百多年以前,孔子就提出了

① 这是邓朴方同志在第十七次全国残联工作会议上的讲话。

“大同”、“小康”的说法。但这个小康说的是“私有制”、“家天下”，比如他说“各亲其亲，各子其子，货力为己”，这是先秦时期的说法。到了近代，康有为借用了这个概念，解释为“升平世”，再进一步，社会就到了“太平世”，这就是所谓的“大同”。康有为的《大同书》就是讲这个。对于一般百姓而言，小康是一种家庭状况，小康之家、家道小康就是小有小安、衣食不缺、生活安定，这是许多中国人渴望摆脱贫穷的一种生活追求，在过去的社会里要说一个家道小康，是很令人羡慕的。

“小康”作为我国社会主义初级阶段的阶段性目标，最早是小平同志提出来的。他提出“小康水平”、“小康社会”的概念，引发了中国经济发展战略的根本性转变。大家都知道，在此之前，我们国家的目标是到二〇〇〇年即上个世纪末实现四个现代化，这是一九七五年邓小平同志主持起草、周总理做的四届人大政府工作报告中提出来的，再往前毛主席也讲要实现四个现代化。现在看来，二十世纪末实现四个现代化的号召，当时曾经起到过鼓舞人心的积极作用，但实际上是做不到的，现在实践已经证明。小平同志预见到了这一点，一九七九年三月，在《坚持四项基本原则》一文中，他老人家提到“中国式的四个现代化”的这种“新说法”。在一九七九年十月与省市自治区第一书记座谈会上，他对这个“新说法”做了进一步解释：“我们开了大口，本世纪末实现四个现代化。后来改了口，叫中国式的现代化，就是把标准放低一点。”我想，这当然不是说中国的现代化应该是或只能是低标准的，而是说二十世纪末的目标不能定得太高。当年年底小平同志在会见日本客人时，正式提出“小康”的概念，指出二十世纪末的目标，是达到小康。正是基于这样的认识，我们党逐步形成了关于分三步走实现现代化的发展战略，也就是说我们党用小康这个概念把战略发展目标做了一个根本的纠正。

三步走的战略在一九八七年党的“十三大”上正式确立：第一步，

一九九〇年实现国民生产总值比一九八〇年翻一番,解决人民的温饱问题;第二步,二十世纪末,国民生产总值比一九八〇年翻两番,人民生活达到小康水平;第三步,到新中国成立一百年时人均国民生产总值达到中等发达国家水平,人民生活比较富裕,基本实现现代化。这是依据小平同志的设想提出来的。一九九七年党的“十五大”提出了从二十一世纪初开始“进入和建设小康社会”的概念。“十五大”初步地把第三步战略部署具体化,提出二〇一〇年、建党一百年和新中国成立一百年的奋斗目标。二〇一〇年的目标是实现国民生产总值比二〇〇〇年翻一番,使人民的小康生活更加宽裕,形成比较完善的社会主义市场经济体制;再经过十年的努力,到建党一百年时,使国民经济更加发展,各项制度更加完善;到下世纪中叶新中国成立一百年时,基本实现现代化,建成富强、民主、文明的社会主义国家。这可以说是实现第三步战略部署的新的“三步走”发展战略。

这次党的“十六大”提出了本世纪头二十年全面建设小康社会的目标,就更具体了,因为“十五大”提出到二〇二〇年,使国民经济更加发展,各项制度更加完善,这是虚的提法。“十六大”进一步丰富和发展了老人家的小康社会理论和分三步走实现现代化的经济发展战略,对实现第三步战略目标的初始阶段做出全面规划。主要包括以下内容:一是经济更加发展,人民生活更加富足。GDP 到二〇二〇年比二〇〇〇年翻两番,工农、城乡和地区差别扩大的趋势逐步扭转。社会保障体系比较健全,社会就业比较充分。二是社会主义民主更加健全,社会主义法制更加完备。人民的政治、经济和文化权益得到切实尊重和保障。三是民族素质明显提高,科教更加进步,文化更加繁荣。四是可持续发展能力不断增强。应该说这是一个十分完整的目标体系,不仅涉及经济增长,也涉及民主政治;不仅涉及经济效率,也涉及社会公平;不仅涉及生产方式的现代化,也涉及人的全面发展、人的现代化。相对于“人民生活总体上达到小康水平”、“十六大”提出的“全面建设小康社会”是认识的深化,理论的发展,目标的提高,追求的升级。

(二)本世纪头二十年残疾人事业发展目标的设想

全国要全面小康,残疾人怎么办?

全面建设小康社会是我国社会主义现代化进程中的重要一步。它不能脱离社会主义本质要求,这就是共同富裕。贫穷不是社会主义,两极分化也不是社会主义,也不是全面小康。

全面小康不但指标体系是综合的,不是单一的,而且要求不分地域、不分人群,都要达到小康。也就是说,地域上,东中西部都要建成小康社会;人群上,弱势群体也要过上小康生活。

残疾人及其亲属是一个庞大的人群,我国有六千多万残疾人,涉及近两亿多人口。残疾人小康问题如果不能解决,那么全国全面小康就不能实现。

我们是共产党人,党的宗旨要求我们解放全人类,解放劳苦大众,也就是实现人的全面解放。在全国全面建设小康社会进程中,共产党应当把弱势群体奔小康、残疾人奔小康的问题,理直气壮地提出来,我想这应当是我党的政治态度。

所以讲,没有残疾人的小康,就不是全面的小康、不是真正的小康。

客观上讲,现在国家的小康也还是低水平的、不全面的、发展很不平衡的小康。从地区间和城乡比较来看,东中西部的发展很不平衡,地区差距、城乡差距扩大的趋势还没有得到扭转;从人群划分上看,总的说来,残疾人和健全人之间的差距还很大,并且还在继续拉大。全面建设小康社会,不能把残疾人落下,也不应该把残疾人落下。所以,我们必须适时地把残疾人群众的小康目标提出来,如果不适时提出来,就丧失了我们的政治责任。

依据国家全面建设小康社会的目标,这次我们尝试提出本世纪头二十年残疾人事业的目标。我看这个目标是不是大体包括以下几个方面内容。残疾人事业滞后经济社会发展的局面有较大改观,同经济社会差距拉大的趋势得到扭转。残疾人状况明显改善,大多数残疾人的生活同全国人民一道达到小康水平,残疾人"人人享有康复服务",教育、就业、参政议政状况有较大改善,特困残疾人社会保障救济水平有较大提高。各级党委、政府、政府部门高度重视和支持残疾人事业,切实将残疾人工作纳入工作内容。全社会充分理解、尊重、关心、帮助残疾人,扶残助残蔚然成风。残疾人素质全面提高,广泛参与社会生活,为经济发展和社会稳定做出更大贡献。总的说,到全国全面建设小康社会目标实现的时候,大多数残疾人也和全国人民一样实现了小康。这是跟一些同志商量后提出来的,研究不是很充分,但是我想,这次工作会议上要把它提出来,当个靶子,抛砖引玉,供大家讨论。

(三)残疾人的基本状况

首先讲残疾人的贫困状况。目前全国农村有三千万贫困人口,贫困残疾人占三分之一强,有一千零五十八万。贫困残疾人如果加上他们的家庭就不止一千多万,贫困人群中残疾人和残疾人家属占一半以上或更多,这是一个现实。去年国家城市享受低保人数为两千零五十三万六千,没有具体统计残疾人人数。按残联统计报表,到二〇〇一年底,城镇享受低保的残疾人为八十万多一点,我想实际这个数字可能更大,即使这样,按三四口之家算,残疾人家庭里大约有二百至三百万左右吃低保。前年,机关的同志曾到安徽的一个村搞过调查,他们调查的是残疾人户与健全人户之间的比较,没有搞残疾人和健全人之间的比较,但从中也可看出有残疾人的家庭比健全人的家庭生活要困难许多。调查的结果是残疾人户年人均可支配收入、人均住房面积分别只占健全人户的百分之七十左右。其他财产方面,残疾人户也与健全人户存在较大差距。残疾人户家里大都没有冰箱、洗衣机等,有的有电视,有的还没有电视,家具相对破旧,住房质量明显偏低,地面有的是砖墁的,有的甚至是土地面。而健全人户家里绝大多数都有冰箱、洗衣机、彩电和比较好的家具,地面有的是水泥面,有的贴着瓷砖。这是调查的比较好的地方,中等偏上的地方。我以前去过的一些农村,残疾人大多住草房,健全人大多住瓦房,可以说泾渭分明。两项加起来,可以看出,残疾人户的总收入,大约只能占到健全人户的一半。据调查,西部地区贫困人口中有一半是残疾人,东部发达地区贫困残疾人占到总贫困人口的百分之八十至百分之九十以上。我多次讲过"两个一半"不过分,就是贫困人口中残疾人占一半,残疾人人均收入是健全人人均收入的一半。

其次讲残疾人小康的实现程度。一九九一年国家统计局成立了"中国小康研究课题组",会同国家计委和农业部对小康标准进行了长达十年的跟踪研究,并于九十年代中期制定了《全国人民小康生活水平的基本标准》《全国农村小康生活水平的基本标准》和《全国城镇小康生活水平的基本标准》。全国小康标准包括经济水平、物质生活、人口素质、精神生活和生活环境五个方面十六项指标,包括人均GDP、城乡人均收入水平、人均居住水平、恩格尔系数、成人识字率、教育娱乐支出比重等。

国家统计局二〇〇〇年十一月发布的《中国小康进程综合分析》报告指出,按全国小康标准衡量(以一九九〇年价格计算),到二〇〇〇年底,全国小康总体进程或实现程度可达到百分之九十五点六;城镇小康实现程度达到百分之九十六,农村小康实现程度达到百分之九十三。这是指地域小康的实现程度。

上面所说的小康进程或实现程度,是指全国在二〇〇〇年实际达到的各项指标与应当达到的小康标准之间的比值。从人口看,二〇〇〇年全国有百分之七十四点八四的人口基本能达到小康水平,百分之十二点八二的人口接近小康水平,还有百分之十二点三四的人口难以实现小康。这是指人口实现小康的总体水平,我们从这看一下残疾人的状况。全国接近小康水平的有百分之十二点八二人口,这大概有一亿七千万;难以实现小康的有百分之十二点三四,那就是一亿六千万。这三亿三千万人口,按五口之家推算,约有六千六百万户家庭没有实现小康。这里面残疾人户占多少?残疾人占多少?我们没有统计,只能估算一下,全国六千万残疾人中,约有四千至五千万人或者更多没有实现小康,现在实现小康的残疾人有没有一千万,很难说。在没有实现小康的六千六百万户家庭中,残疾人家庭起码占到二分之一到三分之二。

残疾人贫困程度这么严重,实现小康差距这么大,二〇二〇年要使多数残疾人达到小康,而现在百分之八十至百分之九十的人还没有达到,任务是非常艰巨的。这不是扶贫,如果是扶贫的话,采取扶贫的办法,吃定补或者是农村搞救济,把贫困残疾人扶持起来就行了。但是奔小康就不一样了,要求残疾人和他的家庭,通过劳动获得比较多的报酬,就是说残疾人群众在社会生产生活中,要有一个活跃的状态,这就要求残疾人自身素质必须提高,就是生活要好并且素质要提高。目前,我国残疾人因残疾而在社会生产生活中的困难还是很多的,更重要的是我们的文化素质还普遍低下,还需要用多种方式的教育来提高。我们现在的教育状况又是怎么样呢?据残联统计,到二〇〇一年底,全国视力、听力、智力残疾儿童少年义务教育入学率为百分之七十八,这只是算义务教育入学率,没算成人识字率,而同期全国义务教育入学率为百分之九十九点一,这个差距就很大。残疾人事业“九五”计划纲要规定,到二〇〇〇年三类残疾儿童入学率平均分别达百分之八十。实际上,除智残儿童入学率达标外,盲、聋儿童均未达标,盲童仅为百分之五十四点一,聋童为百分之七十二,西部更低,盲童仅为百分之四十二点八。目前全国有二十万七千一百二十三名残疾儿童少年因家庭贫困未入学,其中西部占到百分之八十八点五,为十八万三千三百五十五人。

这是残联的统计,教育部门不统计入学率,而统计在校生数,二〇〇一年底,教育部门统计的三类残疾儿童在校生仅为三十八万六千,而残联统计数为五十四万九千。残疾人的文化教育水平直接影响着残疾人奔小康的进程。

由此可以看出,目前,残疾人群众生活状况这么困难,总体文化素质、身体素质都远远低于健全人,实现小康任重道远。

(四)信心和机遇

残疾人的状况与全国小康生活水平已经达到的程度差距很大,要实现我们设想的目标困难很多。怎么办?是上还是不上?是不是还要提出这个目标来?

这里就有个决心的问题,有个信心的问题。下什么样的决心,较多的是政治诉求决定的。而信心更多地反映了我们的精神状态。决心和信心都不是凭空的,而是以实际情况为依据的。我们提出二〇二〇年目标,也不是无根据的。

一是,我们从五年工作纲要制订时,就开始进行战略目标的探索。

我们现在提出的目标设想和“九五”、“三代会”、“十五”确定的目标任务是一脉相承的。制订残疾人事业“九五”计划纲要的时候,依据《国民经济和社会发展“九五”计划》确定的到二〇〇〇年“基本消除贫困现象、人民生活达到小康水平”的目标,我们提出了要基本解决残疾人温饱问题。这么提,当时大家心里都没底。因为那个时候,全国还有近两千万残疾人未解决温饱,其中有一千五百万有劳动能力但没有就业,另有三百万重度残疾人处于特困状态。当时反复讨论这个问题,敢不敢提出这个目标,提出后怎么去实现。开始不敢提,但又一想,这个问题非提不可。如果全国人民都小康了,残疾人温饱都不敢提,我们还叫什么残联。为了搭上全国扶贫的车,尽快使残疾人实现温饱,经与有关部门商量,这个目标还是提出来了,国务院也批准了。现在看来,这个目标的提出和实施,对残疾人解决温饱起到了非常重要的作用。就是因为提出了这个目标,我们加大了扶贫的力度,残疾人扶贫纳入了国家大扶贫,我们还争取到了国家康复扶贫贷款,总之采取了一系列扶贫的措施,加上康复、教育等措施,二〇〇〇年贫困人口从两千多万降到一千多万,可以说基本解决了贫困问题。这个目标算不算达到了?也算达到了,也算没达到。说达到了,起码解决了一千多万残疾人的贫困问题,剩下一千万贫困残疾人的生活水平也有提高,起码大多数残疾人温饱是达到了。说没达到,毕竟还有一千多万贫困残疾人,尽管这一千多万人的生活也有所提高,但终究还贫困。有的人如果按当初定计划的时候算,已经算脱贫了,但是现在水涨船高,贫困标准提高了,所以残疾人现在还有一千万没有脱贫。但是如果当初不定那个目标,我们也不会取得这样的成绩。“三代会”依据“十五大”制定的我国跨世纪的宏伟目标,从残疾人事业的实际出发,相应提出了残疾人事业分步实施的阶段性目标:第一步,和“九五”目标一样,到二〇〇〇年基本解决温饱;第二步,到二〇一〇年,稳定解决残疾人的温饱,并使相当一部分残疾人的生活达到小康水平;第三步,到本世纪中叶,残疾人事业与经济社会发展大体同步,残疾人状况有更大的改善,“平等·参与·共享”的目标在社会生活的各个方面基本得到体现。制订残疾人事业“十五”计划时,我们依据国家“十五”计划和“三代会”的目标,提出了“残疾人状况进一步改善,经济发达地区残疾人生活基本达到小康,欠发达地区稳定解决温饱”。我们这次提出的目标设想,即再过二十年大多数残疾人达到小康,这和历次提出的目标是相衔接的,不是凭空提出来,而是有着历史的延续性。总的说,我们在制订计划、提出目标的时候,始终关注两点,一是国家大局,二是残疾人的现状。我们的目标,二〇〇〇年基本解决温饱;二〇一〇年稳定解决温饱,一部分人达到小康;二〇二〇年多数达到小康;到本世纪中叶,全面发展。大概是这样一个体系。

二是,残疾人奔小康,不是孤立的。它是在全国全面建设小康社会大环境下进行的。十一届三中全会以来,我国发生了翻天覆地的变化。以前想都不敢想的,现在都实现了。今后十几年,我们坚持沿着建设中国特色社会主义的道路前进,也一定会取得相当的成就,人民生活水平必将大幅度提高。水涨船高,全国有办法,残疾人也就会有办法。这次到上海来,我们看到,上海的总体社会保障水平现在已经很高了,为什么?因为上海经济发展了,社会财富增加、财政有钱了,光就业保障金就收了三亿六千万元。上海拿这个钱,分不同程度、不同类别、不同残疾家庭分别制定标准加以解决,在一个老人养一个残疾孩子的家庭中,六十到七十岁老人养一个残疾孩子的家庭占多少,七十到八十岁老人养一个残疾孩子的家庭占多少,根据这个情况进行补助。解决了老人退休后残疾孩子怎么办的问题。肢残人解决多少?盲人解决多少?先把大家的社会福利解决了,然后再考虑就业,这是上海的思路。我想,上海的今天就是全国的明天,当然,时间和顺序前后会有一些差距,但是希望都是有的。一句话,全国一定会发展的,残疾人也是有希望的。所以我们残疾人奔小康的目标不是孤立的，是随着全国全面建设小康的步伐来实现的。越是困难大，就越需要决心和信心。自古华山一条路，现在我们也只有上，只有咬紧牙关，树立信心，顽强拼搏，相信通过我们的努力，残疾人与全国人民共同奔小康的目标一定能够实现。

另外，我们不能只看困难的一面，换一个角度面对困难，可能正是我们新的机遇。还是那句话，发展是硬道理。问题只有在发展中才能得到解决，困难只有通过发展才能克服。国家是这样，残疾人事业也是如此。

“十六大”报告中有三点是我们每个残疾人工作者都要注意的。一是，“十六大”报告中提到“发展残疾人事业”，这在以前历次党代会主报告中是没有过的，虽然只有七个字，但意义重大，影响深远。这表明，发展残疾人事业是全面建设小康社会，开创中国特色社会主义事业新局面的重要内容，是国家、政府和社会的共同责任。这也是对我们所做的工作和残疾人事业的充分肯定，体现了党和国家对残疾人事业的关心。所以说，残疾人奔小康的目标不是孤立的，它是党代会提出的任务。二是，促进人的全面发展。人的全面发展是社会生产发展的根本目的，是衡量社会进步的根本尺度，它不仅涉及物质要求，而且涉及文化生活的需求。内容包括经济收入、消费结构、生活环境、社会保障、公共服务、医疗保健、精神需求等诸多方面。它是涵盖全国人民而不是部分人群，理所当然地包括残疾人在内。三是，对弱势群体的关注。“十六大”报告指出，要高度重视和关心欠发达地区以及比较困难的行业和群众，特别要使困难群众的基本生活得到保障，并积极帮助他们解决就业问题和改善生活条件，使他们切实感受到社会主义社会的温暖。外电评论也很重视这次“十六大”对弱势群体的关注，他们认为这是“十六大”的一个新的特征。这些都为残疾人事业的发展和实现残疾人小康目标提供了极为有利的条件。

总而言之,我们要把发展残疾人事业绑在全国全面建设小康社会的大战车上。国家制定规划,我们也制定相应规划;国家采取行动,我们也采取相应行动;全国人民生活实现小康,我们残疾人就一定要在解决温饱的基础上,也向小康生活迈进。这一切都是理所当然的,也是应理直气壮地提出的。我想这样提有两方面的意思,一方面我们工作要努力,一方面是跟国家提,地方残联跟地方政府提,中国残联跟中央政府提。全国全面小康了,残疾人也要多数小康。当然,也要跟残疾人提,大家都得努力奔。我想主要还是跟国家提,跟我们自己提,毕竟残疾人自身困难还相当大。必须提出这点来。到二〇〇〇年底全国小康了,我们残疾人总要解决温饱吧!非提不可。全国全面小康,我们应当提残疾人大部分小康。

反过来讲,没有残疾人的小康,也不能说全面小康的实现。所以我们发展残疾人事业,也是为国家做贡献。

另外,还有一些可利用的机会,二〇〇八年,残奥会在北京举办,残奥会的召开将大大促进中国残疾人体育的发展,促进力度之大是我们以前不敢想象的。现在初步定每年要为此投入一个亿的资金,这是初步的,不够还要增加。除了今天下午参观的上海基地外,北京还要建基地,还要投一个亿。通过这个带动全国的残疾人群众性体育运动,也把全国残疾人竞技体育水平带动起来。除了全面推动我国残疾人体育工作外,这还是个宣传动员社会的好机会,不但北京要宣传动员社会,全国都要宣传动员社会。

还有,上海二〇〇七年举办特奥会,二〇一〇年举办世博会,这些机会我们都要设法利用。

“十六大”报告中还提到切实尊重保障人权。我国残疾人事业取得的成就有力地展示了我国人权保障的良好形象。从现在开始,再过三五年,国际上有可能通过残疾人权利国际公约,这同《关于残疾人的世界行动纲领》一样，是一个重要的国际文献，制订这个公约的过程和公约的批准实施，无疑将对发展残疾人事业产生很大的推动作用。

审时度势，利用一切可能的有利因素，顺应国家发展大潮，坚持不懈地努力，就会出现残疾人事业发展的新机遇。

（五）科学态度

率领全国残疾人摆脱贫困，稳定实现温饱，进而实现小康，是个大题目。制订并实现这个宏伟蓝图，需要勇气决心、雄心壮志，更需要科学态度。科学态度是我们残疾人工作者必须掌握的，我们大家都要面对现实，如果吹牛皮放大炮，残疾人工作就没法做了。

第一，要掌握情况，实事求是，一切从实际出发，提出恰当的课题来调查研究，以期我们所提出的一切目标、方针政策建立在实际存在的基础上。

第二，要科学地制订发展蓝图、规划、目标、战略、步骤。

第三，要把具体目标分解到康复、教育、就业、扶贫等各相关业务领域，分步落实。

第四，对城市和农村，要有不同的思路。城市要着力推动残疾人康复、就业、社会保障、社区残疾人工作等工作；农村要着力开展好残疾人扶贫解困、制定落实扶助残疾人优惠政策等工作。

第五，要切实依据残疾人的类别化需求，为残疾人提供有针对性的有效服务。同是残疾人，盲人有什么需求，聋人有什么需求，都不相同。肢残人里面也不同。残疾人类别很多，各类人痛苦都不一样，需求都不一样。类别化需求是个大课题，需要认真研究。

第六，对东中西部要分类指导。有条件的东部地区目标要高一些，发展要更快一些，要逐步与国际接轨，和当地正在奔向现代化的经济社会发展相适应。中部地区的目标要适中，残疾人工作要把骨头架子搭起来,根据各地的不同情况和不同发展阶段来长“肉”。西部地区应实事求是,突出重点,稳步前进,着力解决扶贫等急需工作。

中心城市标准要高一些,要发挥中心城市的辐射带动作用。要集中力量把中心城市的工作搞起来,中心城市辐射可以带动全省工作。如果不抓重点,四处撒“芝麻”,西部地区就会趴在那儿,怎么也动不了,大家也没信心。总之,东中西部要采取不同措施,有了科学的态度,才能使残疾人奔小康的目标落到实处。

(六)精神状态和思想作风

不讲大理论,讲个故事。这些年大家知道比较多的是广东、上海、山东等地方发展快,浙江虽是东部发达地区,但并没有给人以深刻印象。去年我到浙江调研,原来也没想到浙江会怎样,但是看后深有感慨。浙江的发展令我吃惊,财政年增加达一百亿,外贸收入增长幅度巨大,市场环境良好。为什么?浙江的同志说,这些年一直坚持省领导提出的“不动摇、不气馁、不争论、不攀比、不张扬”的“五个不”做法。对此我印象深刻。这里我试着解读这“五个不”,也是讲全面建设小康社会我们应有的精神状态和思想作风。

一是不动摇。就是坚持党的基本路线不动摇。要有决心、有信心、有信念。对基本理论、基本路线学得深,想得透,有比较深的理解。对十一届三中全会以来党的路线、方针、政策坚定不移,改革开放不动摇。

二是不气馁。在困难情况下不要泄气,要有一股顽强拼搏的精神,要保持旺盛的革命精神和良好的精神状态,相信通过不断努力,一点一滴地积累,不断量变就能产生质变。

三是不争论。有分歧意见,不争论先干起来,对就干下去,不对再改。这也是解放思想,旧的东西要敢于突破,敢于创新。不争论,也是创造一个宽松的政治环境。

四是不攀比。不攀比不是不去比较,而是不要不顾自己的实际情况去和别人比。这里实事求是是精髓。你走你的路,我过我的桥,办事从我自己的实际情况出发。我比你好,我不骄;我不如你好,我也不躁。谦虚谨慎,不骄不躁,心无杂念,不受干扰,这样路就走不歪。

五是不张扬。不是不做宣传工作,而是不事张扬。不追求表面的虚的成绩,而注重实的发展、实的工作、实的机制;不搞形式主义,而要少说话,多干活。要杜绝“假、大、空”。一有“假、大、空”,受苦的就是群众。

以上“五个不”对我启发很大,这是不是一整套思想作风呢?在今后全面建设小康社会的重大战略机遇期,残疾人事业要有大的发展,快的发展,就要求我们更要解放思想,不能墨守成规;要与时俱进,不能停滞不前;要开拓创新,不能因循守旧;要谦虚谨慎,不能忘乎所以;要实事求是,不能脱离现状,更不能脱离群众。总之,要把我们的思想保持在改革开放之初那样一种活跃的状态,永葆昂扬的精神状态和良好的思想作风。

关于残疾人奔小康,今天只是破了题。全面建设小康社会是“十六大”的主题,当然也是我们残疾人事业的主题。我想,残疾人奔小康应该作为“四代会”的主题,也是今后相当长一个时期残疾人工作的主题。我们做残疾人工作为的什么,不就是为残疾人能过上幸福的生活,能够有一个美好的未来吗?广大残疾人奔小康是迈向未来的重要的一大步。

二、残联组织架构调整的基本设想和主要原则

去年工作会,就残联组织建设我出了些题,涉及代表性、组织架构、基层工作、主席团设计、专门协会、残疾人干部等几个方面,谈了

我的一些看法,同大家商量,要大家研究。经过这一年的工作,广泛听取各方面的意见,今天拿出个初步方案,大家看怎么样,会上可以充分讨论,各抒己见。具体方案要到"四代会"才能完成。

(一)残联组织架构的优势

新中国成立后第一个全国性残疾人组织是一九五三年成立的中国盲人福利会,当时归内务部(现在民政部前身)代管。一九五六年,国家又成立了中国聋哑人福利会。一九六〇年,盲福会、聋福会合并,成立中国盲人聋哑人协会。一九六八年,"文化大革命"中,内务部撤销后,盲人聋哑人协会也停止了活动。一九七八年,中国盲人聋哑人协会恢复组织和工作。一九八四年,中国残疾人福利基金会成立。一九八八年,中国盲人聋哑人协会和中国残疾人福利基金会合并,成立了全国五类残疾人的统一组织——中国残疾人联合会。

成立中国残联,不是盲人聋哑人协会、基金会两会简单机械的合并,而是以改革的精神,在改革的基础上组建新的组织。当时的指导原则是:理顺关系,精简机构,健全功能,提高效率,增强活力。在这样的原则指导下,我们设计的残联是半官半民、事业团体,后来叫亦官亦民,就是该需要发挥官的职能的时候,我们是官;需要发挥民的职能的时候,我们是民。我们设计的残联是集代表、服务、管理三种功能于一身,精简、效能、统一的组织。我们设计的是小民主,真民主,没有搞大民主。我们的执行理事会设计得比较强,主席团比较虚,评议会比较弱。应该说,这样的设计总体上是符合中国国情的,也是《关于残疾人的世界行动纲领》所倡导的。我们的组织,与国际上的残疾人组织不同,也与国内的其他社会团体不同。现在看来,我们这样的设计是有生命力的。从成立之初到现在,历经了多次机构改革,正是由于有这样的设计,才使得我们的机构不但没有萎缩,反而得到了加强。假如当初设计成残疾人事务管理局，可能在机构改革中早就被撤销了，设计成纯粹的“民”在中国也行不通。我在与国外的残疾人组织、残疾人接触时，能够真切地感受到他们不少人对我们这个组织非常羡慕，我相信大家也有同感。在国内，我们这个组织应当说也是很受关注的。

总之，我们当初的设计，其优势体现在以下几个方面：

第一，我们是五类残疾人的统一组织，具有精简、效能、统一的特点。《关于残疾人的世界行动纲领》指出，“支持建立强大的全国性残疾人组织，使他们在具有利害关系的一切领域发挥作用；鼓励残疾人组织的联合统一，并与政府协调行动。”应该说，我们的设计是符合《关于残疾人的世界行动纲领》的精神的。正是由于这样的设计，才保证了我们能集中力量办大事，办急需办的事，在这么短的时间内使残疾人事业这么快地发展起来。

第二，我们的性质是“亦官亦民”。这是与我国政治体制框架相适应的。正是由于有“官”的职能，我们才能参与制订残疾人保障法，推动成立残疾人工作协调委员会，才能承担残工委秘书处的职责，才能推动制订与国家经济社会发展计划相适应的残疾人事业五年计划纲要，才能对残疾人事业进行有效管理。也由于我们有“民”的身份，我们才能代表全国六千万残疾人争取合法权益，才能更好地运用社会化工作方式，吸纳社会资源，动员社会力量为残疾人事业服务。

第三，从人员组成讲，我们是由残疾人和残疾人工作者共同组成的组织，从功能讲，我们是“of”和“for”的统一体。这样，残联既有残疾人，也有健全人。大家取长补短，共同奋斗，充分发挥各自的优势，充分发挥积极性、主动性、创造性。我们把代表功能与服务功能结合起来，使残疾人的需求能变成服务工作的目标、服务工作的内容，不脱离残疾人的实际，二者始终是有机结合。

(二)组织架构调整的必要性

我们这个组织是一个好的组织,但这是不是说,我们的组织形态就定型了? 回答是否定的。它还不是一个定型的组织,它还在发展的过程之中,还要不断地在理论上实践中发展、完善自己。

面临"四代会"换届,我们要对组织架构做一些调整,是基于以下一些考虑:

第一,残联组织代表性需要进一步加强。

这里有三层意思。一是,或由于体制的原因,或由于干部来源的原因,或由于残疾人事业发展过程的原因,我们的同志比较会做管理者,比较会做服务者,而比较不会做残疾人的代表者。二是,残疾人在我们这个组织中还不够活跃。三是,在代表各个类别残疾人利益的问题上,我们做得不够充分。

第二,我们的基层工作还很薄弱。

我们残联是自上而下建立的,没有搞"草根运动"。尽管这些年我们一直在拼命地推动基层建设和基层工作,从中国残联到省残联,到地市残联,到县残联,到乡镇、农村、社区,但基层还是太弱! 不可否认的是,这些年我们上边,中央、省是轰轰烈烈,这是大家眼睛看得到的,社会上也都看得到的,我们和一些领导人、和中央部委谈的时候,他们都说你们残疾人很活跃。但下面尤其是乡镇工作相当困难。个别县残联还没有实现计划单列、机构升格和理事长专职,有的县残联工作条件也很差,服务能力弱,一些乡镇的专干也名不副实,一些地方残疾人工作实际上是没有开展,不少农村残疾人还不知道残联和残疾人保障法。在残联组织的问题上我们还未做到横向到边,纵向到底。

第三,经济社会发展的要求。

当前,我国经济社会健康、持续发展,社会资源越来越丰富,非政府组织、非赢利机构越来越活跃。经济社会的发展在为残疾人事业发展提供更多机遇、条件的同时,也提出了新的更高的要求。“十六大”报告中提到,要建设社会主义政治文明,政治文明第一次写在党的代表大会报告中,和物质文明、精神文明并列,作为全面建设小康社会的目标。社会环境更加文明进步,为残疾人全面参与社会生活提供了更广阔的空间。随着残疾人生活水平提高,整体素质也会提高,参政议政的自主意识也会提高,他们对残疾人工作和社会事务要求有更多的参与和发言权。经济社会的发展、三个文明的建设对我们的工作方式、思维的调整提出了新的要求,也对我们的组织架构调整提出了要求。

第四,事物自身发展规律应有之义。

马克思主义认为,事物不是一成不变的,事物的发展变化是绝对的,静止是相对的,事物都是在不断解决新的内部矛盾的基础上向前发展的。我们的组织架构也是一样。十多年来,残联的组织发生了很大变化,主流是活力、创造力不断增强,但也出现了一些值得注意的问题。这就需要我们对现有组织架构的经验教训进行分析、研究、总结,好的继续坚持,不足的要改进、变化。不变化,就不能适应新的形势。不变化,不推陈出新,不与时俱进,我们就没有活力。这是不以人们的意志为转移的。

(三)组织架构调整的主要原则

关于组织架构调整的主要原则,有以下几点:第一,总的说要变,不变不行;第二,要小改,适当、稳健、渐进,不能大改,不能毕其功于一役,步子大了要翻车;第三,成熟了就改,不成熟的暂不改,可改可不改的先不改;第四,看准了的就改,看不准的先不改,留待实践中探索。

为什么要小改不能大改呢?因为现在我们的机制还是很好的机

制,运转得还不错。我刚才谈的组织架构调整的必要性,是我们在分析自己的情况时,要看到自己的弱点,我们必须正视它,加强它。我们不能对自己没有一个基本认识,否则,要出事,要走弯路。好的东西不能丢,也不能轻易否定已取得的成绩。也要有前瞻性,要居安思危。

总的说,我们要把残联建设成实现"三个活跃"的组织,使残疾人在残疾人组织中更活跃,残疾人组织在基层更活跃,残疾人和残疾人组织在社会上更活跃;要把残联建设成既精简、统一、效能,又能发扬民主、照顾各个类别残疾人利益的组织;要把残联建设成既能继续争取政府重视和领导,同时也能挖掘社会资源、动员社会力量为残疾人事业服务的组织;要把残联建设成能密切联系残疾人,团结带领广大残疾人投身社会主义现代化建设,为经济社会发展做出更大贡献的组织。

(四)组织架构调整的基本设想

关于基本设想,总的说四句话:相对虚的主席团变为相对实,强的执行理事会不变,评议会取消,专门协会切实发挥作用。

关于主席团。主席团是代表大会休会期间的权力机关,是起决策作用的。但我们的主席团规模过大,上届达二百七十四人。中国残联章程规定,主席团每年举行一次会议,实际上我们没有做到,也难以做到。每届主席团任内我们只开三次会,其中两次是在代表大会期间,中间事业会时再开一次。这次我们设想要加强主席团的职能,办法是适当削减主席团规模,一定要保证每年开一次会,研究决定重大问题,这样可以使主席团发挥最高领导的作用,保证按章程规定切实履行职责。主席团削减之后的各省、各类残疾人的代表性,用扩大代表大会代表的办法来弥补。

关于执行理事会。强的执行理事会不能变,执行理事会要保持相当大的决策执行能力,这是我们的成功之处。中国残联理事会要在保持高效务实的基础上，增加各类残疾人及其亲友的代表，使理事会的作用发挥得更充分。除了中国残联执行理事会，各级残联理事会也要认真解决好配备残疾人干部的问题，这是增强残联代表性的重要举措，中组部为此专门下发了文件。各省、自治区、直辖市、副省级市残联理事会，要有残疾人理事长或副理事长，要有盲人、聋哑人、肢残人理事；地市级残联理事会，要有残疾人理事长或副理事长；县级残联要有残疾人工作人员。这一点一定要做到。可能个别的还做不到，做不到的要制订计划，力争在短期内做到。我刚才说主席团由相对虚一些变为相对实一些，不是说主席团要取代执行理事会的决策，主要的、大量的决策还要在执行理事会，主席团只管相对宏观的贯彻决议的落实。

关于评议会。多数同志建议不再设评议会，评议会的监督、评议职能并入主席团。我过去提到残联要有一个比较好的监督机制。多年来评议会克服了很大困难，起到了积极的作用。但也有一些问题很难解决，比如评议会的同志，多为专业人员，对残联全面工作不太了解，让他们评议、监督，也是勉为其难。在这个问题上，征求大家意见的时候，大家的意见比较一致，包括地方的同志也是这个意见，就是难以发挥作用，又多了个机构，大家建议不再设评议会。我原来一直认为评议会不能取消，一个组织内部如果没有监督机制，是不完善的，甚至是危险的。现在看来评议会很难发挥作用，如果能有其他方式解决监督机制，评议会也可以取消。但残联内部的监督职能不能丢，不能削弱。这次我们将评议会的监督、评议职能并入主席团，由主席团以适当的方式行使，看是否效果会好一些。我赞成试一下。吴老也是这个观点。他认为，如果将监督职能并入主席团，评议会可以取消。

关于专门协会。为了改变这些年来专门协会发挥作用不够的状况，去年工作会我放了一炮，讲了可以考虑在中国残联五个专门协会进行法人登记,事后听说引起了较大的震动。相当一部分同志包括一些工作层面的残疾人,顾虑较大,担心失控。也有一部分同志认为,登记不登记是次要的,是形式,关键是专门协会要积极开展活动,密切联系残疾人,代表残疾人利益。当然,也有不少同志和一些残疾人朋友支持法人登记的意见。我认为,从长远看,这一步还是要迈出来。所以,经过反复论证,我们的意见,中国残联五个专门协会先进行法人登记。这首先是基于国际交流的需要,不登记,国际上会有残疾人组织对我们的做法不能理解,不利于我们参加国际交往;其次这也是专门协会逐步独立开展活动的需要。不登记,专门协会独立开展活动总是会受到一定的限制。登记了,专门协会的独立性、自主性就更大了,会更加活跃。此外,这也是指导地方专门协会开展工作的需要。关于各省专门协会,从实际出发,我们的意见是不登记。为了避免中国残联专门协会登记给省残联带来压力,避免省专门协会跟风,我们将采取措施,比如可以在章程修改时明确“省级各专门协会为省级残联的内设机构”。当然,有的地方专门协会已经登记了,也不要走回头路,要支持、引导好,也许能给我们创造出好的经验。至于基层,就可以活一些,有条件的可进行试点。基层探索实行会员制的问题较复杂,还需要研究。总之,专门协会要切实活跃起来。

今天大致就讲这些。因为涉及换届、新老交替、组织架构的调整,所以我再多说几句。残联走过十五年,回头看有艰难困苦,也有成功喜悦。做了这么多事,这么多成绩,都是我们大家一件一件拼下来的,一点一点干出来的。我深深地感到我们这个队伍是个好的工作队伍,我们的工作人员都是好的工作人员。很多同志不计名利,勤勤恳恳,为残疾人事业奋斗了十几年,奉献了自己的青春年华,有的甚至献出宝贵的生命。像湖南的胡盛穆、安徽的冯银华、江西的马才华、山西朔州的曹巨宝等同志,有的同志是累死在工作岗位上的。我每次到基层调研,都有许多事让我感动。基层残联的同志,在非常艰苦的条件下,进入这项工作,全身心投入,干出了成绩。有的同志用自己的存折和住房做抵押,为残疾人办扶贫贷款,有的专干骑自行车赶几十里山路到残疾人家里了解疾苦,解决问题。手里没有权,又没有钱,面临着残疾人这么困难的群体,同志们为事业做出了巨大的贡献,同时也做出牺牲,不但自己做了牺牲,家庭还受到连累。近几年每次工作会都有一些老同志或退休了,或转到其他单位了。在座的还有几位是干了十多年的老理事长。这些老同志是创业的、打江山的,残疾人事业有今天的局面,你们功不可没。我感谢你们,残疾人感谢你们。残疾人事业的历史有你们的一笔。我为我们残疾人事业有这样的工作队伍和人员感到欣慰和自豪,也向大家表示崇高的敬意和感谢。中国残联会记住大家,残疾人会记住大家。这次换届,很多老同志要退下去,新同志要顶上来。老同志要站好最后一班岗,新同志要虚心向老同志学习。长江后浪推前浪,世上新人超旧人。换届不只是个人事问题,更主要的是要把好的思想、组织、作风继承和发扬下来,这是关系到残疾人事业能否持续发展的大问题。

同志们,残疾人事业是人道的事业、高尚的事业、常青的事业,是社会主义现代化建设事业的一个重要组成部分。让我们紧密地团结在以胡锦涛为总书记的党中央周围,高举邓小平理论伟大旗帜,全面贯彻“三个代表”重要思想,为发展残疾人事业,改善残疾人状况,推进我国全面建设小康社会的进程做出新的更大的贡献!

华夏出版社要立足于二次创业[①]

（二〇〇三年四月二十二日）

听了你们的汇报我讲几句，汇报中提到的大社战略我是赞同的，一直想把华夏社办成一个大社，但近几年发展不快。华夏社要走出徘徊，一步步做大，当然不是一步到位，而是要分步进行，还是需要有大的改革步骤。你们讲的机会还是有的。机会也要创造，只要抓住了机会，大社战略才有可能实现。按照新闻出版总署对大社名社的指标要求，华夏社还有较大差距，可以作为长远发展的目标和模式。华夏出版社的牌子是好的，完全有条件把它办成大社、名社，对此你们也是有信心的，我很高兴。

你们的报告写得很清楚。时间不长，做了很多事情。当时对你们班子的安排党组也是很犹豫的，是冒了很大风险的。你们几个人来自不同的地方，老李原来又不是搞出版的。当时我就让智钧转达，这次任命首先是把文柱放在火上烤，他是一把手，责任重大。现在看来，这个班子还是很不错的，你们有劲头，我也很高兴。

当前华夏社面临着二次创业的挑战。华夏社已经创出了一些名气和一些品牌，但不能停顿，要打造新的更高更大的品牌，要稳步发展，要按照创业的办法来做，争取短期内再上一层楼。你们已经不是小伙子了，要多找多培养一些小伙子。华夏社的方向我不担心，关键是如何在实力上不断壮大。我想总是要有一些危机意识，“停舟侧畔千帆过”，

---

① 这是邓朴方同志在华夏出版社领导班子工作汇报会上的讲话。中国残联副理事长王智钧、华夏出版社社长兼总编辑高文柱等参加汇报。

这里有一个不进则退的问题。不仅是华夏社,包括康复中心、基金会都有一个二次创业的问题。十年前,我们的基金会是全国最棒的,但现在被人家赶了过去,因此,华夏社也要立足于二次创业,拿出创业的精神状态来干活儿。华夏这个品牌很好,不用好就可惜了。

体制上要考虑出新的办法,要研究,要创新。这不能急,但也不能不做,要把握一个度。智钧在社里时在体制上做了改变,有了较大的发展,但后来智钧调到会里,出版社出现徘徊,被人家超过去了。

改革也好,制度创新也好,关键是要产生活力。至于激励机制,不一定是奖金越高越好,有时候奖金过高很可能会腐蚀一些人。要做到多劳多得。现在是现出书现拿奖金,而长远的方式应该是奖金要与出版社的整体利益联系在一起,比如可否搞股份制的问题。我不是说要急于这样干,要看政策允许不允许,要引导大家不只是看眼前利益,要与社的发展联系在一起考虑。搞股份制,社长、副社长、中层干部、一般干部有不同的股份,把个人利益与出版社利益结合起来。这样大家就不再过分注重眼前利益,不搞短期行为,而是追求整体利益。同时,你要走,这个股份不能带走,人才也就留住了。我是这么想,如果单单靠奖金、靠积累而不在体制上创新,别人有可能又走到我们前面去了。因此,思想上要放活一点,体制上不能落后。但也要立足现实,看不准的事摸索着做,不能打乱仗。

中国目前处在一个转型过程中,很多事情都没有定型,结构与观念都不适应,离真正意义上的市场经济还有很大一段距离。国家就像一个有机的整体,全局与局部是连在一起的。要走向市场,不只是大环境有待完善,小的细胞也有待完善。但也不排除哪个细胞健康,具有活力,就能有所发展,优胜劣汰。特别是在变动的情况下,要保持一个活跃的思想,既要看现实,脚踏实地,也要看发展,眼界开阔。

你们班子能团结,这很好,都不错。但不是不能有不同意见,有一句话叫“和而不同”,不怕有不同意见,但能团结一致就很好。

在体制上要创新,机制要活。最近,旅游业垮得很厉害。我给康辉旅行社的李继烈打电话,他们裁员三分之一。企业能裁员是体制上健康的标志,是单位人向社会人的过渡,属于断臂求生。人才问题是双向的问题,别的出版社也存在这方面的问题。但是,我们出版社的人才流失是很严重的。激励机制中没有企业文化也是不行的,这一点你们要斟酌、要思考,思想要活跃一些,不能故步自封。新机制不能只包含经济指标,还要包含道德、文化指标,不能不讲道德。一个人独善其身很难,但不善其身也不行。没有文化、没有理想、没有事业作为背景是不行的。要把我们的工作,当作一个事业来办,要咬牙,要拼命,使出版社再上一个台阶。

目前,时报社是生存问题,你们出版社不存在生存问题,而是发展问题。总得在体制上创出一条路,但也不要刻意追求,要讲求实效。将来华夏出版社发展了,要在推动人道主义方面多做一些工作。

中国的现代化进程不会是一帆风顺的,现在有很多人以为 GDP 水平上去就行了。但实际上现在经济体制上的问题还很多,政治体制改革还十分滞后。同时,人们能不能适应,这是个大问题。还有很多矛盾和困难有待克服,有些是短期的,有些是长期的。改革不出大事就是好的,出点小事、中事也是正常的。如这次处理“非典”,就不能算作非常大的事件,充其量也就是一个中等事件,还出现了问题。因此,改革还有很长的路要走。

华夏社从成立之初到现在几届班子更替,长期徘徊的局面也有七八年了,哪有什么事是一帆风顺的? 你们是受命于危机、危难之中,华夏社长期徘徊的局面要靠你们这个班子来打破。你们还可以稳定地干上十年,一定要下决心把工作搞上去。

说实话,我真想在人道主义领域再搏一搏。今天请大家来就是想和大家聊聊天,不是做什么指示,我不在一线,智钧是会里的领导,他的话是指示。等“非典”高发期过后,我再到社里去看看大家。

残疾人体育与艺术要面向新世纪[①]

（二〇〇三年五月二十八日）

残疾人体育与艺术，不仅是残疾人的精神生活需要，也是平等参与社会的重要体现。更具意义的是，它以直观生动感人的形式和顽强拼搏的精神，启迪人们对生命价值、人生哲理和人道主义的深刻理解，对促进残疾人事业发展和精神文明建设具有特殊作用。

改革开放以来，我国残疾人体育、艺术取得长足发展。举办了五届全国残疾人运动会，加入了九个国际残疾人体育组织，群众性体育活动广泛开展，中国残疾人体育代表团在国际赛事中获一千八百余枚金牌，破二百多项世界纪录，为祖国赢得了荣誉；举办了五届全国残疾人艺术汇演，中国残疾人艺术团出访了三十多个国家，是中国唯一登上世界顶级殿堂的艺术团体，全球唯一进入文化市场的残疾人表演团，在人类艺术百花园中独树一帜，带给人们美的享受和心灵的震撼。

面向新世纪，为适应残疾人日趋增长的精神文化需求和国内外日益频繁的体育赛事与艺术交流，国务院批准了《国家计委关于中国残疾人体育艺术培训基地立项问题的请示》，决定在上海建设一座代表国家水平的、综合性、多功能残疾人体育、艺术设施；既为残疾人事业服务，又向社会开放，通过经营收入维持基地运行。

立项后，国家计委组织专家进行了可行性研究评估和扩充设计

---

① 这是邓朴方同志在中国残疾人体育艺术培训基地落成典礼上的讲话。

评估,据此,明确了基地建设的指导原则:一是,有效利用资源,统筹考虑社会、经济和环境因素,追求好的综合效益;二是,具有一定的先导性,适应当前,面向未来;三是,建设期间充分考虑以后的运营需要,适应市场化运作和现代化管理。

基地建设得到司马义·艾买提国务委员和国家计委、财政部的关心和帮助,亲临现场检查指导。上海市政府和领导同志更是给予特别的关照和支持,将其列为上海市“重大工程”,并成立了“项目支持协调组”,多次现场办公;有关部门和区、镇、村负责人经常深入工地,帮助解决困难和问题。

上海同济建筑设计院、上海建工集团、上海市第一建筑公司、上海建筑科学研究院及各参建单位和器材设备供应单位,都对该项目倾注了特殊的情感和特别的追求,把基地建设当作自己建筑精品的创新和精神产品的奉献,团结协作,精益求精,服务优质,价格优惠,共同筑造了体现物质文明和精神文明的现代建筑。

基地建成后,希望切实加强管理,充分发挥资源作用,形成残健融合、资源共享的运营机制,做好残疾人运动员集训和教练员培训工作,承担起特殊艺术培训和中国残疾人艺术团排演总部的任务,同时更好地服务于社会,不辜负国家的关怀和社会的支持!

借此机会,我代表中国残疾人联合会和广大残疾人,向为基地建设做出贡献的各有关方面和各界人士表示衷心感谢!

中组部干部考察动员讲话提纲

（二〇〇三年七月八日）

再过两个月就要召开中国残疾人联合会第四次全国代表大会。在这个大会上，我们将要提出我国残疾人逐步摆脱贫困并且与全国人民一道共同奔赴小康的政治目标，并且要进行残联领导班子的换届，实现新老交替。

中组部十分关心中国残联的换届工作，为了使换届工作顺利进行，中组部领导主动听取了汇报，对换届工作进行了指导和部署。现在，为了充分发扬民主，又派干部考察组来到我会，进行“中国残联换届有关人选的考察”工作。

按照中组部领导的指示，我对换届工作的一些要点给大家做一个说明，这个说明的主要内容，已征求了所有残联在会领导人员的意见，并得到了大家的一致同意。

（一）任　务

这次换届的任务就是实现新老班子的交替，妥善安排一部分同志从领导岗位退下来，组建一个优秀的新的领导集体。

中国残疾人联合会自一九八八年成立到现在已经十五年了。在党中央、国务院的领导下，中国残联领导班子带领广大残疾人工作者，全心全意为残疾人服务，发展残疾人事业，取得了很大的成绩。十五年来，残联领导班子的人员陆续有一些变动，一些同志调出去了，一些同志又充实进来了。但是总的说来变化不大。班子的人员组成主要是以老五届为主。年龄结构基本是以四十年代中期出生的同志为多,现在,这些同志跟我一样都已接近六十岁了,新老交替的任务已经迫在眉睫。

因此,“四代会”的换届工作与“二代会”、“三代会”的换届工作不一样,除了一般的换届任务之外,还有新老交替的任务。

为了残疾人事业的长远发展,为了这个事业后继有人,中国残联党组多年来一直重视准备工作,大力培养提拔优秀的年轻干部到负责岗位上工作。现在,一批干部成长起来了,新老交替的条件业已成熟,值此代表大会时机,有序地安排一些老同志从领导岗位上退下来,选择一批新同志进入领导班子,就已水到渠成。

(二)我个人的希望

我自一九八三年开始从事残疾人工作到现在已经二十年了。其中从一九八四年开始主持工作是十九年。我深知肩上责任重大,而自己的身体条件和工作能力也并不理想,能够和大家一起合作到现在,已非创业当初所能想象(说句实话,当时就没有想到还能活过二十年)。比我聪明比我能干的人比比皆是,而我和同志们一起之所以能够共同取得一些成绩,是我和大家的幸运。我们遇上了好的时代,那就是改革开放的大潮;我们赶上了特殊的机遇,那就是新时期残疾人事业发展的必然要求和趋势。我又有许多好助手,在座的各位都是我的好助手,特别是小成同志协助我主持了十年工作,建模同志协助我主持了五年工作。

近几年来,我的精力和体力都在下降,工作节奏也开始放慢。适时地把身上的一部分担子交给年轻的同志,已成为残疾人事业新的发展的需要。我诚恳地希望在这次换届中,把中国残联党组书记的重任交给年轻有为的同志,如果大家认为我还可以发挥作用,继续提名我为中国残联主席,我可能将难以拒绝。

（三）有序地安排部分同志从领导岗位上退下来

有序地安排部分同志从领导岗位上退下来是事业发展的需要，是这次换届工作的关键。老同志不退出，新同志进不来，我们事业的长远发展就没有保障。大哥哥们给小弟弟们让座位，这是遵循事物发展的规律，也是同志们对理想道德的一种追求和对事业的奉献。

这次换届几位同志要求退出领导岗位，经与大家充分协商，统筹安排，建议如下：

刘小成同志不再提名下一届中国残联副主席；

郭建模同志不再提名下一届中国残联副主席、执行理事会理事长；

王成金同志不再提名下一届执行理事会副理事长；

王智钧同志不再提名下一届执行理事会副理事长。

大家知道，从新时期残疾人事业开创以来，一大批优秀的干部加入残疾人工作者的队伍，我们一起经历了开创事业的艰难历程，有多少的奋斗，有多少的辛酸，有多少的悲痛，又有多少欢乐，真是数也数不清。一年前就退了一大批局处级干部，今天又要退几位领导干部，说句白话，当初打天下的老弟兄们都快退光了。小成同志一九八七年开始参加残联的筹备工作以来，立下多少汗马功劳，如果说是残联第一功臣并不为过；五年前为了事业发展，主动从理事长的岗位上退下来做具体工作，这次又退出领导岗位。没有一颗真心，一颗公心，一颗赤子心，怎能做到？郭建模同志一九八四年主持《三月风》的工作，兢兢业业十几年，吃别人不能吃的苦，负别人不能负的重，这次换届为了年轻同志能更顺利地工作，主动提出退休，其心之真诚，其志之高洁，能不令人感慨？王成金、王智钧二人都是一九四六年出生，今年不过五十七岁，从事残疾人事业多年，政治经验丰富，业务精通，正是能够承担重任的好年华。为了给年轻同志让位,他们过早地退出领导岗位,这在每一个旁观者看来,都会觉得不公平,但是这两位同志自己却十分坦荡,开通开明开朗,有此境界,足以让人敬佩。

这四位同志都是我多年的助手、战友和亲密伙伴,这次我辞去党组书记,四位同志也一起退出领导岗位,就是为了给年轻同志留下一片大好晴天。这一切已不是用“感谢”二字就能表达的,我想,老同志是我们的宝贵财富,对退下来的同志做出妥善安排,不但是组织的责任,也是年轻同志的愿望。我相信,到了新一代领导集体大展才华、建功立业的那一天,也就是所有退下来的老同志额手称庆的时刻。

(四)新班子的框架考虑

对新班子我希望,它是一个政治坚强,能够代表全国残疾人利益,全心全意为残疾人服务,勤政廉洁,高效务实,人员特长互补,年龄结构合理,专业涵盖范围较宽,紧密团结,朝气蓬勃,奋发有为的领导集体。

对新班子人员我希望,他们都是热爱残疾人事业,具有献身精神,懂政治讲政治,有学识有能力,有领导水平,正派廉洁,密切联系群众,勇于开拓进取,善于与同志合作,德才兼备,年富力强的同志。

为了贯彻中央干部人事制度改革的精神,充分发扬民主,发挥大家的积极性主动性,使组建新班子的工作顺利健康进行,经中组部领导安排,中组部派来考察组对新班子人选进行考察。这次考察的形式是采取个别谈话的方式进行推荐和考察。谈话范围就是今天到会的同志,也就是中国残联的党组和理事会成员、专职副主席、内设机构正副职和直属单位主要领导。每一个人都有机会将自己的意见向中组部考察组直接提出,这就保障了大家充分行使民主的权利。

为了便于大家思考,更有效地发扬民主,下面我给大家提供一个这次需提名的职务名单和基本设想:

这次考察的职务范围是：中国残联的党组书记、专职副主席、理事长、副理事长和党组成员。

为了体现残联是残疾人的代表组织和残联也是残疾人工作者的组织，请提出残疾人在会干部和健全人在会干部各一名为中国残联专职副主席。

为了加强中国残联领导力量和对外工作力度，请大家提名一位同志为党组书记、另提一名同志为执行理事会理事长。

按照中国残联干部编制，大家可以提出四位同志为执行理事会副理事长。

为了保持中国残联党组对中国残疾人福利基金会的领导，请大家提出一名同志为党组成员，承担基金会的领导工作。

上面被提名的人员，请大家在中国残联机关、直属单位和地方残联的人员中选择。当然，也不排除从残联系统外考虑。

以上提议是建议性的，仅供大家参考。

（五）希　望

新老交替，建立新的领导集体，这对残联来讲是一件大事，关系残疾人事业的长远发展，意义十分重大。

希望同志们以高度负责的态度，积极参与，既要满怀信心，又要认真严肃。

希望大家要按照立党为公的原则，坚持立会为公，一切以事业为先，要强调党性原则，要时刻想到广大残疾人群众对我们的期盼。

希望大家要发挥积极性主动性，充分行使民主权利，务必使整个工作既有活力又有秩序。

希望大家要遵守纪律，尊重考察组的同志和工作，积极配合，共同顺利完成推荐和考察工作。

开拓创新，永葆生机与活力[①]

（二〇〇三年七月二十三日）

这次会议是在全国人民取得了抗击“非典”斗争阶段性重大胜利的形势下召开的，面对这场突如其来的灾难，在党中央、国务院的领导下，广大医务工作者和各条战线的干部群众发扬万众一心、科学防治的精神，谱写了一曲人类与自然灾害斗争的新篇章。这为我们克服和战胜今后前进道路上的艰难险阻增强了信心和力量。

一年来，基金会秘书处以对残疾人事业高度负责的精神，积极开拓，与时俱进，在改进组织结构、完善业务格局、拓展基金来源渠道、加强对地方基金会工作指导、开展国际交流与合作以及加强自律等方面做了大量的工作，并进行了有益的探索，为实现基金会二次创业迈出了坚实的第一步。我代表理事会，对秘书处一年来开拓创新、奋发有为、卓有成效的基金工作新局面表示满意，向各位名誉理事、理事对基金会工作的支持表示感谢。

过去的一年，是我们党和国家历史上具有重要意义的一年，党的“十六大”胜利召开，国民经济保持持续、快速、健康发展，各项事业全面推进。在这一年里，残疾人事业有了新的进展，各项工作取得可喜的成绩。党和国家更加重视残疾人事业，党的“十六大”报告明确提出“发展残疾人事业”的要求，这为全面推进残疾人事业创造了极为有利的条件；社会环境更加文明进步；残疾人自身素质进一步提高；

---

① 这是邓朴方同志在中国残疾人福利基金会第二十次理事会议上的讲话。

康复、教育、就业、扶贫、文化体育、社区等各项工作取得新的成绩，为残疾人带来实实在在的利益。

刚才雪冬和建绪同志分别做了一年来基金会工作报告和预决算报告，并就来年的工作进行了部署，我完全赞同。会前，秘书处征求我的意见，希望我在这个会上讲点什么，我想，该讲的在去年的理事会上都讲了，没有更多宏观的阐述，今天着重就基金会当前和今后一段时期要解决的主要问题谈几点意见。

一、完善组织架构，巩固和扩大基金会的社会基础

中国残疾人福利基金会创建于一九八四年，明年就是二十周年了，当时我们的组织架构是基于八十年代初中国社会的具体情况而设计的，在当时计划经济下，政府几乎掌握着所有的重要资源，对社会和经济生活进行直接和全面的管理。当时新时期残疾人事业刚刚起步，迫切需要得到政府和有关部门的大力支持，因此，我们的理事基本上以国家各部委的职能部门负责同志为主，吸收少量社会知名人士，规模不大，但规格高，权威性强，这种设计总体上是符合当时实际需要的，实践证明也是有生命力的。但是，形势是不断发展的，我们的工作也应随着形势的发展而不断改进。随着我国经济和社会健康、持续的发展，社会资源越来越丰富，非政府组织、非营利机构越来越活跃。社会的进步为残疾人事业发展提供了更多机遇和条件，与此同时，对我们的工作方式、思维的调整提出了新的更高要求，也对我们的组织架构调整提出了要求。国务院已将《基金会管理条例》的修改列入今年的立法工作计划，三次召集各有关部委、团体征求意见，即将颁布实施。从民政部提交的送审稿看，比现行的基金会管理办法有着许多新的要求，新的内容。这就要求我们对现有组织架构进行分析、研究、总结，好的

继续坚持,不足的要改进。不改进,就不能适应新的形势。不改进,不推陈出新,不与时俱进,我们就失去了活力。

我注意到其他兄弟基金会在理事结构和章程方面采取了比较开放和务实的调整。我们怎么调整?一要强调延续性。现有的理事结构要继续保持,但为适应国家机构改革的变化,可以做适当调整,需要增加的要增加,同时要建立理事新老交替的变更机制;二要增强社会代表性。残疾人事业需要全社会的支持和帮助,我们要看到社会财富的增加、社会力量的增大,要尽可能地挖掘社会潜力,整合社会资源,形成合力为残疾人事业服务,要增补一些热心公益事业的社会知名人士作为理事。这个问题过去我们不是没想到,当初设计理事结构时,鲁光就提出了三个三分之一:政府有关部门的人士占三分之一,工商企业界的人士占三分之一,社会知名人士占三分之一。我认为这个比例比较合理,但受当时社会环境和条件的制约,这个比例还没有完全实现。现在条件成熟了,基金会应当建立适应市场经济需要并与国际接轨的新的开放的组织架构,吸纳更多的来自新的社会阶层的力量,巩固和扩大基金会的社会基础。

关于组织架构和章程修改的问题,我今天只是点个题,章程如何修改?理事构成的比例怎么定?理事会的规模多大?要不要设常务理事会?以及如何巩固和完善我们的工作制度和运转机制,秘书处要认真研究,拿出几套方案来,反复比较、分析,要征求各位理事和各方面的意见,争取明年基金会成立二十周年的时候有个成熟的方案。

二、加强和规范基金管理,
确保基金会健康、持续发展

基金会走过近二十年的风雨历程,经过一批又一批同志的共同努力,艰苦奋斗,才有了今天这个规模。来之不易啊!每当回想起这

段经历，真是百感交集。在过去的十几年中，伴随着我国残疾人事业的发展，基金会为残疾人的康复、教育、就业培训、文化体育、基层残联基础设施建设等方面投入了大量资金，减轻了国家负担，为推动和发展我国残疾人事业，提高残疾人的社会地位，改善他们的生活状况，做出了重要贡献。

当然，我们也应该看到，随着国家对基金管理的日趋完善以及国际化发展的趋势，对基金的募集、增值和使用等提出了新的更高的要求。在基金使用方面，在过去将近十年的时间里，基金会与残联合署办公，秘书处侧重于基金的募集和增值，而基金的使用则是将资助款定量划拨中国残联，委托中国残联根据计划向各地和各项事业做出分配。这种使用方法有弊有利，其弊有二：一是由于资助款与国家财政事业经费捆绑使用，不易区分资助款所产生的效果，这给基金会的社会透明度带来一定影响；二是资助款的使用和分配行政干预过大，影响了基金积累和增值。关于这一点，有几个省的残疾人福利基金会的教训是很深刻的，由于短视行为、急功近利，在基金使用上，采取"杀鸡取卵"的做法，将筹集到的资金短期内花光花净，其结果基金会名存实亡，有的甚至因基金总额达不到注册资金而被撤销。

中国残疾人福利基金会的情况虽然不致如此，但也给我们敲响了警钟。我们要居安思危、未雨绸缪；要加强和规范基金的募集、增值和使用的管理，建立规范的制度和工作程序，确保基金会的长治久安和健康、持续发展。怎样才能持续发展呢？七八年前，我曾提出建立基金本金制，因诸多因素没有建起来。我看现在是该建的时候了，再不建，基金会就要走下坡路。

我想，基金会建立本金制的好处至少有这么几点：

第一，本金制的建立，可以使基金会的发展有一个稳定的物质基础，这是基金会生存的前提和发展的条件，这样才可以为残疾人事业源源不断地提供资金,支持和促进残疾人事业的发展,为更多的残疾人带来实实在在的利益。

第二,本金制的建立,可以使基金会确立明确的综合性发展目标,建立完整的业务格局,规范基金的募集、增值和使用的制度建设,加强自律,避免个人的行政干预。

第三,本金制的建立,可以增强基金增值的计划性和透明度,规避增值风险,提高基金会的社会公信力。

这是一项对基金会具有长远意义的举措,将对基金会的健康、持续发展起重要作用。我们的奋斗目标是,在不远的将来,成为一个比较成熟的非营利社会公益机构,实现基金收入和资助项目的突破,成为中国最富有影响力的基金会之一。希望秘书处本着解放思想、实事求是的精神,从残疾人事业发展的大局出发,以高度负责的态度,积极探索,敢于实践,认真研究、落实。

三、加强对地方基金会的指导,共同开创基金会工作新局面

中国残疾人福利基金会的成立顺应了历史潮流,实现了残疾人工作从救济型向事业型的转变。人道主义旗帜的树立,集合了社会各界一批富有爱心的人士,许多省、市也随之陆续在一九八四年至一九八六年间建立了残疾人福利基金会,形成了中央与地方在残疾人事业上相呼应的局面,有力地促进了残疾人事业的发展,为以后全国残联系统的建立、形成今天几万人的全国残疾人工作者队伍打下了坚实的基础。中国残疾人福利基金会与地方基金会有着天然的联系,事业宗旨、工作目标、服务对象等等都是一致的,可以说是血浓于水。十几年同舟共济,为提高残疾人生活状况做出了不懈的努力。我们要继续发挥这一优势,要坚定不移地推行中央与地方相结合的

做法,发挥各自优势,上下联动,共同二次创业。实践证明,只要我们本着这一方针而努力,一定会取得实效。中国特奥世纪行活动,把美国著名电影演员施瓦辛格请来,形成很好的宣传氛围,社会效果、经济效益都不错,还有残疾人保障法颁布十周年系列纪念活动,都是中央与地方拧成一股劲,活动搞得有声有色,中央和地方都受益,整个残疾人事业得到了推动。

目前,一些省、市残疾人福利基金会工作上遇到一些困难,碰到了一些问题,中国残疾人福利基金会要下力气搞些调查研究,要加强分类指导,要逐步地使各地基金会组织健全起来,要有那么一些人,专职做基金会工作,在残联党组和基金会理事会的统一领导下,独立运转,承担起基金会职责,源源不断地为残疾人事业筹集资金、注入资金,为残疾人事业可持续发展贡献力量。

四、总结过去,开创未来,
做好基金会成立二十周年纪念活动

明年三月十五日是基金会成立二十周年纪念日。时间过得飞快,基金会已经从一个小孩子成长为大人了。基金会走过的二十年,是改革开放以来,新时期中国残疾人事业走过的二十年。基金会成立初期,它与中国盲聋哑协会共同承载了新中国成立以来党和政府、社会各界对残疾人的关爱,倾注了对残疾人的一片爱心。基金会的成立是在改革开放的形势下伴随社会转型而产生并发挥作用的,是改革的产物,是残疾人工作从社会救济型向事业型转变的一项创新。前面我已经讲过,近二十年,我们既有艰难困苦的时候,也有高歌猛进的时候。基金会要以二十周年纪念为契机,对过去的经验进行认真的总结、分析和研究,好的传统一定要继承和发扬,存在的问题和面对的困难,要有信心和勇气去解决和克服。有问题和困难不是坏

事,问题和困难正是我们最好的老师。在解决问题和克服困难中,我们才能取得新的胜利。残疾人事业是这样,基金会也是如此。

在这里,我要再一次强调加强自律的问题。近二十年来,中国残疾人福利基金会恪守"人道廉洁"的职业道德,以严格的自律精神,规范的管理和稳健的作风赢得了海内外社会各界的高度信任和赞誉,这是基金会最宝贵的精神财富,今后要一如既往地珍视这笔财富。同时,我们要正确处理好自律与创新的关系,自律是基金会生存的保证,创新是基金会发展的关键。强调自律,但不能墨守成规,谨小慎微,停滞不前;要创新,但不能放松要求,忘乎所以。随着业务的拓展和工作条件及环境的不断变化,我们将会遇到越来越多、越来越复杂的新情况、新问题,在这种情况下,我要求基金会以对残疾人事业高度负责的精神,廉洁自律,解放思想,与时俱进,开拓创新,永葆生机与活力。

关于明年基金会二十周年的纪念活动,秘书处已经着手筹备。我想,纪念活动既要隆重热烈,又要朴实节俭。具体方案请秘书处认真准备,切实落实。同时,也恳请各位名誉理事、理事对基金会的工作提出指导意见和建议。

各位名誉理事、理事,当前,在党中央的统一部署下,全党和全国人民兴起了学习贯彻"三个代表"重要思想新高潮,让我们紧密团结在以胡锦涛同志为总书记的党中央周围,高举邓小平理论伟大旗帜,以"三个代表"重要思想为指导,全面贯彻党的"十六大"精神,大力推进残疾人事业的发展,努力做好基金会工作,为完成残疾人事业赋予基金会的历史使命而努力奋斗。

团结动员广大残疾人为全面建设小康社会而奋斗①

（二〇〇三年九月八日）

中国残疾人联合会第四次全国代表大会，是进入新世纪召开的第一次全国代表大会，是在党的"十六大"精神指引下召开的一次重要会议。会议主题是：高举邓小平理论伟大旗帜，全面贯彻"三个代表"重要思想，承前启后，开拓进取，促进残疾人事业持续健康发展，充分调动广大残疾人的积极性，与全国人民一道全面建设小康社会。

一、五年工作的回顾

第三次全国代表大会以来的五年，是不平凡的五年。党中央带领全国人民解放思想、实事求是、与时俱进、开拓创新，开创了中国特色社会主义事业的新局面，经济建设、社会发展和改革开放取得巨大成就。残疾人事业与全国各项事业一样，适应新形势，迈出新步伐，各项工作取得新进展，呈现出勃勃生机。

（一）五年来，国家为改善残疾人的生存状况，采取了一系列重大措施。

党的"十六大"明确提出"发展残疾人事业"；国务院颁发了发展残疾人事业的"十五"计划纲要；全国人大和全国政协多次组织残疾

① 这是邓朴方同志在中国残联第四次全国代表大会上的报告。

人保障法执法检查和视察;国务院残疾人工作协调委员会加强领导,明确分工,各成员单位将残疾人工作纳入部门职责;地方各级党委、政府把关心残疾人、为残疾人办实事作为立党为公、执政为民的具体体现;各级残联在机构改革中进一步得到加强,基层残疾人工作更加活跃。特别是最近,胡锦涛总书记为反映残疾人自强模范和助残先进事迹的《自强之歌》(二○○三年卷)一书作序,深刻阐述了新时期残疾人事业的重要性,对发展残疾人事业提出殷切希望,广大残疾人和残疾人工作者深受鼓舞。

(二)五年来的成就举世瞩目

残疾人生活质量进一步提高。不同程度得到康复的残疾人由四百一十六万增至八百八十万,其中白内障复明、精神病防治和听力助残、普及型假肢等康复工作效果尤为显著。盲、聋、智残儿童少年义务教育入学率平均由百分之六十四提高到百分之七十六,职业教育进一步发展,从学前教育到高等教育的特殊教育链初步形成。残疾人就业率由百分之七十三提高到百分之八十四,就业渠道不断拓宽,就业服务日趋完善。普遍进行的扶贫开发和残疾人专项扶贫,扶持近千万贫困残疾人解决了温饱。通过实施最低生活保障,采取救济、补助、供养等措施,四百九十九万特困残疾人解决了基本生活问题。

残疾人参与社会生活的环境大为改善。社会对残疾人的认识发生深刻变化,现代文明社会的残疾人观日益深入人心。教育、卫生、民政、劳动保障、司法、文化、体育等社会管理部门和公共服务机构更加重视残疾人的需求,为残疾人创造“平等·参与·共享”的条件。社会各界广泛开展形式多样的助残活动,为残疾人生活、医疗、就学、就业解决了许多实际困难。城市道路、建筑物和信息无障碍建设发展迅速,为残疾人走出家门、参与社会生活、享受公共服务提供了便利,拓展了空间。公共媒体积极宣传残疾人事业,营造文明进步的舆论环境。全社会依法维护残疾人权益的观念不断增强,发展残疾人事业的法治环境进一步完善。

残疾人自身素质明显提高。广大残疾人热爱祖国,乐观进取,自强不息,顽强拼搏,不断提高思想道德和科学文化素质,参与社会的能力不断增强,为改革开放和社会主义现代化建设做出了应有的贡献。越来越多的残疾人自食其力,其中一部分人勤劳致富。各行各业的英模群体中都有残疾人的杰出代表。一些优秀残疾人进入各级人大、政协,参政议政,建言献策。展示残疾人意志与才华的特殊艺术享誉海内外。残疾人运动员在重大国际赛事中为祖国赢得荣誉。更多的残疾人走上各级残联领导岗位,专门协会工作更加活跃,残疾人在残疾人组织中的主人翁地位和主体作用得到加强。

在国际残疾人事务中的影响日益扩大。我国政府和残疾人组织积极参与、推进国际残疾人事务。中国残联配合国家外交大局,协助政府,积极发挥联合国经社理事会特别咨商地位的作用,全面参与国际残疾人事务,积极介入联合国《残疾人权利公约》制订进程,大力支持并推动两个“亚太残疾人十年”行动。与国际残疾人组织和有关国际机构建立并发展了良好的合作关系;积极拓展国际合作项目;承担与我国国际地位相符的国际义务。残疾人事业取得的成就受到国际社会的广泛赞誉,为树立我国重视社会发展和人权保障的良好形象做出了贡献。

(三)积累了十分宝贵的经验

五年来的成就,是在改革开放、特别是中国残联成立十五年以来的实践基础上取得的。十五年来,我国的残疾人事业由小到大,从单一的收养救济型发展为以“平等·参与·共享”为目标的综合性社会事业;残疾人由受助者成为参与者,生活状况发生深刻变化。十五年来,我们不断加深对残疾人事业的认识,积极探索中国特色残疾人事业发展道路,积累了十分宝贵的经验,概括起来主要有:

大力弘扬人道主义思想,树立现代文明社会残疾人观,尊重残疾人的尊严和权利,倡导和谐友爱、团结互助的人际关系;

建立健全残疾人事业法律法规体系,依法发展残疾人事业,依法保障残疾人权益;

纳入国民经济和社会发展大局,形成以政府为主导、各部门密切配合、全社会广泛参与的社会化工作机制;

从我国社会主义初级阶段基本国情出发,打好基础,讲求实效,重点保障残疾人基本生活、加强基层残疾人工作,努力拓展为残疾人服务的业务领域;

因地制宜,分类指导,尊重汲取地方和基层的创新精神、实践经验;

充分发挥残疾人组织沟通政府、社会和残疾人的桥梁纽带作用,扎扎实实为残疾人做实事;发挥残疾人的主观能动性,激励奋斗精神,实现人生价值。

这些成绩和经验,是党和政府关怀、社会各界支持的结果,是残疾人自身努力和残疾人工作者艰苦奋斗的结果。在此,我谨向所有关心、支持残疾人和残疾人事业的各级领导、各界人士表示由衷的感谢和崇高的敬意!

二、本世纪头二十年残疾人事业的奋斗目标

我们已经圆满地完成了中国残联第一、二、三次全国代表大会确定的各项任务,为残疾人事业的持续发展奠定了基础。但是,必须清醒地看到,在我国人民生活总体上已达到小康水平的情况下,残疾人作为一

个最困难的弱势群体总体上还没有实现小康。我国有六千万残疾人,两亿多残疾人亲属,全面建设小康社会,不能忽视这两个数字。目前我国三千万贫困人口中,残疾人占到三分之一以上;残疾人文盲率高达百分之六十,盲童义务教育入学率仅有百分之五十九;多数残疾人的康复需求尚未得到满足;残疾人的生活状况远低于社会平均水平,而且这种差距还有继续拉大的趋势。残疾人参与社会生活的障碍依然存在,歧视残疾人、侵害残疾人合法权益的现象还时有发生。

党的"十六大"提出,用二十年左右的时间全面建设惠及十几亿人口的更高水平的小康社会,使经济更加发展、民主更加健全、科教更加进步、文化更加繁荣、社会更加和谐、人民生活更加殷实。带领残疾人与全国人民一道共同进入全面小康社会,是广大残疾人的政治诉求,是各级残疾人组织的历史责任,也是残疾人事业为国家发展大局应当做出的贡献。

残疾人实现全面小康,要与国家的发展目标相适应,统一标准,兼顾特性,同步实施,大体一致,残疾人"平等·参与·共享"的目标进一步得到体现。主要应包括以下内容:

生活状况根本改善,与社会平均水平差距拉大的趋势得到扭转。基本消除贫困,稳定解决温饱,大部分过上富足的小康生活。社会就业比较充分,劳动收入和家庭财产普遍增加。丧失劳动能力者充分得到社会保障。人人享有康复服务,康复水平和质量有较大提高。残疾预防的政策、措施更加完善、落实。

政治、经济和文化权益得到切实尊重和保障,特殊需求得到特别扶助。社会生活参与面扩大,参与率提高。在残疾人组织中的主人翁地位和主体作用得到充分体现。理解、尊重、关心、帮助残疾人成为全社会的普遍风尚。

思想道德和科学文化素质明显提高。大幅度减少文盲,基本普及义务教育,提高高中阶段以上教育入学率。精神世界更加充实,文化生活更加丰富。普遍树立自尊、自信、自强、自立意识。素质得到全面发展,潜能得到充分发挥。

残疾人事业与经济、社会发展更加协调,与社会管理和公共服务更加融合,法制建设更加完善。获得的社会资源更加丰富,为残疾人提供更充分的服务。形成健康、稳定的可持续发展机制。

各地要从实际出发,根据本地经济社会发展规划,具体细化各项指标,采取切实有效措施,分阶段、有步骤、分层次地努力实现。有条件的地方,指标可以更高一些,内容可以更丰富一些,发展得更快一些。东部发达地区,要满足残疾人日益增长的需求,逐步达到中等发达国家的水平。中部地区要把现代社会残疾人事业的基本框架搭建起来,根据经济发展与残疾人的需求,逐步充实、丰富,提高水平。西部地区,要以残疾人的基本生活保障为重点,省会城市和中心城市率先发展起来,发挥辐射、带动作用,逐步普及。北京作为首都,上海作为国际大都会,天津、广州等作为大城市,残疾人事业的发展要与率先基本实现现代化相适应。

实现残疾人进入全面小康社会的目标,需要各级党委、政府的重视与支持,需要社会各方面的大力帮助,更需要各级残疾人组织与广大残疾人的共同努力奋斗。

三、抓住机遇,加快发展,开创残疾人事业新局面

深入贯彻“三个代表”重要思想、全面建设小康社会,为残疾人事业的发展提供了难得的机遇。“三个代表”重要思想的着眼点和落脚点,是代表最广大人民的根本利益,兼顾不同方面群众的利益,使全体人民朝着共同富裕的方向稳步前进。在“三个代表”重要思想指引

下,各级党委和政府将更加重视和解决残疾人的实际问题,使他们的基本生活得到保障,生活条件不断改善,享受到经济和社会发展的成果。以经济建设为中心,综合国力不断增强,必将为发展社会公益、福利保障事业提供坚实的物质基础。政府转变职能,更加重视经济和社会的协调发展,加强社会管理和公共服务职能,健全完善社会保障体系,建立一个效率与公平兼顾的社会。随着社会文明程度的提高,全社会将更加团结互助、友爱和谐。这些都为进一步做好残疾人工作提供了极为有利的条件。

同时,也必须看到,我国将长期处于社会主义初级阶段。残疾人事业起步晚、底子薄,残疾人在日趋激烈的社会竞争中处于不利地位。尤其是当前我国处于体制转轨、结构转型的关键时期,社会主义市场经济体制尚不完善,法制建设相对滞后,增加了各种社会不公倾向,残疾人和残疾人工作面临的困难更加突出。

实现残疾人奔小康目标,任务光荣而艰巨。我们必须抓住机遇,充分利用有利条件,正确估计和勇敢面对困难,迎接挑战。要坚持解放思想,实事求是,与时俱进,开拓创新,自觉地从不合时宜的观念、做法和体制的束缚中解放出来,把残疾人事业融入国家发展大局,跟上时代前进步伐,开创残疾人工作新局面。

今后五年,是残疾人事业加快发展的重要时期。这个时期的工作指导方针是:解放思想、更新观念,顺应大局、乘势而上,理顺关系、整合资源,突出重点、攻克难点,全面推进、加快发展。第三届主席团建议:

第一,抓紧落实残疾人事业"十五"计划,继续千方百计解决贫困残疾人生产生活困难问题,对中西部欠发达地区实行政策倾斜,确保各项任务圆满完成。在此基础上,结合残疾人进入全面小康社会的目标,制订实施国家"十一五"期间的残疾人事业工作计划。

今后五年,各项业务要有新拓展,发展要有新思路,工作要有新举措。康复工作要在继续抓好重点康复工程的基础上,普及康复服务,推进“人人享有康复服务”目标的实现。教育要与救助相结合,大力普及残疾儿童少年义务教育,推进高级中等以上特殊教育,拓宽残疾人受教育途径。参与制订实施《残疾人就业保障条例》,加强职业培训和再就业培训,依法推进按比例就业,大力倡导多种形式就业,巩固集中就业。在确保符合条件的残疾人纳入社会保障的基础上,扩大保障覆盖面,增加残疾人专项保障内容,提高保障水平。解决贫困无业残疾人的基本医疗和养老保险,兴办重度残疾人寄养机构,启动农村贫困残疾人危房改造工程。加大扶贫工作力度,增加资金投入,解决政策性贷款与商业运作的矛盾,与农业产业化密切结合,提高扶贫成效,加快脱贫步伐。健全法律法规体系,加强残疾人维权工作,完善优免扶助规定,确保在农村税费改革和就业再就业工作中残疾人得到保护。加强农村乡镇和城市社区残疾人工作,县、区普遍建立残疾人综合服务设施,增强基层为残疾人服务的能力。

为残疾人提供的各项服务,在争取政府支持的同时,要大力开发社会资源,根据社会保障与市场经营的不同性质,该保的要保,加大政策、资金支持;该放的要放,鼓励社会力量参与、介入,争取社会捐赠与救助,充分调动多方面的积极性,为残疾人提供内容更加丰富的社会服务。

第二,要抓好关系残疾人事业长远发展的几件大事:

加强残疾人事业的理论研究,深入宣传人道主义思想。人道主义是残疾人事业的一面旗帜。在这面旗帜下,能够最大化地凝聚各界爱心人士,优化扶残助残的社会环境。要发扬中华民族传统文化中的人道主义因素,研究人道主义在社会文明进程中的积极作用,融入社会主义精神文明的时代内容,丰富人类优秀文化的内涵。

进行残疾人基本状况抽样调查。第一次全国残疾人抽样调查以来的十多年,残疾人状况发生了很大变化。有必要进行新一轮的残疾人基本状况抽样调查,摸清底数,为制订新时期残疾人事业的发展规划和适时修改《中华人民共和国残疾人保障法》提供科学依据。

办好二〇〇七世界特奥会和二〇〇八北京残奥会。组建中国残奥运动管理机构和国家残疾人运动队,建设综合训练基地,培养队伍,提高水平,力争优异成绩。以残奥会和特奥会为契机,展示残疾人的才华能力和顽强拼搏精神,增进全社会对残疾人的理解,促进残疾人事业发展。让世界了解我国的残疾人事业,我国的残疾人事业进一步融入世界。

推动制订《残疾人权利公约》。积极参与、推动联合国《残疾人权利公约》的制订进程,发挥建设性作用。支持第二个"亚太残疾人十年"活动的开展。拓展全方位、多领域的国际交流与合作。做好残疾人事业的对外宣传。

四、加强和改进自身建设,肩负起历史使命

为胜利完成带领残疾人奔小康的历史使命,各级残疾人组织必须深入学习、贯彻"三个代表"重要思想,加强思想、组织、作风建设,团结教育广大残疾人,建设一支充满生机和活力的高素质的残疾人工作者队伍。

牢固树立全心全意为残疾人服务的思想。各级残疾人组织和广大残疾人工作者要用马列主义、毛泽东思想和邓小平理论武装头脑,深入学习、贯彻"三个代表"重要思想,牢牢把握立党为公、执政为民的本质,倾听残疾人的呼声,代表残疾人的利益,反映残疾人的愿望,全心全意为残疾人服务。"代表、服务、管理"三种职能,代表性是第一位的,是基础和核心。只有增强代表意识,才能做好服务工作,取

得管理的资格。各级残联要始终保持与广大残疾人的血肉联系,把残疾人的冷暖安危时刻放在心上,带着深厚的感情,从广大残疾人关心的问题入手,把好事办在关键处,把温暖送到心坎上。要自觉接受广大残疾人的监督,把残疾人拥护不拥护、赞成不赞成、高兴不高兴、答应不答应,作为检验我们一切工作成败得失的根本标准。

大力发扬谦虚谨慎、艰苦奋斗的作风。广大残疾人工作者要牢记两个“务必”,发扬“团结、实干、开拓、高效”的优良传统,保持创业初期奋发有为、勇于创新的精神风貌。要努力学习,掌握新知识,积累新经验,不断有所创造、有所前进。要扎实肯干,求真务实,防止形式主义和官僚主义。要深入基层,联系群众,到最困难的残疾人中去,不仅要锦上添花,更要雪中送炭,敢于解决棘手的难点问题。随着事业的发展和条件的改善,要警惕脱离广大残疾人群众的危险,防范各种腐朽思想的侵蚀,恪守“人道廉洁”的职业道德。

努力建设充满活力、富有效率的组织。适应新形势,完善组织体系,调整组织架构,增强代表性和服务能力。发扬民主,扩大残疾人对残疾人事务的参与,提高决策水平,增强工作活力。加强队伍建设,开展干部培训,优化知识结构,提高工作效率。加强基层尤其是城市社区和农村乡镇残疾人组织建设,充分发挥专门协会的作用,大力培养优秀残疾人进入残联工作,不仅领导班子中要有,工作队伍中也要有,使残疾人在残疾人组织中更加活跃,残疾人组织在基层更加活跃,残疾人和残疾人组织在社会更加活跃。

这次大会是一次继往开来、新老交替的大会。一批为残疾人事业的创立和发展做出突出贡献的同志,由于年龄原因从领导岗位上退了下来,让我们向他们表示崇高的敬意!一批年富力强的同志进入各级残联领导岗位,希望这些同志树立大局意识,发扬创新精神,开阔视野,脚踏实地,勤奋工作,肩负起广大残疾人的重托。

在全面建设小康社会的伟大实践中，广大残疾人要进一步发扬自强不息精神，努力提高自身素质，充分发挥积极性、创造性，同全国人民一道，共同创造我们的幸福生活和美好未来。

让我们紧密团结在以胡锦涛同志为总书记的党中央周围，高举邓小平理论伟大旗帜，全面贯彻“三个代表”重要思想，团结带领广大残疾人积极投身全面建设小康社会的伟大实践，为实现残疾人“平等·参与·共享”的目标而努力奋斗！

带领残疾人迈向全面小康社会[①]

（二〇〇三年九月九日）

本次会议刚刚完成了重要议程，选举产生了新一届主席团领导。感谢大家的信任，选举我继续担任主席团主席，并选举李明豫、甘柏林等八位同志为副主席。相信在大家的共同努力下，四届主席团一定能履行好它的职责，我会和大家一起，尽心尽力，做好工作，不辜负全体代表以及全国六千万残疾人的期望。

这次全国代表大会开得隆重、热烈，鼓舞人心，是一个团结、民主、向上的盛会，也是一个继往开来的盛会。三届主席团向大会所做的报告，回顾总结了过去五年的工作，提出了本世纪头二十年带领残疾人与全国人民共同迈向全面小康社会的战略目标。六千万残疾人同全国人民一起实现全面小康是我们的政治诉求。讲"三个代表"，讲代表性，代表残疾人政治诉求是最重要的。所以要把它鲜明地提出来。这是一个大目标，到二〇二〇年全国才能基本实现。在这个大目标下，从现在开始就要分阶段实施，朝着这个目标迈进。我们的阶段性目标是：到二〇一〇年残疾人稳定解决温饱，一部分人达到小康；到二〇二〇年残疾人多数达到小康。今后五年，我们先要把残疾人事业"十五"计划纲要的任务完成好，然后要制定实施事业的"十一五"计划。在各项业务不断推进的同时，要抓好几件大事：一是加强残疾人事业的理论研究，深入宣传人道主义思想；二是进行第二次全国残疾人抽样调查，为修改残

---

① 这是邓朴方同志在中国残联第四届主席团第一次会议上的讲话。

疾人保障法，制订新的政策、规划提供科学依据；三是办好二〇〇八北京残奥会；四是推动国际《残疾人权利公约》的制订。所有这些任务都很重，我们第四届主席团责无旁贷。完成好这些任务，就会使广大残疾人在全面小康社会的进程中迈一大步。这是党中央、国务院的殷切希望，是全国广大残疾人的迫切要求，是残联代表残疾人利益的集中体现，因此也是我们的历史使命。

这次代表大会对残联的组织架构进行了适当调整。总的说是四句话，一是相对虚的主席团变为相对实，二是强的执行理事会不变，三是评议会取消，四是专门协会切实发挥作用。调整的根本目的是增强代表性，增强活力，扩大民主。涉及主席团的调整主要是委员人数比上届减少一半以上，同时不再设评议委员会，将监督评议职能交主席团承担。缩减规模，有利于提高主席团效率、切实履行职责。这种调整是参考过去的经验，从新的实际出发，着眼残疾人事业的健康、持续发展而采取的必要措施，得到与会代表和主席团委员的广泛赞同。

调整后的四届主席团委员共有九十五人，比上届二百七十四人减少近三分之二，是个比较精干的主席团，委员来自中央、地方、政府部门、社会各界和残疾人组织，有各方面的专家、有关部门的领导、人大代表、政协委员、社会知名人士、残疾人、残疾人亲友和残疾人事业工作者，可以说是人才济济，具有比较广泛的代表性和比较高的综合素质、工作能力。这样一个主席团在今后五年的残疾人事业发展中，一定能够发挥更加积极有效的作用。对此，我是有信心的。

主席团是代表大会闭会期间的权力机构，是起决策作用的，主要负责贯彻代表大会决议，领导全国残联工作。四届主席团如何发挥好自己的作用？我想有这么几个方面和大家共同探讨。

首先，要照章办事。代表大会通过的章程就是我们残疾人工作和残疾人组织如何运转的“法”。主席团的工作,从根本上讲就是要按照章程的规定以适当的方式行使好自己的职权。章程确定主席团有七项职权,都是残疾人事业的大事要事。所以,主席团要抓大事,议大计,谋大局,谋发展。

第二,要研究探索加强主席团工作的有效方式。主席团工作要加强,要实一点,评议会承担的监督工作转到主席团也要加强,加强监督的方式方法可以在实践中逐步探索,过去一些好的工作方式也可以拿来用。比如监督的形式,可以是会议监督,通过审议理事会工作报告实现;也可以是调研监督,通过调查研究了解实际情况,然后向理事会提出改进工作建议。要保障主席团委员了解掌握残疾人事业和残联业务工作的重要进展和其他主要信息,中国残联机关还要有一个部门承担主席团的日常服务工作。再比如,主席团每年要开一次会,可以和残疾人工作年度会议结合起来开,工作报告一起听,主席团单独开会审议工作报告。这样有分有合,与工作结合紧密,便于了解工作实际进展情况,又有利于提高工作效率。

中国残联分别设有五个专门协会,专门协会的主要领导是主席团委员。所以主席团也要关注专门协会工作。这些年来专门协会作用发挥得不够,这次代表大会后,要活跃专门协会工作,充分发挥它们的作用,使各类残疾人能够更积极主动地参与到残疾人事务中来。具体正在考虑五个专门协会进行社团登记,各自以独立法人身份开展工作。如果这项工作做好了,可以大大加强专门协会的工作。总之,加强专门协会工作是残联代表性的要求,要努力做好。

第三,要加强学习。学习使人增长知识,学习使人头脑清醒,学习增志气,学习养浩然之气。主席团委员来自社会各方面、各部门、各单位,学习是我们的共同任务。在这样一个变革的年代,面对复杂多变的社会现象和层出不穷的新生事物,要履行好自己的职责,做好残疾人工作,必须注意学习。首先要学好邓小平理论,学好“三个代表”的重要思想,并用以指导我们的工作;还要学习了解国家有关残疾人事业的方针、政策、法规。当然,要结合实际工作学习,向实践学习。读书、看文件是学习,深入基层调查研究也是学习。主席团要给大家创造必要的学习条件。

第四,主席团要处理好与执行理事会的关系。应该说主席团和执行理事会,是在一个共同的目标下,在残疾人事业的大系统中承担性质有别、层次不同的工作。过去主席团比较虚,执行理事会比较强,是我们在事业初期的设计,十几年来被实践证明基本正确。按新修改的章程,四届主席团比过去实了一些,这是事业新发展的需要,也是一个认识、实践、再认识、再实践的渐进过程的结果。同时,我们希望新一届执行理事会仍然是一个强的理事会,也就是说强的执行理事会不能变。我想这也是事业发展的需要,同时也是残疾人事业重要的一条成功经验。当然,理事会也要自觉接受主席团的监督。监督对任何机关、任何人都需要,特别是对领导机关和领导干部的监督必不可少。残联不能例外,更要加强监督。主席团要抓大事、议大事,具体工作放手让理事会去干,同时按照章程做好大政方针等方面的监督工作。

这些只是我的一些初步想法,算是抛砖引玉。如何做好四届主席团工作,发挥好主席团的作用,还要请各位委员多出主意,我们在实践中共同摸索,共同探讨。

今后五年,残疾人工作的任务是很重的,这些工作主要压在执行理事会上。主席团对新一届执行理事会寄予希望,希望你们:解放思想,实事求是,与时俱进,保持和发扬十几年来残疾人事业的光荣传统,同时思想要活跃,工作要活跃,放开手脚,大胆实践,勇于创新,以昂扬的精神状态和良好的思想作风,带领广大残疾人工作者,为完成

“十五”计划纲要确定的各项任务,实现“四代会”提出的残疾人事业的发展目标而努力工作。

各位委员,我们开了一个很好的大会,顺利地实现了残联领导的新老交替。这是残联成立以来领导班子变动最大的一次,老同志退下来,新同志顶上去,长江后浪推前浪,我们的事业是大有希望的。残疾人事业十几年,许多老同志在主席团、执行理事会、评议会为我们的事业呕心沥血,贡献了智慧和力量。残疾人事业是崇高而伟大的,我们老同志的精神同样是崇高而伟大的。残疾人事业的历史上有你们不平凡的一笔,残疾人会在心里记住你们。我们衷心地感谢你们!

从一九八三年筹建残疾人福利基金会起,我开始从事残疾人工作,一九八八年残联成立以来,一直担任主席团主席。那时一些老一代革命家、老同志给了残疾人工作很大的关怀和支持,社会也逐渐接受、理解、支持这项工作。国际上的残疾人运动,特别是联大通过的《关于残疾人的世界行动纲领》提出的“充分·平等·参与”等新观念、新思想给了我们很大影响。归根到底,是我们赶上了改革开放的大好年代,没有改革开放就没有中国今天的好形势,也不会有残疾人事业的大发展。今后,我们要沿着这条路继续走下去,建设有中国特色的社会主义,发展有中国特色的残疾人事业。我们这些人担子不轻。让我们共同努力奋斗吧!

打好基础，服务基层①

（二〇〇三年九月）

《花儿为什么这样红》是先进事迹汇编，但它的形式很新颖，作者都是《中国残疾人》杂志的记者，他们历时两年，跋山涉水，行程十万公里，走访了除港、澳、台地区以外的三十一个省、市、自治区的数十个残疾人工作先进县，把自己的所见所闻所感，用文学手法生动、形象地介绍出来，读起来很有点兴味。我翻阅了书的初稿，愿意把这本书推荐给全国的残疾人工作者。

我始终觉得，搞好我国的残疾人工作，必须强调把工作重点放在基层，换句话说，就是加强县（区）一级残疾人工作，因为县是国家行政区划的基本单元，是国家经济、政治、文化大业的基础。做什么工作，都要打好基础，都要落到实处，否则，即使是一座美轮美奂的宝塔，也是建在沙滩上的危塔，随时都有倒塌的可能。这就是人们常说的基础不牢，地动山摇。

目前，我国的县级区划单位有两千八百六十一个（港、澳、台除外），县域国土面积九百多万平方公里，占全部国土面积的百分之九十四；县域人口九亿四千万，占全国人口的百分之七十三；县域 GDP 达五万四千亿元，占全国的百分之五十二。显然，搞好县级单位的各项工作，是搞好全国各项工作的基础。党的“十六大”报告在“全面

① 这是邓朴方同志为《花儿为什么这样红》所作的序言，该书由华夏出版社二〇〇三年九月出版。

繁荣农村经济,加快城镇化进程”一节中提出“壮大县域经济”,也正是基于这样的考虑。

具体到残疾人工作,同样如此。我国有六千万残疾人,其中绝大部分生活在县域以下的基层。我们残联的职能是“代表、服务、管理”。我们代表、服务、管理的对象主要在基层,在县(区)以下的农村和城市社区。残疾人工作搞得好不好,用什么作为评判标准呢?没有别的标准,就是看生活在基层的广大的残疾人满意不满意,看他们得到没得到实际好处;他们满意了,他们得到实惠了,我们就可以说工作有成绩,否则,一切都无从谈起。

自从中国残联成立以来,我们始终注意抓基层,特别强调抓好县(区)这样的基本行政单元的残疾人工作。当然,乡镇和社区的工作也很重要,但是,乡镇和社区的工作还是要靠县(区)残联去帮助,去指导。所以,在“十五”计划纲要中,我们强调“两基”,即“以保障残疾人基本生活和加强基层工作为重点,扎扎实实为残疾人办好事”,这是以县为前沿阵地的;在组织体系上,我们极为重视县级残联的建设;在基本建设上,我们要求县城一定要有为残疾人服务的综合服务设施;在日常工作中,我们强调残疾人工作要“横向到边,纵向到底”,就是让基层残疾人有事“够得着”我们。所有这一切,都是为了打好我们事业的基础,基础打好了,我们才能从根本上促进残疾人事业的发展和壮大。

中国残疾人事业的“八五”计划和“九五”计划期间,我们评选了两批共二百五十个“残疾人工作先进县(区)”。在开始设计时,我们就考虑先进集体不评省市,而是评县(区),这也说明了我们对基层残疾人工作的重视。

应该说,这些年我们基层工作的成绩是很大的。从残联发展初期“三项康复”工作的实施,到今天残疾人事业在各个领域的全面推进，基层残联都发挥了极其重要的作用。对广大残疾人来说，基层残联是他们切身利益的代言人，是竭诚为他们服务的兄弟姐妹，也是他们体验和感受到的一切实惠的人格化身。

这本书里汇集的六十多个先进县（区）的事迹，有的侧重写人，有的主要记事，各具特色，但有这么几点是一致的：这些地方的残疾人工作者都有强烈的事业心和责任感；都有不畏艰难、百折不挠的勇气；都有全心全意为残疾人服务的精神。他们的事迹，是全国二百五十个先进县（区）残疾人工作的缩影；他们的经验，是全国残疾人工作者的宝贵财富。认真学习这些经验，对做好县（区）的残疾人工作，对推动整个残疾人事业的发展，是大有裨益的。

我愿借此机会，向广大的基层残疾人工作者表示衷心的感谢，并祝他们在新形势下，取得更大的成绩。

促进和保障残疾人的权利[①]

（二〇〇三年十一月四日）

今天，我们来自亚太地区的政府代表和残疾人组织领导人，为了一个神圣的共同使命，为了促进人类和平与进步事业，为了推动国际社会人道主义与人权保障事业，为了使全世界六亿残疾人有一个更加幸福与美好的明天，相聚北京，共商大计。我谨代表中华人民共和国国务院残疾人工作协调委员会、中国残疾人联合会并以我个人的名义，对各位尊敬的代表表示热烈的欢迎，对亚太经社会长期以来，为推动本地区残疾人事务发展所做出的努力表示衷心的感谢！

残疾人人权保障是国际社会人权保障事业的重要组成部分，残疾人事业的发展已成为越来越多的国家所关注的重要领域。随着国际残疾人运动二十年来蓬勃的发展，制订一个全面综合性保障残疾人权利的国际公约已逐渐成为国际社会的共识，成为联合国在人权保障与社会发展领域关注的焦点之一。这是人类社会文明进步事业的呼唤，是人类历史发展的必然。

回顾过去二十多年国际残疾人运动发展史，经过国际社会不断的努力与探索，我们对残疾人事业有了更清晰的认识和更完善的理论体系。我们更加明确了一个原则：残疾人事业既是人权保障的内容，也是社会发展的重要组成部分。我们一方面积极推动国际社会

---

① 这是邓朴方同志在联合国亚太经社会“促进和保障残疾人权利国际公约”会议开幕式上的致辞。

制订保障残疾人权利的国际公约，以促进联合国人权保障体系的完善，更希望该公约能成为促进各国残疾人事业和社会发展的指导性文件。我们不需要一个空洞的人权文书，而要求得到一份能改善国际残疾人状况，并能切实有效地注入生机和活力的法律文件。同时《残疾人权利公约》应成为各签约国维护残疾人权益，发展残疾人事业有用的工具，而绝不能借此人权文书，向各国施加与公约宗旨和原则相悖的压力。我们绝不愿看到残疾人人权问题成为国际政治纷争的领域。

联合国大会56/168号决议已启动了《残疾人权利公约》制订的进程，这充分反映了时代发展的要求和残疾人的呼声。残疾人，作为一个最困难而特殊的弱势群体，其人权与尊严的保护是国际社会亟待解决的问题。我们期待着一个能切实反映残疾人需求、保障残疾人权益、促进残疾人事务发展的国际文书尽快出台，为全世界残疾人的人权保障带来新的希望。

亚太地区是全世界经济、社会发展最具活力的地区，在国际事务中，特别是残疾人领域中发挥着越来越重要的作用。亚太地区人口众多，各国经济、社会发展水平和文化背景差异巨大。但我们在残疾人领域有着广泛的合作基础，亚太地区在国际上率先发起了区域残疾人十年活动，为国际残疾人运动的发展做出了杰出的贡献。我希望通过此次会议，与会代表能就制订《残疾人权利公约》的基本原则以及公约所载的基本内容达成广泛共识，并用我们集体的智慧结晶向联合国特委会提出建议，为公约的起草工作做出本地区应有的实质性的贡献。

中国是制订《残疾人权利国际公约》的积极倡导者。我们愿与亚太地区各国政府和残疾人组织一道，积极参与公约制订的进程，并做出我们建设性的贡献。

让残疾人“人人享有康复服务”①

（二〇〇三年十一月十九日）

一九八三年我从事残疾人工作就是从筹建中国康复研究中心开始的，目的是要把国际现代康复医学体系介绍到中国来。一九八四年，吴弦光同志到河北唐山了解大地震以后截瘫残疾人的情况，给我写了报告。那年十月我去了唐山，到一个叫宋乃轩的残疾人家里，夫妇二人虽然都是截瘫患者，但他们用土办法改造住所，达到生活完全自理。这非常了不起，证明了现代康复理念完全可以在中国立足。后来中国残疾人福利基金会、香港的方心让先生和唐山市各出五百万元，在唐山建立了唐山康复中心。为了全面推动全国残疾人康复事业，一九八六年四月，康复协会在北京成立了。我作为中国残疾人福利基金会理事长在会议上讲了话。那时候，大家打算抓住残疾人最急需解决的问题，扎扎实实地办好几件事情。那是残疾人康复事业的起步阶段。一九九一年，协会在青岛召开第二届全国代表大会暨学术报告会，进一步明确了工作对象、范围、目标和方针，介绍了列入国家计划的“三项康复”工作开展的情况，以及“三项康复”在全国残疾人工作中产生的重要影响。一九九六年十二月，协会成立十周年之际，在北京召开第三届代表大会暨学术报告会。那时协会已经有了十三个专业委员会，办起了两种学术期刊，团结了越来越多的各

---

① 这是邓朴方同志在中国残疾人康复协会第四届全国代表大会上的讲话摘要。

方面专家和志士仁人，康复实践也从“三项康复”不断向更广泛的领域拓展，三百多万残疾人得到康复。

今天，我们又在第四届大会上相见，这里有许多从协会成立之初就和我们并肩为残疾人康复辛勤工作的老专家，也有更多逐渐加入这个行列的中青年同志，我的心情非常激动。我要说，十七年来，我们一起做了许多令人自豪的事情。协会以社会化工作方式团结广大专家、志士仁人共同投身于残疾人康复事业的研究和实践中。大家本着全心全意为残疾人服务的宗旨，引进国际上最新的康复理论、技术和成果，在相当简陋的条件下，大胆实践，以自己高尚的职业道德和精湛的技术解除残疾人的痛苦，帮助他们站立起来、看见世界、开口说话，重新获得做人的权利，开始全新的生活。许多专家成为残疾人康复事业的先驱者和拓荒者。协会及广大专家对残疾人康复事业的奉献，我们不会忘记，每一个残疾人朋友都永远不会忘记。

去年，“十六大”提出全面建设小康社会的目标。全面小康当然包括残疾人的小康，没有残疾人的小康，怎么能说是全面小康呢？在全面建设小康社会进程中，把弱势群体、残疾人奔小康提出来，应当是我们的政治态度。

残疾人小康是个大题目，实现小康和开展扶贫不一样，达到小康更多地需要残疾人自身能力的提高，因此康复的任务就更重要了。康复是帮助残疾人恢复或补偿功能的手段，是残疾人就学、就业、脱贫、平等参与社会生活，实现小康的前提。在过去的十多年里，经过大家的共同努力，八百八十万残疾人得到不同程度的康复。这些残疾人的命运从此有了质的变化，这是了不起的成绩。但相对于我国六千多万残疾人来说，这又是个小数目了。残疾人康复工作虽然已经纳入国家发展规划，但手段还不够科学，服务水平还有待提高，特别因为人才的奇缺，基层许多康复工作开展得不普及、不深入，难以满足残疾人日益增长的康复需求。我们在协会成立的时候就讲要大力开展社区康复工作,这几年我到基层去看,在建起来的残疾人活动中心和社区的设施中,有许多所谓“康复器材”其实都是一般的健身器材,而不是针对残疾人的康复需求提供的康复器具,这些形式主义的摆设,能用于残疾人切实可行的康复训练吗? 这是由于康复知识不够普及,专业人员缺少的缘故呀。只有使我国一千六百四十九个县、三百八十一个县级市、八百三十个区都有懂得康复技术的人才,才能使有康复需求的残疾人得到及时就近的服务。可见,中国的康复事业还有很多事情要做,任务重,困难多,但是我们要看到新的机遇。党和国家对促进人的全面发展和对弱势群体的关注,国家经济社会的高速发展和人民生活水平的不断提高,都为残疾人享有康复服务和实现小康目标提供了极为有利的条件。

“十六大”报告中提到“发展残疾人事业”,这是历次党代会主报告中从来没有过的,意义重大,影响深远。今年的政府工作报告中提出“支持残疾人事业发展”。这些都体现了党和国家对残疾人事业的关心和支持。

去年,卫生部、民政部、财政部、教育部、公安部和中国残联等六个部门共同召开了第三次全国残疾人康复工作会议。国务院办公厅转发了六部门《关于进一步加强残疾人康复工作的意见》,提出到二○一五年实现残疾人“人人享有康复服务”的目标。中央和国务院还召开了农村卫生工作会议,对在广大农村开展残疾人康复工作提出了要求。这都为残疾人康复事业的发展提供了更为有力的政策保障和其他相应条件。二○○○年,中办、国办批转的民政部关于社区建设的文件,也为我们在基层社区开展残疾人康复工作提供了良好的机遇。

党和政府的重视,是我们发展残疾人康复事业的保证;而动员社会,则是我们过去一直坚持、今天特别要着力推行的工作方式。

残疾人问题是一个社会问题,需要动员社会力量。中国残疾人事业的特点之一,是建立政府为主导、社会各界参与、协调运作的工作机制。协会工作从一开始就是采用社会化工作方式,这在当时是有一定领先意义的。今天的中国社会,改革开放不断深入,政府会越来越“小”,社会会越来越“大”。我们要适应社会的发展,必须不断加强对社会力量的动员、对社会资源的开发。

前一段时间,协会工作不够活跃,我看,主要是残联的责任。这里首先是思想认识问题,改革开放已经二十多年了,协会成立也已经十七年了,中国社会发生了日新月异的变化,我们的意识不能原地踏步,协会的体制也要随形势的发展相应改变。协会在残联的绝对领导之下,自主性就不够强,主动性和积极性就受影响。还有,残联对协会的重视和支持也不够。协会的专家们是有积极性的,有为残疾人服务的热情,有帮助残疾人康复的社会责任感,更有做好工作的能力,在你们中间蕴藏着巨大能量,最关键是要在一个好的体制下,通过一个合乎实际的运行机制,把大家的能量调动起来,积聚起来,充分发挥出来。

这次代表大会以后,协会将有一个全新的面貌。我们将有一个更强的理事会,一个更有服务性的秘书处。残联将在人力、财力、物力等方面给予更加有力的支持。协会工作眼光再放远一点,思路再开阔一点,胆子再大一点,康复协会一定要活跃起来,一定能够活跃起来。

我相信,协会会继续牢记全心全意为残疾人服务的宗旨,坚持“全面康复”的理念,与国内、海外的相关组织和机构建立广泛联系,及时掌握康复理论的发展和科研动态,与残疾人康复工作实践密切结合,更进一步发挥技术资源作用,为国家提出更多更好的建议,为残疾人康复事业集纳和培养更多人才,造就一支遍布全国、深入基层的技术力量,推动残疾人康复工作广泛深入的开展,使我们的残疾人康复工作以丰富多样的手段和科学规范的模式,走进基层、走进社区、走进每一个残疾人家庭,实现残疾人“人人享有康复服务”的目标。协会要成为残疾人奔小康的一支特别有战斗力的方面军,在残疾人奔小康的进程中发挥独特而不可替代的作用。

我们已经做过的事情,是值得自豪的,但前边还有更值得自豪的事情等待我们去做。在我们的面前,有许多需要克服的困难和必须面对的挑战,也有难得的发展机遇和有利的条件,道路不免坎坷,前途非常光明。我坚信,在实现残疾人“人人享有康复服务”目标的进程中,在实现残疾人奔小康的道路上,康复协会一定能一如既往,发扬艰苦奋斗的作风和无私奉献的精神,做出卓越的贡献。

在联合国人权奖颁奖典礼上的致辞

（二〇〇三年十二月十日）

今天，是一个具有特殊意义的日子。我作为获得联合国人权奖的第一个中国公民、第一个坐轮椅的残疾人，感到十分荣幸，对我的祖国来讲，是一件幸事，对全世界六亿残疾人来讲，是一种鼓舞。我谨对联合国给予我的这一荣誉表示衷心的感谢。

人权，是一个纯洁而高尚的追求。我个人的经历中，曾饱尝过失去尊严与自由的痛苦，因此也使我深刻认识到人类尊严与自由的价值。我也感谢命运的安排，使我能切身体会残疾人所面临的困境并有机会为维护他们的权利、改善他们的状况而做出不懈努力。

我自认为是一个人道主义者。人道主义是当代人类社会的基础思想，这种思想的延伸，就是人权保障。从事人权保障，首先要有一颗爱心，一种对全人类的博爱精神。我不以所谓“人权斗士”而自诩，我奉献的是一颗真心，一种无任何功利目的和个人得失的真诚。我更不是一位人权的空谈家，而是时时刻刻以一颗实心为残疾人人权保障办实事，为残疾人谋求实际利益。有了爱心、真心和实心，我才认为自己是一个真正的人道主义者、一个真正的人权维护者。

人类社会已进入二十一世纪。上一个世纪，我们创造了前所未有的财富，科学技术的发展日新月异，为人类的全面发展提供了无数的机会和可能。然而，事实证明，科技的进步、财富的积累，不可能自然地导致人类文明水准的提升和人权保障的实现。上个世纪，我们经历了两场惨烈的世界大战，局部战争与冲突，不同种族与人群之间的仇视、敌意与纷争甚至在今天仍普遍存在,基于种族、性别、残疾的歧视远未消除,饥荒、贫困和各种不合理的社会现象仍制约着人类社会的发展与人类文明的进步。

上述种种丑恶现象,是对人类尊严与权利最大的践踏。人类应从以往所犯的错误中汲取教训,努力将二十一世纪改造成为一个充满和平、倡导合作、追求人与人及人与自然相和谐的世界。否则,真正意义上的人权保障将无从实现,我们将愧对历史、愧对未来、愧对人类自身。

我一贯主张,人权保障不是一句空洞的概念和口号。人权的不断实现,要求社会的不断发展和进步。所以,人权与社会发展是不可分割的。如果一个人基本的生存权都得不到满足,对他来讲,其他人权就是一种奢谈。这一点对于残疾人人权保障尤为突出。

残疾人,作为一个最困难的特殊群体,其人权状况仍面临着严峻的形势。我高兴地看到,残疾人的人权保障已引起国际社会的普遍关注。

我十分赞赏安南秘书长今年十二月三日"国际残疾人日"发表的致辞,他再次呼吁国际社会为实现残疾人平等与充分参与社会生活及发展进程而努力,他还特别表达了对《残疾人权利国际公约》制订工作的支持。

制定《残疾人权利国际公约》是人权保障的一个重大进展,将使国际社会人权保障法律体系更趋完整。我在此愿再次重申,制订中的《残疾人权利国际公约》不仅要明确残疾人作为平等尊严与价值的人所应享有的权利,更要确定国际社会为实现残疾人的权利所要承担的责任和义务,通过发展残疾人事业,实现残疾人人权保障。我和世界上六亿残疾人一道期盼着这样一个新的国际人权文书的早日问世。

中国近二十五年以来,坚定不移地推进改革开放政策,经济迅速发展、社会不断进步、人民生活水平不断提高、公民道德水准不断提升。正是在这样一个历史背景下,中国六千万残疾人的状况也得到了前所未有的改善。这也说明了中国在不断变化、不断进步。我相信,这种变化与进步还将继续下去,并将为保障所有人,特别是残疾人的权益做出更多的努力。

我还希望,我的祖国作为一个发展中的大国,在国际社会人权保障的努力中,承担重要责任,发挥积极影响,在相互理解、互相尊重的基础上开展人权领域的合作,为促进社会公正、人人平等、人权保障而共同努力。

"联合国人权奖"对我来说,不仅是一种荣誉,更重要的是一种鞭策。当我们想到世界上数以亿计的人们,特别是残疾人仍生活在困苦与无助之中,我们无法为今天所取得的点滴成绩而陶醉。我们必须始终不渝地坚持自己的理想与追求,因为还有许许多多使命正等待着我们去完成。

获联合国人权奖后答记者问①

（二〇〇三年十二月）

记　者：首先祝贺您这次获得联合国的人权奖，也感谢您接受我们的采访。

邓朴方：谢谢你们。

记　者：您是中国人第一个获得这个奖的，对于多年为残疾人事业奔走的人来说，您觉得这是一个安慰吗？

邓朴方：我觉得还不算安慰，不是这个词能形容的，我觉得是一种承认。这次联合国人权奖能够颁给一个中国人，特别是第一个中国人，当然，我们也看了一下以前得奖的人员，好像还没有一个残疾人，我也是第一个残疾人，所以我觉得这个奖有着双重的意义。一种意义就是说作为一个中国人第一次拿这个奖，特别是我是做残疾人工作的。拿这个奖就说明得到了一种承认，也就是国际社会承认我们中国的残疾人事业近年来的一些发展。我国改革开放以后，社会不断取得进步，残疾人事业取得了巨大成就，人民生活水平也得到了提高，残疾人状况也得到了改善。

这个情况，不是说得到这次奖就得到承认了，其实我们早已得到很多的承认了，但是这个奖进一步承认了我们的成就。另外一个，我觉得还有一层意思，就是说这个奖是发给一个残疾人的，以前还没

① 这是邓朴方同志获联合国人权奖后接受中央电视台《东方之子》栏目记者李小萌同志采访的实录。

有,这是不是说明联合国对人权维护的体系开始更加关注残疾人的这个领域?人权是分领域的,政治、经济、文化、种族、性别等等,是不是现在大家开始越来越多地关注残疾人领域的人权问题?

记　者:您是跳出来看自己获奖这件事情,就是说其实也是残疾人事业被主流关注的一个指标?

邓朴方:是这样。当然,这个奖是给个人的,但是我想不是完全意义上的个人。

记　者:您觉得这个奖更多的是对一项事业的承认,还是对一个个人的承认?

邓朴方:我想两方面都有吧。

记　者:我们也看到,您从一九八八年开始就不断地获得国际的一些奖项和联合国的一些奖项,这次人权奖您觉得它有特殊的含义吗?

邓朴方:我以前得到的很多奖都是一些残疾人组织的,就是得过的联合国的奖项也是有关残疾人事务的,基本上是偏重于残疾人业务。这个奖作为人权奖,说明现在国际社会对残疾人问题有一种比较新的动向,也就是说残疾人问题以前更多注意的是社会发展问题,现在我们越来越多地在人权问题上给残疾人问题以关注。所以我们现在提出来的残疾人问题不但是个社会发展问题,也是个人权问题。在人们强调人权问题较多的时候,我们说残疾人问题不但是个人权问题,同时也是个社会发展问题,这两个是并重的。实际上现在国际上也正在兴起一个新的大的动作,就是制订《残疾人权利国际公约》,从一九九〇年开始各个国家的残疾人都普遍有这样一个强烈的要求,现在也要进入联合国的程序。所以,制订《残疾人权利公约》,实际上是向残疾人人权方面更加靠近一些。比如昨天我们刚开了一个新闻发布会,出了一本书,这本书里就强调以权利为本的残疾人条例,这是一个新动向。

记　者:我们能不能从这个奖来判断说现在中国残疾人的状况就是令人满意的呢?

邓朴方:不,不,完全不能,完全不能。任何时候都不能说残疾人状况令人满意,而是令人很不满意。但是我们可以说我们有很多进步,这种进步是令人满意的,但是真正说残疾人状况,还有那么多残疾人吃不上饭,住不上房子,穿不上衣服,这样的残疾人现在大概还有六百万,多大的数字啊!贫困残疾人还有一千万以上。所以,要说很满意,还完全谈不上。我们现在可以说我们做了很多工作,这些工作都令我们满意,或者是令我们兴奋,令我们激动。但是谈到残疾人状况,那么,我们没有做的事情比起做过的事情还差得太多了。

记　者:您刚才讲到残疾人的权利,如果您做的工作是在为残疾人争取权利的话,您最看重的是残疾人哪方面的权利?

邓朴方:没有哪一方面是特别重要的,因为残疾人问题范围太广泛了,不是有一句话嘛,就是说幸福的家庭都是一样的,不幸的家庭都有各自的不幸。作为残疾人也是这样,盲人有盲人的问题,聋人有聋人的问题,他们的问题都不完全相同,每个人所遭受的困难都是不完全相同的。

记　者:从我们整个社会对残疾人群体的看法和对他们的态度上说呢?

邓朴方:这个我觉得现在变化很大,比如说我在八十年代初刚做残疾人工作的时候,我问过很多残疾人,你们在马路上走的时候有没有小孩对你们有歧视,比如扔砖头、叫什么瘸子这种事情?结果百分之百都有这样的情况。现在就不是这个情况了,现在社会情况已经大大改善了,观念有了很大的改变。

记　者:你觉得这种改变是从什么时候开始的?

邓朴方：没有绝对的时间，它是一个长期的教育过程。比如说我们八十年代初一开始就提出残疾人也是人，大家要注意的是，残疾人是一个人，而不是眼前的一个瘸子、一个瞎子、一个聋子，他是一个人。所以，这种观念就是说把他当作人来看，而不是当作一个残疾者来看，或者残疾的状态来看，我们一直在宣传这种观点，要尊重他的人格、价值、尊严，甚至承认他的贡献等等的一切。这样的宣传是长期下来的，作为人道主义的宣传，一直持续这么多年了。所以，现在听到老百姓说或者偶尔听到出租车司机说这些残疾人也挺可怜的，也该关心关心他们了，就是从内心说出的一种话。

邓朴方：可是你要说哪个小孩对残疾人扔砖头，这能反映什么问题呢？孩子又懂什么呢？

记　者：跟大人学的？

邓朴方：对，大人在家里、在饭桌上聊什么，说什么，反映在孩子脑子里就是什么，所以孩子的观念反映了大人的观念，反映了社会的观念。

记　者：我们知道您最早从事残疾人事业，是从一个给残疾人建康复中心的设想开始的，最开始的时候您怎么想到要给残疾人做一点事情呢？

邓朴方：因为我是残疾人，我在住院的时候，有个老教授，他就认为像我们这样截瘫的人，应当有一个康复的过程，比如一次大战的时候，像我们这样的人基本上都死光了，很快都死光了。二次大战以后采取了现代的康复医学手段，这些人大部分都活下来了，然后，他们要求参与社会生活等等，一个现代康复医疗体系开始形成。到现在康复的新概念也形成了，不是一个单纯的医疗康复，而是全面康复的观念。像我们这样需要康复，而且是切身感觉有这种需要，但是我想仅仅个人康复是没用的，我们全国这么多人，特别是现代康复医学体系,当时没有用到中国来,所以我就把它拿进来,建立了康复中心。

记　者:那后来又是什么原因让您觉得一家或者几家康复中心并不能完全满足真正的需要,应该有一个更全面、更系统化的组织来为残疾人服务呢?

邓朴方:我觉得建康复中心要筹点钱,国家钱不够,那么就建立一个基金会。一建立基金会不得了了,基金会一建立起来好多人就来了,不能就业的、缺乏康复的、不能接受教育的。特别是一九八四年,我印象特别深刻,很多残疾考生不能上大学,所以那时候我们也急了,急着找教育部来解决残疾人上大学的问题,结果一九八四年开始收了一批残疾人大学生。当然,后来还有很多很多残疾人听说有残疾人基金会就跑来找我们,慕名而来,他们的处境很惨。后来我们没办法只好一步一步做,有什么问题解决什么问题。最后,我们又和盲人聋哑人协会合并,然后就成立了中国残疾人联合会。

记　者:在这之前您有没有思想准备,说这扇门一打开,居然会有这么多求助的残疾人找上门来,要求你们帮忙?

邓朴方:原来没有做这样的设想,原来的目的是比较单纯的,好像特别被动,做到这一步就不得不做下一步,又不得不做更下一步,这样一步步做下来,后来就是越做越觉得这个事情值得做。

记　者:那就是说在被残疾人这种需求推着往前走?

邓朴方:是这样的,因为八十年代改革开放以来,人们生活水平提高了,我们是在这么一个大趋势下做的事情。原来是一个绝对平均社会,大家都是低水平的生活,比如说残疾人是最低生活,健全人也是最低生活,在这种情况下这种差距好像不是特别明显。那么当经济发展了,社会发展了,不说一部分人先富起来,就是大多数普通人的生活水平都逐渐提高的时候,残疾人的生活水平没有提高,因为他无论是身体状况,还是社交或者是职业技能都不如别人,所以在这种情况下,一下子就被比下去了。这种情况使我产生了强烈的情感,残疾人的需求也突然猛增起来,正好这时我们接受了联合国《关于残疾人的世界行动纲领》中机会平等、全面参与社会这样一种新的观念,这时候我们把它结合起来,觉得这个事情非做不可。

记　者:残疾人的需求这么大,而且您也是在一种被动、被需求的情况下才开始做,当时觉得能满足他们这些需要吗?

邓朴方:没觉得能满足,当时只是觉得能做一点是一点。

记　者:最初您觉得有成效的是什么时候?

邓朴方:都是一些很细小的事情,比如康复中心,我们从一九八三年到一九八八年用大概五年的时间就把康复中心完全建成了,那就是很令人欣喜的。我记得那个时候我们有一个同事,在马路上碰到一个残疾人,就去帮他,残疾人问他是哪儿的?他说我们是康复中心的。那个残疾人就说,要等你们康复中心建好我们都进棺材了。所以我听了以后,印象特别深刻,觉得特别受刺激,决心无论如何要尽快地把康复中心建好。当我们建好了一个现代化的康复中心,有了用全新的康复理念武装起来的一批医疗队伍的时候,才觉得特别兴奋。再比如我们把一些残疾人送到大学里面去,那些残疾人的兴奋、热情让我们觉得有点满足。再比如,我们一个一个解决残疾人的就业问题,再加上我们最开始的时候在青海组织医疗队为盲人做白内障手术,那时候是很初期的,没有做人工晶体,就是完全做白内障切除,做好一个残疾人以后,残疾人那种激动的心情是很难形容的。

记　者:您曾经说这非人道的混乱,给了您一个残缺的躯体,你居然用它来建立一个人道主义的秩序。建设这种人道主义的思想,是您做一切事情的最终目标吗?

邓朴方:这句话不一定是我自己说的,可能是别人说的,但是我承认这句话。你说人道主义是我的最终的追求,这不符合我的想法,很难说是最终的追求,但肯定是追求,在中国推行人道主义是我人生最重要的一个目标。因为中国历史说老实话缺了一段,中国由封建社会变成半封建半殖民地社会,然后直接进入社会主义社会,从社会发展史上说它缺少资本主义的发展阶段。大家都知道欧洲的文艺复兴,资本主义对封建主义,人道主义就是在那时候产生出来的。文艺复兴时期人们用人文主义、人道主义来面对神权,是打倒神权的一个武器,所以它是一个进步阶级的一个进步思想,所以在西方人道主义的传播有三百年到五百年的历史,它不断地传播,不断地深入人心。中国古代也有仁爱的思想,主要是统治者用来巩固统治的基础,当然也是做人的一个价值标准。但是作为一个完整的人道主义思想体系,怎么尊重人,承认人的价值,承认他的尊严,并且使他能够得到全面的发展等等,这一套理论体系,中国并没有,所以在中国这一课是缺了的。

所以在中国人道主义思想并不是深入人心的,人们对它并不是很了解,而是很陌生。在中国这一课一定要补起来,所以我就拼命地推人道主义吧。

记　者:怎么叫拼命地推人道主义呢?我们知道做一件具体事情容易,但要改变人们的思想观念却是一个很漫长的过程。

邓朴方:这个事情也是一步一步做起来的。一开始我们提倡人道主义的时候,别人正在批判人道主义。第一步要喊出一个强烈的声音来,不能再批人道主义了,人道主义是多了还是少了呢?中国是少了,少了你们为什么还要批判它?如果是多了的话,为什么会产生“文化大革命”那么非人道的因素出来呢?说明还是少了,既然是少了你为什么还老批它,还老要消灭它呢?所以一开始我们就提出来人道主义应当是我们残疾人事业的一面旗帜,人道主义应该是我们国家的一种基础思想,我们应该更多地吸收西方的人道主义。当时我们提出要实现社会主义的人道主义,应该把西方人道主义拿进来,并让我们广大人民群众能接受下来,使人格受到尊重,使尊严受到维护。

记　者:您最开始的时候实际上是想为残疾人做一点实在的事情,有一些具体的帮助,后来这样一种思想理念的形成,是怎么逐渐在您的脑子里清晰起来的?就是说我除了做具体事情之外,还要推行一个思想体系给大家。

邓朴方:因为你做具体事情必然会遇到各种各样的问题,比如我们一个残疾人去民政部门要求就业,两个拐一条腿,我们的干部就说三条腿的蛤蟆找不到,两条腿的人到处都有。这么多健全人还不能就业,不用说你一个瘸子了。像这样的事情,你作为一个面对你的工作对象的干部,对残疾人的认识,对人道主义的认识还这么肤浅,说明什么问题?说明我们在做很多事情的时候,并不是因为经济条件的制约,也不是因为我们没有钱或别的什么条件,而是认识上的问题;认识上的问题的根源在什么地方?就在人道主义,在你不把残疾人当个人来看待。这种情况下,我们当然要强烈地把人道主义,如什么是残疾人、什么是残疾人问题等思想进行普及,提倡平等、参与。后来我们又提出要共享社会物质文化成果,所以就形成平等、参与、共享这样一套思想,我们把它推到社会中来。

记　者:您在寻找各种对残疾人不公平的根源,在寻找过程中发现人道主义是它的根源?

邓朴方:不是寻找根源,就是遇到这些事情你必须解决,你发现这个事情有它的思想背景和社会因素在里面,这时候你要面对这个问题和这个环境,要做出自己的努力。

记　者:请您给我们解释一下针对残疾人的人道主义究竟是什么?

邓朴方:这个很难说,我还不太明白这个含义。

记　者:这个理念通常您会说这样做人道或不人道,当具体到我们每个人的具体行为上,或者观念上,对待一个人的态度上,应该怎么样才是符合人道主义呢?

邓朴方:我觉得人道主义应当是一种思想体系,最开始就是要打倒神权,建立人权,或者恢复人的本性这样的理论。然后发展成要尊重人,承认人的价值,承认人的发展,最后达到自由,这套思想如国外提倡对人要有爱心等,有很多很好的延伸,我觉得这就是人道主义。我不是搞理论的,只是这样感觉。

邓朴方:我更喜欢用一种比较直观的说法,比如马克思为什么要说解放全人类,因为他本身就是一个人道主义者,如果他不同情人、不爱人,为什么要关心这些工人阶级的痛苦呢?为什么要关心最底层的劳苦大众呢?就是在理想方面人类解放应当是人道主义的延伸。再比如说,现在特别时髦的就是人权,我得的奖也是人权奖,我们要的实际上是什么呢?就是捍卫人的权利,实际上不管在什么层次上都是从政治层面上来捍卫,不管是生存权利、发展权利、政治权利、公民权利,还是文化、社会等等方面的权利,都是从政治角度来考虑的。所以人道主义这种思想体系,向政治权利上延伸就变成人权了。再比如您刚才所说的,人道主义思想放到人与人、人和社会之间的关系上来,又是一个不同的东西,它就成了一种道德规范,这个社会大家普遍都有这样的道德观:你做这个事情你不人道,你做那个事情就人道。你要做出人道的事情这就好,做出不人道的事情,这个人就不是好人,这个人这么不人道这么不好,这就是一个道德标准。再比如说,人道主义往人身自我的延伸来说,我要做个什么人呢?我要做一个爱人的人,我要做个人道的人,我要做一个愿意帮助他人的人,我要做愿意体谅他人的人,比如残疾人自己我要做一个能够自强的人。

邓朴方:等等这些,作为个人来说,就是一个人对自身价值和自我完善的一个追求,所以人道主义如果说起来,它的内容其实还挺多的。

记　者:请你具体地告诉我们,健全人应该怎么样看待残疾人,残疾人应该怎么样看待自己?我想这应该是对人道主义的具体理解。

邓朴方:第一层次就是同情,同情应该是善良的人都具有的,但这还不够,最应该的是要尊重残疾人,你尊重他,或者是你能够帮助他。当然,还有一种,就是你不把他当作残疾人来看,这又是一种形式。很多残疾人更喜欢这种形式,你不要把我当作残疾人,跟你完全一样的。

记　者:还有,残疾人怎么看待自身也是一个人道主义的问题吧?

邓朴方:残疾人自身经常是两种东西比较多见,一个就是有很多残疾人面对自身的残疾比较自卑,比较容易自我封闭,有时候偏激,处于社会的边缘状态,这种状态应该说是一个比较普遍的现象,这种现象也是社会造成的。但是面对这种现象我们一直都在提倡大家要乐观主义,包括我们残疾人保障法里也写出来,残疾人要乐观。

邓朴方:另外一种特别常见的就是残疾人特别自强,这个事迹太多了,比如像张海迪这样的,像吴运铎这样的,还有其他各种各样的很多残疾人,他们的自强精神,那种奋斗的精神,那种不服输,一定要在社会上首先是顽强地生活下去,然后顽强地展示自己的才华和能力,实现自己的价值,这个也是非常强烈的。

记　者:您刚才说就是我们健全人首先要把残疾人当人看,不要看成是残疾人,其实残疾人自己也是这样,首先要把自己当成人看,不要看自己残缺的部分。

邓朴方:是,要摆脱残疾的阴影。

记　者:我们知道您特别看重残疾人艺术团,很多人在看残疾人表演的时候,一个是被他们的精神打动,另外也有人在问,为什么要让残疾人上台去表演,这种残缺的展示对他们来说会不会有点残忍,还是说这恰恰是人道主义的表现,我们该怎么理解?

邓朴方:我不理解为什么残忍。比如说任何一个人都有自己生活的需求,你健全人喜欢唱歌,我们残疾人不是也喜欢唱歌吗?健全人喜欢跳舞,我们有些残疾人也喜欢跳舞,为什么不能演呢?当然,大家演出了以后,我们就发现除了他自身有这种需求之外,同时他是特别有一种藏在里面的意思,就是残疾人参与社会,我要表现自己的才华和能力,展示自己。

邓朴方:当我们展示自己,又得到大家的共鸣以后,我们发现残疾人展示的自强精神,是我们整个社会的一个精神财富,这不只是属于我们残疾人,是属于整个社会的,是我们国家的,是我们民族的。所以残疾人艺术团在表现自强精神方面就特别突出,在这种情况下我们残疾人所表现出来的思想精神,就是我们中华民族五千年文明不断延续、发展、进步的这种民族自强精神,是一致的。所以我们就特别重视它,把它表现出来,同时我们要把它表现好,让它更美一点。

记　者:我采访过残疾人艺术团的邰丽华,我觉得她的那种心境特别单纯,而且残疾人艺术团里的残疾人,心态也都特别好。

邓朴方:这些姑娘们都可爱得很,她们都很了不起。

记　者:她们在表达自己作为残疾人怎么参与社会的时候,让人觉得非常健康。

邓朴方:是这样,如果大家都感觉我们的艺术团不健康的话,那我们怎么能让更多的残疾人用一个健康的心态在各种环境下健康生存呢?

记　者:我们更多的还是在电视画面当中看到您,在这个地方出访,在那个地方座谈。感觉到您好像气色都很好,声音都很洪亮,好像除了坐轮椅之外是一个很健康的人,实际情况是不是这样的?

邓朴方:健康恐怕说不上,只要身体不大幅度快速下降我就满意了。

记　者:很多人很想了解您现在身体状况是怎么样的?

邓朴方:也正常吧,不能动,反正是不能动。

记　者:我听到您的工作人员说,您每次出访回来都会病一场,您的身体经得起这样的折腾吗?

邓朴方:那也不是非得病一场,我会小心一点。有时候一疲劳也许就会感染,抵抗力下降也会感染,所以我特别小心。

记　者:小心能够防止吗?

邓朴方:当然不能够绝对防止。

记　者:其实像您这样的身体,能够自己很好地生活,大家就已经很满足了,而要干一番事业其实是很困难的,为什么要对自己这样要求呢?

邓朴方:没想过这个问题,好像我们那个时候的教育就是人民培养了你,教育了你,你就应该做出贡献,这是很自然的。在我好像觉得不是个问题。

记　者:但是从您的情况来看,我觉得其实是一个时代或社会亏欠了你。

邓朴方:那倒不是,不能说时代亏欠,也不能说祖国亏欠。任何一个社会,每一个人都会有他自己的经历,每个人可能很不相同。有人可能一生比较顺利,有人一生比较坎坷,我觉得无论顺利、坎坷都是一种常态吧。

记　者:这种坎坷是常态吗?

邓朴方:应当说社会上的人有坎坷是一种常态,并不是一种非常态,总会有人有很多很多的坎坷,恰恰这个人就是我,那我也只好面对这个现实。

记　者:在来之前您的工作人员嘱咐我们不要谈“文革”那一段,我们也无意去谈它,我们只是关心,您不愿谈它是依然觉得是一个伤痛还是说这个伤痛已经平复了?

邓朴方:我觉得没有必要用这个来说明什么,而是更多地探讨我们要做什么。

记　者:我想对残疾人来说,不管是先天的还是后天的,他都要有一个过程认识自己、认可自己、接受自己。在这方面您有什么经验和他们分享吗?

邓朴方:据我了解,一般如果是先天残疾的,这个过程就比较缓和,比如到一定年龄的时候,他才发现自己是一个残疾人。但是如果一个人后来因伤或者因事故受伤了,或者是盲了,或者是聋了,或者是肢体残疾了,或者怎么样了,他们可能遇到的冲击就比较大。不过我想遇到这样的情况克服起来不是很困难。只要你想到它不是很困难,它就不那么艰难,你老是想它特别困难,那这个坎就过不去。

记　者:这是您给他们的一个经验?

邓朴方:我想就是你遇到这种情况的时候不要怕它,会过去的。

记　者:您是连续四任残联主席,一度有人用轰轰烈烈来形容残疾人事业的发展,您觉得您的特殊身份促进了残疾人事业的发展吗?

邓朴方:首先,任何人在一个事业上的作用,都不是绝对的。你遇到一个时代,这个时代允许你做这个事情,恰恰您又有这个机会做这个事情,因为我父亲是个领导人,当然,我有很多机会可以见到一些我想见到的人,这是一个非常好的机会,如果我不能见到这些领导人,我就无法向他们解释残疾人所存在的问题,和我们需要做什么。

邓朴方:现在我也正好有这样的机会,把这个机会利用上,就会使残疾人事业的发展过程减少一些困难,或者稍微顺利一点。但是我觉得这些都不是最重要的,最重要的是这个时代造就了残疾人事业发展的一种必然趋势。残疾人的需求增长了,社会为残疾人所提供的物质上的和环境上的支持越来越多了,在这种情况下,再加上国际上的“平等·参与·共享”新思想的进入,再加上我们推动人道主义,几方面一结合起来,那么残疾人事业蓬勃发展就成了必然的,我们只是起个催化作用,把这些因素组织起来,然后把它推向前去,或者是我们团结一批人,一批献身于残疾人事业的人,大家一起干,努力把这个事情做好。

记　者:您并不回避这个问题,还愿意利用这个资源为残疾人继续做事情。

邓朴方:我觉得有时候,人家都说不要这个,不要那个,有点作秀的感觉,我不喜欢这样,是怎么样就是怎么样。

记　者:有人说残疾人事业能够得以这样发展,是沾了您的光了。您觉得这样说客观吗?

邓朴方:我想可能更多的是一种感情色彩,但是真正从实际上,大家想想没有改革开放,没有经济发展,没有社会进步,谁有三头六臂能搞得下来,不可能。所以我觉得最大的背景就是改革开放,我这完全是真心的。我有时候给身边的工作人员说,你们总不要把自己看得太重要,地球离了谁都转,但中国如果没有改革开放,现在还不知道是什么样子。

记　者:对,地球离了谁都能转。但是您在这个岗位上这么长时间做了这些工作,如果有一天您离开这个岗位,你能放心吗?

邓朴方:我觉得我已经做了很多的准备工作了,包括我一开始从事残疾人工作的二十年,开头十年总是要开创、开拓性,不断地突破,不断地开创,不断地打仗,然后把残疾人事业的面就铺开了。后面的十年基本上就是巩固、发展、健全,把它牢固地树立起来,在这个过程中,我们要大力地培养自己的队伍,建立一套机制,造成了残疾人事业发展不可逆转的这种趋势。这些年来我一直是从这个角度考虑问题的。

记　者:您觉得成效显著吗?

邓朴方:我觉得应该是可以达到的。比如,我们从残疾人事业发展的角度看,残疾人事业目前有了一个比较好的组织体系,比如说残疾人联合会。有各地残疾人联合会,现在残疾人联合会由市县,甚至到街道乡镇都有。我去年,参加了北京市社区的残疾人小组的一次选举,我特别的兴奋,其实是一个很简单很朴实的一个形式,残疾人坐在一起,在社区里选举一个主席和一个副主席,主席是由社区主任兼着,副主席选一个残疾人,让他为大家服务。大家举手表决通过了,看起来这个很简单很初级的一个东西,反映了我们残疾人工作已经深入到基层了。我们建立了这样一个组织体系,各级残疾人联合会都能够有一个为残疾人工作的这样一个组织,为大家服务。同时我们残疾人联合会最主要的职能是代表性,代表残疾人呼吁,为维护残疾人权益工作。对干部我们强调“人道廉洁”,这样我们建立了很好的一支队伍。有了这样一个组织和这样一个队伍,残疾人就有了自己的代表组织,同时有了服务的组织。另一个方面,我们建立的体系里,有思想理论体系、法律法规体系、工作体系,包括刚才的组织体系。所以残疾人工作这套体系,实际上已经基本上完成了。大体已经成形了。

再比如说我们为残疾人做了一些事情,确确实实在为残疾人办实事,比如我们的康复中心、教育、劳动就业。比如康复我们有八百八十万,当然,对几千万残疾人来说这是一个小数目,但是确确实实都是一个人头一个人头做了档案的。这个量就很大。比如我们现在的教育，一九八七年的盲童入学率只有百分之二点七，聋童入学率只有百分之五点五，弱智儿童只有百分之零点三三，现在这三项总体的入学率达到百分之七十四。比如残疾人的特殊教育学校，原来我们只有五百所，现在有一千六百多所，在八十年代到九十年代，几乎每年都会增加一百所，就是以这样的速度发展。比如劳动就业，当然，现在这个也非常困难，健全人下岗的也非常多，但是我们残疾人的就业率还在上升，这都要一点点去做。残联是实实在在地为残疾人在办事。

记　者：看得出来您在说这些数字的时候都很骄傲。

邓朴方：这是一点点干出来的，一个个数字掰出来的，当然，社会帮助也是很大的。

记　者：我们能在很多新闻画面里看到您跟残疾人的交流非常融洽，这个融洽是因为您自己身体的情况，还是对残疾人有一种特殊的感情？

邓朴方：我觉得这个融洽是自然的，如果你很自然，你觉得跟他们一样的话，就会融洽的。倒不是说我一定要装得融洽，不是这样。

记　者：您本身是残疾人，我个人有一个问题问您。有残疾人跟我们说，你们不要叫我们残疾人，应该叫我们残障人，我们虽然有残缺，但是我们并不是病人，所以当我说到残疾人这个词的时候往往心理上有障碍。您怎么看这个问题，我们应该怎么样来正确地称呼呢？

邓朴方：现在我们标准的称呼当然都是残疾人了，台湾用残障人，香港也用这个。日本用身体障害者，国外用的称呼有的比我们的“残疾人”更有歧视性，都是你不能什么什么的，我们对残疾人没有歧视。以前我们叫残废人，我们把“废”拿掉了以后换成残疾，所以残疾这个词汇本身是中性的。但是作为残疾人，从学术上的观点出发，应该不要强调他的疾病，而是强调社会对他的障碍，就是他在社会上所遭遇的各种各样的障碍,所以叫残障人好听一点。我觉得这个不是很重要的,当然,要改换名称也是一个大事。

记　者:说实在的,健全人有时候会有这么一种心态,有时候他不知道怎么能够恰当地和残疾人相处,做多了或者做少了,您觉得应该怎么恰当去摆这个关系?

邓朴方:我觉得不需要刻意地去顾虑这个,首先你对残疾人要有一份爱心,在大家相处的时候,如果你没有一份爱心,或者是没有平等的心态是不行的。另外要多少有点常识,比如尊重残疾人这种常识。只要你不刻意,只要你愿意和他们接触,并且真诚和他们相处我觉得都不会有太大的问题。即使偶尔遇到一些小的误会也很容易解释,也很容易消除。

记　者:现在人们的观念就是一步一步在更新,比如说像女士优先是一种文明,但后来有女生就说,你让我优先,说明你觉得我是弱者,我不需要你开门,我一样可以自己开门走。这是一步一步在进行,对待残疾人是不是也有这种问题,有的残疾人说你不要给我让路,我自己可以,我不需要你照顾。

邓朴方:是这样,国外的一些残疾人这方面要求更强烈一些。有些残疾人如果他走得很慢或者走得很困难的时候,你帮助他,他还不愿意。不过我认为社会上帮助残疾人,如果有这份心思应该是好的,作为残疾人来说愿意自强也是好的,这方面大家互相体谅。比如说残疾人,你要帮助我,我感谢你,但是我又不必特别强烈地对你反感。

作为健全人他要自己来做,我就尊重你,这不就好了吗?在这个问题上,不必搞得太绝对,不必搞得太极端。

记　者:不必太紧张?

邓朴方:不是紧张,不要太极端。

记　者:我们知道因为您自己命运的转折,现在残疾人的事业就是您的事业。假如当初没有这种遭遇,您现在可能会在做什么呢?

邓朴方:也许在研究所啃书本吧。

记　者:您在上北大的时候,对自己将来人生的设想是什么呢?

邓朴方:当个学者吧,像物理学家什么之类的。

记　者:我们知道学物理的很多人动手能力很强,比如摆弄摆弄无线电,或者修理一些东西,您也是这样吗?

邓朴方:我是喜欢做,喜欢动手,我从小就动手,不是上大学以后。很舒服的,自己动动手做个小东西自己很舒服的。

记　者:您会做什么?

邓朴方:你们不要笑话我,我用竹子做了一个"老头乐",我就在后面拿胶布缠了几圈,然后拿个橡皮塞塞在上面,就这么一个东西,现在一直在我床头摆着。

记　者:做什么用?

邓朴方:背痒痒了,拿着"老头乐"抓抓这是最基本的功能,比如我旁边一个书我够不着了,我就拿爪子那部分把它钩过来。

记　者:手臂延长了?

邓朴方:对,纸片你钩不住它,就拿那个橡皮头一沾就完了。有时地下一些东西捡不起来,用它沾过来再拿就行了。其实,做东西并不要做很高级的东西,要做思维巧妙的东西。

记　者:这就是朴方的发明?

邓朴方:对,这就是我的专利。

记　者:您现在还动手做什么吗?

邓朴方:也做一点东西。

记　者:听说以前有人什么东西坏了,会来找您修?

邓朴方:我修的东西多了,收音机、电视机什么的我都修,都敢修。

记　者:这么厉害,胆量比技术强(笑)。

邓朴方:(笑)照相机什么的都拆,拆完了再把它装上,修好了就修好,修不好你们大家认账就算了。

记　者:现在贫困的残疾人最需要解决哪些问题,比如就业问题、医疗方面的问题,还是他们物质方面和精神方面的问题?

邓朴方:一个贫困的残疾人需要什么,当然就是吃饭、穿衣、住房,就是这三条,首先解决这个。其实针对这一千多万的贫困残疾人,我们这些年来大力搞扶贫开发,实在不能够让他们生产劳动的,城市就采取低保,农村采取各种各样的扶贫措施。另外每年还有扶贫贷款,专项的残疾人扶贫贷款,每年有八个亿。但是扶贫贷款也是嫌贫爱富的,它只能贷给能还得起的残疾人,不贷给那些还不起的残疾人,所以这也是有限的。要解决这部分人的问题,特别是在农村、边缘地区、少数民族地区,确实相当难。再一个你说残疾人需要解决哪些问题,比如说康复、教育、劳动就业这些问题都存在,每一项都需要解决。有的残疾人所有这些问题都存在。这个人没有钱看病了怎么办?有的稍微康复一下就能很快恢复,这个问题怎么来解决它?再一个就是上学问题,包括小学、中学、义务教育、职业教育、大学教育,这些统统都是问题,要一项一项解决。比如就业,我们现在有分散按比例就业。我们要收保障金,然后我们把这个钱拿出来再进行职业培训。特别是您刚才提出的,我想起来了,现在我们"十六大"提出的要全面建设小康也涉及残疾人。

邓朴方:对残疾人也要提小康,全国要全面小康,残疾人还有一部分温饱都达不到,首先要把这部分人的温饱解决了,然后再用十年、二十年使一部分残疾人达到小康水平。但是你知道,残疾人奔小康的工作和残疾人扶贫的工作是完全不同的。残疾人扶贫只要你工作做到位,给他饭吃,给他衣服穿,这个扶贫任务就算完成了。但是残疾人奔小康不同，不是说我帮助你了，你就小康了。残疾人要通过能力的提高，或者自己身体状况的改善，或者自己更多的学习，使得你个人或家庭在这个社会上有比较正常的职业，或有比较好的工作，或者有生存能力，这样才能进一步发挥主动性，自己才能达到小康。所以这个做起来是非常困难的，你不能说你工作做到了他就小康了，就是你工作做到了他也小康不了，所以现在这对我们来说是一个很大的问题，我们还没有很多这方面的经验，还要不断地摸索，这是很难的。

记　者：您作为中国残联主席，在对党和政府制订残疾人政策和法规方面有哪些比较具体的建议？尤其是在近期。

邓朴方：一个是我们的残疾人保障法从一九九〇年开始到现在已经十几年了，现在的社会情况发生了很大的变化，残疾人保障法有一些条文可能已经过时了，可能需要改进。在这种情况下，残疾人保障法的修改现在已经提到日程上来了。还有就是残疾人就业条例，现在我们正在搞，这个难度也比较大，目前整个国家的就业环境是比较紧张的，每年都有一千多万劳动力进入市场。残疾人就业条例会给残疾人一个比较好的就业环境。再一个就是我们强调各个地方的地方立法，就是除了法律以外的地方行政法规，能更多地为残疾人着想。比如这个城市每年要为残疾人做多少件事情，或者对残疾人的一些优免政策等等这些方面。再比如现在遇到的问题，乡镇改变了以后，基层残疾人组织怎么活动，用什么方式活动，怎么让他们继续为残疾人服务的法规。再一个就是既然有了法律以后，怎么样去执法，比如人大每年的执法检查，政协也做执法方面的调研等等。另外就是对残疾人的各种法律援助等等方面，要做的事情很多。

记　者：交通法规呢？

邓朴方：对，我们现在有很多的机动车，残疾人也要开汽车，现在大概除了中国以外世界上其他国家都允许残疾人开车,我们现在也正在积极做这个事情。但是我认为太慢,步骤太慢,胆子太小,这样的问题应该尽快制定法规,现在有些残疾人是买得起汽车的,如果他们能够开汽车我觉得应该给他们解决问题。但是更多的就是残疾人的三轮摩托,这个问题在各个城市也比较紧张。

记　者:像这样需要很多政府部门配合才能建立的法律法规,残联能起到很大的作用吗?

邓朴方:当然了,比如三轮机动车的问题,每一个城市的市长都希望他的城市交通好一点,三轮摩托有时候会对城市交通产生一些影响,如噪声等等和一些不安全因素,所以所有的城市几乎都想把三轮机动车都给取消,有的连代步工具都不让坐了,残疾人怎么能不跟他们打架?所以我们已经连续好几年打架了,就是严令各级残联一定要守住这块阵地,决不能让各个城市的市长把残疾人的机动三轮车给取消了。

记　者:打架打赢了吗?

邓朴方:代步是一定不能取消的,营运也不能轻易取消,特别是中小城市不能取消。打架怎么可能一下子打赢呢,是不断地打,我是寸步不退。

记　者:如果一个残联主席没有您这样的个人影响力的话,打这种架肯定很容易输吧?

邓朴方:早就败下阵来了,我这三令五申都打不赢,我说所有的残联的理事长都把乌纱帽先扔了以后再打这个架,因为他面对的是自己的市长和自己的书记,他的工资是他那儿的市长和书记发的。我这儿没有乌纱帽的问题,他们有乌纱帽的问题。

记　者:您刚才说其实不强求自己干一番事业出来,为什么还在努力地拼命地做这个事情呢?

邓朴方:我觉得不是问题,该干就干吧,不是什么英雄壮举,很平常的。

记　者:我们中国人说虎父无犬子,您觉得您的父亲是一个动力吗?

邓朴方:他是很了不起的,我们无法比,也不可比。

记　者:但他会是您的一个动力吗?

邓朴方:那当然,那当然。这又是一个层次的问题了。

记　者:您不大愿意谈?

邓朴方:不是不大愿意谈,自然他的影响力是刻在我心里了,觉得没有什么太多可谈的。

记　者:您觉得您身上什么样的优点是从您父亲那儿来的?

邓朴方:我还没总结过这个,让别人去总结吧。

记　者:就是您父亲在您开始做这个工作的时候,有没有给您一些精神上的支持包括一些其他方面的,对您有一些指导?

邓朴方:这个我要向很多残疾人来检讨,我做残疾人事业,我知道他是愿意我做这个事情的,但是我从来没有请他为我专门说过什么话,也没请他为残疾人题过什么词,这也许是自己的一种想法吧,觉得要干事情就自己来干,不要靠别人。但是这样做的后果是现在大家都很埋怨我,现在找我父亲有关残疾人事务的题词一个都没有。这个有点为了个人的一些东西、自己的志向或者是其他什么,使得事业上有点损失吧。

记　者:你们之间从来没有交谈过这个事吗?

邓朴方:我做我的事情一般不跟他谈,但是他也知道我做什么。

更多的宽容，更多的理解[①]

（二〇〇三年十二月）

邓朴方：这次你们特别关心这件事情（获人权奖），我对你们表示感谢。

记　者：应该感谢您能接受我们的采访。邓先生，您是希望我们叫您朴方呢，还是希望我们叫您邓先生？

邓朴方：随便，我们会里的人都叫我朴方，叫什么都行，这不过是个符号嘛。

记　者：那我们就直接进入话题了。

邓朴方：你是哪的？

记　者：我是香港《南华早报》的，很荣幸。您是什么时候得到通知说您得到了这个联合国人权奖？是谁告诉您的？当时听到这个消息后，您的反应是什么？

邓朴方：在发奖前十天联合国人权机构给我们正式发了一个通知，发了一封信，告诉我们获得了这个奖，并且询问我们是不是去纽约领奖。我们当然是很高兴了，这些年来中国残疾人事业能够得到大家的承认，并且是在人权领域，各方面都很高兴。以前我也不知道有这么个人权奖，后来听说了才知道。

记　者：那您得到这个奖意外吗？

邓朴方：可以说是意外，也可以说是不意外。意外，以前没有关

---

① 这是邓朴方同志获联合国人权奖后答香港部分媒体记者问。

心过这个事情，不知道有这么个联合国人权奖，这是一个以前没有接触过的事情。要说不意外，我觉得国际人权活动已经开展得这么广泛了，对残疾人领域也应该关心了吧。

记　者：那您得的这个奖对您意味着什么呢？包括对中国残疾人事业意味着什么？还有对中国整个人权状况意味着什么？

邓朴方：我们一直在做残疾人事务，得奖了也要做，不得奖不是也要做嘛，而且也一直都在做。我觉得得奖是一种进一步的承认，实际上这些年来我们残疾人事业的发展在国内得到了广泛的承认，在国际上呢，大家也都承认，也得了一些其他的奖。我觉得这个承认是进一步承认，社会总是在进步嘛，残疾人事业总是在发展嘛，社会总是越来越好，残疾人状况是越来越改善，这种情况大家是承认的，得到承认就是一种光荣啊。

记　者：我想请问您怎么看待人权这个问题？

邓朴方：这个太广泛了。

记　者：您对人权这个概念是怎么看的？

邓朴方：我觉得人权在国际上越叫越响了。以前我们从小就接受一种教育叫“解放全人类”，我觉得这和现在讲的人权（是一致的），当然，从意识形态角度上来说不完全一致，但是基本方向都是要改善人类的状况。要从更多的爱心出发，要热爱人类，要有人的尊严和价值等。现在国际上这样的人权活动是被越来越广泛地作为一种标准来做的，我觉得这是当今时代的一个特征。现在的生活越来越好，人们越来越自由，越来越能够享受社会物质和文化发展所带来的成果。

记　者：您觉得现在西方的一套人权标准和现在中国的标准还有差别吗？

邓朴方：我觉得文化上的差异是很大的，另外社会经济发展程度的差别也是很大的。所谓标准,我觉得西方也没有一定的标准。西方就一定标准吗?也许一个国家对这个问题这么看,另一个国家对这个问题那么看,也不是完全一致的,而且西方在人权领域的认识也是在不断演化着的。就中国来说呢,我记得我们过去唱的一些歌,像什么“民主政府爱人民”、“让一切不民主的制度死亡”之类的,我们现在的解放军,像驻港部队是不是天天唱《团结就是力量》这首歌,我们现在的部队天天唱这样的歌。作为中国来说也在不断地为改善人们的生活,逐步提高人民的福利,并且逐步扩大人民的基本权利而努力。至于标准的问题,我觉得是很难说的。

记　者:那如果没有标准,为什么西方经常批评中国人权状况不好呢?

邓朴方:作为中国人来看,我们对自己的人权状况也不认为是最好的。比如就拿我们的残疾人事务来说,前些时间我接受一个采访,他们问我:你是不是认为中国的残疾人事业能够令人满意?我说:不能够满意。因为对中国残疾人事务,我说过一句话是:我们没做的事情要比做到的事情多得多。这是什么意思呢?就是说没做的事情也是应当做到的,怎么叫应当做到呢,就是残疾人应当享有的人权。那就是说我们残疾人许许多多应当享有的人权我们现在还做不到。没做的比做到的多,说明什么呢,说明我们不足的地方多,说明还需要做很多的工作,是这样一个状态。任何一个社会都不可能保证自己的人权都得到保证了。任何社会都是在不断克服自己的缺点,不断使自己改变,不断使自己进步,这样一个过程。至于西方总是批评中国的人权,我觉得有多方面的因素,不能一概而论。我也有很多西方的朋友,他们对中国有一些人权状况也不太满意,我发现他们很多都是很善意地说你们这点应该改进,那点有什么不对。我们有不足的地方,有时我们会有一些争论,但是我们谈起来都是非常愉快的,在交谈中都是很融洽的。

还有一种状况是很多人都不了解中国是怎么样的情况(就去评价),这样的情况我见得很多。比如说我带艺术团到美国去,我们的孩子到美国家庭里去,美国的一般民众是很善良的,他们问我们的女孩子,你们的婚姻是不是都还是包办呀?其实这种包办婚姻的问题我们在五十多年以前就解决了,现在的一些美国人还是认为我们中国仍是包办婚姻,所以说这种认识上的差距是非常非常大的。再比如说我到波兰去访问,波兰的朋友就和我们说,我们到过中国,可是我们还有很多人没有到过中国,在他们脑子里的中国还是像斯大林统治下的铁幕似的那个状态,这种认识上的差距有多大呀。再加上媒体如果有一种偏向性的报道的话,很容易使人产生一种误会,对中国这种批评就会有一定的市场了,会被很多人接受。我认为误会这个因素是很多的。当然,还有一种东西就是我们中国人最不满意的,很多人在妖魔化中国,我觉得这是我们中国所不能容忍的,他的根本目的是想遏制中国的发展。这就不是善心而是恶意的,对这种恶意我们当然不能接受。所以要区别,不能一概而论。

记　者:您觉得中国人权方面发展的希望是什么呢?

邓朴方:我一向认为人权不是一个固定的标准,它有它的基本原则。比如说各种人权宣言书对人权的表述都是不同的,但大意是相同的。比如说美国的《独立宣言》对人权的表述就比较简明,它说我们都认为下列的真理是不言而喻的:人人生而平等,他们都被他们的造物主赋予不可转让的权利,那就是生命权、自由权和追求幸福的权利。你看这种表述多么简要,也很明确。首先的一个含义就是说人人生而平等,不能有高低贵贱,不能因为种族、性别等而有所区别。第二层意思是说人权是造物主所赋予的,就叫天赋人权,实际上天赋人权是一种理念,就是说我们应当有这个人权,实际上我们得到这个人权不是天赋的,也不是造物主赋予的,而是人民在实践过程中不断争取得到的。再一个就是说他们这些权利是不可转让的:生命权、自由权、追求幸福的权利,这说明是一种很广泛的权利,人们都应该得到这些权利,这番表述挺合我的胃口。

记　者:您爸爸已经去世了,如果您爸爸还在,您现在得了这个奖项——联合国人权奖,那么您有什么话对他说呢?

邓朴方:我想,我不必对他说什么。因为他是很了解我的,我做残疾人工作他一直也是关心的。我想不必要说什么,我们会互相面对的。

记　者:你们怎么互相面对呢?

邓朴方:我面对他我是无愧的,他面对我应该是欣慰的吧。

记　者:您得了这个奖项他会怎么对您说呢?

邓朴方:我不知道他应该怎么说,我没有想过这个问题。一个朋友告诉我关于我得人权奖这个问题有人在网上发帖子说:“邓公在九泉下应该欣慰了。”我觉得这可能是我们很多人对老人家的一种怀念吧,我很感谢这种怀念。

记　者:您刚才提到了中国的人权状况,也谈了一些受到西方世界批评的原因,包括一些现在西方世界不了解中国现状造成的对中国人权状况的批评。那你觉得联合国这次给你发这个人权奖,您作为第一个中国人能拿到人权奖,在西方世界很多人恐怕是持怀疑态度的,但是他毕竟还是给发了,这种既成的事实对您来说,您会怎么解释一个中国人能够拿到一个长期被西方人批评的事情的一个奖项,或者你怎么看待这个事情?

邓朴方:我不明白你的这个题目的意思是什么?你再重复一遍可以吗?没有太听懂。

记　者:就是说西方世界经常批评中国的人权状况,但是您作为第一个中国人拿到联合国对于您在人权事业上的认同和承认所发的奖项,那么您怎么来看待您作为一个中国人能拿到这个奖项?

邓朴方:我觉得对我们中国的承认不是因为我拿到这个奖,我觉得是中国现在越来越多的事情应该得到承认。

记　者:但是,这个奖是不是也传达了一种符号、一种意义呢?

邓朴方:那当然,如果作为一种符号来说,有很多报纸上说中国第一次得到这个奖,说明中国在人权问题上的进步得到越来越多的人的承认,但是总是有些人不承认,有些人承认多一点,有些人承认少一点,这些都是很正常的现象。我觉得单纯作为符号来说也可以这么讲,当然,实际上人们的承认程度不会因此而有什么太多的变化。也许人们看到了这个符号以后会有更多的认识,更多的启发,我觉得这是肯定的。

记　者:再谈谈你的爸爸可以吗?您的父亲过去怎么支持您的工作呢?

邓朴方:我从来没有要求他直接支持我的工作,但是他的这种教育,特别是我父亲、母亲他们从小就把我们教育成一个对人民负责的人,我觉得这些都是深深刻在我心里的。我在电视里——东方之子他们给我拍了片子,其中我也做了一段检讨,我觉得我自己也许是带些自私的原因吧,没有请他来为残疾人事业题词呀,请他讲话呀。所以现在我们要找资料都找不到,我们一些同事也觉得是很遗憾的一件事,后来我们找了很多才找到他曾经和卡特在现场会面的时候说过:我们中国要发展残疾人事务。即使没有这个我也知道他是支持的。

记　者:那您觉得您的特殊身份是不是对您的事业有帮助呢?

邓朴方:这个当然是便利了,我向来承认这一点。要是没有这种身份背景,你哪能那么便利地把事情推出来呢,这是很实在的。

记　者:您的父亲对您事业上的支持主要是体现在刚才您讲的对您长期潜移默化的教育上,是这样的吗? 还有其他的支持吗?

邓朴方:我没有请他来说很多话,没有请他题词,但我做的所有事情他都是知道的。

记　者:有一点遗憾是吗?

邓朴方:如果以前多请他一点,可能在我印的各种宣传册子上就会有很多他的题词呀,讲话呀,可以请他讲很多,而且他一定会讲的,一定会题词的。但是这可能是我的一个弱点吧,也可以说是缺点吧。

记　者:为什么认为是缺点呢?

邓朴方:恐怕自私了一点嘛,想自己的事情应该自己做。

记　者:这是自立嘛。

邓朴方:自立是好的,可是从另外一个角度看请他再说一点不是也好吗?

记　者:这是您的个性问题吗?

邓朴方:有点个性,也算一点自私吧。

记　者:您知道香港的情况吧,香港现在的经济不是特别好,很多人现在的生活质量下降了,您的过去,您的经历很有鼓励性,现在您可以用您的经历,以前是怎么倒下又怎么再站起来,可以给我分享一下您的经历,给我一点鼓励,给香港人一点鼓励吗?

邓朴方:我自从做残疾人工作开始就一直跟许许多多香港朋友接触,最初跟康复的接触对我们的帮助是很大的,无论是在业务上,还是在我们和国际各个方面交往上都帮助很大。当然,后来一九八四年我又到香港去访问,接触了更多的香港朋友,比如许许多多企业界的朋友对我们的残疾人事业给予了一定的支持,直到现在你们知道的李嘉诚先生还和我们有很大规模的合作项目,这都是很引人注目的。再比如说,我们和香港的许多服务团体也都有很多接触,像香港狮子会也和我们有很多的业务往来和合作。从我和香港朋友的接触里,我觉得香港社会是个非常具有活力的社会,香港人非常的聪明也非常的自强,我不认为我有资格用我的什么东西来启发教育香港朋友。我觉得香港人有足够的智慧能团结起来,有足够的毅力和能力来克服困难。我不怀疑香港会重新振兴和复苏,任何一个社会在发展过程中总会有高潮和低潮,不能总是处于高潮,总是高潮倒是奇怪的现象了,遇到低潮的时候我相信香港朋友完全有能力解决这个事情,不需要我在这里说三道四的。

记　者:您觉得最重要的是什么呢,如果要从低潮中站起来需要有什么力量呢?

邓朴方:实际上我以前也经历过很多困苦的时候。如果从自己来讲怎么克服困难,我觉得有两个方面,一方面这种困苦所带来的痛苦你怎么样去面对它,你得面对、承担它,也许你努力奋争去改变它,也许你不去奋争来等待它,只要抱有希望总会过去的。我觉得这是一方面的东西。另外一方面就是绝望,你不能绝望,当你绝望的时候,你是不是可以用一种不要钻牛角尖的思维方式,更灵活点来思考。当你觉得根本看不到前途的时候——我也有过这种感觉,是不是应该跳出来看看,是不是也许不是我们所想象的那么绝望,也许绝望的后面就是希望,用这样的方法也许对你的心态调整和自己的作为有所帮助。

记　者:您(切身体会过)绝望吗?

邓朴方:当然。

记　者:可以讲一下吗?

邓朴方:我觉得这不是可以共享的,不身在其中是难以体会的。

记　者:那您当时怎么走出绝望的呢?

邓朴方:我记得我妹妹曾经问过我父亲长征时是怎么过来的,我父亲讲了一句话,他说:“那就是跟着走吧。”长征是跟着队伍走的,跟着走就行了,往前走总会走出来的。

记　者:终会见到光明是吗?

邓朴方:是,不会永远是低潮的。

记　者:在您长期从事残疾人的事业当中,有什么是可以鼓励您继续从事这一事业的,举一两个例子可以吗?

邓朴方:残疾人事业是一个感情投入非常多的事情,你无论如何都要付出感情。如你碰到许许多多痛苦的事情,如残疾人不能就业、不能上学,他们没有钱,生活困苦贫穷,甚至遇到各种不公正的待遇、各种歧视、各种偏见等等,这些都是令人痛苦的事情,更加痛苦的是你看到这些事情,有些是你能解决的,更多的是你还不能解决的。没有力量去帮助他们是非常痛苦的,或当你做了一些事情,给他们予帮助,看到他们从绝境中摆脱出来,看到他们的一种新生,那种意气风发的现象,你的那种兴奋心情,是很难形容的。所以我说我们残疾人事业是让人流泪的事情。做不成的事情要流泪,做成的事情你也要流泪,是这样一个感情比较投入的事情。所以说这些事情每一件都是能够激励你、帮助你,不一定要说哪一件,这些事情太多了。

记　者:能不能举一个例子呢?

邓朴方:如果一定要举例子的话,你比如说我以前曾经和大家说过的一个例子。我在建康复中心的时候,有一个架着拐的残疾人听说后说,希望你们早一点建起来,不要等我死了以后再开始,我听了觉得这话是一种鞭策。再比如说我们刚开始建残联的时候,当时我去湖南,湖南那时候搞得不好。县级残联一个都没建立起来,后来他们就给我换了个理事长,我们又挑了一个新的理事长。这个理事长,我和他一起去下面调查、参观,我一看这个理事长怎么这么笨呀。在我们跟地方官商量或与残疾人讨论的时候,他都睡着了。我说我们怎么选了这么个理事长。结果后来我走了以后,一年的时间他一个县一个县地跑把所有的县级团体都建立了,就在一年之后,他去世了。后来我感到非常内疚,当时我对他的那个看法实在是一种偏见。这个人真是实实在在,因为他有病,但是他忍着这个病痛还能够一个县一个县地把县里的残联建立起来。这样的人真是非常伟大的,面对一个这样非常优秀的人,我曾经对他有歧视的想法,想起来我真是很内疚的。

记　者:刚才也讲了偏见跟歧视的问题,跟有关爱滋病的讨论相似,对爱滋病也是偏见和歧视的问题,那您觉得有关残疾人事业方面,歧视和偏见是个最大的障碍吗?

邓朴方:人类社会上有很多不平等的现象,有剥削、压迫,这些问题如果得到基本的解决之后,那么这些歧视和偏见将是影响人类走向美好未来的最大一个障碍。它影响着人们互相之间的融合,无论是种族也好,宗教也好,意识形态等各个方面,如果是少一点歧视,少一点偏见,更多一点爱心,更多一点的宽容,社会上不合理的现象就会少很多。包括我们在为残疾人做事的时候,维护残疾人人权的时候,我更愿意讲人道主义。为什么呢,因为我觉得人道主义所含的爱更多一些,而如果仅仅讲人权呢,他是强调一种平等,一种自由。而实际上人权是人道主义的一种延伸,人道主义从政治上、法律上来延伸就是人权。而人道主义更多的是有爱心,你要热爱人类,热爱他人,对他人要有更多的宽容,更多的理解。所以我觉得如果我们在做人权事务的时候融入更多的爱心的话,可能会使我们的整个社会更加和谐,世界更加和平。所以我三次见到联合国秘书长安南的时候,我给他解释为什么残疾人一定要制定《残疾人权利国际公约》。我推动这个事情,我见了他三次,给他解释了三次。其中有一次我就说,二十世纪曾经创造了人类历史上所有最伟大的科学技术成果,这是不可比拟的,它的科学技术发展是以前所不能想象的,它的物质财富的积累超过以前所有的总和而且不知道多出多少倍来。但是科学技术的发展,物质财富的积累,并没有使人们的道德得到应有的提升。人们的觉悟,人们的道德,人们处理物质财富和科技成果的能力并没有得到相应提升。为什么二十世纪那么多残酷的事情?中国不是发生了"文化大革命"嘛!世界上不也是发生了两次世界大战嘛!其损害也超过了以前所有的世纪。所以说二十世纪既是一个发展迅速的世纪,也是非常丑恶的一个世纪。所以新的世纪就不能像过去那样,人类应该更聪明一点,应该从二十世纪的教训中得出结论来。我们在创造一个新的世纪的过程中是不是应该有更多的和平,也就是不要战争。我们有足够的政治智慧来解决我们的各种政治争端和利益争端,而不是使用战争的手段。那么是不是应当有更多的合作而不是对抗,对抗不能解决问题只会加深矛盾,而合作才是一点点地解决我们的问题,才是我们创造一个新世纪所必须要做的。那么我们是不是应有更多的和谐,包括人与人之间更加和谐,更加友爱,人和社会应该更加和谐,不要那么多的对立,要更多的和谐,更多的友爱,更多的宽容。再比如说人和自然应该更加和谐,人们现在控制的能量已经太大了,如果不自我克制,不寻求人和自然的和谐,注定是要毁灭的,所以我就提出来,新的世纪应当是一个和平的世纪,应当是一个合作的世纪,应当是一个和谐的世纪。当然,我和安南没有说得这么详细,我是希望他作为联合国秘书长能够发挥作用,希望能把新的世纪引导得更好,而不是在新的世纪里有更多的灾难。

记　者:能不能谈谈有关我们在未来五年内将制订有关残疾人就业保障条例方面的问题呢?

邓朴方:就业保障方面,我说过我们要修改残疾人保障法了,也要建立就业保障条例,这是诸多的工作的一个方面,这个也用不了五年,我相信用不了五年就会解决。当然,现在还有一些问题需要讨论。

记　者:是什么问题呢?

邓朴方:你比如说现在我们的就业问题是中国的一个突出的问题,健全人就业率现在也在下降,你看到下岗的很多,失业的也很多,就业形势非常严峻。在这种情况下要使残疾人就业率提高是很困难的事情——当然,我们现在做到了,但继续再提高就更难,所以我们需要有更强有力的法律法规的支持。在这种情况下我们提出就业条例。但是你知道现在中国的就业形态都是在变化之中的,所以政府对就业的管理也在变化之中。当然,我们在促进残疾人就业的方式上也在变化,对就业问题的管理面也在变化,所以这里面有很多的技术问题要在变化中求得平衡,另外也要考虑新变化所产生新的因素的出现,这些技术问题太专业了。

记　者:残疾人有很多事务,包括康复、教育、扶贫、维权等,那为什么特别强调就业这方面呢,而且要专门提出一个条例呢?

邓朴方:不,不,不,我们已经有教育条例了,教育和就业当然是两个条例了,当然,其他方面也都很重要,比如像扶持贫困呀,这都是非常急的事情——火烧眉毛的事情。

记　者:那为什么中国残疾人有百分之八十四的人都已经解决就业,可仍然有六百万残疾人还处于贫困线以下,或像您说的不能解决温饱问题呢?

邓朴方:温饱问题,恐怕我们贫困人口不止六百万,有一千万以上的贫困人口,当然,有不同的统计,不同的统计方法。作为百分之八十四的这个例子本身来说,这是一个统计,我向来对统计不完全相信。

记　者:这不正是对您工作的一个肯定吗?这是很好的一个就

业率呀!

邓朴方:统计都是有水分的,所以我认为统计的数字只能作为一种参考,而不能说它就是绝对的正确。特别是对残疾人的统计还有很多不确定的因素在里面,比如说有的地方统计上说,有劳动能力的残疾人我们就业了多少,安排了多少,那么什么叫有劳动能力的呢?这个水分就大了,有的统计就不是。所以说统计是很令人头疼的一件事情,但是你没有统计又不行。所以说统计下来我可以看看这个变化,真正要做的话不能完全按统计的数字来安排。

记　者:那实际上您个人认为中国残疾人就业的现状是怎么样的,真实的情况是什么样的呢?

邓朴方:我觉得不同的人有不同的状况,残疾人里有不同的情况,比如重残和轻残的差别就很大。比如,盲人以前就业是最困难的,自从大力开展了盲人按摩以后,盲人的就业率一下就上来了,我们北京盲人经过按摩培训的,百分之百都可以就业。这样是不是就很好呢?当然,我们的盲人也不能都去搞按摩,总还有一些其他的就业方式。所以我觉得我们不是说拿出个概念、拿出个数字来做工作,而是根据每一项——每一种人、每一种就业或者是不放过任何一个机会来替他们创造就业机会,这样一点点做下来,慢慢积累。我向来都强调要做一点点的事情积累起来,而不是说我们一下子就把什么都做好,那是不可能的。

记　者:相当于六分之一的残疾人都处于这种贫困状况,您自己也说这还是很艰巨的任务,您认为这个原因是什么?而且您作为残疾人的领袖,您将会做些什么事情来推动政府解决残疾人的问题?

邓朴方:比如说再往前十年算,残疾人贫困人口在两千万或者更多一点,经过这几年大力的扶贫,贫困人口降到一千万,但这也只是一种统计数字。你比如说,贫困的标准提高一点,贫困人口就多一些；标准低一些，贫困人口就少一点。我们说残疾人是社会上最困难最贫穷的一个群体，这是不能改变的事实，而且短期内也改变不了。当然，一方面我们要推动政府在扶贫政策上为残疾人考虑，如我们政府有很多扶贫的措施，这些措施必须要把残疾人列入其中；另一方面，我们残联自己也做了一些事情，比如我们每年有八个亿的扶贫贷款，贷给那些贫困的残疾人，让他们能够有能力康复以后参加生产，或者给他们购买一点生产资料，让他们能够有一个启动的资金，能够摆脱贫困。

记　者：但是您也提到这些扶贫贷款恐怕也是"嫌贫爱富"的。

邓朴方：这是我的话，实际上，只能是给那些有能力的，还有很多没能力的。

记　者：是，所以残联在这方面怎么能推动政府更多地解决中国这么多残疾人口的资金问题呢？

邓朴方：这就是不同的地区有不同的政策，比如东部地区我们要求他们做得更多一点，有的省农村城市都有最低生活保障线。这个我觉得东部地区应该做得更好一些，而西部地区呢，更多的是要首先解决吃饭的问题。

记　者：那残联将会在这些推动过程中起到什么作用呢？

邓朴方：我们是起一个把残疾人和政府连接起来的作用，我们要把残疾人状况向政府反映，要求政府来解决这些问题。同时呢，我们也协助政府把残疾人状况统计出来，协助政府来具体帮助残疾人。

记　者：谈谈您现在的生活怎么样好吗？

邓朴方：像我们现在的生活是中国人里生活得比较好的吧。

记　者：是不是经常会外出？

邓朴方：该跑的地方还是要跑的。

记　者：一般您和他们聊的也是残疾人问题吗？

邓朴方:那当然了,就是踏踏实实地静下心来,一心一意、一点一滴地来做,这样积累起来。要不然哪会一下子蹦出一个大成就来呢。

记　者:您经常去香港看看吗?

邓朴方:不经常,好久没去了。很想再去一次。

记　者:有没有留意香港现在的情况?

邓朴方:香港的情况大家都很关心,不只我很关心,包括所有的中国人都很关心,特别是香港回归中国以后,大家都希望香港好。

记　者:那您有没有留意"七·一"的香港大游行呢?

邓朴方:我觉得香港人"愿意"用一种方式来表达自己的意愿,我觉得这是很正常的事情。香港以前在英国的统治之下从来没有民主这么一说,是不是总督制呀,现在有了民主大家愿意放一放,我觉得也是正常的嘛。

记　者:您有没有觉得由于游行,香港好像不太稳定?

邓朴方:稳定。不稳定不好,受害的是香港自己,大家团结起来多好。但是,我不是说教训,我没资格来说,我觉得香港人民会团结起来的。

记　者:中国对残疾人办企业给了许多税收的优惠政策,而且社会捐助对残疾人也投入了不少,我们就是想问问这些钱是不是都用在了残疾人身上?我们想问,据您所知有没有出现截流或挪用的问题?

邓朴方:从中国残联、从我这里出去的钱都是非常严格的。无论是捐款还是政府计划的拨款都是百分之百地用于残疾人事务上。你说小的纰漏会不会有,这个不敢保证,大的绝不会有。

记　者:但是地方呢?

邓朴方:地方,我认为他们不敢。你想,记得我过去和我的干部也讲,我们过去看古代戏剧,那个陈州放粮。这是个包公的戏,因为陈州那个地方遭受了饥荒,当时去赈灾的是他的侄子包冕,他的侄子在赈灾的过程中有贪污的行为,他去查了以后就把他侄子杀了。但是你知道包公是他嫂子养大的,老嫂比母呀,他把他侄子杀了,他去向他的嫂嫂解释,他嫂嫂最后对他是非常理解的,这是非常感人的。就是在那个时候,你做这种慈善的事情你要是贪污了要杀头,你做残疾人事务你敢吗?另外你看到这么多残疾人你于心何忍呀!

记　者:但是这只是自律的问题,有没有制度保障呢?

邓朴方:当然有了。

记　者:邓先生,我可以再问最后一个问题吗?就是香港读者都很关心您的生活是怎么安排的,您现在是不是也经常亲自下去考察工作呢?

邓朴方:跑总是要跑的,到处跑。我自己生活一切都正常,谢谢大家的关心。

调整中国残联组织架构，切实加强主席团的领导作用[①]

（二〇〇四年一月十三日）

今年的情况特殊，一是刚刚换届，二是主席团的运作方式也有所调整，也应该有点连续性，我就再讲几点意见，供大家参考。

一、关于这次会议

这次会议，开了一天半，开得很好，很成功。昨天，大家听取了汤小泉理事长代表执行理事会做的工作报告，听取了李明豫副主席做的关于主席团工作规则的说明和吕世明副理事长关于专门协会工作规则的说明，分组进行了认真的审议和热烈的讨论。委员们对工作报告给予了充分的肯定，认为前半部分总结二〇〇三年工作很全面，后半部分安排二〇〇四年工作很具体。让人既感到振奋，又感到了压力。在内容上，一些委员也提出了修改意见，如认为加大对西部地区的政策倾斜，加强对残联干部的培训力度等应写入报告。

对于主席团工作规则，大家意见比较一致，认为条理清晰，行文简洁，操作性强，只要在个别文字上做些改动就可以定稿。对于专门协会工作规则，意见就不那么一致，有的认为大体可以，有的认为不够成熟，提出的修改意见比较多。刚才我们顺利通过了前两个文件，

---

① 这是邓朴方同志在中国残联第四届主席团第二次全体会议上讲话的第一、二部分。

后一个文件是“原则”同意，还应该进一步研究、修改后再交各专门协会委员会通过。在这两天的会上，大家对新一届党组、理事会也给予了很高的评价，大家认为，“四代会”以来的几个月的时间里，新一届的党组、理事会在新宪、小泉同志的领导下，思路清晰，措施得当，精神状态不错，工作抓得很紧，也卓有成效。新一届党组及时传达中央最近一系列会议精神，按照中央的要求，统一全会的思想认识，保证了中央精神的贯彻落实；针对明年的工作，审时度势，确定工作重点，并及时向回副总理汇报，得到了大力支持。理事会的同志新老结合，分工明确，配合默契，踏实勤奋，无论重点任务还是日常工作，都取得了很大进展，大家对新一届党组、理事会寄予厚望，也充满信心。借此机会，我代表主席团对各位代表的辛勤工作，对新一届党组、理事会各位同志四个多月所取得的成绩表示衷心的感谢！

我们这次主席团会议，主要是进一步贯彻落实去年召开的“四代会”精神，研究并制定得力措施，做好今年的各项工作。“四代会”是残疾人事业历史上的一次重要会议。党和国家领导人亲切会见了会议代表。会前，胡锦涛总书记为《自强之歌》第三卷撰写了序言；会议期间，黄菊同志代表党中央、国务院致辞，回良玉同志在表彰会开幕式和“四大”闭幕式上两次讲话。序言和讲话的内容十分丰富，几乎涵括了有关残疾人事业的所有问题。既充分肯定了残疾人事业在整个社会主义事业中的重要地位，又高度评价了残疾人事业取得的成就；既对各级党委和政府今后的工作提出了明确的要求，又对广大残疾人和残疾人组织寄予了很高的期望。这些重要指示是新世纪残疾人工作的指导方针，我们应当认真学习这些重要文件，领会精神实质，结合自己的实际情况，把我们残疾人工作推向一个新台阶。

今年是“四代会”召开后的第一年，任务十分繁重。但是，我们也要庆幸，我们赶上了一个很好的时机，或者说，残疾人事业面临着一个很好的机遇。以胡锦涛同志为总书记的党中央自党的“十六大”以来明确指出“‘三个代表’重要思想的本质是立党为公、执政为民”，又响亮地提出“权为民所用,情为民所系,利为民所谋”。大家看得很清楚,党中央和国务院高度重视“以人为本”,更加关注人民群众的生产生活问题,采取了一系列措施帮助弱势群体,解决面临的困难,这对残疾人工作是极为有利的政治资源。希望大家抓住这个机遇,充分发挥残联组织的代表作用,客观地反映问题,争取政府和社会的支持,在党和政府的领导下,团结带领残疾人克服困难,解决好这些问题。同时,也要教育广大残疾人继续发扬“四自”精神,顽强拼搏,刻苦努力,共同开创新的局面。

二、关于组织架构调整和制度建设

同志们,我们这次主席团会议,是中国残联组织架构调整以后主席团的首次年会,这是一种新的会议形式,不同于以往任何一次主席团会议。以往的主席团会议,两次在代表大会期间召开,相隔也就几天,形式大于内容,象征意义大于实际意义,五年当中,最多再开一次会。说句实话,两百多人的主席团,开一次会也真不容易啊。在“四代会”期间,我们下决心调整中国残联组织架构,切实加强主席团的领导作用,每年至少开一次会,研究大政方针,决定重大事项。大家在代表大会闭幕四个月后,又聚在这里,听取理事会的工作报告,讨论文件,这就是新的形式,变化虽然并不大,可是,历史上很多重大改革,就是这样一步一步实行的。从昨天小组讨论的情况看,已经有了新变化。不要小看了这个变化,主席团人数减少,定期开会,作用趋实,这不只是形式上的变化,更是内容上的变革,是中国残联进一步加强民主制度建设的尝试。

这些年，我们讲思想建设、组织建设、队伍建设比较多，讲制度建设比较少。当然，讲思想建设，树立全心全意为残疾人服务的思想；讲组织建设，从上到下建立起残联组织；讲队伍建设，把残疾人工作者锻炼成一支特别能战斗的队伍，这些都很重要。但这次我想重点讲讲制度建设。制度建设是更重要的建设，是带有根本性、持久性、全局性的建设，是我们的事业持续、健康发展，永葆青春活力的保证。

小平同志早在一九七八年就说过：必须使民主制度化、法律化，使这种制度和法律不因领导人的改变而改变，不因领导人的看法和注意力的改变而改变。两年以后，在起草《关于建国以来党的若干历史问题的决议》期间，谈到正确评价毛泽东晚年错误的问题时，他又说：单单讲毛泽东同志本人的错误不能解决问题，最重要的是一个制度问题。同年，他在《关于党和国家领导制度的改革》讲话中又说：我们过去发生的各种错误，固然与某些领导人的思想、作风有关，但是，组织制度、工作制度方面的问题更重要。这些方面的制度好，可以使坏人无法任意横行，制度不好可以使好人无法充分做好事，甚至会走向反面。

最近我在看《毛泽东传（1949—1976）》，这本书很好，同志们也可以看看。这本书不光是毛泽东个人的传记，也是新中国成立以后的一部中共党史，或者中国社会主义建设史，我正好看到“八大”这部分。“八大”前夕，在谈斯大林的错误时，毛主席就讲过：“为此，我们需要建立一定的制度来保证群众路线和集体领导的贯彻实施……”

党和国家要想长治久安，要搞制度建设。我们残联要想持续、稳定、健康地发展，也要搞制度建设。作为一个代表着六千万残疾人的利益，为他们提供各种各样的服务，还要管理这么一个大事业的团体，没有民主是不行的，民主靠什么保证？也得靠制度来保证。我们就是要通过一整套制度设计，使广大残疾人真正当家做主，保证他们的意愿、呼声、诉求能够通过各种渠道反映到决策层,再通过一定的程序在各项政策措施中得到体现。这样的制度也有利于监督执行部门认真执行和落实,还可以有效地防止残联组织官僚化,使我们永远保持残疾人代表组织的鲜明特色,全心全意地为残疾人服务。

这几年,我的好多讲话都涉及这方面的内容,我是真担心,不是假担心。我们组织不能脱离残疾人群众,要真正和广大的残疾人紧紧地绑在一起,让所有的残疾人真正信任我们。这都是不容易做到的事情啊,不那么简单啊!家宝同志最近讲,中国有十三亿人口,中国的每个优点被十三亿人一除就很小了,中国的每一个缺点被十三亿人一乘就很大了。中国有六千万残疾人,这么一除一乘也是怵目惊心的,真是不容易啊!

为了加强民主建设,必须建立一定的程序。程序是保证内容的手段,不通过一定的程序,就无法体现实质内容。过去,我们已有这样的程序,但在运行过程中存在一些困难,现在想进一步改进它,加强它。比如,现在,我们规定主席团一年开一次会,又设计了主席团的工作规则,规定了必要的会议制度和工作程序,现在大家经过讨论,没有更多的意见,通过了,就要按照这个程序、这个规则办事。我曾经说过,搞民主,也要有点代价,包括牺牲一点效率,但这有好处,就是可以避免大的失误。

这次修改章程,取消了评议会,大家知道我的态度,我在代表大会期间也讲过,原来我是不同意取消评议会的,后来还是同意了,但监督的功能不能取消。现在,章程规定,监督评议的职能由主席团行使,我们再换一个方式试一试,看能不能把这个职能用好。我想,监督体现在许多方面。比如,我们审议理事会的报告,提出意见和建议,是监督;我们下去搞调研,发现问题,提请理事会研究,是监督;我们召开专题会议,针对某个具体问题,要求理事会解决,也是监督。

按照章程规定，主席团的责任是贯彻代表大会的决议，领导全国的残疾人工作。我们主席团委员们肩上的担子并不轻松，要把这项工作做好，还要靠我们九十多位主席团委员的共同努力。

这次我们的组织架构调整，还只是一种尝试，可能有很多考虑不周之处，还需要在实践中不断探索。哪种有效，哪种没效，哪种效果大，哪种效果小，都要慢慢地试。民主化和现代化建设一样，要一步一步来，不能着急。同时，人们对一种新制度的建设，也有一个认识、探索和实践的过程，不可能一蹴而就。我希望大家不断总结经验，不断有所改善。

那么，作为主席团委员，我们应该怎样工作，怎样发挥作用呢？

我想，主要是着眼于宏观，抓大事，谋大局，求发展，主席团委员们就要围绕这一点开展工作。当前的大事、大局是什么？是落实党的"十六大"精神，实践"三个代表"，带领广大残疾人摆脱贫困，共赴小康。我们主席团的同志们都应该认识这个大局，把握这个大局。各位委员有的是残联的各级领导干部，有的是专门协会的主席、副主席，也有优秀残疾人代表，我们既然当了这个委员，就不能仅仅拘泥于具体事务。不要拘泥于具体事务，不是说不做具体事务，残疾人工作还是要一件小事一件小事地做，但是不能拘泥于此，而应当多了解一些国内外的大事，多掌握一些理论武器，学会从全国残疾人工作的角度看问题，共同推进全国残疾人事业的健康发展。所以，我们每年开会，绝不只是举举手，鼓鼓掌，仅仅走个形式，而是要发扬主人翁的精神，吃透大政方针，结合实际情况，创造性地开展工作。

这里，我还想强调一下主席团和理事会的关系问题。主席团是决策机构，还要监督理事会的工作，但主要是支持、帮助执行理事会把工作做得更好。主席团有九十多人，九十多个脑袋，所处的位置不同，看问题的角度也不同，集思广益，汇聚起来，总比只有几个脑袋的理事会全面一些。我们和理事会绝不是两张皮。大家要同心协力,共同把事业做好。既要领导,又要监督,还要支持。把这个关系处理好了,一通百通,就都顺了。至于执行理事会,还是那句老话,还要加强一些,还是要大胆工作,这一点一定要明确。

我这里主要说的是中国残联主席团,各地残联主席团也应该根据实际情况,充分发挥作用,集中集体智慧,加强决策、监督职能,积极支持理事会做好工作。

关于联合国人权奖[①]

（二〇〇四年一月十三日）

去年十二月，我得了“联合国人权奖”。这个事大家很关注，不少人来信来电祝贺，也希望我在这次会上讲一讲。我想，该讲的其实在纽约都讲了，国内几大新闻媒体也报道了，没有更多的新话。得了奖，当然是好事，但我个人并没有特别兴奋的感觉，尽管这不是普通的奖，是一项大奖。为什么呢？因为我们做这些事，从来没有想过要得个什么奖，只是想把这个事做成。事做成了，我们就高兴。这些年，也陆陆续续得过一些奖。得了，说明人家看到你做了一些事，承认你这事做得还不错，这很好。现在得了个大奖，说明更权威的机构在更大的范围承认了你的工作，这当然更好。我从来就不认为这仅仅是个人的荣誉，它是我们残疾人事业和国家的荣誉。得了这个奖，说明我们经常讲的“中国的残疾人事业取得了举世瞩目的成绩”并不是一句空话、套话，而是确凿无疑的事实。这个成绩是靠着大家的努力得来的，所以这个奖也是大家的，在座的残疾人工作者每个人都是有一份的。

在接受人权奖期间，更多地接触到人权问题，也做了一些思考，借此机会和大家交流一下。

有一位记者问我对人权如何理解，我对她说，现在世界上有许多人权文书，表述也不尽相同。我比较欣赏美国《独立宣言》中的这种

---

① 这是邓朴方同志在中国残联第四届主席团第二次全体会议上讲话的第三部分。

表述:我们认为这些真理是不言而喻的,人人生而平等,他们都从他们的造物主那里被赋予了某种不可转让的权利,其中包括生命权、自由权和追求幸福的权利。

这段话说了几层意思。首先,这件事不容置疑,是公理,不是定理,无须证明;其次,人人生而平等,无关种族、民族、宗教、性别、肤色、健康状况;再次,这种权利是造物主给的,对无神论者来说,是天赋的,不是被什么人恩赐的;第四,这种权利是不可让渡的,是伴随人的一生的;最后,这种权利是广义的,包括生命权,也就是我们说的生存权;自由权,这是最重要的一种政治权利;追求幸福的权利,也就是我们说的发展权。到后来法国大革命时的《人权宣言》又增加了财产、安全和反抗压迫的权利。这种广义而不是狭义的人权,用现在的话来说,就是全面的人权,是一定社会中人们按照人的本质和尊严依法享有和应该享有的各种权利,包括公民的政治权利,也包括经济、社会、文化权利。

天赋人权,是一种理念,但不等于说,天给你了,你就有了;人人平等,也是一种理念,也不是人人生下来就真的平等了。人权要靠争取才能得到,平等也要靠争取才能得到。最初,人的生存权就是靠搏斗抢来的。在原始社会,人面对狼,狼把人吃了,就是狼权;人学会使用工具,制造武器,把狼打死了,就有了人权。综观历史,人们在争取人权的过程中,曾采取过多种方式,有暴力和革命的方式,有非暴力的改革和改良的方式,也有建设和合作的方式,等等。

让我们来看看美国种族解放的过程。林肯开始提出一份黑奴解放计划,主张用赎买的办法,由国家给奴隶主补偿,让黑奴获得人身自由,但没有一个畜奴的州愿意采纳这个计划。一八六三年,林肯不得已采取战争手段,解放了二十万黑奴,这是暴力革命的手段。一百年以后,美国的马丁·路德·金博士发动了大规模的民权运动,他主张用坚持不懈的和平的抗争，消除美国的种族歧视，这是改良的手段。此后，美国进行了一系列建设性的工作，《民权法案》《投票权法》《公平住房法》等消除隔离和歧视法案一一颁布，这是建设的手段。经过几代人长达一百多年的努力，美国的黑人和其他有色人种终于争得了应有的公民权利，鲍威尔也才有机会当上了国务卿。

我们再看看残疾人的解放。残疾人从只能被动地接受救济的状态，到要求参与社会，并与医务人员共同创建现代康复医学体系，距今已有半个多世纪了；从《关于残疾人的世界行动纲领》提出机会平等、全面参与社会生活，到现在轰轰烈烈的残疾人运动，也有二十多年了。几十年的实践，说明了残疾人争取人权，有时也要用对抗的手段，但主要是用非对抗性的、建设性的、合作的手段。残疾人要求的是机会平等，没有有效的补偿措施，他们始终会处于一种不平等的地位。残疾人状况的改善，靠人们观念的改变，靠发展残疾人事业，也要靠社会物质文化条件的改善。没有扎扎实实的工作，没有无障碍环境的实现，调子唱得再高，人权还是空的。我从前说过“彼岸”和桥梁的问题，光喊“彼岸”，不解决桥和船的问题，永远也达不到彼岸；而架桥和造船，就要靠建设，就要靠合作。

人是很有韧性的，也是很有创造力的。人在为自己争取权利的过程中创造了多种方式，不断增强自己的能力，而这些方式和能力，反过来又使人得到更多的权利，形成新的人权形态。

实际上，随着社会的发展，人权形态一直在不断变化着。古代，两个部落打仗，抓到对方的人，全部杀掉。后来不杀，让他当奴隶，有了相对的生命权，是一种进步。以后，解放奴隶，让他们成为自耕农，他们有了些许的人身自由，这又是一种进步。从封建社会到资本主义社会，再到社会主义社会，又一步一步向前推进。人类社会不断进步，人权形态也就不断变化。由此可见，人权不是抽象的，它始终是历史的、具体的、变化的,是和国家和社会的历史沿革、经济发展、文化背景相联系的。就是一个国家,一个政党,在不同的历史时期,对人权也可能有不同的理解。比如,美国一贯自诩为人权的捍卫者,但自从“九·一一”以后,对公民的自由就有了诸多的限制,一位议员因为身体里有块钢板,上飞机安检时甚至被脱得只剩下一条裤衩,气得要命,但也没有办法。我身上也有两根钢柱,所以这次到美国,为了防备意外,我把X光片都带上了。在日常生活中,那些阿拉伯裔的人士更要受到种种特殊的“照顾”。伊拉克战争期间,对新闻自由的限制也很紧,反面的意见几乎不能公开发表。但是,美国朝野大都认可为了国家安全而压缩人权范围的做法,大家对美国的做法也表示理解,毕竟它遭受了那么惨重的损失。但是,布什还有句名言“非我即敌”,就霸道了。他是以美国政府的强权,粗暴地侵犯了美国人的人权和别国的主权。美国要安全,别国就不要了吗?美国不愿意受到威胁,为什么又总是以武力威胁别人?

不同国家、不同民族对人权有不同的理解,我认为是必然的。每一种理解都有它存在的原因,但每一种理解也都会是有缺陷的,都是需要改进的。也就是说,国际社会和各个国家在人权领域,都还有大量的事要做,伸张和维护人权还任重道远。

现在,回到我们自己的国家。我们是社会主义国家,共产党执政。共产党人要解放全人类,应当是最讲人权的。《共产党宣言》中讲:无产阶级失去的是锁链,得到的是整个世界。失去锁链就是获得自由,得到世界就是得到最广泛的权利。中国共产党打败了国民党,建立了新中国,靠的是什么?靠的是推翻三座大山,反对独裁专制,争取民主自由。前一段时间,为纪念毛泽东同志诞辰一百一十周年,中央电视台拍摄一部大型革命史诗电视剧《延安颂》,不知道大家看了没有,我只要有时间,每天都看,昨天刚完。它的结束就是用了毛主席回应黄炎培“周期率”问题的回答①,他讲:我们找到了一个办法,就是民主。让我们再回忆解放初期那几年,那时候的共产党多团结啊,人民群众多拥护啊,从上到下团结一致,一心一意搞建设,多红火啊,我这个年龄的人,当时正上小学,还有点印象。想想那时候,我心里都发热、发烫。但是,我们没过几年好日子,就折腾起来了。特别是“文化大革命”时期,根本不讲什么人权,讲的是以阶级斗争为纲,而且年年讲,月月讲,天天讲。那个时候,共产党丧失了自己的根本。党的十一届三中全会以后,我们拨乱反正,又回到正确的路线,通过一系列法律和政策,使人权得到了尊重和有效的保障。党的“十六大”提出“全面建设惠及十几亿人口的更高水平的小康社会”的目标,把“促进人的全面发展”作为一个施政目标提了出来,对弱势群体也予以特别的关注。最近,人大通过议案,同意将中共中央关于修宪的十四条建议提交明年十届人大二次会议审议。这个建议中有尊重和保障人权的内容,有保护私有财产的内容,有社会保障的内容,这一切都是很大的进步,充分说明党和国家对人权更加关注。

那天,记者问我对残疾人的状况感到满意吗?我说:不,远远不能满意,我只是对取得的进步满意。对我们的国家也是这样。我国的人权就没有问题了吗?当然不是。我们还有许许多多各类问题,包括人权问题,对这些问题,我们的老百姓不满意,我们的领导人也不满意。我们的确还需要用更多的努力来解决这些问题。我的看法是,不在于有没有问题,而在于是否正视问题,解决问题;只要正视问题,不断努力解决问题,我们就是大有希望的。

中国期望不断改善自己的人权状况,许多国际人士也真诚地帮助我们,对此,我们是衷心感谢的。但是,也总有些人挥舞人权大棒打我

---

① 语见黄炎培一九四五年七月出版的《延安归来》,参见《人道主义的呼唤》(第二辑)第三十九至四十页。

们,对此,中国的老百姓是有气的。我觉得,现在世界上有两种歪风,一是借人权的幌子,行一国一集团之私利,这叫作挂羊头卖狗肉;二是用强权推行人权,强权本身就是反人权的,这叫作南其辕而北其辙。我是很厌恶这些做法的。但为什么还有人看不清楚呢? 这里有一个原因,就是人们往往忽视:争取和维护人权的基点,是对人的爱,这个爱,或者叫人道主义就是灵魂,丧失这个灵魂就会走到邪路上去。

我们大家记得一九六三年,马丁·路德·金发表的那个著名演说《我有一个梦》,我有一个梦,有朝一日,在乔治亚州的丘陵地带上,奴隶的后代们和奴隶主的后代,将能够兄弟般地相处。我有一个梦,有朝一日,甚至密西西比州,这个充满不公和压迫的州,将转化为自由和公正的绿洲。我有一个梦,我的四个孩子有朝一日生活在这样一个国度里,在此,人们不是根据他们的肤色,而是根据他们的品格来衡量他们。

这是多么深厚的爱,多么宽广的胸襟,多么真诚的理想主义和献身精神! 这个演讲深深打动了美国人民,也打动了我的心。他的演说也证明了我的一个想法,这就是争取人权,就必须呼唤人道主义,呼唤爱心。你有一颗仁爱之心,你的人权斗争才是有意义的。二十多年来,我和大家一起,都在推动人道主义思想,都在为残疾人的人权保障略尽绵薄。有时,我会扪心自问,也许你做了一件好事,但你是怀着怎样的一颗心来做这件事的呢? 我想,它首先是一颗爱心,是一种博爱精神,是“老吾老以及人之老,幼吾幼以及人之幼”;其次,是一颗真心,不带功利目的,不计个人得失,是一种浑然忘我的真诚;第三,是一颗实心,脚踏实地,不尚空谈,真心实意地办事。

所以,我比较喜欢用人道主义这个概念,在许多场合都说人道主义是当代人类社会的基础思想之一。我想,不管理论界有什么样的争论,这句话总是不错的。

人道主义在理想方面的延伸，是追求社会公平、公正，人类解放；在法律、政治方面的延伸，是维护和保障人权；在道德方面的延伸，是尊老爱幼、扶弱济贫，人人怀有一份爱心；在实践方面的延伸，就是诸多的公益团体、慈善团体，就是为社会上需要帮助的人踏踏实实服务的无数义工。承认和发扬人道主义这个基础思想，我们可以在多方面受益。

最近，我忽然又想到一个问题，就是人权是不是也有边际？恐怕也是有边际的。某个人或某个群体，不能只考虑自己的利益而损及他人；人类也不能只考虑人类的权利，忽略和漠视大自然的权利。现在，人们强调环境保护，强调社会的可持续发展，实际上是要限制人类欲望的无限膨胀，这也就是说，人的权利也不是无边无际的，也是有限度的。

总之，伸张、争取和维护残疾人的人权，是我们残疾人工作者的神圣职责。我们不仅要促进国内的残疾人在政治、经济、社会、文化等方面享有与其他人平等的权利，还要在国际领域努力促进《残疾人权利国际公约》的早日缔结，使世界上更多残疾人的权益得到保障。人道主义精神是一种伟大的精神，人道主义是我们残疾人事业的永远不倒的一面旗帜。我们要发扬中华民族传统文化中有关人道主义思想的内容，研究并汲取西方人道主义理论的积极成果，使人道主义思想在我国发扬光大。

我在“四代会”上提到要抓好关系残疾人事业长远发展的几件大事，第一件就是“加强残疾人事业理论研究，深入宣传人道主义思想”。我希望，我们残联系统的八万名工作人员，都成为人道主义的宣传员，撒播人道主义的种子，让它在社会上生根发芽；我希望，我们残联的八万名工作人员，都成为人道主义的实践者，成为净化社会环境的清道夫。这样，我们就不仅为残疾人事业的发展做出了贡献，也为全社会的文明进步做出了贡献。

这是一片充满生机的热土[①]

（二〇〇四年三月十五日）

今天，我们欢聚一堂，共同纪念中国残疾人福利基金会成立二十周年，回顾历史，总结经验，共叙友情，展望未来。

二十年前的今天，沐浴着改革开放的春风，满载着广大残疾人的期望，顺应文明进步的历史潮流，在各位爱心人士的参与和支持下，中国残疾人福利基金会诞生了。

那是一个激动人心的年代。实践是检验真理唯一标准的大讨论，使人们冲破了思想的牢笼。党的十一届三中全会的春风吹遍祖国大地，改革开放的大潮汹涌澎湃。安徽省小岗村的二十位农民在一纸生死契约上按下自己的手印，冲破了旧体制对生产力的束缚；四川省向阳镇的干部群众率先摘下了人民公社的牌子，宣告了一个特殊历史时期的结束；精神刚刚获得解放的人们热泪盈眶地观看《于无声处》《丹心谱》等一批优秀剧目，酣畅淋漓地宣泄着被压抑了十年之久的内心情感；渔村深圳推土机的日夜轰鸣，奏响了改革开放的序曲……人们的思想从来没有如此活跃解放，人们的心情从来没有如此欢快舒畅，怀着对未来的憧憬和希望，虽然也有迷惘，却以从来没有过的勇气和蓬勃热情，开辟着新的道路，创造着新的生活。

“春江水暖鸭先知”。社会生活中最困难的残疾人群体最先感受

① 这是邓朴方同志在中国残疾人福利基金会成立二十周年纪念会上的讲话。

到了时代的变化。一种对新生活的强烈渴望在这个群体中萌动。他们冲破多年来被当作“废人”的歧视和压抑，勇敢地走出了家门，闯入社会生活。北京的一批残疾人积极分子首先冲破禁忌，成立了残疾青年俱乐部；大连、广州、西安、兰州、唐山等地的残疾人协会、小组、俱乐部如雨后春笋般涌现出来。他们响亮地喊出了“废字与我们无缘，自强是我们的主旋”，要求康复、就学和就业，渴望参与社会生活，实现自己的人生价值。也就是在那个时期，相继涌现出张海迪、史铁生、刘琦、史光柱等一批优秀残疾人，成为一代青年的楷模。

恰逢此时，联合国发起了“残疾人年”和“残疾人十年”，通过了《关于残疾人的世界行动纲领》，提出了残疾人以平等机会充分参与社会生活的目标。当这股人类社会发展的文明进步之风吹进我国时，人们是那么欣喜，那么激动，那么豁然开朗。

就是在这种历史背景下，一九八四年三月十五日中国残疾人福利基金会正式成立了。我们不会忘记，彭真、习仲勋、王震、余秋里、王平、段君毅、胡子昂、赵朴初等领导同志亲自到会祝贺，带来了党和国家的亲切关怀和殷切期望；崔月犁、崔乃夫等有关部门领导，民主党派、宗教团体负责人及社会各界人士五百多人出席，会议开得庄严、热烈。广大残疾人欢欣鼓舞，新闻媒体对这个新型的社会团体给予了热切的关注。

基金会成立初期，那真是一段激情燃烧的岁月。当时的条件十分艰苦，没有办公地点，向国管局借了一个小四合院；没有经费，靠一位海外朋友的赞助买了些笔墨纸张；办公室不够用，就轮流在院里办公；没有食堂，中午大家自带午饭一起吃，摆“百家宴”。但是大家的工作热情十分高涨，小院的灯火彻夜通明，残疾人摇着轮椅，拄着盲杖，打着手语进进出出，许多机关干部、医生、教师、工程师等志愿工作者下班以后直奔小院，为这个还不被人了解的新兴事业奔波忙碌。

每天都有新的事物,每天都有激动人心的事情。大家那种为理想而献身、坚忍不拔的意志,那种脚踏实地、艰苦奋斗的作风,那种朝气蓬勃、敢想敢干、充满活力的精神风貌,至今令我难以忘怀。同志们那种饱尝甜酸苦辣、历经喜怒哀乐的工作场景,仿佛就在眼前。

中国残疾人福利基金会从成立到现在走过了二十年不平凡的历程,为新时期残疾人事业的开创和发展做出了贡献:基金会制定的宣传提纲,确立了以弘扬人道主义为宗旨的基本理念,形成动员社会扶残助残的工作原则。基金会筹建的中国康复研究中心,推动了我国现代康复医学的发展。协助国务院进行的残疾人抽样调查,第一次摸清了残疾人的基本状况,为国家制订与残疾人相关的法律政策提供了科学依据。起草的《中华人民共和国残疾人保障法》草案,开启了残疾人事业法制建设的进程。配合政府实施的残疾人事业工作计划,将残疾人的康复、教育、就业、文化生活等工作纳入了国家大局。积极参加联合国关于残疾人的活动和国际交往。在国际残疾人事务中发挥着越来越重要的作用。基金会一步一个脚印,履行着自己的使命。

二十年来,基金会得到了社会各界的无私捐赠和热情帮助。赵朴老倡议全国八大宗教团体捐赠书画;朱学范老部长推动发行附捐邮票;吴作人等数十位著名书画家挥毫作画发起义卖;李嘉诚、包玉刚、霍英东、何英杰、陈永栽等港澳同胞、海外侨胞捐赠巨款;国际组织和友好人士热情支持;首钢、燕山石化等国有骨干企业解囊相助;解放军和机关团体奉献爱心;民营企业家共襄善举;普通百姓也纷纷捐款。最使人感动的是年逾古稀的老人将毕生的积蓄全部献出,孩子们也捐出了自己的零花钱,等等等等。四亿八千万元的善款,凝结着华夏同胞和国际友人的拳拳爱心。

基金会成立以来共计支出两亿八千万元人民币,用于改善残疾人状况,为广大残疾人带来了实实在在的利益。抢救性的“三项康复”使失明多年的白内障患者重见光明,沉寂多年的聋儿第一次喊出了“妈妈”,地上爬行的儿麻患者站立起来。修改高考体检标准、资助特殊高等教育、设立成才奖,帮助残疾人走进高等院校的大门。春雨行动资助众多贫困残疾儿童少年接受义务教育,支持康复扶贫,帮助残疾人解决温饱问题。组织残疾人职业技能竞赛,推动职业培训和就业服务工作的开展,提高了残疾人的就业能力。广泛开展体育、艺术活动,丰富了残疾人的精神生活,展示了残疾人的才华。无障碍环境建设,拓展了残疾人参与社会生活的空间。

回顾基金会二十年走过的道路。我们不会忘记那些最初帮助我们开垦这块处女地的人,不会忘记那些二十年来为这绿色的事业撒下汗水的人。他们之中有德高望众的党和国家领导人,有享誉海内外的各界知名人士,有富有爱心、慷慨捐助的企业家和千千万万的普通工人、农民、机关干部、少年儿童,也包括历任名誉理事、理事。没有他们,就没有我们事业的今天;没有他们,广大残疾人的状况不可能得到如此显著的改善。为基金会做出贡献的人们,有的已经离我们而去,我们深深地怀念他们;有的已转换了工作岗位,我们永远铭记在心;更多的人仍在继续为残疾人工作,我们由衷地感谢。在此,请允许我代表中国残疾人福利基金会和全国六千万残疾人,向他们致以崇高的敬意和衷心的感谢!

二十年的艰苦奋斗,给我们留下了许多宝贵的精神财富:人道主义是残疾人事业的一面旗帜,在全社会倡导人与人之间的友爱、和谐,提倡理解、尊重、关心、帮助残疾人,使我们拥有厚重的文化根基;始终保持与残疾人的血肉联系,认认真真、扎扎实实地为残疾人排忧解难,获得了广大残疾人的拥护,使我们具有广泛的群众基础;运用社会化的工作方式,广泛动员社会,吸纳各界人士参与支持,使我们保持了生机与活力;立足国情、脚踏实地、勇于探索、开拓创新,使我们植根于中国现代社会,获得丰富的营养。恪守“人道廉洁”的职业道德,一以贯之地坚持严格、规范、透明的管理,使我们赢得良好的信誉和广大残疾人的认同。

今天,我们又站在了新世纪新阶段的起点上。全球化和现代化为我们提供了前所未有、广阔而缤纷的舞台。而我们的确还不十分了解这个舞台,也还难以确定在这个舞台上如何有所作为。但我们将以永不停息的创造性和进取精神,努力探索和实现二次创业。我们必须有紧迫感,有忧患意识,不断地学习新知识,研究新问题,勤于思考,敢于实践,大胆地去开拓。要继续弘扬人道主义精神,以此加强基金会的思想建设,传播现代文明社会的公益文化;要以开放的组织架构,吸纳各方面的社会力量,扩大自己的社会基础;要提高现代化、专业化的管理水平,取信于民,提高公信力;要更加满怀爱心、诚心和奉献精神,全心全意为残疾人服务,为增进社会公正与和谐、建立和衷共济的现代文明社会做出自己的贡献。

我相信,我们的基金会拥有着美好的未来;

因为我们的事业是文明的事业,朝阳的事业;

因为基金会正是二十岁的年轻人,他充满活力,风华正茂;

最重要的是因为有大家携手同心,广大残疾人和社会各界朋友与我们一路同行。

这是一片充满生机的热土。让我们共同播种理想,耕耘希望,创造基金会更加美好的明天。

创建残疾人工作示范城市一定要高标准①

（二〇〇四年六月十四日）

来天津好多回了，这次到天津工作两天，到处走了走，到走的时候才感觉时间很短，好像什么都没看就走了，真想再多看看，多留一段时间。

天津的残疾人工作一直都是非常好的，在全国一直都是领先的。这次来虽然看得不多，但是也接触了基层，接触了残疾人。分别与相龙市长、兴国副书记、栋梁副市长、秀荣副主席及许多区县长见了面。以前来过几次天津，到过天津许多地方：和平区、河西区、大港区、塘沽区、新技术开发区、宝坻区、天津理工学院。区级单位去的最多的就是天津市了，所以对天津的工作稍微有些了解。

一、天津市残疾人工作的特点

天津的工作仍然是跟我以前留下的印象一样，有四个比较突出的特点：

第一个突出的特点，各级党政领导，包括市级、区县、基层的领导同志，都大力支持残疾人事业。瑞环同志当书记的时候就是这样，到

---

① 这是邓朴方同志二〇〇四年六月十四日至十五日调研天津市残疾人工作时的部分讲话摘要。其间，邓朴方同志会见了天津市委书记兼市长戴相龙、副书记兼常务副市长黄兴国、副市长杨栋梁、政协副主席曹秀荣等领导，听取了市残联工作汇报，参加了和平区社区残疾人工作座谈会。

现在他还担任中国残联的名誉主席,仍然是我们的坚强后盾。以后,立昌同志、盛霖同志,包括分管的平顺同志、宝龙同志①都非常支持残疾人工作。天津市领导有句话:“对残疾人事业,怎么支持都不过分!”昨天我又听相龙市长这样说,心里非常感动。这也是天津市前几任领导讲过的话。有了各级领导的支持和重视,我们在天津开展残疾人工作就非常顺利,我们的各项工作都能有效地推动。特别是新一届的领导上任之后,立昌书记、相龙市长已经多次对残疾人工作做过批示。相龙市长来天津一年多一点的时间,已经批准了建立全国残疾人工作示范市,批准了为残疾人办的十件实事,包括建设体育中心等三件大事。兴国同志到任不久,对残疾人工作也很了解,我们也是多年的相识。其他同志也都非常支持残疾人事业,我觉得这是天津残疾人事业发展的一个非常好的条件。

第二个特点,整个队伍一直延续了瑞环同志“一切为了人民,全心全意为人民办实事”的工作宗旨。一个是办实事,一个是作风扎实,这两条,天津干部体现得非常突出。所以中国残联的各项业务在天津推动起来非常顺利。现在,天津这种思想作风更加过硬、扎实。昨天我到社区看了一下,工作做得非常扎实,非常好。

第三个特点,天津从一九九三年开始一直到九十年代中期,把残疾人组织一下子扎到基层,区、街、乡、镇,完完全全配齐了专干,现在又有了新的创造,“一办三站一岗”,每个乡镇都是一个残联办公室,社区还有残疾人委员,这我也是第一次看到。委员们有一点补助,为残疾人服务,既解决了困难残疾人的生活问题,又使残疾人工作有人做,我觉得很扎实。另外,联络员制度也建立得比较好,百分之八十

---

① 二〇〇一年六月二十八日邓朴方同志到天津调研时与天津市委书记张立昌、市长李盛霖、副书记宋平顺、副市长夏宝龙等同志一起座谈过。

一的街道、乡镇、社区都有联络员,这很了不起。我一直说天津基层残疾人工作在全国是最好的,是一个宝贝。我上次来是二〇〇一年,什么目的?就是要向天津的领导说明,在乡镇机构改革的时候,你们千万不要把乡镇残联组织一风吹了。天津的领导同志都答应了,现在不但保留了下来,而且更加发展了,更加活跃了,真是非常好。

第四个特点,就是天津残疾人工作者队伍是一支好的队伍,从上到下、一直到基层,全心全意为人民服务,有创造性,有活力,有干劲,积极性高。昨天李红旗同志说,她在竞争社区居委会主任时讲:"我在这里年龄是最大的,文化水平是最低的,由于残疾,我的腿是最短的,这些方面我都不如别人,但是有一条,我有一颗全心全意为大家服务的心。"这样大家就选她了。她说:"我干得并不比别人差。""一颗心、办实事"就六个字,我听了非常感动,我想这也是我们基层残疾人工作人员的写照。有这样一批基层的残疾人工作者,我们做好残疾人工作就有了一个非常好的基础。今天各区县的领导都来了,非常感谢大家参加座谈会,希望大家珍视我们天津的这些"宝贝",珍视我们天津工作的优良传统,继续把它发扬光大。

二、创建残疾人工作示范城市一定要高标准

这次来的主要目的,是天津提出来要建设全国残疾人工作示范城市,行还是不行,咱们来看一看。我刚才说了四条,各级领导重视、思想作风好、组织健全、队伍优秀,而且连续多年位居全国前列。但示范城市怎么做是个新课题,这次来天津和市里的领导也都交换了意见。我这两天对刘洪说,我还是很有信心的。昨天相龙同志提出一条很重要的原则,就是要高标准。天津残疾人工作要体现在解决残疾人的温饱、扶贫等工作上,但相龙同志说不能只限于这些,还要

考虑用更高的标准来要求。残疾人得到了救济,吃饱饭就行了吗?残疾人应当有更高的追求,不应该只满足于这些。我们要确定一个根本的指导思想,就是创建残疾人工作示范城市一定要高标准。刚才有位同志说了一句话:“天津的残疾人工作要和天津环渤海中心城市的地位相适应,和现代化港口城市的形象相适应。”相龙同志的意见、兴国同志的意见和我的意见是完全一致的。我想,天津的眼界要开阔一些。我们的眼界除了盯着为群众一件一件扎扎实实办事之外,还要把眼光放开了,看看全中国,看看全世界,有很多工作要和先进省相比,很多工作要同国际接轨,以这样高的标准、高的视角来看,天津的残疾人工作才能在现有的非常好的基础上再上一个新台阶,达到一个新水平。天津不是有这样一个口号吗?“整体推进,协调发展,追求高水平,实现新跨越。”怎样结合天津市委政府确定的新的方向和目标,创造性地搞好天津的残疾人工作,我讲几点意见:

第一,天津提出来创建全国残疾人工作示范城市,这是一个好的载体。天津是一个直辖市、沿海城市,标准当然要高一些了,不能按一般标准来要求,所以一定要下决心,把示范城市这项活动搞好。怎么搞好,首先要树立目标,刚刚谈到就是要有一个高的目标,要和党的“十六大”提出的全面建设小康社会的宏伟目标结合起来。天津残疾人工作要在解决温饱的基础上,全面奔向小康,要坚持这一点,这也是中国残联“十六大”以后提出来的,全国残疾人都要奔小康,天津应该更加坚决一些。

残疾人生活上要达到小康水平,其他方面,包括参与社会生活、劳动就业、精神追求,也要达到全面小康的要求。全面小康不仅是一个经济指标,它还包含着精神文化生活,各项综合指标都要全面小康。有这样一个目标,顺应国家大的经济发展趋势,结合天津市的总体目标,贯彻落实天津市委政府领导的指示,把天津的残疾人工作定位在一个比较高的立足点上,然后有步骤、有秩序地扎扎实实地推进。

第二,天津残疾人工作要继续发扬过去的优良传统,特别是全心全意为人民服务的思想作风,扎实的工作作风,完善的工作体系。刚才兴国同志说,我们天津残疾人工作根扎得很深,这个说法很准确,我们扎根到残疾人群体里面了,这个宝贝不能丢,要充分发挥它的作用。昨天相龙同志讲,基层工作还要做深做细,我看,我们基层还要加一把力。这几天我看到的肢残人比较多,盲人是不是也该更活跃一点儿,聋人是不是也该更活跃点儿,还有智残人、精神残疾康复者。天津曾经拍摄电影《启明星》,由谢晋同志导演,智残孩子做演员,在中国影响非常大。我们智残人群如何参与社会生活？这个问题还要继续探讨。

昨天秀荣同志说,在残疾人当中有许多优秀的人,应当把他们提拔起来。我非常同意这个意见。我看应该把那些优秀的、特别是那些年轻的优秀残疾人培养出来,这样的话,也许十年之后,我们会有一批残疾人干部在基层或中层里出现,再过十年、二十年就会有优秀残疾人干部在市一级乃至全国一级的干部队伍里出现。

第三,天津的残疾人工作随着天津社会经济的不断发展,随着天津人民生活水平的不断提高,随着财政的增长,资金投入的力度也要加大。“巧妇难为无米之炊”。天津残疾人事业用了比较少的钱做了许多工作,非常不容易,但总这样也不行,老是“小米加步枪”不行。毕竟天津是环渤海的中心城市,毕竟是现代化港口城市,将来要走向国际化,所以该投入的就投入。现在在建的文体中心缺点钱,但估计问题也不大。市长答应了要解决这个问题,各方面也都认为这是天津为群众办的二十件实事之一。各项投入要落实,要到位。今天来的都是主管的区县长,对天津残疾人工作的投入,大家都是动了脑筋的,今后也要适当增加投入,特别是骨干设施要尽最大努力建起来。

投入也要多渠道。昨天我和相龙同志探讨了很多方式,比如就业保障金的收缴问题。就业保障金的收缴在天津是一个问题,还是残联干部在收。残联干部收就有几个弊病。第一个弊病,残联干部去收,人家认为你是乱收费。第二是收费成本高。残联干部收费就要雇人,这个浪费很大。第三个问题,服务中心不务正业,服务中心应该把残疾人送到工作岗位上去,但没时间干这个活,光收费就收不过来,根本没有时间务正业,不能把工作的注意力集中在提高残疾人就业比例上,集中在为残疾人的就业服务上。第四,还有一些不规范、不确定的因素存在,导致一些负面的影响。第五个当然是收缴不力,收缴不上来。

现在全国各地都在改变办法,大概已经有十几个省市完成了改变,就是八个字:“地税代征、财政代扣”。还有十几个省市正在改变。根据经验,天津只要改变过来,就会像北京、上海一样。过去,北京和天津差不多,也是收两千多万,改变以后一下子收到一个亿,增加了八千万。上海原来收一个亿,改变办法后一下子收到四亿。收上来的钱,以后就用于就业、服务、培训,残疾人的养老保险、医疗保险最终也办了,生活补助金也可以从这里出了。上海残联甚至拿这笔钱买了六千多个公益岗位,提供给残疾人就业,因为是公益岗位,这些残疾人又可以为其他残疾人服务,你看看,一着下好,满盘皆活。

现在已不是单一的社会了。社会上的企业有国有的、民营的、外资的,各种成分都有,社会资源丰富了,多元化了,所以我们要多争取社会资源的支持。今天上午,我们探讨了如何争取企业界来支持残疾人事业,各位区县长要多做这方面的工作,让各方面都来支援,特别是咱们残联干部千万不要做官老爷,什么都行文,你们要学会社会化的工作方法,大家动员起来,要靠努力、靠创造性、靠积极地工作。

还要争取民政和体委的支持,利用两个彩票基金增加残疾人事业的投入。这个工作干起来全国都比较困难,但也有许多成功的例子。中国残联原来也是不能使用彩票公益金的,现在解决了。原来有一千万还经常拿不到,现在可以拿到两个亿了。有些省市也做到了按一定比例分成,天津也可以试着做,能多争取一点支持就多争取一点。

这样的话,就业保障金一块、社会资源一块、彩票一块、财政一块,几块加起来共同拼成一个盘子,我想能够促成一个使大家充分发挥自己能力的局面。

天津的问题就是怎样尽快地增大资金的投入。我觉得随着天津经济社会的发展,现在是时候了,也可以说这个话了,也可以办这个事了。只要我们做得适度,做得合理,我想这件事办得下来!有了资金的支持,我们可以有效地安排一批骨干工程,有效地把一切残疾人事务安排好。另外,要强调一下,要认真解决好社区残疾人委员、联络员、专干的生活问题。他们的境界都很高,值得我们学习,但也要照顾好他们。

第四,天津残疾人工作要进一步做好规划。按照相龙同志的要求,用更高的标准尽快地在现在的基础上提高一步,做一个规划,做好文体中心等骨干设施。区县的设施,如果太差也要逐步列入改造计划。当然,不一定马上做这个事情,但将来都要考虑。各位区县长也要看一看你们区县的残疾人工作机构,关心他们,帮助他们解决一些困难。有些单位确实太困难了,残联本来就是新单位,又是穷单位,现在做到这个份上,这些同志都不简单、不容易,多给他们点帮助,他们就感激不尽了。规划这件事要重新审视,要以更积极的态度把这个事情做好。我相信,只要把我们的优势发挥好,加上天津快速发展的大趋势,天津的工作还会有大的发展。

这次来天津,我看到天津的面貌变化很大。今后天津的吸引力会越来越强,前途会越来越好,天津的残疾人工作也会更上一层楼。

两个奥运，同样精彩[①]

（二〇〇四年七月十三日）

三年前的今天，是中华民族无比自豪的日子，我们取得了二〇〇八奥运会和残奥会的主办权。

今晚，我们再次为奥林匹克而欢呼，同时将发布二〇〇八北京残奥会会徽。

残奥运动是国际奥林匹克大家庭中重要的一员，她将人类所追求的尊严、价值、人道、博爱的伟大精神融入奥林匹克运动。她是人类社会文明与进步的成果，是全人类所共有的财富，是伟大的人类精神的升华。

中国政府对承办二〇〇八北京奥运会与残奥会给予了同等重视，提出了“两个奥运，同样精彩”的口号。中国人民给予了两个奥运同样的热情。二〇〇八北京残奥会会徽的发布，必将进一步激励中国残疾人体育健儿，以自强不息、顽强拼搏的精神继续在国际残奥赛场上为国争光；必将唤起全国人民的爱心，为残疾人事业和二〇〇八北京残奥会做出贡献。

中国的残奥运动，伴随着我国改革开放、经济发展、社会进步的伟大进程，在党和政府的关怀下，在社会各界的大力支持下，取得了长足进步，已成为国际残奥运动中重要的一员。中国残疾人运动健儿，在国际残奥赛场上为国家和民族带来了荣誉与骄傲，他们同样是

① 这是邓朴方同志在二〇〇八北京残奥会会徽发布仪式上的致辞。

中华民族的优秀儿女。

二○○八北京奥运会与残奥会，不仅会成为一次全人类的体育盛事，而且将成为人类文明与进步的庆典，必将揭开奥林匹克运动与人类文明史的一个崭新的篇章。让我们一道期盼这一伟大时刻的到来，张开我们的双臂，敞开我们的胸怀，尽情拥抱伟大的奥林匹克精神、伟大的人类精神。

答中央电视台《面对面》栏目记者问[1]

（二〇〇四年七月十四日）

他有着一个特殊的家庭，却始终过着朴素的生活；他遭受过不人道的待遇，却致力于弘扬人道主义思想；他是我国六千万残疾人中的一个，也是我国残疾人事业的开拓者和领路人。

众多历史细节首次亲口披露。

《面对面》，带您领略邓朴方的成长、磨难、事业和梦想。

邓朴方，一九四四年出生，一九六二年考入北京大学技术物理系，一九六八年受迫害致残，一九八四年起任中国残疾人福利基金会副理事长、理事长，一九八八年起任中国残疾人联合会主席团主席，执行理事会理事长，一九九三年起任中国残疾人联合会主席。中共第十五、十六届中央候补委员，第九届全国政协常委。

每年的十二月三日，对于邓朴方来说，都是一个非同寻常的日子，一年一度的国际残疾人日总是让他和他所领导的中国残疾人联合会备受关注。作为我国第二代领导人邓小平的长子，邓朴方这个名字已经和中国的残疾人事业紧紧地联系在一起。

---

① 邓朴方同志二〇〇四年七月十三至十四日接受了中央电视台记者王志同志的采访，这是中央电视台《面对面》根据部分采访内容制作的节目实录全文，楷体字部分是节目解说词。

记　者:你这个名字很有来历,我们想跟您自己证实一下,是刘伯承取的吗?

邓朴方:是的。

记　者:你的名字怎么会让他去取呢?

邓朴方:那当然,那时候在四川重庆,到了要上学的年龄,该取个学名了,刘邓俩人多亲热,那个时候我们两家住在一起,孩子都在一起玩,父亲就请他来取。

记　者:你父亲自己可以取啊?

邓朴方:刘帅的学问多好啊,他多尊重刘帅啊,他们那种亲密关系,我们真是眼睛看得到的。因为我小名叫胖胖,胖子,p 是我那个"胖"字的声母,ang 是"胖"字的韵母,所以刘帅就用声母取了个"朴"字,用韵母取了个"方"字,他亲自查字典找的,"朴方"两个字就是朴素、方正,这个对我影响很大。

记　者:您说这个名字对您有什么影响?

邓朴方:朴素方正,我这一辈子好像都这么做过来了。是不是刘帅有点儿神啊。是他的名字对我的影响,还是他看我这个人取的名字,不得而知。

邓朴方出生在战争年代,幼小的他随着父亲转战迁徙,直至新中国成立初期举家迁往北京。正像刘伯承元帅给他取的名字一样,虽然父亲是国家领导人,邓朴方仍然像普通人家的孩子一样过着朴素的生活。

邓朴方:我上八一小学,那时候学生中也有一种不好的风气,比爸爸,比谁爸爸官大。都是军人子弟嘛,谁的爸爸是团长,谁的爸爸是司令,谁的爸爸是将军。问你爸爸是什么,我不知道爸爸是什么,什么都不是,觉得好像我们比别人低一等似的。小时候很糊涂。

记　者:是不是你爸爸妈妈有交代,不要到外边说这些?

邓朴方:没有,他没有讲过他自己是什么官,妈妈也不跟我讲父亲是什么职位,从来没有这个概念,我们也从来没问过,直到五年级了,十一岁了,才有人悄悄告诉我,你爸爸是财政部部长,我说是吗?那个时候我父亲兼过一段财政部部长。我记得我上中学的时候,骑自行车,自行车坏了,口袋里一分钱都没有,我就找我们班主任去借钱,买公共汽车票,后来我们的班主任跟我说:当时我觉得很奇怪,怎么总书记的儿子口袋里一分钱都没有。那个时候,我穿的裤子都是带补丁的,年轻人也比较费一点儿,都是带补丁的,上学的时候,穿个新裤子不知道腿该往哪儿放。

邓朴方:我现在还有一张照片,朱老总和彭德怀下象棋,我父亲在旁边看,我就在旁边盯着看,那个时候我也比较喜欢象棋,小孩嘛,他们有时候看到照片还笑话我,看你那个补丁裤子,看你那个样子。到上大学的时候,我记得,家里给我十五块钱,那个时候学生的伙食费是十二块五,我还有两块五的机动费用,我一个月回家四次,回家一次来回是五毛二。

记　者:公共汽车票?

邓朴方:公共汽车票,一次来回是五毛二,这样四个礼拜就是两块零八分,我的两块五减去两块零八分,还有四毛二就是我的机动费用,不觉得缺钱花,没想到要花钱。

记　者:好像你上中学以后好长一段时间你们同学,包括老师都不知道你是邓小平的儿子?

邓朴方:是这样,我在北京十三中上学。我在那儿待了六年都到高二了,我们班里团干部组织活动时说,是不是要请我父亲题个词什么的。后来我们团委书记交代给另外一个团委委员,说你找邓朴方去说,他父亲是总书记。那个同学说,啊!他是总书记(的儿子)。我们都同学五六年了,他还不知道我的父亲是总书记。那个时候没想到,不觉得这是个事,你和别人都是一样的,没有什么优越的,没有任何东西。

记　者:你父亲在你们上学的时候会提特别的要求吗,你们是这样的家庭,出去不要说?

邓朴方:父亲没提过,母亲倒是说过不希望我们说这些东西,我们也没觉得非要说自己父亲是什么人,没有必要。那时候我们填表,询问一下母亲,填表的时候总是稍微回避一下。

记　者:为什么这么做呢?

邓朴方:我不知道老人家怎么想的,但是现在回想起来,可能他们是希望我们在一个正常的环境下生活,我觉得这一点也受益匪浅,我从小时候一直到年轻的时候,都是和一般的平民子弟在一块共同生活,一块交往,一块玩儿,一块学习,没有隔阂,多好啊!

记　者:但是那个时候也想象不到会有以后的这些曲折?

邓朴方:那当然了,那个时候是理想的社会,树立共产主义人生观,树立无产阶级世界观、人生观,我考大学的时候考的是技术物理系,就是核物理系,想的就是毕业以后到深山里面去工作,考这个系就是这样的。

记　者:真是这样想?

邓朴方:当然,你以为呢,真革命,这革命可是真的。

然而,邓朴方的革命理想并没有按照他的想法实现,一九六六年,也就是邓朴方上大学四年级的时候,“文化大革命”开始了,很快,父亲邓小平成为斗争核心,邓朴方以及姐姐邓琳和妹妹邓楠都在各自的学校受到批判和管制,造反派试图从他们身上拿到父亲邓小平的罪证。

记　者:找你们的目的就是想通过你们揭发你父亲的事。

邓朴方:当时就是这样。

记　者:揭发了吗?

邓朴方:你想想我们的父亲没有什么东西可以让我们揭发的,你说他有什么事情?没什么事情。不可能,就想找茬儿也找不出来。但是当时北大的主要目标就是无论如何要找到他的罪名。

记　者:最后把你们带到哪儿去了?

邓朴方:把我们带到他那些武斗基地里边。

记　者:做什么呢?

邓朴方:就是审问,一天到晚审问。

记　者:审什么?

邓朴方:审什么,邓小平和你们的关系,他们又捕风捉影抓住我,说我攻击江青,就是想把你打成反革命。

记　者:攻击江青这事有吗?

邓朴方:我也不是攻击,江青在北大那个大操场上讲话,讲得很不像样子,我在底下说了一句,"看你猖狂到什么时候?"被人听到了。

记　者:报告上去了?

邓朴方:可能也是揭发吧,诸如此类的事情,总是想抓些材料。当然,我们也是矢口否认了。我就跟他们说,邓楠她们什么都不知道,你们要问就问我。

记　者:你为什么要这样说?

邓朴方:我想,反正我总是第一目标,另外一个就是希望给弟弟妹妹们减轻一点压力。

记　者:当时的情况完全是没有自由的。

邓朴方:那当然了,完全没有自由。

由于邓朴方是邓小平的长子，所以造反派就把工作重点放在了邓朴方身上，对他进行残酷的迫害，并把他打成了反革命，取消了其预备党员资格。一九六八年八月，不堪忍受虐待和凌辱的邓朴方选择了跳楼自杀。对那段梦魇般的往事，邓朴方一直不愿回忆，这次采访，是邓朴方首次面对媒体披露当时的情景。

记　者：最后是什么样的压力，会让你感觉到（绝望）？

邓朴方：大概是经过长时间的审问，我感觉到自己是一个不愿意说假话的人，真话也不能说，感到很困难，又要希望自己是有人格的，但已失去这种人格，最主要的是，如果被视为反革命，将来是没有希望没有前途的。我自己又是很好强的，说老实话，我也很革命，当你强烈地意识到自己是一个很积极的革命者，却被当作反革命，你处处被作为反革命的时候，那就是不能忍受的，所以一旦听到他们开始称呼我反革命，我就想我到头了，该结束了。

记　者：你开始采取这个极端的行动的时候，肯定是抱着一个必死的（想法）。

邓朴方：对，是，是的。我那时候自己就已经想清楚了，已经到头了，无论是你的革命生涯，还是你的反革命生涯都到头了，就是这种感觉，路已经绝了，现在想来当时还年轻，不是很有弹性，当时的想法就是已经到头了。

记　者：受伤以后被送到哪儿？

邓朴方：受伤以后开始被送到北医三院，北医三院住了一段时间以后，没有做手术，后来就送到北京大学校医院。

记　者：为什么没有手术呢？

邓朴方：当时像我这样的反革命，当然不可能给你做手术。

记　者:间隔了几天?

邓朴方:我记不清了,那时候也昏昏迷迷的。

记　者:有意识吗? 自己。

邓朴方:醒来的时候,摔伤以后大概醒了一下子后来就又昏过去了,再醒过来就已经在医院里头。

记　者:什么时候得到治疗的?

邓朴方:基本上就是躺着,没有做治疗。

记　者:就干躺着?

邓朴方:对。

记　者:苏醒过来以后,是什么时候才感觉到我要活下去呢?

邓朴方:没有,苏醒过来以后我心如死灰,生和死已经无所谓了,我觉得那个时候真是,人们尝试过那么样一种经历,真是,心死的那种,都不感到痛苦的那种状态。

因为得不到及时治疗,邓朴方胸部以下完全失去知觉,造成了无可挽回的高位截瘫。受伤半年之后,造反派彻底放弃了对他的治疗,把他送到了北京郊外的清河福利院。此时,邓小平夫妇已被下放到江西,对于邓朴方来说,这是最难熬的一段时光。

记　者:清河福利院是个什么样的概念,在当时来说。

邓朴方:是民政系统收养老年人、孤儿的一个救济院。

记　者:有人照顾你吗?

邓朴方:那就是一个大屋子,十二个人,照顾我们的就是同屋的八十多岁的一个老头儿和一个十四五岁的傻孩子,他们两个在这屋里面能走动,然后是我们这些不能动的。

记　者:生活呢?

邓朴方:生活谈不上,一去以后就给你发一身棉衣、棉裤,就是光着身子穿这些棉衣棉裤。

记　者:光着身子穿?

邓朴方:对。平常除了吃饭什么的,就是做做手工。当时福利院加工纸篓,过去的纸篓是铁丝编的,编纸篓叫作编筐,编一个筐子四面的帮是三分钱,编一个底是一分钱,就一个一个拿手工来编,做些手工挣点钱。

记　者:你会做这个吗?

邓朴方:我做什么都还可以啊,我只要学两下立刻就是高手了,我编得快,又快又好,一个月挣几块钱,然后就去小镇子上跟几个人一块摇着车子,喝个酒,来两个花生米就着,就这么过。

记　者:你自己有没有采取什么行动?

邓朴方:后来我说病还是要治治,后来我就摇车子,一个手摇车,从清河摇到中南海,我记得摇了很长时间,那好像是五月份,天很热,我就穿着棉袄,那时候大家都换衣服了,但是我没有换季的衣服,就这么摇车,从清河一直摇到中南海。

记　者:现在开车大约可能需要一个小时。

邓朴方:记得有一个坡,我摇不上去,后来路边有个人帮我推了几把,才把那坡拱上去。那时候摇到中南海西门,我就同门口的人说,我要见一见领导,一个战士让我靠边站,把我放到西门斜对面的马路边上,马路西边远远的,我在那儿等了好长时间。西门是过去我每天上学都进出的地方,最熟悉的地方,当时就在那儿等着,又过了很长时间,他们有人说给你再换个地方,用吉普车把我和三轮车一块抬上去,拉回救济院了。我也做过上访的,这也算上访。

一九七一年六月,经过父亲邓小平的多次争取,中央最后同意把邓朴方送到江西。在江西的这段日子里,邓朴方感受到了邓小平深沉的父爱。

记　者:这个时候已经跟父母几年没见面了?

邓朴方:我们大概从一九六七年出来以后就没看到父亲了,到一九七〇年,三四年吧。

记　者:三四年没见面,分手的时候你作为家里的长子,是很健全的人,这个时候再见到你是这个样子,父亲没有说什么?

邓朴方:他没说什么,我也没说什么,就是眼睛看我,无言相对。我说了,相顾无言,唯有泪千行,我就不记得当时是流泪的,但是心里面的泪在流,也许淌的是泪,也许淌的是血。

记　者:在江西的时候,你是怎么过的?

邓朴方:那个时候像我这样,党籍开除了,也没有职业,别人都分配工作了,有工资,我也没工资,拿中办发的生活费,从老爷子工资里扣除的生活费,等于是一个无业的人了。

记　者:有工作你的身体状况也不允许。

邓朴方:身体状况不允许,那时候父亲母亲还想着让我做点什么事,这孩子这么老待着,我那时候当然也想找到什么事做,我在三〇一(医院)就修了很多东西,给他们修理,当修理工,修理一些收音机,那时候收音机也好修,不像现在都是集成块的,那时候都懂。结果江西那些工人都穷,妈妈到处搜集,可是,家家都没有收音机,那时候多穷啊! 后来想做个什么东西,就把家里的照相机都拆了,拆了再装,装了再拆,把一个破的照相机给修好了,做点类似这些手工。那时候看书看得比较多,家里书多,从家里就都把书背出来了,那时候一个礼拜看这么一摞书吧。

记　者:到了那儿谁照顾你呢？怎么照顾你呢？

邓朴方:照顾我,妈妈多一些,奶奶帮忙;重一点的,比如说给我擦身子,要体力的,就由父亲来做。

记　者:但你父亲那个时候已经有六十九岁了。

邓朴方:是,也是很高龄,那时候我母亲高血压也很重,奶奶年纪就更大,父亲那时候就是我们家里最壮的劳动力了。

记　者:在您身上发生这种悲剧,您父母心里应该是非常难过的,你能看得出来父亲难过吗?

邓朴方:看不出来,难过是一定的,但他不会表现出来,不会这样表现出来。

记　者:作为一个国家领导人,他没能照顾好自己的孩子。

邓朴方:但是他自己从来不说这事情的,家里一直到“文革”以后他也从来不说这些事情。我自己觉得我这一生也没有对不起任何人,没有做过对不起其他人的事情,我毕竟有自信的,但是我唯一对不起的就是父亲和母亲。

记　者:怎么讲呢?

邓朴方:因为我自己的行为造成了父亲母亲的痛苦,我觉得非常对不起他们,他们是精心培养我、教育我、爱护我,而我呢,却给他们造成这么大痛苦。

记　者:但是你的命运是跟他们的政治命运联系在一起的。

邓朴方:当然,大家都是联系在一起的,我弟弟妹妹不是也联系在一起吗?但是我给我父亲造成的痛苦是最大的。

记　者:你一直自责?

邓朴方:是的,一直是这样想的。九十年代,我跟张百发接触的过程中,他给我讲过一段事情,他跟我讲,八十年代初期的时候,前三门建了一排宿舍楼,修了一条路很漂亮,当时父亲去看,看了以后父亲就跟他们说,你们说房子将来可不可以作为商品?我看将来会作为一个商品,如果将来买房子的话,我要给我大儿子买一套,他是因为我而受伤的,其他的孩子我就不管了。我听了张百发那个话以后,觉得实在是父亲的一片心意,他内心的这种痛苦从来没有表达过,也没有说,但是在这件事情上看出他自己内心的一种伤痕,他的这种伤痕越深,我的伤痕也就越深。

“文化大革命”结束以后,虽然多方治疗,但邓朴方的病情却始终无可挽回。因为曾在国外治疗,所以,发达国家现代化的医疗和康复体系,给他留下了非常深刻的印象。一九八三年,病床上的邓朴方和他的病友向全国政协和人大呼吁,提出建立中国伤残人康复研究中心和中国残疾人福利基金会的提案,并最终获得通过,中国的残疾人事业开始走向正轨。

记　者:什么时候开始想到要做残疾人工作?

邓朴方:所谓做残疾人工作,开始也没想到,就是和几个病友商量,国外有那些康复中心,像我们这样的病人需要康复,需要在中国建个康复中心,建个康复中心就要筹钱,国家的钱不够,需要另外在外面再筹一点钱,建立一个基金会,没想到要做大事,就想自己建一个康复中心,让中国人能有一个康复的机会。

没想到基金会成立起来后,在大量的来信来访中,接触到残疾人的就业问题、上学问题,特别突出的是上学的问题,待遇的问题,受人欺凌、侮辱、歧视,各种不公平的现象都来了,这个时候接触了,你看到了又不能不管,你需要做事,一步步一步步做下来,我说我做残疾人工作是被拉下水的,不是开始就设计好的。

记　者:您征求过您父亲的意见吗?

邓朴方:我开始做康复中心的时候,我跟他们说了,我母亲同意,我母亲还帮忙呢,她还专门打电话给崔乃夫,当时的民政部部长,说我这个儿子希望做这个事情,希望民政部部长帮助我,当时我都不知道这个事情,是崔乃夫部长后来才跟我说的,当时妈妈给他打过电话,但是我请些叔叔阿姨帮忙,我是听妈妈的,我说是不是你看看哪个叔叔阿姨能帮我忙,后来我请了很多理事都是叔叔阿姨,基金会的理事都是叔叔阿姨。就这样开始一点点搞起来,越做越深,越做越难,越做越困难。你要克服这些困难,最后就成立残联,大规模地为残疾人谋福利,大规模地开展一些康复计划、教育计划、劳动就业计划、文化宣传计划,还有法律法规体系的建立、工作体系的建立。一步一步地做下来,一步一个脚印,踏踏实实地做,这样的话才使人们逐渐地转变观念。转变观念也不是那么容易的,喊两次就行了,也不是,不断地宣传,不断地提醒,不断地让群众耳朵里听到"残疾人"三个字,大家就慢慢觉得残疾人也是个人了。

记　者:当然,你现在做得很好,也做得很大,怎么一步一步做大的?

邓朴方:一点点做,踏踏实实地做,不能来一点儿虚的,老是看到危机,而不是看到你有多少成绩。这十几年来,二十年来都是这样的,老看到我处在什么位置上,哪个地方是不利的,哪个地方是有问题的,我一直都看基金会有什么问题,残联有什么问题,大问题有没有,方向上的,体制上的,基本的缺点是什么,往哪个方向走,再看小问题有没有。所以,从一开始"人道廉洁"就是我们的职业道德,一开始就是这样的,一九八四年的时候,"人道廉洁"的口号就提出来了。到一九八四年的时候,提出来"人道主义一定要在中国实行",当时的胆子比较大,正在批判人道主义的时候,我提出来这个事情。

记　者:你当时为什么想到提这个口号?

邓朴方:我说人道主义在中国是少了不是多了,中国长期是一个封建社会,人道主义少了,既然人道主义少了,不是多了,为什么老要批判它呢?人道主义是指的资本主义在对抗封建主义时产生的一种先进思想,先进阶级对抗落后阶级、没落阶级的一个先进的武器,先进的思想,为什么我们现在中国封建残余这么多,我们不能用人道主义?而且“文化大革命”中我们非人道的现象还少吗?我都这样了,你还说你不能讲人道主义吗?

伴随着关于人道主义的讨论,中国残疾人福利基金会的发展日趋良好,一九八八年,中国残疾人联合会成立,邓朴方担任主席团主席和党组书记。为了给残疾人筹集更多的资金,国务院批准成立了中国康华发展总公司等经营机构,然而,这种做法在给残疾人募集资金的同时,也给邓朴方本人带来了不小的麻烦。

记　者:最难的是哪一段?

邓朴方:刚开始推动起来确实比较艰难,一个人道主义突破,那是比较艰难的一个时刻,但是那时候也是最红火的时候。到后来一九八九年动乱的时候说我是全国最大的贪污犯,我在国外的个人存款达到三百多亿美金。

记　者:有吗?

邓朴方:我后来开过记者招待会,我说你们谁去把这三百多亿存款找出来,我只要留百分之一就够了,其他我都捐献给国家。

记　者:但是那个时候康华公司的生意,在大家的印象中确实很红火。

邓朴方:那就是历史上撞到那儿,本来是你既然要办事,你又没有钱,后来就办了公司,办公司当时也是很普通的事情,很正常的事情,后来我就发现办公司有很多牵扯、纠缠,最基本的矛盾就是说你办残疾人事业是要办善事，是以办善事为目的的，而办公司是要盈利，是要赚钱，这是截然不同的两个行为标准，这两个行为标准在我们一个组织里面是无法协调的。后来我就把这个公司交出去了，我专心地一心一意来做残疾人工作，把公司交给国务院。

记　者：并不是因为舆论的压力？

邓朴方：那是后来的事了，但是我当时已经看出办公司不行，所以我要交出去，虽然康华公司交出去了，不是我邓朴方在办了，但还是我的名字，所以一下子，正好当时矛盾比较尖锐，一部分人先富起来，社会矛盾，寻租行为，各种各样的矛盾一下子就集中起来，造成了大家对我的这种误会。

记　者：你怎么看待这些误会？

邓朴方：开始我当然有一点急，我说哪能这样，我犯什么错了？我犯什么罪了？怎么老百姓这么对待我？怎么人们这么对待我？后来我想通了，这个事也不过如此。黑的就是黑的，白的就是白的，能变得了吗？而且我也想了，我都死过的了，剩下的都是赚的，我没想到我能活到现在，我做残疾人工作做了二十年，我现在跟好多人讲过，我刚开始做残疾人工作的时候我身体状况也不好，泌尿感染两个月一次，有时候一个月一次，有时候三个月一次，一年要好几次，泌尿感染发高烧四十度，一发烧四十度，就要住到医院里去，我的肾脏也不好，肝脏也不好，我就想什么时候过去，随时都可以死的，那个时候不怕死，那个时候能做多少算多少，没想到现在还活下来了，还能接受你的采访，都是赚的。

记　者：这些委屈，这些误解跟父亲交流吗？

邓朴方：没有，但是我知道他一定不希望发生这种误解，所以我一直在避免因为我们的行为而使他遭到困难，觉得这是我们做子女的责任，因为他太重要了，我们在做什么都是小事情。

在邓朴方的领导下,中国的残疾人事业取得了飞速的发展,目前,中国大陆的各个省市县以及乡镇街道普遍建有中国残联的地方组织,一九九〇年通过的残疾人保障法把残疾人的权益列入了法律范畴。残疾人的康复、教育、就业、体育、文化生活等方面都有了明显的改善。同时,助残观念逐渐深入人心,大中城市建成了一批无障碍设施,为残疾人出行、参与社会生活提供了便利。而邓朴方本人则表示,自己做了父亲希望他做的事情。

记　者:可能提到你就肯定离不开你父亲的背景。

邓朴方:这是要承认的背景,你不能说我做事情都是自己做的,没有父亲这个背景,起码有一点最简单,我要去见某个领导人,人家肯见吗?所以这个咱们得承认。但做事真正要做好,要一步一个脚印,踏踏实实做,这个只能是给你一个背景,给你一个条件,给你一个便利,但你用不好还是做不成事。

记　者:就在这种情况下,像有你父亲这样一个背景就是一个矛盾,可能你没这个背景你做不成事,但是可能你没用这个背景做成的事,人家可能也认为跟这个有关系。

邓朴方:这个事情不怕,不怕,人们考虑这些点都是从个人的私心角度出发,我怎么怎么着了,人家会怎么认为我有没有什么背景,或者怎么怎么样议论纷纷,不重要,小事情,大事情是这个事你做了没有,大事情是残疾人得到好处没有,至于人家怎么认为,你是不是有父亲的背景,你没这个背景,我从来不在这个问题上动脑筋,也从来不在这个问题上纠缠,也从来不去想这些事情,想这些问题干什么,没有用,无非是证得一个我怎么怎么样了,你证得一个我怎么怎么样,有意思吗?没意思,这么点小事,这么点私事你还去动脑筋来动脑筋去的话,你还能做事吗?那是不是太小气点儿了?

记　者:当他知道你在做残疾人工作的时候,他有没有表示过态度?

邓朴方:这就是我的事情了,我就经常跟我们残联的干部来检讨这个事情,我做残疾人工作,当时就有一种想法,就是不要依靠父亲来做事情,要依靠自己来做事情。

记　者:很难。

邓朴方:但是我从来就没有请我父亲说过一句话,没请他题过一个字,所以我现在做残疾人工作的时候,他们找资料,找领导人支持残疾人事业的讲话,就找不到我父亲的讲话。后来从卡特的回忆录里面,才找到了他见卡特的时候,说过中国应当发展残疾人事业,后来卡特总统确实跟中国残联做了项目,但是当时我不知道他说过这个话,我也没请他说,所以我现在一直在告诉残联的同事,我说我的私心把大家耽误了,也使得老人家在这方面没有多讲两句话,这是我的私心,但是我不后悔,人总得有点儿志气嘛。

记　者:但是你要讲他肯定支持。

邓朴方:我要请他题词,他当然会,这是善事嘛,有什么不好呢,但是我这个人可能有点别扭,我就不想,所以这是我的一个私心了。

记　者:但是从一开始你父亲是鼓励你们去做事的,从事一个力所能及的职业。

邓朴方:作为父亲来说,他也并不是希望我们一定要做大事,我们有事做,能够正正当当地活着,能够堂堂正正地做事,正正当当地做人,就很好了。他还觉得甚至是我们太出名了不好,要我们夹紧尾巴,他不希望我们有太多的风头,是这样的。所以我们现在还是夹紧尾巴,你们要采访,我们老拒绝,你们对我们有意见,但是我们习惯了,真正要踏踏实实做事,做在人们看不到的地方。光做人家看得到的东西,就用心不正了。当然,有时候我们也在宣传,老不宣传也不行,人道主义思想、残疾人问题,这些问题要宣传,但是绝不允许宣传个人的东西,包括当时《人民日报》各种报刊,各种采访,各种各样的节目,我们都拒绝的,现在有很多记者有很多意见,有一个《人民日报》的记者跟我到云南去了,老记者,他给我总结,写了一大篇文章,他觉得好极了,后来我不同意他发表,他到现在对我都有意见。他说当初我要发表了这个文章,人家就不会对你有那么多误会了,他有他的道理。

记　者:但这样执着地从事这项工作的原因仅仅是因为你感同身受吗?

邓朴方:是在骨头里的,是在你血液里的,不是说我现在就可以躺下来,歇着没事干,过舒舒服服的日子了。"文化大革命"后给我把党籍恢复了,党龄也都算上了,工资也补发了,我也有工资了,那时候多稳定啊,当然是什么都不做也可以。

记　者:那为什么还要做呢?

邓朴方:五十年代、六十年代的世界观、人生观就是这样,你生来就是为人民服务的,你做事是理所当然的,不是个问题,现在大家还能支持我,还认同我,我已经很幸福了,还能有什么别的想法呢?

由于对残疾人事业的突出贡献,中国残联以及邓朴方本人都获得了一系列的国际奖项,二〇〇三年十二月十日,在联合国总部举行的颁奖仪式上,邓朴方被授予当年的"联合国人权奖",他成为获得此奖的第一位中国人,也是世界上第一位获得此奖的残疾人。

记　者:去年年底你得了联合国的人权奖,不知道您自己是怎么看的?

邓朴方:很淡,很淡,明确讲是好事,但是你就真那么了不得? 也不一定，大家都很高兴，我也算高兴，但是我不是那么兴奋，也不是那么激动。我有时候想，我得人权奖，自己才做了多少事情？我觉得人权奖只不过是两种标志，一个标志就是中国残疾人事业得到了国际承认；第二个标志是国际社会更加重视残疾人领域。对国家来说是好事情，中国的人权得到国际承认怎么不好？好啊，对个人来说，不过如此而已，以前得的奖多了，一堆呢，都是国际组织的奖，奖也都不小，但这个奖是联合国的奖，更重一些，如此而已。不是不要名声，是不要刻意求名，一刻意求名就落了下乘。在这个问题上看淡点，随便点，自己也放松，也给别人一种松弛感，多好呢！

记　者：但是有人说没有邓朴方就没有残联。

邓朴方：那也不能这么说，没有我，也会有残疾人事业的发展，可能进程会有不同，地球离了谁不转呢？残疾人事业的发展是因为形势，另外一个是需要，它的发展是必然的，没有邓朴方来做，别人也会来做。我觉得中国残疾人事业的发展实际上是中国改革开放进程中的一大环节的一个局部，它不能独立存在。如果没有这个大的背景，你再三头六臂、再人道主义、再拼命也不会有结果；不讲这个，老觉得自己做什么了，岂不可笑？所以我早早地就想把班交出去，让年轻人能够在残联的关键岗位上承担责任。现在我已经做到了，我把新一代的残疾人、残联干部都培养起来了，把他们都推到最重要的领导岗位上来了。

记　者：现在离这一步还有多远呢？

邓朴方：基本上已经完成了，现在中国残联的党组书记不是我，中国残联理事长也不是我，我都交给年轻人了。原来中国残联主席、党组书记、理事长都是我，我一个个往外交，现在交得只剩一个主席了。

记　者：为什么？

邓朴方：人总是要死的呀，像我这个身体，现在虽然看着不像要死的样子,但是你总会要死的,总会过去吧。我在近十年基本上考虑一个问题,考虑一个没有邓朴方的中国残疾人事业。你看,我十年以前就下这个功夫了,这都是大事啊。你就算再能干,还能干几年啊?再说你再能干你有多少精力啊?

记　者:但你的身体状况大家也非常关心,尤其是残疾人。

邓朴方:这个,说句简单的话,看来还不像要死的样子,要死也不怕,但是现在看来还不像要死的样子,既然不死就撑着吧。但是我一定要把责任交出去,把人员培养起来,创造一个没有邓朴方的中国残疾人事业。这才算最后完成任务。

做世界上最勇敢的人[①]

（二〇〇四年九月）

半个多世纪前，一位饱经战争和疾病磨难、双目失明并全身瘫痪的苏联残疾青年克服重重困难，以口述实录的方式完成了一部小说，这就是我们熟知的H.奥斯特洛夫斯基和他的《钢铁是怎样炼成的》。当时，H.奥斯特洛夫斯基年仅二十七岁，默默无闻。小说先在一本杂志上连载，一九三三年正式出版，立即受到广大读者的热烈欢迎。后又再版三万册，在书店销售一空。两年后，《真理报》发表了著名文学评论家采访奥斯特洛夫斯基的文章，向广大读者证实了作者本人就是小说主人公保尔·柯察金的原型，这更加感动了成千上万的人。小说被改编成话剧、电影，著名画家为小说做插图。小说也引起了全世界的关注，很快被翻译成荷兰文、捷克文、希腊文、保加利亚文、英文、法文、瑞典文、丹麦文、日文、中文……至今全世界已发行了四千多万册，在中国的发行量超过两百五十万册。著名法国作家、诺贝尔奖获得者罗曼·罗兰为小说法译本作序。他在给奥斯特洛夫斯基的信中说："您的名字对我来说是最高尚、最纯洁的勇敢精神的象征。"另一位法国著名作家、诺贝尔奖得主安德烈·纪德在采访奥斯特洛夫斯基后写道："宗教不曾造就比他更卓越的人。亲眼所见证明了，

① 这是邓朴方同志为华夏出版社图书《钢铁是这样炼成的》所作的序言，该书用丰富、真实的历史档案材料再现了《钢铁是怎样炼成的》的作者奥斯特洛夫斯基奋斗、奉献的一生。

圣者不仅产生于宗教,只要有热忱的信仰,不求报偿,除了完成严峻的义务而得到思想意识上的满足,什么都不需要。"

"人生最宝贵的是生命,生命属于我们只有一次。一个人的一生应当这样度过:当他回首往事的时候,他不因虚度年华而悔恨,也不因碌碌无为而羞愧,这样,临死的时候他就能够说,我整个的生命和全部的精力都献给了世界上最壮丽的事业——为全人类的解放而斗争。"H. 奥斯特洛夫斯基的名言鼓舞了世界千千万万为信仰、为人民、为正义事业而奋斗的人。比他长五岁的印度杰出的国务活动家尼赫鲁·詹瓦拉哈赫尔也曾以此名言作为自己重要著作《发现印度》的结束语。

继《钢铁是怎样炼成的》之后,H. 奥斯特洛夫斯基开始创作关于乌克兰共青团员早期斗争的三部曲。但他只完成了第一部《暴风雨所诞生的》,就在一九三六年十二月逝世了。

多少年过去,世界发生了巨大变化。苏联解体后,在否定苏维埃时期一切的浪潮中,也有些人出来否认 H. 奥斯特洛夫斯基的英雄主义,说他是"斯大林制度下野蛮社会的产物",甚至说,他的一切都是虚假的,连小说也不是他写的。

二〇〇一年九月世界著名电缆专家、俄罗斯科学院院士 Я. 梅先什尼克指出:"我认为,这纯系精神不正常、热昏了头的人的个人的不正派行为。"他呼吁:"让为全世界树立了伟大自强勇敢精神的奥斯特洛夫斯基回归我们青年,回归我们社会。"他指出,这是"俄罗斯知识界的紧迫任务",并表示"为完成此任务,不惜自己的力量"。

正如莫斯科第一副市长什维措娃指出的:"经受了流行一时的否定一切的时髦,H. 奥斯特洛夫斯基依然作为勇敢的最突出的榜样留在人们的记忆中,而他的书依然是勇敢和一个时代的丰碑。"

甚至苏联时期著名的持不同政见的作家 B. E. 马克西莫夫,在一九九四年也曾说过:“我永远赞赏他为社会公平勇于牺牲的精神,对一经认定的理想的忘我的忠诚,对被侮辱与损害的人们的富于同情。”

二○○三年莫斯科市政府正式做出决定,在二○○四年开展纪念 H. 奥斯特洛夫斯基诞辰一百周年活动。活动包括重新出版小说《钢铁是怎样炼成的》;出版关于 H. 奥斯特洛夫斯基生平和创作的画册,供学校和图书馆收藏;出版《同时代人回忆中的人和作家——H. 奥斯特洛夫斯基》精装本;重印 H. 奥斯特洛夫斯基文集三卷本;在四月份举行国际学术研讨会,九月举行纪念大会等。

在中国,H. 奥斯特洛夫斯基和他的精神教育、鼓舞了几代人。我清楚地记得:我和我的同龄人在年轻的时候,人人会背诵奥斯特洛夫斯基的那段名言。我们人生观、价值观的形成,也深受他的影响。我相信:那些能超越自我,追求信仰与理想,追求祖国繁荣富强与社会文明进步的人是世界上生命力最顽强的人,是人生最绚丽的人,也是世界上最勇敢的人。H. 奥斯特洛夫斯基正是这样的一个人。他给世界做出了榜样,也给我们所有的人做出了榜样。

感谢俄罗斯 H. A. 奥斯特洛夫斯基纪念馆“自强”人文中心主任 Г. И. 赫拉勃洛维茨卡雅女士和纪念馆部门负责人 Т. И. 安德洛诺娃女士,他们编辑和出版了这本书,用历史档案材料说明了 H. 奥斯特洛夫斯基是一位什么样的人。我向中国所有想当勇者的残疾人和健全人推荐这本书。

残疾人体育是残疾人参与社会活动的重要途径[①]

（二〇〇四年九月九日）

今天，我们在这里召开隆重的出征动员大会，为我们的残运健儿壮行，我心情十分激动和高兴。首先我代表中国残疾人联合会和全国六千万残疾人和他们的亲属，向中国残奥代表团的全体同志致敬，感谢你们为祖国和人民所付出的辛勤和汗水；同时向在座的同志们、朋友们，并通过你们向一切关心和支持我国残疾人事业的热心人士表示衷心的感谢并致以崇高的敬意！

体育是社会发展与人类文明进步的一个标志，体育事业的发展水平是一个国家综合国力和社会文明程度的重要体现，是一个国家民族精神力量的重要标志。残疾人体育作为广大残疾人参与社会活动的重要途径，不仅可以康复健身，也有助于残疾人顽强拼搏的性格、超越自我的品质、迎接挑战的意志，有助于他们平等参与社会生活。我国体育健儿在奥运会表现出来的拼搏精神，激发了我国人民的爱国热情和民族自豪感，鼓舞了我国人民战胜困难，奋发向上。相信，我们的残奥运动员在雅典残奥会上必将以同样出色的表现，向世界昭示中国社会发展文明进步的成就和中华民族的风采。

二十多年来，我国残疾人体育在党和国家的关怀重视下，取得了令世人瞩目的成就。党中央和国务院高度重视中国残奥代表团的组

---

① 在第十二届残奥会中国体育代表团出征动员大会上的讲话。

团参赛工作。今天国务院副总理回良玉同志亲自来为我们残奥健儿壮行，给我们极大地关爱和鼓舞，谆谆教诲，情真意切，令我们难忘；国家体育总局领导对我们代表团也提出了更高的期盼和要求。中国残奥代表团已经参加了五届残奥会，在国内外重要赛事中取得了令人瞩目的成绩。但由于我国还是一个发展中国家，残疾人体育起点低，起步晚，受经济和社会发展水平的制约，与健全人体育还不在同一个起跑线上；与西方发达国家相比，差距则更为明显。二○○八残奥会将在北京举行，我国残疾人体育事业面临着前所未有的机遇，也将经受更为激烈的挑战和考验。在雅典残奥会上，我们代表团的表现，将直接关系到二○○八北京残奥会上中国代表团的成绩。

中华民族历来就是不畏艰难、敢打硬仗、敢于胜利的民族。在刚刚闭幕的第二十八届夏季奥运会上，我国奥运健儿以高超的技能和坚忍不拔、奋勇拼搏的风范，取得了世界瞩目的辉煌战绩，取得了历史性的突破，全国人民为之欢欣鼓舞，极大地激发了我国人民的爱国热情和民族自豪感。中国残奥运动员作为六千万残疾人的代表，带着祖国的重托、人民的期望出征雅典，我希望大家以中国奥运代表团为榜样，大力发扬振兴中华、为国争光的爱国主义精神，大力发扬相互协作、团结一致的团队精神，顽强拼搏，公平竞争，挑战极限，力争取得最好成绩，为在二○○八北京残奥会上取得与东道国地位相适应的成绩打下坚实基础，不辜负党和人民的热切期望；我希望代表团全体成员在残奥会期间，加强与世界各国和各地区运动员的交流，相互学习，加深理解，增进友谊，充分展示中国人民的良好精神风貌，让世界更好地认识和了解中国。

让我们相聚在雅典，辉煌在今朝，我将在雅典为你们鼓励加油。

祖国和人民期待着你们凯旋！

北京残奥会:一次难得的历史机遇①

(二〇〇四年九月三十日)

在全国人民贯彻落实党的十六届四中全会精神,喜迎国庆五十五周年之际,出征雅典残奥会的中国残疾人体育代表团载誉归来。

经历了十二天的激烈比赛,全团团结协作,顽强拼搏,取得了金牌六十三枚、银牌四十六枚、铜牌三十二枚,奖牌总数一百四十一枚的好成绩,以绝对优势居金牌榜及奖牌榜首位,实现了历史性突破。在此,我代表中国残疾人联合会向代表团的全体同志表示衷心的祝贺,并向大家说一句:同志们辛苦了!

中国残疾人体育取得历史性的突破,是党中央、国务院多年来关心、重视的结果,是我国改革开放和发展残疾人事业的结果,是我国人权保障与社会和谐发展的结果。党中央、国务院领导对包括残疾人体育事业在内的中国残疾人事业始终给予了高度重视。

胡锦涛总书记、温家宝总理、回良玉副总理、陈至立国务委员等领导都十分关心中国残疾人体育代表团,党中央、国务院向代表团发出贺电,高度评价代表团的竞赛成绩和自强不息的精神风貌,给我们以极大的鼓舞和百倍的信心。祖国的荣誉高于一切,为祖国赢得新荣誉是我们取得优异成绩的力量源泉。中国残疾人体育代表团所取得的成绩,也离不开全国人民的大力支持,离不开各位运动员、教练

---

① 这是邓朴方同志在第十二届残奥会中国体育代表团总结表彰大会上的讲话。

员的不懈努力,离不开中国残疾人体育工作者几十年如一日的辛勤工作。

同时,我还要特别感谢包括各爱心企业、各新闻媒体在内的社会各界多年来对残疾人体育事业的支持。他们的慷慨资助和真诚奉献是中国残疾人体育事业的有力保障。

这次雅典残奥会上,我们的主要任务是锻炼一支队伍,取得一些经验。我们高兴地看到,不少老运动员继续在赛场上拼搏,而且取得了可喜的成绩,一批年轻的运动员脱颖而出,并显示出了他们的实力。这次我们表彰优秀运动员,就是要鼓励他们继续努力,不断提高;同时也是号召广大运动员向他们学习,刻苦训练,争取在今后的大赛中取得佳绩,为国争光。中国有句古诗说,“欲穷千里目,更上一层楼”,体育界也有句话,“从零开始”。我想,我们的残疾人体育工作者要站得高一些,看得远一点,要认识到残疾人体育事业的意义,远不止于残疾人运动的本身,它的影响是巨大而深远的。希望受到表彰的同志不要背上荣誉的包袱,要向更高的目标冲击。没有受到表彰的同志也不要气馁,你们同样为中国的残疾人体育事业做出了贡献,一样是好样的。下一阶段,我们要进一步总结经验,看到我们和发达国家残疾人体育运动的差距,有针对性地做好备战二〇〇八北京残奥会的工作。

从现在起到二〇〇八年,是中国残疾人体育事业发展的一次难得的历史机遇,同时也是对我们残疾人体育工作的一次全面检验。这期间,我们要举办二〇〇六全国特奥运动会,二〇〇七全国残疾人运动会,之后还有在上海举办的二〇〇七世界特奥运动会,二〇〇八北京残奥会。我们面临着光荣而艰巨的任务,不仅要提高自己的体育竞技水平,而且要承担国际残疾人体育盛会的筹备和组织,通过我们出色的工作,促进国际残疾人之间的交流,展示中国改革开放后的新形象,提高我国的国际地位,为世界残奥运动做出贡献。这是一篇大文章,做好这篇大文章,对于中国残疾人事业的发展是一个巨大的推动。

"千里之行,始于足下"。我们要抓住机遇,迎接挑战,就必须扎扎实实、过细地做好每个环节的工作。这不仅是残疾人运动员、教练员、残疾人体育工作者的任务,各级残联、每一个从事残疾人工作的同志都要以二〇〇八北京残奥会为契机,团结协作,尽职尽责,把新时期的中国残疾人事业提高到一个新的水平。

同时,我们也要注重残疾人自强健身与残疾人竞技体育的协调发展,不能只注重竞技体育而忽视了自强健身。没有广大残疾人参加的自强健身,残疾人竞技体育也就成了无源之水,无本之木。我们推动残疾人体育事业的根本目的,还是要通过体育活动,提高残疾人的身体素质和生活质量,使广大残疾人和全国人民一道步入小康社会。这是一项长远而艰巨的任务,也是社会赋予我们的神圣使命。

胡锦涛主席在会见国际特奥会代表团时说:"我很高兴二〇〇七世界特奥运动会将在上海举行,二〇〇八年还要在北京举办奥运会,之后还要办残奥运动会。""中国政府对这三项赛事十分重视,我们全力支持上海和北京办好三大赛事。"

办好二〇〇七世界特奥运动会和二〇〇八北京残奥会,并取得与主办国地位相称的成绩,这是祖国和人民的期望,也是我们残疾人运动员和残疾人体育工作者义不容辞的光荣职责。让我们团结起来,为新时期的中国残疾人体育事业再写崭新的光辉篇章!

建立一个信息无障碍的社会环境①

（二〇〇四年十月十五日）

今天是第二十一届国际盲人节，我代表中国残疾人联合会向全国的盲人朋友致以亲切的问候和良好的祝愿！

今年，恰逢我国唯一的一本综合性盲文刊物——《盲人月刊》创刊五十周年，又是中国盲文出版社建社五十一周年。我代表中国残疾人联合会以及六千万残疾人向《盲人月刊》和盲文出版社表示热烈的祝贺！

改革开放以来，我国残疾人事业取得了长足的发展，随着这个进程，盲人的康复、教育、就业、文体等工作也取得了很大的成绩。盲人的生活状况得到了改善，盲协组织也得到了进一步加强。在这个过程中，《盲人月刊》发挥了重要的作用。《盲人月刊》是盲人文化建设的重要阵地，是展示盲人风采的重要窗口，是中国残疾人事业的重要组成部分。《盲人月刊》创刊五十年来，始终坚持正确的办刊方针，高举社会主义、人道主义、爱国主义的旗帜，广泛地宣传党和国家的大政方针及有关残疾人事业的法律法规，展示残疾人事业的发展、进步和成就，传播各种知识信息。如今，《盲人月刊》又有了电子版、有声版，有更多的盲人朋友可以很方便地通过网络手段阅读《盲人月刊》，为推进残疾人信息交流无障碍工作做出了重要的贡献。希望《盲人

① 这是邓朴方同志在庆祝第二十一届国际盲人节、《盲人月刊》杂志创刊五十周年座谈会暨首届中国信息无障碍论坛开幕式上的讲话。

月刊》和盲文出版社再接再厉,继续发扬人道主义精神,大力宣传中国的残疾人事业,为开创残疾人事业新局面进一步地努力。

我国残疾人事业得到了党和政府的高度重视、关怀与支持,今天,在有关部委和高新科技企业的帮助下,首届中国信息无障碍论坛在庆祝二十一届国际盲人节之际开幕了。联合国亚太经社会在第二个“亚太残疾人十年”活动中强调,要“为亚洲及太平洋残疾人努力缔造一个包容、无障碍和以权利为本的社会”。在这里,无障碍不仅是指城市建设的无障碍,也指建立一个沟通无障碍、信息交流无障碍的社会环境。信息交流无障碍对残疾人自身素质提高、改变自身命运具有重要的积极推进作用。

在传统行业中,残疾人还能够以简单的劳动方式参与社会竞争,但是在信息时代、网络社会中,不具有信息文化和技术的残疾人就将陷入困境。残疾人在新的社会形态中其生存和发展成为一个不可忽视的社会问题。因此,利用网络等高新技术来推进残疾人信息交流的无障碍,将会给广大残疾人带来历史性的变化。

推进中国信息无障碍建设,是构筑学习型社会,贯彻“以人为本”科学发展观的重要举措。我相信,通过这次论坛,全社会都来关心、重视残疾人群体的信息无障碍问题,并从社会整体发展的战略高度,提出一整套行之有效的系统化的推进方案,从而提高残疾人在全新经济形态中的生存能力和创造力,使他们能够借助高科技的手段,真正融入社会的主流生活中去。

我要说,建立一个信息无障碍的社会环境,必须要充分发挥政府的作用,政府在财力上、政策上要开绿灯,另外在组织协调方面要发挥作用。建立这样一个社会环境还需要科技界以及社会各界、各方面的企业以及为残疾人服务的方方面面的社会组织,发挥大家的作用才能够使我们的工作有所前进。另外,我还要强调,我们建立盲人信息无障碍的环境,特别需要我们广大盲人的参与,我们的盲人协会应当把这项工作承担起来,我们的盲协应该充分地参与这项工作,甚至是领导这项工作,并且团结广大盲人群众,共同参与到中间来。这样的话,我们才能够使广大盲人受益,使得我们所推进的这项事业真正取得实效。

努力开创扶助贫困残疾人工作新局面，为全面建设小康社会而奋斗①

（二○○四年十月二十五日）

在全党全国人民深入贯彻党的“十六大”和十六届三中、四中全会精神、全面建设小康社会的形势下，召开全国扶助贫困残疾人工作会议，共商扶助贫困残疾人工作大计，充分体现了党和政府对广大残疾人的亲切关怀和对扶助贫困残疾人工作的高度重视。这次会议的召开，对于我国加速消除贫困，全面建设小康社会，更好地保障人权，推动社会和谐发展与全面进步，具有重要意义，必将为新世纪残疾人事业的发展提供新的动力。

会议的主要任务是：贯彻国务院办公厅转发的《关于进一步加强扶助贫困残疾人工作的意见》，总结成绩，交流经验，分析形势，明确任务，全面部署进一步加强扶助贫困残疾人工作，建立、完善扶助贫困残疾人的长效机制，推动残疾人事业与经济社会协调发展，使残疾人与全国人民一道进入全面小康社会。

我受回良玉副总理委托，代表国务院残疾人工作协调委员会做工作报告。

一、扶助贫困残疾人工作的主要成绩和基本经验

我国有六千万残疾人，约占总人口的百分之五。这是一个人数

① 这是邓朴方同志在全国扶助贫困残疾人工作会议上的报告。

众多、特性突出、特别困难的群体，而贫困残疾人更是贫中之贫、弱中之弱，解决他们在生产生活中的基本需求问题，是事关真正坚持科学发展观，全面建设小康社会的重大问题。

党和政府关心残疾人，一贯重视扶助贫困残疾人工作。一九八七年，进行了首次全国残疾人抽样调查，结果显示，残疾人状况与社会平均水平的差距极大，亟待改善。这一结果引起了党和政府的高度重视。一九八八年以来，国家先后实施了四个发展残疾人事业的计划，扶助贫困残疾人工作成为国家意志；一九九〇年第七届全国人大常委会通过的残疾人保障法，为扶助贫困残疾人工作提供了法律保障；一九九三年成立国务院残疾人工作协调委员会，综合协调重大问题，各部门将扶助贫困残疾人工作纳入职责，采取积极措施，有力地推进了工作。二十多年来，扶助贫困残疾人工作取得显著成绩。

扶助贫困残疾人的法规和政策日趋完善。我国重视依法扶助贫困残疾人。宪法规定，国家和社会对残疾人予以帮助。残疾人保障法明确规定，保障残疾人的各项平等权利，并对残疾人予以特别扶助。各省、自治区、直辖市制定了残疾人保障法实施办法，进一步明确了扶助残疾人的各项措施。劳动法、教育法、婚姻法、继承法、民事诉讼法、刑事诉讼法、妇女权益保障法、老年人权益保障法、公益事业捐赠法等五十多部法律，对保障残疾人权益做出了具体规定。全国大部分的县、乡镇根据本地实际情况制定了优惠扶助政策，对贫困残疾人实施减免税费、减轻他们的社会负担、给予生产生活扶助、优先优惠提供社会公共服务等措施。经过努力，我国已初步建立了以残疾人保障法为基本法律，包括保障法实施办法、相关法律法规和优惠扶助政策在内的残疾人事业法规和政策体系，扶助贫困残疾人工作开始走上法治轨道。

残疾人扶贫开发卓有成效。为解决农村贫困人口的温饱问题，国家有组织、有计划地开展了大规模的扶贫开发工作,将残疾人作为重点扶持对象,统筹规划,统一安排,同步实施。一九九二年,国家开始安排康复扶贫贷款,启动了残疾人专项扶贫;一九九八年以来先后制定实施了《残疾人扶贫攻坚计划(1998—2000年)》《农村残疾人扶贫开发实施办法(1998—2000年)》和《农村残疾人扶贫开发计划(2001—2010年)》。十多年来,中央累计安排康复扶贫专项贷款五十多亿元,积极推行小额信贷、基地辐射、“公司加农户”等行之有效的扶贫形式,动员社会各界广泛开展“帮包带扶”等扶贫活动,因地制宜、就地就近、逐户逐人地给予具体帮扶,共扶持一千多万农村贫困残疾人通过生产劳动摆脱了贫困,解决了温饱。

残疾人劳动就业稳步推进。坚持将促进就业作为反贫困的重要手段和主要渠道,采取多种措施推进残疾人劳动就业。实行就业保护与就业促进相结合,加强就业培训,强化就业服务与指导,积极开发新的就业岗位。通过对残疾人集中就业的福利企业实施税收减免和优惠扶持政策,依法推行按比例就业,大力扶持个体就业和自愿组织起来就业,城镇已有四百多万残疾人实现了就业。在农村通过各项扶持措施,从事种植业、养殖业、家庭手工业的残疾人达到一千六百八十五万人。残疾人就业率逐步提高。许多残疾人通过劳动就业,由被帮扶、救济的对象变为自食其力的劳动者,改善了生活状况。

社会保障覆盖面逐步扩大。各地将贫困残疾人纳入最低生活保障范围,不少地方对农村贫困残疾人实施了救济、补助。一些地方还对无业、重残、一户多残和有特殊需求的残疾人给予了特别扶助。截至二〇〇三年,全国共有四十四万残疾人在各类福利院、敬老院享受集中供养、五保供养或通过院户挂钩方式在居民家中分散供养,两百四十六万残疾人得到了临时救济和补助。通过社会保障措施,使许多贫困残疾人的基本生活得到保障。

救助活动成绩明显。针对贫困残疾人的迫切需求，开展了助学、康复救助、法律援助和司法救助等工作。通过建立和完善助学制度，实施助学活动，一批贫困残疾人学生得到资助，两万七千名贫困残疾儿童少年使用了免费教科书，“中西部盲童入学”、“扶残助学”和“春雨行动”等项目资助两万余名残疾儿童少年就学。以开展针对贫困残疾人的抢救性康复项目为契机，实施了一系列重点康复工程，带动康复工作的全面拓展，大批贫困残疾人被列为重点服务对象，得到了康复救助。通过组派康复手术医疗队和开展“听力助残”、装配普及型假肢、“残疾孤儿手术康复明天计划”等工作，数十万贫困残疾人得到有效康复。将贫困残疾人列为法律援助的重点对象，各级法律援助中心、各类法律服务机构和各级人民法院为一些贫困残疾人提供了法律援助和司法救助，减免了诉讼费用，维护了残疾人的合法权益。一些地方开展了危房改造等帮扶项目，为解决贫困残疾人最基本的生存问题，创造了条件。

志愿者助残广泛展开。弘扬人道主义，营造关爱扶助残疾人的社会环境，广泛深入开展“全国助残日”、“志愿者助残”、“红领巾助残”、“文化助残”、“科技助残”等多种形式的志愿助残活动，各界人士深入村寨、城市社区、敬老院、福利院、康复机构、特教学校、残疾人家庭等，为贫困残疾人奉献爱心，提供生活照料、医疗保健、文化补习、技能培训等各种帮助和服务。助残志愿者组织蓬勃发展，助残志愿者联络站发展到四万余个，登记在册的志愿者达到一百八十六万余人。

应当特别指出的是，各地从实际出发，积极探索，勇于实践，创造出许多好的做法，出现了不少引人注目的亮点：各地普遍出台并积极落实扶助残疾人的政策措施，解决残疾人的各种困难和问题；许多地方政府将有关贫困残疾人工作的项目纳入每年为民办实事的承诺中；一些地方拨出专款，实施针对贫困残疾人的专项保障和救助；一些地方开通了助残维权热线,为贫困残疾人答疑解惑,提供各类咨询服务;"视觉第一·中国行动"、"长江新里程计划"、"爱心助残工程"、"扶贫解困温暖工程"、"互助关爱助残工程"、"献爱心送温暖"、"同在蓝天下"、"千人助残结对"、"阳光助学"、"助行工程"、"光明行动"、"福音工程"、"助残安居工程"等形式多样、富有特色的扶助活动蓬勃开展。日益活跃的地方工作,为残疾人事业的发展不断注入新的生机与活力。

二十多年来,我国扶助贫困残疾人工作走上了一条适合国情、具有特色、系统推进的道路,取得了显著成效,农村贫困残疾人的数量由两千多万人下降到一千万人左右,城乡两百五十九万残疾人享受最低生活保障;残疾人就业率由百分之五十多提高到百分之八十以上;残疾儿童少年入学率由百分之六提高到百分之七十七;九百九十万残疾人得到不同程度的康复。实践证明,扶助贫困残疾人是一项利在当代、功在千秋的事业,体现了党和国家对最困难群体的关怀,有力地改善了残疾人的状况,解放了社会生产力,为我国减贫事业做出了积极贡献,同时,也赢得了国际社会的赞誉,树立了我国良好的人权保障形象。

二十年来,我国扶助贫困残疾人工作积累了十分宝贵的经验,概括起来主要有:

政府主导,纳入大局。政府发挥主导作用,将扶助贫困残疾人工作作为政府行为,纳入经济和社会发展计划,通过实施系统有计划、有组织的扶助措施,促进贫困残疾人状况的改善。

以人为本,讲求实效。根据各地经济社会发展的实际状况,坚持以保障贫困残疾人的基本生存权和发展权为出发点,扎扎实实做好扶贫、就业、社会保障、康复、教育等受益面广、效果良好、影响深远的基础性工作。

坚持"扶贫开发到户到人"。引导和帮助广大贫困残疾人参与扶贫开发，努力发挥潜能，提高自我发展的水平，增强脱贫致富、自强自立的能力，使他们在政府和社会的支持下通过生产劳动，创造财富，提高收入，逐步改善生活状况，摆脱贫困。

动员社会，共同扶助。弘扬中华民族扶贫济困的传统美德，激发各界人士的爱心，广泛动员社会力量、挖掘社会资源参与扶助贫困残疾人工作，通过定点包扶、结对帮扶、志愿服务和其他各种形式的扶助活动，营造献爱心、送温暖的良好氛围，形成全社会共同帮扶的局面。

这些经验，是对扶助贫困残疾人工作的实践总结，是广大干部群众和残疾人智慧的结晶，是一笔宝贵的精神财富，今后我们必须长期坚持下去，并在实践中不断加以充实、完善和发展。

这些成绩和经验的取得，是各级党委、政府亲切关怀和正确领导的结果，是各部门辛勤努力的结果，是社会各界热忱支持、广泛参与的结果。在此，我代表国务院残疾人工作协调委员会，向所有为扶助贫困残疾人奉献爱心、付出汗水和辛劳的各界人士，致以衷心的感谢和崇高的敬意！同时，我也代表全国六千万残疾人，向所有为扶助贫困残疾人做出贡献的人士，表示由衷的谢意！

二、扶助贫困残疾人工作面临的形势

从二十世纪八十年代开始，我国通过实施大规模的、持久的和富有成效的扶贫开发计划，全国农村贫困人口已从两亿五千万减少到两千九百万，其中包括大量的贫困残疾人。这是举世瞩目的伟大的历史性成就。但是，我们也必须看到，扶助贫困残疾人工作面临的形势十分严峻，任务仍然十分艰巨。

目前，我国农村尚有一千多万贫困残疾人，收入水平低于最低生活保障线的城镇残疾人有两百多万。据了解，在经济较发达地区的贫困人口中，残疾人占三分之二以上；经济欠发达地区的贫困人口中,残疾人占三分之一左右。一些农村特别是中西部农村的贫困残疾人,衣食住行等基本生活缺乏保障,有病没钱就医,孩子交不起学费而被迫辍学,重残户和多残户的生活更加困难。据最新调查,全国农村贫困残疾人中还有十四万亟须救助的无房户,八十六万亟待改造的危房户。三十万六千未入学的残疾儿童少年中,因家庭贫困而失学的就有十八万三千人。在适合参加生产劳动的残疾人中,城镇有一百万残疾人未能就业,农村有三百七十万残疾人未能参加生产劳动,智力残疾、精神残疾、视力残疾人就业更是难上加难。残疾人集中就业的福利企业普遍不景气,不少残疾人隐性失业。据统计,下岗失业残疾人再就业率不足百分之二十。至于残疾人的康复需求、精神文化需求等更是远远不能得到满足。在我国三千六百万有康复需求的残疾人中,仅有百分之二十七得到不同程度的康复。大量的贫困残疾人由于无力承担康复费用,至今还在忍受熬煎,处于无奈。而且,无论城乡,残疾人的社会保障都还是一个需要认真研究和解决的重大问题。

造成这种状况的原因是多方面的。首先,六千万残疾人总体上属于弱势群体,贫困残疾人处在更加不利的地位。他们的境遇,改变起来比一般群众困难更多,过程更慢。其次,我国正处于从计划经济向市场经济的转轨时期,一些配套措施还没有跟上,城乡之间、地区之间、社会阶层之间的差距继续拉大,加大了贫困残疾人与社会平均水平的差距。第三,由于我国是一个发展中国家,综合国力虽已有大幅度提高,但用于公共事业和社会福利的资金投入很缺乏,还不能从根本上解决贫困残疾人的社会保障问题。我们目前采取的扶贫措施中,有的受客观条件的制约,难以充分发挥作用。比如政策性贷款和商业化运作的矛盾,公有福利企业改制需要继续享受减免税收优惠政策的问题,长期以来并未得到妥善解决。此外,市场竞争的日趋激烈，也使那些残疾较重、受教育程度较低、自身素质不高的残疾人在竞争中处于不利地位，无法通过参与竞争摆脱贫困。

对于面临的困难和问题，我们要有清醒的认识和充足的思想准备。俗话说，“行百里，半九十”，一百里路，即使走了九十里也才走了一半，后面的路也许要花费更多的气力。帮助城乡最贫困的那部分残疾人，使他们跟上社会前进的步伐，过上幸福生活，是一场艰难的“攻坚战”，需要付出更大的努力。这些都是当前必须正视的困难和问题。但另一方面，更应该看到，我们具备了越来越多的有利条件。

一是党中央、国务院坚持“以人为本”的科学发展观，尤其关心人民群众特别是困难群众的生活，将不断提高城乡居民的物质和文化生活水平确定为我们一切工作的出发点和归宿，要求各级政府和有关部门坚持“立党为公、执政为民”，谋富民之策，办利民之事，为困难群众排忧解难，这为我们进一步做好扶助贫困残疾人工作提供了强有力的政治保障。二是随着政府职能的转变、公共财政体制的建立、社会保障体系的形成和完善及社会事业领域改革的深化，各级政府必将加强对公共事业的投入、规划和管理，残疾人事业将与其他各项社会事业更加融合，这些将为开展残疾人工作提供越来越好的条件。三是在全面建设小康社会的进程中，我国经济的快速发展和综合国力的不断增强，也将为残疾人事业的发展提供越来越多的物质保障。四是随着社会资源的不断积累、丰富和社会的文明进步，社会各界更加关注残疾人这个困难群体，扶残助残的积极性和能力逐步提高，越来越多的人志愿为残疾人提供捐助和服务，社会力量将会发挥越来越重要的作用。五是残疾人事业经过二十多年的发展，已经取得了很大成绩，积累了不少经验，为今后做好扶助贫困残疾人工作打下了较好的基础。所有这一切，使我们对进一步做好扶助贫困残疾人工作充满了信心。

三、认真贯彻落实《意见》精神，进一步做好扶助贫困残疾人工作

同志们，最近国务院办公厅转发的《关于进一步加强扶助贫困残疾人工作的意见》，是国务院有关部门经过长期调研、认真协商、征求各方面意见研究制订的一个重要文件，阐明了扶助贫困残疾人工作的重要意义，明确了今后一个时期的主要任务和措施，我们应该认真学习，坚决贯彻落实。

坚持政府主导，建立长效机制。做好扶助贫困残疾人工作，是各级党委和政府义不容辞的责任，是践行“三个代表”重要思想，立党为公、执政为民、全心全意为人民服务的具体体现，是贯彻科学发展观的必然要求，是全面建设小康社会的重要组成部分。各级政府要深刻认识扶助贫困残疾人工作的重要意义，进一步发挥主导作用，加强组织领导，把扶助贫困残疾人纳入全面建设小康社会的总体规划，制订本地扶助贫困残疾人工作的具体计划，采取措施，统筹安排，抓紧做好。要结合社会保障体系建设、城市社区建设、农村税费改革和村务公开民主管理、公共卫生体制改革等一系列重大举措，抓住有利契机，创造性地将扶助贫困残疾人融入各项工作，在城市，要以社区为载体，将相关工作沉到社区；在农村，要形成符合实际的残疾人工作机制，制定并切实落实新的扶助贫困残疾人的优惠政策，帮助残疾人尽快脱贫致富。各级政府要将工作经费列入财政预算，提供经费保障，并根据经济发展和财政收入的增加，不断加大投入。各级政府残疾人工作协调委员会要加大综合协调和督促检查力度，定期组织有关部门进行工作检查，确保《意见》规定的各项措施落到实处。各有关部门要认真贯彻《意见》精神，将其融入本部门业务工作职责，充分发挥各

自优势，加大工作力度，既各司其职，又相互配合，共同落实好《意见》提出的各项措施。要加强残疾人工作的制度化建设，强化政府和各有关部门的职责，制定并认真落实各项长期稳定的政策措施，建立运转良好、科学合理的工作制度，建立健全扶助残疾人的长效机制。

采取切实措施，解决贫困残疾人基本生活需求。解决贫困残疾人基本生活需求，就是解决温饱，让他们吃得饱，穿得暖，住上像样的房子。为此，必须进一步加强社会保障，继续推进扶贫开发，促进就业。

切实做好社会保障工作，对于保障贫困残疾人、特别是无业重残人的基本生活至关重要。对不适合参加生产劳动、无法定扶养人、无生活来源的重度残疾人，要按照规定予以供养、救济。符合城市居民最低生活保障条件的残疾人，要全部纳入范围，实现应保尽保。对已纳入低保户的重度残疾人、一户多残等有特殊困难的残疾人，要按照分类施保的原则，提高最低生活保障水平；将处于低保边缘的重度残疾人纳入低保范围。

贫困残疾人绝大部分在农村。要解决一千多万农村贫困残疾人的脱贫致富问题，农村扶贫开发是主战场。要继续贯彻《农村残疾人扶贫开发计划(2001—2010 年)》，国家扶贫重点县要切实把贫困残疾人纳入扶贫开发工作中，各项扶持措施真正落实到残疾人贫困户；国家扶贫重点县以外的地区，要针对残疾人特点，制订计划，安排资金，开展残疾人专项扶贫。继续坚持以直接扶贫为主，把有助于直接解决农村贫困残疾人温饱的种植业、养殖业、手工业和家庭副业作为扶持重点。要从当地实际出发，因地制宜，推行各种行之有效的扶贫方式，大力发展“公司加农户”和订单农业，积极开展小额信贷扶贫到户、到人，努力开拓新的有效的扶贫方式。认真选好残疾人扶贫项目，特别要注意选择适合当地市场发展需要，与地方支柱产业相配套，兼顾残疾人特点的项目。对于依靠自身力量无法解决居住问题的残疾人无房户和危房户,各级政府要将解决他们的居住问题纳入扶贫开发工作范围,采取有力措施,给予资金支持,逐步改善他们的住房条件,为他们过上小康生活创造前提。

就业是民生之本,是贫困残疾人改善生活状况、实现自强自立的主要手段。要支持公有福利企业改制并通过完善对福利企业的扶持保护政策,加大按比例就业力度,大力扶持个体就业和自愿组织起来就业,全面促进贫困残疾人就业。同时,加强公共就业服务机构建设,充分发挥残疾人就业服务机构职能,强化就业培训与就业服务,增强贫困残疾人在劳动力市场的竞争能力。

积极推进相关工作,为贫困残疾人创造更多的发展机会和条件。贫困残疾人不仅要吃饱穿暖,解决生存权,还要改善健康状况,提高文化素质,维护各项合法权益,参与社会生活,拥有发展机会。因此,必须大力加强医疗康复、教育、权益保障等工作。

目前,绝大部分贫困残疾人缺乏基本的医疗保障和康复服务,许多人有病没钱治,康复需求远未得到满足。要建立完善贫困残疾人基本医疗和康复服务体系,城乡基层医疗卫生机构要在政府的支持下承担残疾人康复服务的职能,逐步实现康复服务进入贫困残疾人家庭;将贫困残疾人基本医疗和康复服务纳入城乡医疗保障范围,并给予必要的扶助;建立贫困残疾人医疗和康复救助制度,对贫困残疾人实施救助;加快康复医学的发展,培养高素质的康复医学人才。通过上述措施,确保贫困残疾人享有基本医疗和康复服务。

教育是改善残疾人状况、促进残疾人全面发展的前提条件。目前,残疾人的教育状况仍不容乐观。残疾儿童少年义务教育入学率仍然偏低,农村和贫困地区特教学校布点不足,不少残疾儿童少年因贫失学,残疾人高中阶段教育、高等教育和成人教育严重滞后。必须采取针对性措施,一是要积极新建、扩建特教学校,切实解决特教学校布点不足和特教资源短缺问题，继续采取措施使随班就读这种残疾儿童少年的主要就学形式发挥更大作用，同时使随班就读学生也能享受到各种资助；二是努力提高特教师资水平和待遇，使特殊教育质量得到提升；三是充分利用现有教育资源，发展残疾人高中阶段教育，积极创造条件，努力扩大残疾人接受高等教育和成人教育的机会；四是逐步建立和完善助学制度，多渠道筹措资金，大力开展多种形式的助学活动，资助贫困残疾人学生和贫困残疾人家庭子女完成学业，切实解决贫困残疾人学生上不起学和无学上的问题。

贫困残疾人作为特殊困难群体，在社会中处于不利地位，权益容易受到忽略和侵害。要加大对贫困残疾人权益的政策保护力度，积极制订维护贫困残疾人权益的专项政策措施；在制订、出台各项政策时，要充分考虑贫困残疾人这个特殊群体的需求，妥善解决贫困残疾人权益保障的突出问题。法律援助和司法救助对贫困残疾人维权至关重要，要加强对贫困残疾人法律服务和法律援助，积极为贫困残疾人提供法律援助和司法救助。总之，要通过政策保护、法律援助和司法救助，维护贫困残疾人的合法权益，为他们平等参与社会创造良好的法律环境。

动员社会广泛参与，形成社会化工作新格局。扶助贫困残疾人需要各级政府的主导、支持和投入，同时又必须寻求社会各方面的支持，充分利用社会资源。随着经济社会的发展和文明程度的提高，社会各界和人民群众既有愿望也有能力扶助残疾人，要高度重视社会力量在扶助贫困残疾人工作中的重要作用。要鼓励、促进社会各界对贫困残疾人的捐助，支持公益性民间组织发挥扶助残疾人的作用；鼓励民间力量兴办残疾人福利设施和为残疾人提供服务；组织热心公益事业的志愿者开展扶残助残活动；广泛宣传各界帮扶残疾人的感人事迹，营造社会扶残助残的良好氛围。总之，通过政策引导、宣传推动、社会动员、典型示范,逐步形成帮扶主体多元化、帮扶方式多样化、社会各界广泛参与和相互促进的扶助贫困残疾人工作的社会化新格局。

残联组织要充分发挥作用,做好服务。各级残联作为广大残疾人共同利益的代表组织,要充分发挥好桥梁和纽带作用,上为政府分忧,下为残疾人解难。残疾人组织要扎根贫困残疾人之中,充分掌握他们的状况,及时了解他们的困难和需求,全心全意为残疾人服务,努力维护贫困残疾人的权益;要积极向政府和有关部门反映他们的呼声,协助政府和有关部门,制订相关政策,做好相关工作;要运用社会化工作方式,广泛动员社会各界为贫困残疾人伸出援助之手,奉献爱心。同时,也要鼓励、引导广大残疾人发扬自强、自立精神,乐观进取,努力学习,提高自身素质,增强社会适应能力,积极参与社会生活,创造社会财富,实现人生价值。

消除贫困,过上美好生活,是全国人民和广大残疾人长久的期盼和不懈的追求。扶助贫困残疾人,是国家和社会的神圣责任,也是人类良知的具体体现。让我们紧密团结在以胡锦涛同志为总书记的党中央周围,高举邓小平理论伟大旗帜,按照"三个代表"重要思想和科学发展观的要求,全面贯彻《关于进一步加强扶助贫困残疾人工作的意见》,扎实工作,勇于创新,为开创扶助贫困残疾人工作的新局面,全面建设小康社会而努力奋斗。

《为了生命的美丽》序言①

（二〇〇四年十一月）

这是一本赞美生命、讴歌真情、倾诉挚爱的散文作品集，因此，有了这样的命名——《为了生命的美丽》。

这是一本全部由残疾人作家撰写的精彩散文结成的集子，因此，它又被称为“残疾人作家散文作品选”。

单看这近百名作者的名字、篇目及作者小传，不管是我们熟知的史铁生、张海迪、王占君以及他们的《病隙碎笔》《改莲》《台岛纪行》，还是那众多的我们仍不太熟悉的作者和作品，都令人油然心生敬重，欣喜万分。我为文坛涌现出残疾人作家群这样一支新生力量而无比高兴，我为六千万残疾人中有这样一支高素质的文学队伍而无比骄傲。

通读此书，心情久久不能平静，只为书中每一位作者不畏残缺的痛苦，用手中的笔去探寻人生的快乐，体味人生的乐观向上的精神；只为书中每一篇作品所彰显出的人间最纯洁、最崇高的亲情、友情和爱情；只为书中每一篇作品洋溢着对生命本体的关怀，闪耀着的人性的光辉。

因为提萃提纯，呈现在读者面前的这个集子中的作品就显得更加凝练。

是的，曾有多少人赞美人生美丽如花，又有多少人咏叹生命灿烂

① 《为了生命的美丽》是中国残疾人作家联谊会百余名会员的散文集，二〇〇五年元月由华夏出版社出版。

如霞。生命或许对大多数健全人来说是美丽的,但对于许多先天或后天身体有残障的残疾人而言,也是美丽的吗?众多的残疾人包括本书的作者用他们的行动给了我们答案:残疾的躯体是一种遗憾,但他们同样拥有权利追求生命的尊严和美丽。本书立意于生命这个永恒的主题,篇篇视角新颖,自成一格。作者从不同的人生经历和生活感悟中告诉我们:生活不仅仅属于自己,也属于那些爱我们的人。他们用真情诠释了生命的意义和价值。

全书语言灵动秀美,意境唯美精雅。书中散文既有浪漫主义的勾勒,又有象征主义的渲染,更有现实主义的生命体验。题材林林总总、多姿多彩,内容深厚丰富,语言淋漓万千;或是自己的一段经历,一丝感触,一撮悲欢,一星冥想;或是往日的悲怆,今朝的欢快。但无论怎样,书中的每一篇作品都是在抒发心声,都在不遗余力地张扬着"生命美丽、生活美好"的旗帜,都在倡言人一定要以人的形象走过一生,去做"地上的美与庄严"。这或许就是生命的真正意义吧!

欣赏这些残疾作家们的优美散文,我们会更加善待生命。

生命终因坚强而美丽;

生命终因挚爱而美丽;

生命终因执着而美丽。

的确,生命本身是美丽的。只要我们去发现,去感受,去追求。

全心全意为盲人服务[①]

（二〇〇四年十一月四日）

一

中国盲文出版社从一九五三年建立到现在已经有半个多世纪了。从一个盲文出版组开始逐步扩大发展到出版社，经历了几个部门来管理。几十年来，中国的盲文读物、盲校教材都是盲文出版社出版的，在为中国盲人服务方面，在盲文事业的发展方面，中国盲文出版社做出了不可磨灭的功绩。经过几十年来的努力工作，盲文出版社除了有一定的基础设施以外，还有一个好的职工队伍，好的工作作风，这些都是我们非常宝贵的财富，要发扬光大。今天我来这里看了以后，很受感动。盲文出版社既保留着半个世纪以前公私合营时的机器，也拥有现代化的设备，还有我们的盲文计算机软件开发。从盲文印刷到汉字印刷、有声读物、计算机软件的开发培训等等，各方面都有很可观的成绩。这些都是不容忽视的、应该肯定的，也是我们发展的一个基础。过去老一辈革命家关心我们社，从那时起盲文出版社历经各届领导、员工的艰苦奋斗，全心全意为盲人服务，我觉得非常不简单，非常不容易。在这里我首先向大家和支持大家工作的你们的家人表示感谢，同时还要感谢那些已退下来的老同志。他们的努力，他们的心血，他们的汗水都滴在了盲文出版事业上。

---

① 这是邓朴方同志在视察中国盲文出版社并听取社长张伟同志及出版社其他领导成员汇报后的讲话要点。

二

中国残联接收盲文出版社这件事已经谈了十年。我提过一些接收条件,一要全额补贴,二要事业单位性质,三要出版补贴政策。本来是等条件满足了我们才接收,后来我们先接下来,条件慢慢再满足。但对这些条件,中宣部是首肯的,财政部也是同意的。最近从彩票公益金里补一点,这很好。要解决这个政策问题,关键是要把规矩定下来,让哪里补是另一回事。

三

中国盲文出版社划转过来以后,有一些想法。为什么总想把盲文出版社接到残联来呢?就是想着我们还有件事要做,这件事就是要大力发展盲人文化出版事业。这不仅仅是一个单位的划转,而是关系到残疾人事业发展,关系到盲文事业的发展。

要大力发展盲人文化出版事业,首先就是要高举人道主义的大旗。爱国主义、人道主义是我们残疾人事业的两面大旗。盲文出版社现在到了中国残联,上上下下都要发扬人道主义精神,宣传人道主义思想,使我们的残疾人能有一个好的外部环境,使我们的国家更加文明进步。这是我们残联系统的一个特点。我们残联系统的职业道德也是与人道主义相联系的,发扬人道主义,全心全意为残疾人服务是整个残联系统的一个基本特征。盲文出版社一直都是在为残疾人服务,现在到了残联系统里来,我们的心就更加一致了,心就更要贴在全心全意为残疾人事业服务上面。我们要把这个“经”念好。我们所有的事业单位都要有这么一个基本的概念,残联系统是有理想的队伍,有事业心的队伍,有追求的队伍,有道德要求的队伍。我们要在这个大的氛围里创造出一个比较好的环境，建立起我们的文化道德基础，建立起并不断强化我们的理想信念基础。

四

盲文出版社目前还太弱，现在也就一二百人，每年出书量不到十万册。全国盲人整体文化水平本来就不高，有很多盲人没有读书的习惯，书籍供应又少，这个面貌一定要改变。今天我来就是想和大家表达一个心愿，能不能一年一个台阶，不断地向前发展。有些事情我们可以做得更好，有些地方我们还有发展的余地，有很多发展的空间，有很多有意义的事情在等待着我们来做，我想我们盲人的文化出版事业就是一例。

盲文出版社要端正主导思想，下狠心做好盲人事业。要以出版为基础，多出书，出好书。要让更多的盲人能够读到书籍，能够喜欢读书。原来没有书的我们要让他有书，原来不读书的我们要让他读书。这个事可不简单，这是盲人文化建设。要围绕提高盲人的文化水平、道德水平这个中心，密切地依靠、动员、组织盲人群众，进一步增进全国盲人的团结，产生向心力、凝聚力。盲文社作为一个龙头单位不但要不断地发展壮大自己，还要把事业发展起来，推动整个盲人文化素质和文化水平的提高。

中国盲文出版社要成为全国盲人的资源中心。要向聋儿中心学习，把这个系统建起来，带起来，然后充实提高。怎么样才能大规模发展盲人文化出版事业？一个最重大的任务就是要放开眼界，规划好整个盲文出版事业的大局。规划要大做，瓶颈问题要先解决。无论是领导班子也好，每一个成员也好，大家都要有一个新的观念，新的意识，新的目标。咱们干的这事不算小，还挺有意义，这件事功德无量,值得咱们认真拼一把。有了这种共识,我们上下一心,残联的人事部门、财务部门和各业务部门,大家都来支持,同时再去争取国家各有关部委和社会各方面的支持,让我们的事业发展起来。当然,这个事业要发展还需要通过各种方式,跟我们广大盲人密切结合在一起,要和各级盲协、地方残联加强联系。你们的思路都很好,信息无障碍论坛活动搞得也不错。要多了解市场,了解盲人的需求,要找出满足现有市场需求的差距,同时要逐步创造扩大市场的条件。每个省级残联、盲校要有较大的盲文图书馆,地市级要把盲文图书馆、借阅点办起来。残联的专门协会要组织盲人读者读书会,要出版一些盲人扫盲的教材,形成一种文化氛围,创造出一个大市场,改善盲人的文化环境,让盲人朋友多读书、读好书。

五

新中国成立五十多年了,至今还没有盲文版的新华词典,这是不可想象的。说什么也要给学校配上词典。这是基本的工具书,基本的东西都没有,说老实话对不起盲人孩子们,对不起盲人群众。要专门干这件事。没有钱,向财政要专项款,也可以向社会募捐,把它作为一项工程来做,这个事情值得做。

六

盲人工作有两大项,一个是按摩,针对的是就业问题;二是出版社,要反映盲人心声,提高盲人文化水平,发展盲人事业。要做综合打算。盲人文化出版事业是一项公益性很强、功德无量的事业,无论如何也要发展起来。现在是给多少补贴就出多少书,这个法子不行。给定额补贴,那就会多出书多赔,少出书还多赚点,这不是鼓励大家不出书吗？要立个规矩，出台鼓励多出书的政策，出一本书补一本，出一万本补一万本。这样的话，书出得越多，盲人和盲人事业就越受益。要把这个机制建立起来，这就靠新宪你们来干了，我只出题目。把现在的规矩改改，出版社就会有积极性，就可以给盲人提供大量的书籍。中国残联要认真研究一下，加强支持，给大家创造环境和条件，需要什么政策我们就去争取什么政策，需要资金，咱们就去找。还需要什么外部环境的事情，咱们努力去做。同时希望盲文出版社的同志发挥积极性、主动性、创造性，开拓出一个崭新的事业局面。要树立雄心，争取三年变个样，十年大发展。资金不够，中国残联要给予倾斜，机关各部厅要进行业务指导。要通过一点一点的努力，不断地积累，不断地工作，不断取得成绩，实实在在地干上若干年，使我们这个事业成为一个大有可为的事业。

做好全国残疾人抽样调查工作①

（二〇〇四年十一月十日）

二〇〇四年八月四日，国务院办公厅复函中国残联，正式同意开展第二次全国残疾人抽样调查。九月三十日，国务院办公厅又下发了关于开展第二次全国残疾人抽样调查的通知，批准领导小组的成立。十月二十五日，回良玉副总理在全国扶助贫困残疾人工作会议上再次明确要求做好残疾人抽样调查工作。今天我们召开第二次全国残疾人抽样调查领导小组第一次会议。张勇副秘书长宣布了领导小组名单，这标志着第二次全国残疾人抽样调查领导小组正式成立并开展工作。作为领导小组的组长，我深感责任重大，愿与全体成员精诚合作，一起做好工作，也希望各位成员各司其职，团结协作，共同努力，有序高效地开展工作。刚才，张勇副秘书长在讲话中就这次抽样调查的重要性和意义，以及如何做好抽样调查工作提出了建设性意见和要求。中国残联副理事长程凯同志汇报了筹备工作进展情况和下一步工作安排。会议通过了组成专家委员会的决定。为民、立国、晓伟等同志从各自业务领域出发，就如何做好抽样调查工作讲了话，讲得都很好，实事求是，态度明确，充分表现了对这次抽样调查的高度重视和热情参与。下面，我讲几点意见。

---

① 这是邓朴方同志在第二次全国残疾人抽样调查领导小组第一次会议上的讲话。

一、充分认识残疾人抽样调查的意义

（一）第一次全国残疾人抽样调查对我国残疾人事业的起步和发展起到了开创性的作用。

新中国成立后，我们对残疾人的基本情况，特别是总体数量一直没有一个清楚的了解。直到一九八七年第一次全国残疾人抽样调查前，对外一直说我们有两千万残疾人。

改革开放以后，随着国民经济和社会的发展，社会事业蓬勃进步，残疾人事业方兴未艾，残疾人的需求也日益多样化。这个时候，国家认为有必要摸清残疾人的底数，掌握残疾人的基本状况。一九八四年，民政部、中国残疾人福利基金会与国家统计局、卫生部等部门协商，着手全国残疾人抽样调查的筹备工作。一九八五年二月，国务院批准《关于对全国残疾人进行一次性抽样调查的报告》。一九八七年四月，调查正式进行，历时一个半月，年底主要数据统计完成，一九八九年九月，后续工作全部结束。整个调查工作历时近五年。

一九八七年十月，我们向国务院副总理田纪云同志汇报首次残疾人抽样调查结果的主要统计数据。数据显示，五类残疾人总数为五千一百六十四万，占全国总人口数量的百分之四点九。残疾人中文盲占百分之六十八，七至十五岁的盲、聋和弱智儿童入学率不足百分之六，其实百分之六是现在的说法，实际上聋童入学率是百分之五点五，盲童入学率是百分之三，弱智儿童入学率只有百分之零点三三，所以，我们现在笼统说是不足百分之六；百分之四十九有劳动能力的残疾人尚未就业；有四百九十万白内障患者、一百二十四万小儿麻痹后遗症患者和一百七十一万聋童有待治疗和语言训练；百分之四十六的成年残疾人没有配偶；百分之六十七点一的残疾人靠亲属供养。田纪云同志听了汇报后动情地说了一段话,他说:一是,以前不了解残疾人的状况,以为他们生活得不错。今天听了这组数据十分吃惊,没有想到残疾人生活状况这么差,与经济社会发展水平的差距这么大。二是,请朴方同志和残疾人福利基金会及盲人聋哑人协会向全国残疾人转达我们的歉意,替我们说声“对不起”。三是,抽样调查本身不是目的,了解情况、分析问题、找出解决办法和手段才是调查的目的。过去不了解情况,没做好残疾人工作,还情有可原,今天调查结果出来了,如果再不采取措施去改善残疾人状况,就有愧于社会主义制度,有愧于共产党的宗旨。请你们替国家提出一些改善残疾人状况的方案,报国务院批准后认真实施,使残疾人状况有较大改善。当时我是在场的,田纪云副总理的讲话使我十分感动,现在想起来还历历在目。

通过第一次全国残疾人抽样调查,党和政府对残疾人的基本情况有了一个比较清楚的了解,对残疾人和残疾人事业开始高度重视。大家认识到残疾人是一个数量众多、特性突出的特殊困难群体,解决好这个群体的问题,对我国经济社会的全面发展有着重要作用。自此国家采取了一系列重大措施大力推进残疾人事业的发展。相继制定了《中华人民共和国残疾人保障法》,加强了国务院对残疾人事务的协调,国家把残疾人事业纳入国民经济发展总体规划,制定了三个发展残疾人事业的五年规划。从调查所掌握的残疾人基本需求出发,我们划分了残疾人事业的各个业务领域,并提出了任务目标。从“三项康复”开始,残疾人事业已经逐步发展成为包括康复、教育、就业、扶贫、维权、基本生活保障、文化体育等在内,涵盖残疾人生活各个方面的综合性社会事业。残疾人事业的全面拓展,几个五年计划的如期完成,使我国残疾人的基本情况有了很大改善,残疾人事业也迈上了一个新的台阶。

经过第一次残疾人抽样调查的宣传和动员，全社会关心帮助残疾人、支持残疾人事业的氛围逐步形成。在一九八八年，第一次全国残疾人抽样调查结果出来不久，中国残联成立，中国残疾人事业进入了一个全新的发展阶段。应该说，第一次抽样调查的进行，对中国残疾人事业发展有着开创性的影响。

（二）开展第二次全国残疾人抽样调查对残疾人事业可持续发展将产生巨大作用。

刚才，张勇副秘书长在讲话中指出，第一次残疾人抽样调查已经过去十八年了，开展第二次全国残疾人抽样调查是非常必要的。我完全同意这个说法。开展第二次全国残疾人抽样调查，必将对新世纪我国残疾人事业可持续发展产生深远影响。

第一，有利于体现党和政府对残疾人的人文关怀。

九月份召开的十六届四中全会通过的《中共中央关于加强党的执政能力建设的决定》指出："深入体察人民群众的意愿，切实把维护和实现最广大人民的根本利益体现在党领导发展的大政方针和各项部署中，落实在经济社会发展的各个方面。"可以这样说，残疾人抽样调查，是保持党和政府同残疾人血肉联系的一项重要举措，体现了党执政为民、全心全意为人民服务的根本宗旨。我们应当把它看作落实"十六大"、十六届三中全会精神和四中全会决定的一个实际行动。

第二，有利于残疾人事业和国家发展战略的制订。

通过抽样调查，能够综合地、全面地、比较准确地掌握有关残疾人的重要数据，为我们制订残疾人事业和国家发展战略提供了重要依据，充分体现了"科学执政"的要求，这也是党中央强调坚持的科学发展观的应有之义。坚持以人为本的科学发展观，还要坚持从实际出发，而只有通过抽样调查，才能掌握残疾人和残疾人事业的实际情况,使我们的发展建立在可靠的、科学的基础上。

第三,有利于残疾人奔小康目标的实现。

残疾人与全国人民一道共同进入全面小康社会,是广大残疾人的政治诉求,是残疾人事业发展的主要目标之一。通过残疾人抽样调查,摸清残疾人状况底数,不仅可以为制订残疾人实现全面小康指标提供依据,而且能够发现小康进程中的薄弱环节、存在问题和差距,以便采取措施,推动残疾人奔小康目标的实现。

第四,有利于提高和改善为残疾人服务的水平和质量。

残疾人抽样调查是残疾人事业的一项基础性工作,也是残疾人事业的重要组成部分。通过对调查结果的分析比较,将直接反映残疾人事业的发展状况,掌握我们的工作与残疾人实际需求之间的差距,使我们的工作更有针对性,更加切合实际,进一步提高和改善对残疾人的服务。

第五,有利于全社会关心、帮助残疾人和残疾人事业的良好氛围的进一步形成。

开展残疾人抽样调查,需要进行大量的宣传和社会动员工作。抽样调查是综合性的社会工程,需要众多部门和人员的参与,在调查过程中,他们可以更多地接触残疾人工作,通过有效的宣传活动,全社会将进一步了解残疾人和残疾人事业。因此,可以这样说,抽样调查的过程,是宣传和推动残疾人事业发展的过程,也是进一步弘扬人道主义和扶残助残社会风尚,推动构建社会主义和谐社会的过程。

二、密切合作,认真履行好各自职责

第二次全国残疾人抽样调查领导小组是经国务院同意成立的,刚才又通过了设立抽样调查办公室的方案,这为我们共同做好这次抽样调查,在思想准备和组织保证上奠定了良好的基础。在座的各位都是领导小组成员,我们肩上的担子很重,我们要深刻理解这次抽样调查的重要意义,充分履行职责,把第二次全国残疾人抽样调查工作作为一项重要工作列入议程,加强领导、周密组织,确保调查取得预期成效。

残疾人抽样调查是一项专业性和技术性比较强、过程比较复杂的社会调查工作,调查所涉及的范围之广、参与部门之多、技术要求之高、工作难度之大,都是其他调查所罕见的。各部门既要有明确的分工,也要密切协作。国家统计局要在调查方案设计、人员培训、业务指导和数据处理等方面进行具体指导;民政部要充分利用基层组织的力量协助开展、实施好现场调查;卫生部要在残疾标准修订、调查队医生的组织和培训等方面给予大力支持;财政部要做好抽样调查所需经费的保障;中宣部要做好抽样调查宣传动员方面的协调工作;国家标准技术委员会可以在残疾标准的制订和推行方面发挥行业指导作用;公安部门在入户调查时,可以从户籍管理角度提供帮助;国家人口和计划生育委员会,可以从人口学的角度对抽样调查资料进行分析和开发;团中央有一支庞大的志愿者队伍,这支队伍可以在宣传、入户调查等方面多做工作;全国妇联可以利用妇女组织的力量做好宣传、社会动员、调查对象的组织等方面的工作;中国残联要更多地承担抽样调查的具体组织工作;中国残疾人福利基金会也要积极参与第二次全国残疾人抽样调查。教育部、国家发展和改革委员会、劳动和社会保障部及领导小组的其他部门也要从各自的职责出发,在调查方案落实、调查队伍组建、人员培训、入户调查、资料利用等方面积极参与,通力合作,共同做好相关工作。

三、加强和改进抽样调查工作

(一)科学设计,充分准备

抽样调查指标设计与调查结果有着直接关系,将影响到调查的作用和效果。第二次全国残疾人抽样调查领导小组办公室要认真总结第一次抽样调查的经验和教训,认真组织修订新残疾标准,精心设计调查指标。在这一过程中,要特别注意发挥各类专家的作用,在充分听取有关专家意见和广泛调查研究的基础上,制订出一套既适合我国国情又符合国际一般规律的残疾标准和调查方法,经过试点、论证后,提交领导小组批准后实施。残疾标准和调查方案一经确定,就不能随意变动,以避免重复、无效劳动和资源浪费。在调查过程中,既要总揽工作的全局和全过程,又要照应系统的各个方面、各个阶段和各个环节,以保证实现预定目标。各地区、各部门要周密组织,精心策划,把抽样调查的各项目标、任务和措施确定下来,把调查过程中可能出现的各种困难和问题估计足,研究制订相应的工作方案。

(二)加强培训,组织高素质调查队伍

统计数据是否真实可信,调查工作人员尤其是基层工作人员的素质、技能和责任心至关重要。要高度重视并认真做好调查员、医生等工作人员的选调与培训、管理工作,确保人员的素质。要做好对调查工作人员的动员工作,使他们充分认识到工作的重要性,切实提高统计调查技能和责任心。应当给予调查工作人员一定的物质待遇,保证他们的工作热情和工作积极性。

(三)确保质量,提高效率

质量就是生命,时间就是效益。抽样调查工作也是如此。要切

实强化质量意识，严格实行岗位责任制，加强对标准修订、方案设计、人员培训、清查摸底、调查登记、收表审表、数据录入和处理、质量抽查等全过程的质量控制。要对照检查自身工作，以对党、对国家、对人民高度负责的精神，一丝不苟的科学态度，严谨规范的工作，努力保证调查数据的真实可信，保证宏观决策有可靠的依据。要切实保障调查机构依法独立行使调查资料的搜集、鉴定和报告权，保障调查数据的如实汇总和上报，任何单位和个人都不能随意改变调查结果。同时，各级调查机构要增强时间观念，安排好具体的工作计划和流程，按照“倒计时”的方法抓紧每一个工作环节，提高工作效率，在保证质量的前提下，尽快公布调查资料。

同志们，第二次全国残疾人抽样调查的任务光荣而艰巨。国务院将这一重任交给我们，广大残疾人寄予我们很大的希望，我们要不辱使命，以高度的历史使命感和政治责任心，兢兢业业地开展工作，圆满完成第二次全国残疾人抽样调查，为经济社会的全面进步和残疾人事业的持续健康发展做出新的贡献。

残疾人作家
是残疾人在精神层面的一个代表①

（二〇〇四年十二月二日）

本来我说不讲话的，不过大家说不讲话说不过去，起码史铁生不答应。咱们中国残疾人作家联谊会成立非常不容易，特别是明天就是“国际残疾人日”，在这样一个好时候，我们大家聚集在一起，首先对中国残疾人作家联谊会的成立表示热烈的祝贺！

说来，我们十几年以前就已经提出这个意见，现在成立好像是稍微晚了一点，但是毕竟这个事情做下来了。中国残疾人作家联谊会对我们残疾人作家、对残疾人文化事业都是一件大事。这个组织既然成立了，我希望我们所有的人都来爱护它，珍惜它。这是一个宝贝，是我们大家的宝贝；我们所有的人，在方方面面都要支持这个联谊会。我们残疾人作家，也要用我们自己的热情，我们自己的热心，把这个作家联谊会焐热乎了。当然，既然残疾人作家联谊会成立了，就要为大家服好务，咱们别来那么多虚的东西，真真实实地能够给大家点帮助，哪怕只是一点点。今天做一点，明天做一点，就能使我们残疾人作家的创作环境有所改变，就能使我们得到更多的益处，我想的就是真真实实地给大家点帮助。

现在我们好多人见一次面其实也挺不容易的。史铁生，咱们虽然都在北京，但好像还是很少见，我看你现在也瘦得厉害；王占君好

---

① 这是邓朴方同志在中国残疾人作家联谊会成立大会上的讲话。

像也瘦了；还有光柱，咱们也好多年没见了，你记得不记得咱们最后一次见面是什么时候，一九九一年，你看，算到现在也是十几年的时间了，当时都是特冲的小伙子，现在也是大作家了。好多好多老朋友这次都见到了。

残疾人作家是我们残疾人队伍里的精华，也是我们残疾人在精神层面的一个代表，是我们残疾人的光荣。大家都珍惜你们。我觉得你们是非常了不起的人，所有的残疾人包括我自己，是真心实意地尊重你们，甚至是崇拜你们，向你们学习。看见大家我就觉得很亲热，有时候竟说不出话来，但是我第一感觉，想要跟大家说的就是，希望大家保重身体。我知道大家都很拼，都拼得很厉害，但身体还得保重，我们要多活两年。咱们虽然残疾了，但在身体状况稍好的情况下，多活两年，多看看这个世界，多看看国家的发展，多看看人的生命，多看看我们自己的人生，我想也许我们能够多写点好的作品。

抓住机遇，搭好架子，正确定位发展战略[①]

（二〇〇四年十二月八日）

一、海南省残疾人工作要抓住机遇，搭好架子

刚才，听了有关厅局长关于残疾人工作的汇报，听了符桂花副省长对残疾人工作的全面介绍，我对海南的残疾人工作加深了印象和了解。过去，我和中国残联对海南的情况多少了解一点，但真正到海南来工作不多，这次我要多看一点。记得一九八八年海南省残联成立的时候，我跑的地方比较多，除了海口、三亚这些城市以外，还有文昌、琼海、陵水、琼中县等。我和县委书记、县长座谈，每次都是一个半小时以上，当时海南残疾人事业的基础还比较薄弱，什么都没有，很多事情需要做，主要是宣传工作。这几年在省委省政府的关心和领导下，在各厅局的大力支持和帮助下，在残疾人工作者的努力下，残联的工作取得了很大的成绩，在康复、就业、教育、维权和文化体育等各方面的工作都有很大的发展。海南的残疾人事业发生了很大的变化，我很高兴，我向海南方方面面的同志表示衷心的感谢！

（一）海南省残疾人工作的几个特点

第一，海南省委省政府特别重视残疾人工作。我接触的几届省委书记、省长，县委书记、县长，各个时期对残联工作都很关心，对中

① 这是邓朴方同志二〇〇四年十二月八日至九日在海南省调研残疾人工作时的讲话摘要。其间，听取了海南省残疾人工作汇报，以及符桂花副省长和海口市及龙华区的残疾人工作汇报，参加了海口市残疾人工作座谈会。

国残联向他们提出的要求都大力支持，并且能够贯彻中国残联的各项方针、政策，支持各项业务工作。

第二，海南省政府残工委较好地把各厅局的资源整合起来，大家共同为残疾人事业而工作，较好地发挥出残疾人工作协调委员会的作用。残疾人工作不仅是残联在做，还有民政、卫生、教育、法院等，大家都来做残疾人工作，这样的格局也是我们所希望的。残疾人工作除了政府做，社会也做。在材料里我们看到政府出资一千万，社会集资四千多万，开展残疾人扶贫工作。这样的情况在内地和西部地区是见不到的，而海南有社会资源。政府主导、社会积极参与的格局已经形成，这是很好的特点。

第三，要感谢高院、司法部门对残疾人工作特别人性化的处理，我认为这是创造性的，这在其他地方还没听说过。

第四，海南省残联的班子调整以后，大家团结一致，积极向上。钟健同志在中国残联工作过，曾做过中国残联的副理事长，工作很努力。从中国残联回海南后，这几年残联的工作又有了新的起色，我也是很高兴的。

第五，海南残联有很多工作做得比较细，非常周到。残疾人扶贫工作有数字，有脱贫率。开展了有效的职业培训、聋儿康复训练、白内障复明、儿麻矫治、麻风病矫治手术等，这些工作都是实实在在的。特殊教育基础比较薄弱，但今年新增了四百多名学生，这说明特教工作在进步。体育事业也取得了较好的成绩，黎玉强在雅典残奥会上取得乒乓球 TT 十级金牌，个人单打铜牌。所有这些成绩，都与我们大家的辛勤努力和真挚的爱心分不开。

（二）中国残联调研组对海南残疾人工作的几点考虑。

党中央、国务院提出领导干部要深入基层调查研究，取得第一手资料，认认真真地研究点问题，踏踏实实地解决点问题。我认为海南作为特区、沿海省份,有得天独厚的优势,经济不断发展,社会不断进步,整个海南的基础设施、工业、农业、旅游业都有了快速发展,这是有利条件。

第一,我们考虑海南残疾人事业的发展首先要有一个定位。这个定位不能与沿海发达省份相比,这不现实;也不能与西部落后地区相比,海南比他们更有优势。我想海南的残疾人事业定位中部地区发展水平比较合适。近期海南不要提出太高的要求,但是也不能降低标准,还要加大力度,财政力度也要加大,各方面的力度都要加大。我们这次来海南要给予一定的指导,中国残联也要给海南更多的投入。

第二,海南残疾人事业发展的布局问题。中国残联对东部地区的要求是与国际接轨,对西部地区的要求是做好残疾人扶贫工作,对中部地区的要求是搭好架子,有多少钱长多少肉,遇到机遇,多长点肉,没有机遇,架子在,多少能发挥点作用。海南的残疾人工作者一定要把架子搭好。

组织体系:海南的省地市县、乡镇(街道)的组织体系已经成形,架子搭起来了,但工作水平还要提高。

工作体系:海南的架子基本上搭起来了,这是你们的优势,刚才我已经讲了省残疾人工作协调委员会协调各厅局,共同工作,社会共同参与,残疾人工作者努力工作的体系已经形成,但是海南残疾人的参与还不够,残联机关的残疾人少了一点,要培养残疾人人才,建立人才库,让更多的残疾人参与残疾人事业。

资源中心体系:现在海南的骨干资源中心是薄弱的,需要加强,尤其是省里面。目前全国只有海南一个省没有资源中心,包括西藏在内的其他省份都有一个相当好的综合服务中心。海南要尽快建立起一个资源中心,叫康复中心也好,活动中心也好,叫综合服务设施也行,总之这样的综合服务设施是必不可少的。我希望省里面尽快地办起来,这件事办不好,许多事不好做啊。如果做好了,可以辐射全省八百万人民。所以这个事情一定要抓紧。

市县基础设施建设问题。中国残联已给十三个县分别划拨十万元用于残联的基础设施建设，可地方的配套资金不到位，县级的基础设施建不起来，这个事情比较严重，我们要研究一下，总得想办法办下来。地区的资源中心搞不好，就没有骨头架子，没有骨头架子怎么谈为残疾人服务呢？中央强调要建立长效机制，我们也要讲机制，但是要实事求是，咱们的标准不能太高，规模不能很大。有了骨头，我们有多少钱长多少肉。有了机遇立刻上去，否则机遇来了也上不去，也会丧失。这个问题，我希望省里帮助残联解决。今天下午我也要和书记、省长谈这个问题。

（三）业务领域的工作

康复工作。海南省的康复经费一年才九十八万，其他省的康复经费一般都有几千万，太不可比。海南在这个问题上，要适当地增加，我看省长会点头的。康复经费增加了，手头就盘活了，要不这口气老喘不过来。

教育问题。我希望教育厅做个规划，根据海南的特点，利用政府的力量，动用社会的力量，把特殊教育做个适当的安排。以教育部门为主，残联协助，制定个规划，真正建立起以中心校为骨干，以随班就读为主体的特殊教育体系。海南省的聋哑学校没有一个拿得出手的，这说不过去。弱智学校也没有一个像样的，省里不建，海口市要建。要有一个拿得出手的、能够起到辐射作用的特殊教育学校，否则随班就读是空的，是形式主义。再有就是分布问题。这事不能光是说，要实干。

劳动就业。残疾人就业保障金光靠残联收不成。全国过去光靠残联来收，收不上来，弊病很多。一是成本高，二是人家不认残联的账，说乱收费。那么多收费都没有人拒绝，怎么国务院、财政部的规定变成了乱收费呢?就因为残联的执法力度不够。这几年,全国各地都在想办法,现在全国三分之二的省市实行了财政代收,税务代扣。所有的企业到残联来登记,然后税务部门代扣,进入财政账户。这是财政的钱,不是残联的钱。根据全国的经验,以前残联收的时候,北京市一年才收三千万,一改就收到一亿元,上海达到三个亿。凡是改了的省市起码能增加三到五倍。该收的钱收上来了,这是社会各界应尽的义务,这是法律的规定。各省改革以后,大大改善了残疾人事业的资金短缺问题。有些地方用这笔钱在社区为残疾人购买公益岗位,有的地方用它解决残疾人的生产生活等问题,所有这些大大减轻了财政负担,同时又能把残疾人事业搞活。这是全国成功的经验,早改比晚改好。改了以后,没人说你乱收费,社会矛盾和社会冲突都减少了。所以,执法方式一定要改变。

扶贫贷款。政策性的贷款商业性的操作,本身就有矛盾。当时朱总理同意每年给残联八个亿,这笔钱一定要用在残疾人身上,不用在残疾人身上太可惜了。不是说咱们没有钱吗?现在咱们有钱了,可工作又做不到家,使残疾人应得到的权益得不到,太令人心痛了!残联和农行要认真合作,还要有拼命精神才能做好。一千块、两千块的小额贷款做起来非常困难,不靠残联,光靠银行做不更困难吗?

海南省残疾人工作资金缺乏是个大问题,必须整合资源。残疾人工作除了财政拿钱之外,还有一个方面的工作需要做,就是把中央各个口子给海南的资金,从中切块小钱给残联,少数民族补贴、财政拨款、大扶贫款项等等,怎样和各个部门协调,用什么方式来切,你们研究。这样财政给一点,各口切一点,社会资源争取一点,彩票公益金考虑一点,残疾人就业保障金收缴一点,几块加起来,就可以解决海南残疾人事业经费不足的问题。

我们这次来是想帮大家解决一些问题,你们要把这些问题的头绪理一下,需要解决的问题有多少,解决方法有多少,重点是什么,必须要尽快解决的有多少，要一项一项地理清。建议省委召开常委会和省长常务会议听取省残疾人工作汇报，做出决议，各个部门按照省委省政府的要求，对残疾人工作给予帮助。这样我们大家一起努力，使海南残疾人工作跟上国家社会、经济、文化发展的步伐。

二、海口市的残疾人工作要瞄准国际化城市的目标

海口市的残疾人工作近几年在市委、市政府的大力支持和关怀下，在各局委办的大力支持下，在大家的共同努力下，特别是残联同志的努力下，取得了很大的成绩，有许多很好的特点。一是领导重视。从王富玉同志到各位书记、市长，都非常支持残疾人事业，给残疾人事业以倾斜，参与各项活动，我对各位领导表示感谢！只要领导多关心一下，残联的干部就有办法了。比如，我来了，大家提一下意见，要不大家都不敢提，要提也是拐弯抹角地提。残联的工作的确是难了点，只有领导支持、各部委帮助，才能把残疾人事业慢慢提起来。二是残联从上到下组织体系健全。做好做坏我们先不说，只有解决了有或无的问题，才能解决好坏问题。一般来讲有无问题是个制度问题，我想海南有这样的工作体系，是不容易的。三是有一个比较好的工作基础。康复、就业、劳动、教育虽然都比较困难，但还是有进步的。

省里的工作做得还是比较好的，海口市的工作在海南省尤为突出。我要对海南的残疾人工作者表示感谢。残联的工作既没有权也没有钱，你们碰到的都是问题，这些问题又很难解决，两头受委屈，领导说你们是怎么搞的，不好好解决；老百姓说你们残联是怎么回事，不为我们解决问题。我们的基础薄弱，再加上各个方面的条件不具备，工作起来自然不容易，但现在你们做得比较好，这一点我还是肯定的。残疾人工作要有所创新，宣传部门应该宣传，只有宣传做好了，海口市残疾人事业、海南省残疾人事业才能上一个新台阶。

如何上一个新台阶，我和大家探讨几个问题。

(一)要建立一套目标体系

海口残疾人事业已经进入一个人性化发展阶段,比如说残疾人比较关心的几个问题,第一是有没有饭吃,第二是有没有衣穿,然后就是就业问题、医疗问题、子女上学问题,这些问题都非常具体,你们都有安排。从工作的角度看,不论是康复、就业,还是权益保障也都有安排,利用危房改造工作解决残疾人的住房问题,在吃饭问题上靠低保,在就业问题上有残疾人就业保障金,还搞了职业培训,扶贫贷款你们也安排了,市里还有专项基金,医疗也拿出了办法。我觉得这个阶段就是人性化的发展阶段。这与省里的概念不一样,省里还达不到这个标准。今天上午,我跟省里说,海南省要按照中国中部地区的发展水平来要求全省的残疾人工作,而海口市应该提高一个标准。除了个性化的要求以外,残疾人充分参与社会生活等各个方面都应提一些要求。这是我的一点看法,请书记、市长们探讨一下,在具体的目标体系上有所体现。

(二)完善基础设施

海口市残疾人工作的组织机构和工作体系比较健全,但基础设施落后,这样怎么为残疾人服务?残疾人来到残联,连个落脚的地方都没有,连给他们摆个茶杯的地方都没有。按照海口市的实力来说,建一个残疾人综合服务设施并不困难。地已经落实了,钱的问题我想也可以解决,海口市还是有这个实力的。你们把琼山拉进来,有一百六十多万人口了吧,规模已经不算小了,有个综合服务设施是最起码的。这个综合服务设施的条件还不能太差,不能就三五百平方米,总得搞像样点,拿得出手。海口是个开放型旅游城市,残疾人的综合服务设施更要像样点。这不仅是形象问题,更体现了党和政府对残疾人的关怀,是以人为本、建设和谐社会的要求。你们要尽量争取市委、市政府领导的支持，把这个中心给建起来。

（三）要有一个高标准的培智学校

我看你们搞盲聋学校不适合，盲聋学校更适合省教育厅来办，而弱智学校，就近就地，比较适合城市。我觉得这个学校建得标准要高一点，有较宽敞的场地，基础设施、教学设施好一点，师资力量也强一点。全国的全民义务教育已达到百分之九十七八，残疾人就这么几个人，特教学校怎么就建不起来，希望给予认真的安排。这件事我们中国残联也有责任，没有及时提醒你们，现在我们的条件已达到一定程度，我们及时把这个问题提出来，并且要解决好，否则就太晚了。

（四）要瞄准国际化城市的目标

海口是省会城市、旅游城市，同时也应该是国际化的城市，所以城市无障碍设施要配套。这应该说是我们用新的观点、新的思维来管理我们的城市，安排居民的生活。公共设施无障碍，不但残疾人需要，老年人、妇女、儿童也都需要。这不仅是直接的帮助，也是对全民文化素养的一种推动。

（五）残疾人就业保障金的收缴方法

今天上午在省里我已经谈了，现在也要同市里重点谈一下。现在海南省收缴保障金的执法部门是残联，残联收钱有几个弊病：第一，要聘用人员，成本高；第二，残联在收缴保障金的时候被误认为是乱收费，许多企事业单位不认账；第三，某些企事业单位不认残联的账，不交钱，就会形成矛盾，造成关系紧张，同时在管理等方面有诸多不便。保障金是什么性质呢？是财政部纳入专项管理的财政资金，收缴上来的钱是财政的钱，不是残联的钱，这一点我跟大家说清楚。

保障金以前是由残联来收,因为收缴不力,现在全国有三分之二的省改了,改成财政代扣、税务代征。凡是企业全部由税务代征,行政事业单位由财政代扣。开始的时候是少数城市在搞,由于效果很好,现在全国大多数省市都采用了这种办法。上海原来也是残联收,一年只收五千多万,采取了新方法后,一年可以收到三个亿的保障金;北京市原来一年收三千多万,改变方法后,现在一年收一个多亿。全国各省改了以后,一般都是三至五倍的增长,而且减少了社会矛盾,减少了收缴的手续费用,几乎没什么成本,这样收缴的效益比较高。我希望海口也改一下,我今天也跟符省长说了,明天会见王富玉时,再谈这个事情。我认为应该立即改,改了以后整个残疾人工作的力量会显著增强,有的省拿保障金在社区买公益岗位,既解决了残疾人的就业问题,又解决了社区残协人手不够的问题,有的省市,如上海市拿出一部分来为那些生活比较困难的残疾人购买医疗保险等。这是几年来经验的积累和总结。这个方面我们是跟财政部通了气的,收缴方法改一下,好处很多,几乎没有副作用。你们市政府该怎么定就怎么定,市政府办公会议通过就可以办。财政部也同意这个方法,都说这是个好方法,简单、方便、收缴力度高、社会矛盾少。全国现在仅有少数省份没有改,反正早改早受益,晚改晚受益。

总之,我们要加大力度做好海口市的残疾人工作,还要对全省有所辐射。希望海口市的残疾人工作再上一个新的台阶。

落实“以人为本”的科学发展观，为构建社会主义和谐社会贡献力量①

（二〇〇五年一月二十一日）

二〇〇四年过去了，二〇〇五年又翻开了崭新的一页。每年辞旧迎新的时候，也是我们残疾人工作者欢聚一堂、共商残疾人事业大计的时候。借此机会，我向大家祝贺新年，并预祝大家在新的一年里，身体好、精神好、工作好！

过去的一年，是换届以后的第一个年度，新一届主席团的同志们做了大量的工作。各位副主席多次下基层调查研究，参加残联和各专门协会的活动，对残疾人工作进行监督并提出了许多好的建议和意见；各位委员也在自己的工作领域为残疾人事业的发展尽了心力。我向大家表示衷心的感谢！昨天，小泉同志代表理事会所做的报告，总结了去年的工作，汇报了今年的打算，大家进行了讨论。与会代表认为，报告有高度，有深度。总结部分实事求是，简明扼要，全面充分；问题讲得实在，抓得准；部署今年工作任务部分，重点突出，既立足现实，又着眼长远。与会代表还对今后工作提出了许多具体意见和建议。比如希望尽早部署“十一五”规划的制订工作；加快残疾人保障法的修改进程；更加重视专门协会工作，落实人员编制、办公地点和活动经费；出台关于盲人按摩的政策，加强盲文的普及教育；推

① 这是邓朴方同志在中国残联第四届主席团第三次全体会议上讲话的第一、二部分。

进聋人手语、信息无障碍建设;抓好精神残疾人患者和家属的康复、培训等等。对以上意见,相信理事会的同志们会充分考虑并做出安排。去年,党组、理事会的同志们,精神振奋,工作扎实,打了几个漂亮仗。比如召开了全国扶助贫困残疾人工作会议,出台了扶助贫困残疾人的各项措施;比如启动了第二次全国残疾人抽样调查和残疾人保障法的修订工作;比如全面开展了残疾人危房改造工程;特别是中国残疾人运动员在雅典残奥会上取得了金牌数和奖牌数双冠军的好成绩,在世界范围内扩大了中国残疾人事业的影响,等等。我也向党组、理事会的同志们表示感谢!希望在新的一年,大家再接再厉,开拓创新,取得更大的成绩。下面,我谈几点意见。

一、用科学发展观指导残疾人事业健康发展

党的“十六大”以来,我们的党、我们的国家迈着稳健的步伐,在建设物质文明、精神文明、政治文明的道路上不断取得新的成绩。人权入宪、私产保护、以人为本的科学发展观等一些新举措、新概念被提了出来。在这里,我想重点谈谈树立科学发展观这个问题。这段话在“三中”全会公报里是这样表述的:“坚持以人为本,树立全面、协调、可持续的发展观,促进经济社会和人的全面发展。”

提出“以人为本”这个概念,并强调“全面、协调、可持续”和“促进经济社会以及人的全面发展”。这是以胡锦涛同志为总书记的新一届党中央领导集体总结改革开放以来的新经验,从新世纪新阶段发展全局出发,对我们党的发展理论、发展观念、发展思路做出的新的总结和概括,是对马克思主义发展理论的继承、丰富和发展,是我们党在现代化建设指导思想上的一次与时俱进。我想,学习科学发展观要抓住这样三个关键:

首先,抓住"以人为本",这是科学发展观的核心。

为什么要强调"人"的问题?这是因为存在"非人"的问题,也就是存在"人"的对立面。

人的对立面首先是"神"。在中世纪,神权主导一切,人是神的奴隶,人是没有地位和尊严的。所以,文艺复兴时期启蒙学派为了反对神权,首先提出人本主义,也就是人道主义,这是外国的情况。中国的封建社会延续了两千多年,历朝历代的皇帝也是神,是"天子",老百姓只是"普天之下,莫非王土"上的"畜群",所以古代干脆把官吏治民称为"牧民"。在封建宗法制度下,人是被神统治的。今天提出"以人为本",正说明余毒尚未肃清,同志仍须努力。

人还有一个对立面是"钱"。在欧洲资本原始积累时期,生产力得到迅速发展,但也付出了惨重的代价。"圈地运动"时"羊吃人"的故事大家都是熟悉的。马克思说,资本的每个毛孔里,都浸透着血和肮脏的东西,就是这个意思。随着资本主义的发展,资本主义也在自我调整,开始以人道主义、人权等思想来规范企业和社会行为,现在进入了相对稳定的发展时期。我们国家,从计划经济过渡到市场经济,进入了一个快速发展的新阶段。这些年来,我们的经济发展速度保持在百分之九的平均水平,在短短的二十年时间,GDP 就翻了两番。经济的高速发展,提高了综合国力,改善了人民生活,但随着发展也出现了经济社会发展的不平衡,许多企业一心追逐利润最大化,甚至连一些地方政府也追逐利润最大化,速度就是一切,GDP 就是一切,随之而来的是,社会发展落后于经济的发展,弱势群体的权益被忽视,社会矛盾日益突出,资源和环境遭到破坏,造成了严重的后果。

为什么提出"以人为本"?就是要继续反对上面说的那两个对立面。第一是继续反对不注重人权和忽视人的利益的封建思想。第二个目前看来尤其重要,是要反对“GDP 崇拜”,反对“唯资本马首是瞻”,反对“一切向钱看”。

GDP 是要提高的,资本也是要积累的,但这种提高和积累不能以牺牲群众利益为代价。发展过程中会出现种种问题,解决这些问题,归根结底还是靠发展。问题是这种发展应当是健康的、科学的,这就是要把“人”放在第一位,把人的幸福、人的全面发展当作最重要的发展。这是一切发展的目的和归宿,要把它贯穿在发展的整个过程中,一刻也不能忘记。

现在,全国都在学习贯彻科学发展观,我们的残疾人工作者也要学习贯彻科学发展观。从全国来说,以人为本,是以十三亿中国人为本;从残疾人事业来说,以人为本,就是以六千万残疾人为本。制订计划、设计目标、开展工作、处理问题,脑子里首先想想这个计划、目标、工作对六千万残疾人是不是真有用处,真有好处。有人问,我们整天做残疾人工作,难道还会不以残疾人为本吗?那可不一定。我们残疾人工作者,如果忘掉了这个“本”,也可能整天忙忙碌碌,结果可能只是为工作而工作,或者只是为残联这个小圈子而工作,而忘掉了我们残联应全心全意为残疾人工作。去年,几个省市连续发生了残疾人自焚的恶性事件,都是由于地方政府一刀切取消机动车营运,残疾人的车辆多次被扣,生活无着,才出此下策。在条件不具备的情况下,牺牲群众利益,搞什么形象工程,对照一下以人为本的发展观,它既不科学、不明智,更不人道。我们国家还穷,残疾人用机动车养家糊口是好事,你却把他的饭碗砸了,这是以人为本吗?不是!我们残疾人工作者在这个问题上,反应是不是那么敏锐?是不是那么坚决?是不是坚决站在残疾人的立场上,为维护残疾人的权益而大声疾呼,这也是考验我们是否真正以人为本的大问题。

其次,还是要强调发展,发展是科学发展观的永恒主题。

"发展是硬道理",小平同志的这句话永不过时,提出科学发展观,就是要科学地发展、长远地发展、健康地发展。因此,树立和落实科学发展观,必须紧紧围绕发展这个主题。对残疾人事业来说,我们更要强调发展。我国的残疾人事业起步较晚,许多事情刚刚开始,虽然取得了一些成绩,但比起其他领域,差距还很大;比起残疾人的实际需求,差距就更大。我们经过十几二十年的努力,把组织体系、法律体系、业务体系等初步建立起来了,也为残疾人做了不少事,但我总是说,比起应该做的事,我们已经做的事还是太少太少。

在这方面,我们应当做好以下几件事:

一是千方百计做好基层工作。现在我们的基层工作还很薄弱,特别是广大农村工作薄弱,残疾人有了困难,有了问题,还"够不着"我们。我们常说,残疾人工作要沉下去,残疾人工作要"横向到边,纵向到底","到边"了没有?"到底"了没有?这些年,我们的城市社区、农村乡镇的残疾人组织大部分建立起来了,这是可喜的。但建立起组织,不等于就有了好的工作。我们要不断推动基层工作。总结经验,使基层组织充分发挥作用。

二是千方百计扩大服务面。残疾人的需求是多方面的,我们要在客观条件允许的情况下,不断地、有效地帮助残疾人解决他们的实际问题,比如吃饭、穿衣、住房、看病、就业、上学、养老等问题,有哪些需要我们帮助?比如,他们的文化生活怎么样?他们的精神需求能不能得到满足?再如,他们对自己和社会的事务能够参与意见吗?有没有机会参政议政?等等。要根据不同地区的实际情况,重点解决好当地残疾人最迫切需要的问题,把有限的资源用在残疾人受益面广的项目上。同时,也要注意残疾人在新形势下的一些新需求,满足他们不断增长的物质和精神文化方面的要求。

三是要千方百计地争取更多的投入。平心而论,虽然我国政府十分重视残疾人事业,但由于我们的蛋糕还不够大,在这方面的投入是有限的。这些年虽然年年增长,但因底数太低,也还是低水平的。中国残联困难,地方残联就更困难了。我们中国的残疾人数量太大,他们一直生活在社会的最底层,应当有理由向各级政府争取更多投入。特别是这些年,中央和地方财税也大幅增长,相信也会有这个能力。除了争取政府的投入,也要多争取社会资源,动员国内外、境内外有爱心的企业和人士为残疾人多做好事。还要善于整合各方面的资源,积沙成塔,集腋成裘,壮大我们残疾人事业的力量。

四要千方百计地把事业向纵深发展。要把已经开展的业务领域的各项工作推向更高的水平,达到更高的质量。比如我们的聋儿语训,现已有一千七百个语训点,但训练水平普遍较低;我们的社区康复推动就很困难,需要下大力气;特教学校的教学条件、教学水平有待提高,有些地方残疾儿童入学还有困难;职业培训、就业服务能力还很弱,等等。所以,我们残疾人工作者一定要练好内功,把各项业务工作向纵深拓展。

第三,注意"全面、协调、可持续",这是科学发展观的基本内容。

全面,就是要以经济建设为中心,全面推进经济社会政治文化建设,实现经济持续健康发展和社会全面进步。协调,就是"五个统筹",城乡统筹、区域统筹、经济社区统筹、人与自然统筹、国内发展与对外开放统筹。可持续,主要是促进人与自然的和谐,实现经济社会发展与人口、资源、环境相协调。这个中央已经讲得很清楚了。坚持"全面、协调、可持续",才能够长治久安地建设好我们的国家,否则,很可能欲速则不达，一时发展很快，终究会出问题。

全面、协调、可持续，是经济社会发展到一定水平才提出来的。在农业社会，生产力水平低下，社会对于协调的要求很弱；到了工业社会，大机器生产，对协调的要求就高了。社会发展程度越高，对协调的要求就越高。现在是信息社会，要求自然更高。社会发展越来越快，人们对资源的索取越来越多，如果这时候不注意协调，社会分化就会越来越严重，区域之间的差距也会越拉越大，资源、环境也得不到有效的保护，所以必须要有一个全面、协调、可持续的发展观。

解放以前，我国基本上是个农耕社会。新中国成立以后，实行计划经济，优先发展重工业，计划也是一种协调，很快建立了工业基础。但计划经济是有缺陷的，它扼杀人的个性和欲望，导致僵化和平均主义。实践证明，什么都计划是根本不可能的，单纯的计划经济限制了生产力发展。十一届三中全会以后，我们开始改革开放，以经济建设为中心，搞社会主义市场经济，国民经济得到了空前的发展，人民生活水平得到了空前的提高，与此同时，我们遇到的矛盾和问题也空前复杂。要解决这些问题，特别是处理好一些重大关系，如贫富、城乡、地域、资源环境等关系，必须及时引入现代观念、科学方法，这就是说，科学发展观的提出，是我国经济社会发展的必然。

我们都记得，一九九七年七月，亚洲地区爆发了金融危机，随后又发生了严重的社会危机。原因何在？东亚、东南亚的这些国家二十多年经济高速发展，创造了“亚洲奇迹”，为什么在一夜之间，就陷入经济危机和社会动乱？就是因为这些国家政府在追求经济高速增长目标时忽视了促进社会进步，忽视了社会安全网的建设，严重的社会问题和社会矛盾长期没有得到解决。一旦经济增长衰退和金融危机来临，各种矛盾突然激化，抢劫、暴力、动乱频仍，国家陷于极度混乱，多年经济发展积累的社会财富也严重缩水。显然，只重视经济建设,不重视社会发展,只重视 GDP 增长,不重视社会保障,只注重资源的利用,不注重环境的保护,是十分危险的。

关于“可持续”,我想多说几句。最近,我看了国家环保总局副局长王玉庆的一个讲话,感到很震惊。他说,我国万元 GDP 能耗水平超过发达国家的三至十一倍。资源和环境的承受力已近极限。我国的粗放式发展导致污染加剧。目前,COD(化学需氧量,反应水污染的指标)排放总量一千四百至一千五百万吨,接近排放最大允许量的两倍。城市垃圾每年接近一亿四千万吨,处理率仅为百分之五十四点二,无害处理率更低。我国的环境污染已从陆地蔓延到近海水域,从地表水延伸到地下水,从一般污染物扩展到有毒有害污染物,已形成点源与面源污染共存,生活污染与工业污染排放叠加,各种新旧污染与二次污染相互重合态势,大气、水体、土壤污染相互作用格局,对生态系统、食品安全、人体健康构成严重威胁。这是多么可怕的局面!看来,环境和资源的保护,已经刻不容缓了!

前几天,我还在报上看到一篇文章,题目是《只有自然安全了,人类才能安全》,讲到这次造成至少十五万人死亡的印度洋海啸。海啸造成的灾害当然主要是因为海底的地震,这是人力不可抗拒的,但损失这么严重,与旅游地的过度开发不能说毫无关系。海啸从海面到岸边,起码要越过三道自然屏障,这就是珊瑚礁、红树林、海滩沙丘和礁石。但这三道屏障都被破坏了。海啸没有受到任何阻挡,直扑各国的海岸,这也是大自然对人类的一种报复。

提出全面、协调、可持续的科学发展观,强调促进经济社会和人的全面发展,对残疾人事业来说,是个极好的机遇。残疾人事业是社会主义事业的有机组成部分,是社会发展的一项重要内容,也是经济社会协调发展的具体体现。人的全面发展,当然也包括残疾人的全面发展,这对于保障和维护残疾人的权益,争取残疾人在政治、经济、文化等各个方面拥有和健全人一样的发展机会，共享社会物质文化成果都是极为有利的。我们要认真抓住这个机遇，推动我们的事业上一个新的台阶。

二、为建设社会主义和谐社会贡献力量

党的十六届四中全会，提出了一个构建和谐社会的命题，并把构建和谐社会作为加强党的执政能力的主要任务之一。这是继提出树立科学发展观之后又一个非常重要的思想，很值得我们认真学习。建设一个和谐社会，是人们的传统理想。“老吾老，以及人之老，幼吾幼，以及人之幼”，不就是一种和谐社会吗？“土地平旷，屋舍俨然，有良田美池桑竹之属；阡陌交通，鸡犬相闻……黄发垂髫，并怡然自乐”，不也是一种和谐社会吗？可惜，陶渊明的桃花源并不是现实。

从二十世纪七十年代末开始，我国的政治、经济、社会的发展呈现两大特点：一是“改”，二是“快”。“改”，是二十多年来不断进行的改革。经济体制改革，政治体制改革，各项制度改革，使生产关系和上层建筑适应生产力发展的需要，破除前进道路上的一切障碍。但要改革，革除旧体制的弊端，就会造成新旧体制的摩擦和冲突，就会引起社会的某种不和谐；改革越快，这种不和谐可能越严重，这是改革必然要付出的代价和成本。“快”，是发展速度快。经过“文革”十年浩劫，中国的问题成山，不能不加快发展步伐；不快，就要落后，就要挨打。但是，“快”也会带来一些副作用，就像车子开快了就要颠簸一样。“快”了，在许多事情上来不及平衡和调整，工作中也可能会出现一些失误或偏颇，这就造成了某些不和谐、不稳定。其实，不光是我们国家，发达国家在经济起飞阶段，也同样出现过类似问题。以前，我们说人均收入在三百至一千美元阶段，社会比较容易发生混

乱。现在看来,在一千至三千美元阶段,也不一定会那么太平。

但是,“存在的并不一定是合理的”。承认经济起飞阶段会产生一些不和谐,并不意味着我们认同这种社会的不和谐;改革要付出一定的代价,但我们还是要尽量使这种代价降到最低限度。我想,这就是党中央提出构建和谐社会的时代背景。提出构建和谐社会,是因为有许多不和谐的因素存在,这些问题不解决,会影响安定团结,也会影响改革进一步发展。

我们看到,经过二十多年的努力,我国的经济实力是大大提高了,但确也出现了严重的社会问题。现在,城乡之间的差距、东中西部之间的差距、贫富之间的差距都在继续拉大。按照中国的标准(人均年六百二十五元),农村的贫困人口是两千九百万人。按国际贫困标准(人均日一到两美元),应该是九百至一千八百元(按购买力平价计算,一美元相当于两块五人民币),这样,我国大约还有一到两亿农村贫困人口。二○○四年上半年,全国各省(区、市)中,人均收入最高的上海、北京、浙江、广东、福建五省市,人均收入比最低的宁夏、青海、甘肃、黑龙江和新疆,高出一倍多,中西部地区的增长速度,也远落后于东部地区。据专家统计,我国的基尼系数已达零点四五,大大超过了零点四零的警戒线。社会阶层之间贫富差距已经引发了许多激烈冲突和恶性案件。

另外,社会的道德水平也有所下降。有人形容是“道德滑坡、诚信缺失、信仰危机”。这话不是没有道理的,有些人的确也是无法无天,什么都不信了。过去还怕老天爷,怕天打五雷轰,现在有避雷针了,也不怕了。丧尽天良的事什么都敢干,什么“黑心棉”、“地沟油”、“染色蛋”,什么假酒、假烟、假牛奶,什么假钞票、假发票、假文凭、假身份证、假执照满天飞。最近看报,连军校都有假的,每年大做广告,招几百个学生,校长是个假中校。不可思议的是,这个假军校堂而皇之办了五年。

还有，干活拿钱，难道不是天经地义吗？但民工辛辛苦苦干一年，居然拿不到工钱。这还不是个别现象，而是普遍行为，要总理亲自干预才算基本解决。而一些官员，一贪污就是几千万，几个亿，看看这些年倒了多少交通局局长？多少高级官员？这些现象，怎么能使老百姓心理平衡？老实说，老百姓心里是有怨气的。对这个问题，我看得比较重一点，有的同志看得比较轻一点，但不管怎样，我国积累的各种社会矛盾确实比较多了，比较深了，要下大力气才能逐步缓解。努力构建和谐社会，就是这样一个载体。

构建和谐社会，我觉得应当向这样的方向努力：

重建一个有理想、有道德、有诚信的社会。教育人们不仅追求自身的幸福，而且关心其他社会成员的幸福，还关注着人类和地球的命运；人们应当有理想，有道德，有责任感，有纯洁的心灵，有博爱的胸怀。人与人之间，要像兄弟姐妹一样互相关心、互相爱护。社会氛围要融洽祥和。人们要注重诚信，言必信，行必果，虚伪、谎言和欺骗应受到人们的唾弃。

维护社会的公平与公正。人与人之间在人格上是平等的，没有高低贵贱之分。虽然社会有分工，人们从事的职业千差万别，但每一个人的基本权利都应受到尊重和保障，人人有相同的发展机会和参与分配的机会，不会因为地域、民族、性别、肤色、信仰、地位、阶层、健康状况等因素的影响而厚此薄彼。

人人各得其所、各安其位、安居乐业。这个社会应当是有秩序的，富足的，安康的。社会成员少有所学，壮有所为，老有所养。在不同的工作岗位工作的人，尽其所能为社会做出自己的贡献，从社会取得应得的一份报酬，还可以凭着自己的努力获得升迁机会。在不同的居住环境中生活的人，虽然生活水平有差异，至少都能达到小康，都能过得体面、温馨。即使是没有劳动能力的人,也能得到社会的充分救助,保证温饱无虞。

上述想法,是不是太天真了?太理想主义了?但总是要向这个方向做,一点一点做,才会有希望。构建和谐社会,不仅要靠政府,也要靠社会各界,靠全体人民,靠全国上下共同创造一种和谐的气氛。我们残疾人和残疾人组织在这方面也是大有可为的。

第一,做好残疾人工作,就是为构建和谐社会做贡献。我国有六千万残疾人,加上他们的亲属,共有两亿人,占全国人口的六分之一。这六分之一人口的生活是否安定,情绪是否稳定,对社会的和谐安定起着重要的作用。因此,切实做好残疾人工作,解决他们的困难,满足他们的需求,按照党的"十六大"的战略部署,组织和带领残疾人和全国人民共奔小康,使他们和全国人民一起过上富裕的生活,就可以稳定两亿人心。

第二,扶助贫困残疾人,解决他们的基本生活问题。减少贫富差距,有两个办法,一个是限制高收入,一个是提高低收入。这要靠政府采取经济、政治、法律等手段,运用财政、税收、社会保障等政策杠杆,建立一套行之有效的社会转移支付体系,对一次分配后的利益格局进行必要的调控。残疾人群体,生活在最底层,用这种调控手段解决他们的贫困问题,就可以有效地提高收入的水平线。我认为,解决贫困问题,是群众更关心的切身利益问题,解决好了,基尼系数或许会降一点。

第三,当好社会的"安全阀"。我们这样的社会组织还有一种作用,往往容易被人们忽视,这就是它还是一种"安全阀"。当前,由于社会处于调整期,各种社会矛盾错综复杂,而公民的权利意识迅速觉醒,这使得政府和民众之间、不同社会群体之间的冲突日益增多,包括残疾人在内的一些社会弱势人群常常有些怨气需要排解。我们残联组织扎根于残疾人之中,与残疾人有着天然的血肉联系,比较了解残疾人的需求和愿望,感知残疾人的困难和不满。残疾人有不满情绪,可以向我们倾诉或者宣泄,我们可以充任"出气筒"和"橡皮人",一方面起到缓冲的作用,避免小矛盾酿成大冲突;一方面也可当润滑剂、稀释剂,妥善化解矛盾,减少负面影响。

第四,在道德建设和精神文明建设上起带头作用。残疾人由于身体有缺陷,一般都有比较坚强的意志,比如艰苦奋斗、自强不息、努力学习、百折不挠等等。残疾人中涌现的先进人物和事迹层出不穷。我国历史上有左丘明失明后著《国语》,孙膑膝盖丧失后还打败庞涓,司马迁受宫刑后发愤写《史记》。外国有贝多芬失聪后创作《第九交响乐》,罗斯福坐轮椅当了四届美国总统。现代中国有吴运铎、高士其、华罗庚、张海迪、史光柱、李志军,以及最近推出的王树明等。这些残疾人的拼搏精神、奉献精神,是中华民族的精神瑰宝,对培养良好的道德风尚有极大的促进作用。我们要继续宣传老的典型,挖掘并推出新的典型,让残疾人的先进典型在构建和谐社会中起到模范带头作用。

第五,持续不断地宣传人道主义。我们宣传了二十多年的人道主义,现在还要一如既往地高举这面旗帜。中国的六千万残疾人,不是社会的累赘和包袱,是有着人格尊严和奉献精神的社会成员,我们能够发扬"自尊、自信、自强、自立"精神,融入社会并做出贡献。这是人道主义的重要内容。社会上的其他成员,应当有一种人道情怀,理解、尊重、关心、帮助残疾人,对这个弱势群体给以特殊的关爱和扶持。一个社会,有了更多的爱,不就更和谐了吗?

纪念小平百年,化作前进动力[①]

（二〇〇五年一月二十一日）

二〇〇四年,我们国家发生了许多大事,我最看重的是纪念小平百年。作为亲属是如此,作为普通党员也是如此。

平时在家,与父亲相处,并不觉得他的伟大。但在百年时回顾,却有了许多新的感触。

小平同志的一生,居功至伟,贡献良多,最辉煌者,当属开辟有中国特色的社会主义道路,我们现在讨论的科学发展观等等,都是沿着这条道路走下来的必然结果。

拨乱反正,改革开放,以经济建设为中心,走有中国特色的社会主义道路,一百年不动摇,对于这一切,已有许多专家学者做过大量的论述。在此,我也想把自己的心得与大家交流一下。我想从这么几个角度来谈一谈。

一、从中华民族振兴的角度

中国的近代史,是充斥屈辱的历史,也是写满抗争的历史。从一八四〇年开始,帝国主义列强用坚船利炮轰开中国的大门,把已经衰朽的大清帝国推向更加贫弱的境地。不甘被人鱼肉的仁人志士和广大民众,进行了各种形式的斗争和反抗。戊戌变法、义和团、洋务运动,直至

---

① 这是邓朴方同志在中国残联第四届主席团第三次全体会议上讲话的第三部分。

辛亥革命推翻了封建王朝,又被袁世凯窃取了革命成果,中国依旧是军阀混战,老军阀打倒了,新军阀又冒出来,倒霉的还是老百姓。

中国向何处去?中华民族向何处去?“五四”运动后,中国共产党成立,经过二十八年的努力,终于推翻了三座大山,建立了新中国。毛主席宣布:中国人民从此站起来了。此后,我们在建设社会主义的历程中,有许多成就,也有重大失误,特别是“文化大革命”,把中国推向了崩溃的边缘。

就在这个时候,小平同志与全党全国人民一起进行改革开放,中国开始走上良性发展的道路。老百姓说,毛主席让中国人民站起来了,邓小平让中国人民富起来了。也有人说,中国百年有两大课题,一是不挨打,一是不挨饿。前者毛泽东做到了,后者邓小平做到了。

我想,应当这样表述:以毛泽东同志为首的中国共产党人,推翻了三座大山,建立了新中国,中国人民从此站起来了。以邓小平同志为首的中国共产党人,开辟了有中国特色的社会主义道路,使中国摆脱贫困,达到小康,并将继续沿着这条道路走向富裕,中华民族的振兴指日可待。

二、从国际共产主义运动的角度

有人说,二十世纪是社会主义从兴起到衰落的世纪。这话说对了一半。说二十世纪是社会主义兴起的世纪是不错的。十月革命从资本主义最薄弱的环节突破,在列宁的领导下,第一个社会主义国家出现在地平线上。此后,社会主义和民族解放运动风起云涌,席卷全球,极大地冲击了资本主义社会,一度造成东风压倒西风的态势。但是,由于种种复杂的原因,特别是社会主义国家大多没有解决好深层体制问题,所以几十年后,苏联解体,社会主义几陷绝境……

但是,社会主义作为一种社会制度,并没有失败,它依然屹立在世界东方。中国的改革开放事业,就闯出了一条新路,它解决了以前社会主义国家没有解决的问题,即什么是社会主义,怎样建设社会主义的问题。一个“初级阶段”就使社会主义绝处逢生,这是小平同志对国际共产主义运动的巨大贡献。

三、从思想路线的角度

实事求是,理论联系实际,实践是检验真理的唯一标准,是共产党人的根本思想路线。但在实际运作过程中,往往有各种各样的偏差,即使是伟大的无产阶级革命家,从本本出发、脱离实际的情况也经常发生。恩格斯晚年始终寄希望于十九世纪欧洲爆发革命,但这个革命迟迟没有到来。毛泽东晚年创立“无产阶级专政下继续革命”的理论,并用它来指导“文化大革命”,结果犯了严重错误。小平同志拨乱反正,重新树立起实事求是的思想路线。他是一个理想主义者,他对共产主义信念、社会主义道路毫不动摇。但他在实践社会主义时,又是一个现实主义者,一切从实际出发。他纯熟地掌握历史唯物主义与辩证唯物主义,但他从来不从理论框架出发来看问题,而是根据实际情况和需要,运用马列主义基本原理和方法,一个一个地提出问题,然后一个一个地研究问题、一个一个地解决问题。成功了的就坚持,不成功的就改正。

他从不试图建立一个什么自己的理论体系。他在世时,一些干部群众也曾提出过邓小平思想等等说法,他没有同意。他始终站在斗争的一线,他始终关注着科技的前沿,他始终面对国际社会的风云激荡,成功地解决了一系列重大课题,最终形成了一个建设中国特色社会主义的理论。

四、从文化进步的角度

中国是有着几千年历史的文明古国，但从阶级社会产生直到清王朝覆灭，皇权、神权始终联系在一起。君王一旦掌握了统治权，就搞个人崇拜，神化统治者，这是封建制度的特点。在中国，历代封建王朝如此，推翻了清廷以后也仍然有这种现象。毛主席虽然讲过要反对个人崇拜，但他实际上默许甚至利用对自己的个人崇拜。在打倒"四人帮"后，也有人神化华国锋。小平同志则不然，他始终是同别人一样的平等的人。在他成为中国实际领导人时，他不做一把手，而是把比较年轻的同志推上一线。他反对领导干部终身制，带头实现退休制度。在身体还健康的时候，辞去所有职务，当一个普通公民。他从不追求神的地位，伟人的地位，但他是真正的伟人。他真心想过一个普通老百姓的生活，但他从未得到这样的机会。可喜的是，他得到人民的理解，人民不把他当神，而是把他看作人。人们亲切地称呼他"小平"，他也愿意人们这样称呼他。把中国从一个神统治的社会，带到一个人领导的社会，他是第一人。从这一点上看，他在中国的文化进步历程中，写下了非常浓重的一笔。

我常说，没有小平同志开创的改革开放事业，就没有残疾人的今天；没有小平同志的思想和路线，也就没有今天的残疾人事业。纪念小平百年，全国上下，热热闹闹，但纪念以后，我们还要把他的思想落实到工作中。对我们残疾人工作者来说，还要落实到残疾人事业上。我想，当然要学习小平同志的政治智慧、道德勇气、坚韧意志、创新精神，但最现实的是要继承他"实事求是"的思想路线和脚踏实地的工作作风。如能实实在在地为残疾人多办点事，我们也可告慰先人了。

勇敢尝试,争取胜利[①]

（二〇〇五年一月二十九日）

我十分荣幸地参加二〇〇七世界特奥会组委会第一次全体会议。刚才,听了周太彤副市长关于执委会的前期工作报告,我深深感受到上海市委、市政府为筹备二〇〇七世界特奥会,做了大量卓有成效的工作,特奥会各项筹备工作正在紧张有序地全面推进。对此,我代表中国残联和中国特奥会表示衷心感谢,并表达我个人的良好祝愿。

我国有一千二百万智力残疾人,这是一个很大的社会群体。在党和政府以及社会各界的关心支持下,我国残疾人事业和人权事业快速发展,智力残疾人的状况得到了很大的改善。但是,从总体上说,他们在教育、康复、就业和参与社会生活等方面还面临着很多困难。发展特奥运动,通过实践“勇敢尝试、争取胜利”的特奥精神,可以让智力残疾人接受良好的体育训练和比赛,使他们发挥自身潜力、勇敢表现,在参与中同其他运动员和家庭成员一起交流技艺、分享快乐、增进友谊,为他们提供平等参与社会生活的机会,成为有益于社会并为社会所接受和尊重的人。因此,开展特奥运动是实践以人为本的科学发展观,促进人的全面发展的一项重大举措,是建设文明社会、和谐社会的一个组成部分,也是实现全面小康社会不可或缺的一项重要的内容,其意义远远超过特奥运动的本身,它的影响将是巨大

---

① 这是邓朴方同志在二〇〇七世界夏季特奥会组委会第一次全体会议上的讲话。

而深远的。

改革开放为我国残疾人事业带来了春天，二十多年来，我国特奥运动从无到有、从小到大，走出了一条适合我国国情的发展之路，取得了令世人瞩目的成就。一九八五年六月，中国特奥会正式成立，随即加入国际特奥会，使我国智力残疾人有了自己的体育组织。此后，我国成功举办了三届全国特奥运动会，先后组团参加五届世界夏季特奥会、三届世界冬季特奥会，成功承办了首届亚太地区特奥运动会和“中国特奥世纪行”系列活动。在这些国内国际重大特奥赛事和活动中，充分展示了我国特奥运动员的风采，展现了我国人权保障和社会文明进步取得的巨大成就。随着特奥运动的全面发展，目前全国特奥运动员已发展到四十万人。我国特奥运动的蓬勃发展，得到国际特奥会的赞赏，并把中国列为优先发展的国家，对中国特奥运动给予了大力支持和帮助。上海市政府申办二〇〇七世界特奥会的成功，是我国政府大力支持、上海市政府积极努力的结果。上海最终在世界十四个大城市中脱颖而出，获得主办权，这也从一个侧面反映了世界特奥会对我国特奥运动所取得成果的肯定。

我国特奥运动发展的历程，充分体现了党和政府以及社会各界对特奥运动员给予的悉心关怀和热忱支持。特奥运动用自己的方式，将生命的宣言和友爱的赞歌传送到祖国大地，为智力残疾人带来了前所未有的关注。中华民族的传统美德在特奥运动中得到进一步升华，人道主义精神在特奥运动中放射出更加璀璨的光芒。

特奥运动的成功实践，充分证明了生命的潜力是可以发掘的。只要多一份爱心，多一份理解、多一份尊重、多一份关心和帮助，智力残疾人就可以通过体育运动提高自身的素质和生活质量，成为有益于社会的人，使我们的社会更加和谐、更加美好。

二〇〇七世界特奥会为我国残疾人事业发展提供了最好的历史

机遇。从现在起到二○○八年,要举办二○○六第四届全国特奥运动会,二○○七第七届全国残疾人运动会。二○○七世界特奥会之后,还要举办二○○八北京残奥会。这一系列国际国内重大赛事不仅将对我国残疾人体育工作进行一次全面检验,也将对我国残疾人事业和残疾人体育工作产生巨大影响。我们面临着十分光荣而艰巨的任务,我们不仅要提高运动员的体育竞技水平,还要承办国际残疾人体育大赛的筹备和组织工作,通过我们出色的工作,将进一步促进国际残疾人之间的交流,展示我国改革开放后的新形象,提高我国国际地位,为世界残疾人奥林匹克运动做出贡献。这一系列赛事是一篇大文章,做好这篇文章,不仅为我国残疾人体育事业留下一笔宝贵的遗产,而且对于我国残疾人事业的发展也是一个巨大而有力的推动。

我十分高兴地看到,上海特奥运动在市残联和市特奥会的组织、指导下,正在蓬勃发展。为迎接今年上海市第六届特奥运动会,"特奥社区活动"全面铺开,特奥系列赛事逐月举办;特奥教练员、裁判员培训已经启动,"特奥运动员领袖计划"、"特奥运动员健康计划"和"家庭支持网络"培训,已列入今年特奥工作重点。多项特奥活动的开展,进一步丰富了特奥内涵,扩大了特奥运动员的参与面,形势十分喜人。同时,在上海市委、市政府的直接领导和关心下,二○○七世界特奥运动会的各项筹备工作正在整体推向前进。这几年,上海在扩大开放、建设国际大都市的进程中,积累了举办国际会展的丰富经验。二○○○年,上海曾承办了"气势恢宏、精彩纷呈"的第五届全国残运会,为我国残疾人事业做出了贡献。我相信,在党中央、国务院的关心支持下,在上海市委、市政府的直接领导下,把二○○七世界特奥会办成一届精彩、难忘、成功的世界特奥盛会的目标一定能够实现,一定能为国际残疾人运动的发展做出贡献。

中国残联作为二○○七世界特奥运动会参与国的组织者，将积极参与、密切配合、全力支持组委会和执委会的各项筹备工作，在全国各省市大力开展特奥运动，到二○○五年实现全国特奥运动员五十万人的政府承诺，使特奥运动覆盖全国。中国残联将认真筹备，开好二○○六年第四届全国特奥运动会，认真做好集训和参赛工作，组建与主办国地位相称的中国特奥体育代表团，在国际特奥赛场上发展运动员之间的友谊，开展特奥运动的国际交流与合作，为推动国际特奥体育运动做出我们应有的贡献。让我们把二○○七世界特奥会办成全世界智力残疾人的体育盛会，为智力残疾人参与社会生活开辟更加广阔的天地，为“平等·参与·共享”目标的实现而努力奋斗。

在创建全国无障碍设施建设示范城市总结会议上的讲话

（二〇〇五年二月二十五日）

创建全国无障碍设施建设示范城市总结会议的召开，标志着我国无障碍设施建设工作进入了一个新的发展阶段。无障碍建设工作得到国务院领导的高度重视。中共中央政治局委员、国务院副总理回良玉同志今天出席会议并讲话，充分说明党中央、国务院对弱势群体的关心，对无障碍建设工作的关注。为推进无障碍建设，国家有关部门和各级政府做了大量工作，使这项工作取得了实质性进展。我代表中国残联和全国残疾人向为此做出辛勤努力和贡献的各级领导、各市、各有关部门、专家及建设者表示崇高的敬意和衷心的感谢！

无障碍环境建设是随着我国改革开放、经济社会快速发展的伟大进程，以及我国残疾人事业、老龄事业等各项社会事业不断发展的进程而引入我国城市公共设施建设中的全新概念，其重要性已经被越来越多的人所认识。过去十多年来，在各级政府的重视、各有关部门的努力和社会各界的大力支持下，我国的无障碍设施建设从无到有，由点到面，逐步推开，取得了积极的进展。特别是从二〇〇二年十月，建设部、民政部、全国老龄办、中国残联共同开展的无障碍设施建设示范城市创建活动以来，十二个创建城市高度重视，切实采取措施，推进创建工作，建设、改造了一大批无障碍设施，社会无障碍意识显著提高，既完善了城市功能，提升了城市形象，培育了全社会扶残助老、关注弱势群体的良好风尚，又大大方便了残疾人、老年人、伤病人、妇女、儿童及其他社会成员出行、参与社会生活。通过总结创建工作的成绩和经验，命名全国无障碍设施示范城市，对下一步工作进行部署，必将进一步推动我国无障碍设施建设的深入开展。

但是，也必须看到，由于历史和经济条件的制约，当前，我国无障碍设施建设还存在一些亟待解决的困难和问题。无障碍的社会意识有待提高；一些已建的无障碍设施尚不规范，没有形成系统；对已建无障碍设施缺乏有效的管理；旧有城市道路、公共建筑和居住建筑无障碍改造任务相当繁重等。总的来看，我国无障碍设施建设、管理水平与现代化城市的应有的功能和形象尚存在一定的差距，与广大的老年人、残疾人和所需人群的现实需求还不适应。

党的“十六大”提出了全面建设小康社会的宏伟目标，就是要使我国经济更加发展，社会更加和谐，人民生活更加殷实。全面建设小康社会是惠及所有社会成员的，包括残疾人等弱势群体在内。全面建设小康社会是广大残疾人的政治诉求，创造一个无障碍的社会环境，是广大残疾人的现实需要和迫切愿望，无障碍建设应成为全面建设小康社会的一项重要指标。

党的“十六大”提出“尊重和保障人权”，人权保障也已写入我国宪法。我们所讲的人权带有真实性和普遍性，是以实际行动，从点滴的事情做起，以达到维护人权的目的。就是说，残疾人所面临的具体事情是其权利的具体体现，每一件事情都没有小事，都需要我们去做。无障碍设施是方便残疾人、老年人、妇女、儿童、伤病人等社会特殊群体和其他社会成员的重要设施，是广大残疾人平等参与社会的基本条件。没有无障碍设施，残疾人平等参与社会生活、共享社会物质文化成果就成了一句空话。只有消除障碍，才能共享文明。还要看到，无障碍建设不仅具有社会效益，通过拓展残疾人能力发挥的机会和空间，还可以创造经济效益。新建道路、建筑进行无障碍设计和建设,可以避免将来改造造成的资源浪费,从这点讲,积极推行无障碍建设应该更具迫切性。总的说,无障碍建设是现代化建设的切实行动和必然要求,是一件利国利民、影响长远、意义重大的好事、实事,是摆在我们面前的一项重大任务。

残疾人既是无障碍设施建设的使用者、受益者,也是参与者。中国残联始终把无障碍建设作为残疾人事业的组成部分,致力于配合有关部门推进无障碍设施建设工作,并将此作为重点工作内容之一。在推进无障碍设施建设和创建工作过程中,各级残联要切实从建设和谐社会、维护残疾人权益的高度,积极向政府、有关部门、有关方面反映残疾人的无障碍需求,配合政府、协调有关部门制订实施无障碍法规规章、规划、改造计划和开展无障碍宣传、培训、检查等工作,充分发挥残疾人监督员队伍的作用,及时对城市无障碍建设和管理中存在的问题提出建议和意见。各级残联要采取切实措施,推进残疾人综合服务设施的无障碍建设工作。中国残联将配合建设部、民政部、全国老龄办做好示范城市建设经验做法的总结和推广工作,并配合有关部门制订无障碍设施建设“十一五”规划。各地残联也要积极关注并参与到当地的无障碍建设中,配合政府和有关部门切实推动无障碍设施建设工作深入开展。

同志们,让我们发扬人道主义,推进社会文明进步,与时俱进,开拓创新,大力推进无障碍设施建设,为实现残疾人“平等·参与·共享”的宏伟目标而努力奋斗!

发挥社团组织的作用，推动“二次创业”的进程[①]

（二〇〇五年三月十五日）

二十世纪，在全球范围内，社会团体的数量、规模和影响力与日俱增，在促进区域经济发展、提供人道主义服务以及帮助政府达成经济社会目标方面发挥着越来越重要的作用。这些活跃的、参与式的团体是连接国家与公民之间的桥梁，促使国家更加负责任地行动并对公民需要更快地做出反应；而团体广泛参与到发展项目之中，可以极大地弥补国家能力的不足并促进以官民合作为特征的社会组织和社会管理。公民通过参与各种志愿性社团组织所形成的互惠、信任、合作等规范，也成为维系民主和促进发展不可或缺的社会资本。改革开放第一次在中国历史上大规模地催生了社会团体，社团对新时期政治、经济和社会生活产生了积极的、重要的影响；而随着现代化进程的推进，它的发展前景越来越明朗，越来越广阔。

当然，与历经近百年发展的全球范围内的“社团革命”相比，当代中国的民间组织还正在形成之中，社团的典型特征如自主性、志愿性、非政府性等还不十分明显。这种过渡性是与整个中国社会目前正处于转轨时期的宏观背景相一致的，是社会转轨过程在民间组织中的具体体现。可以预见，像任何一个成熟的现代社会一样，中国的

---

① 这是邓朴方同志在中国残疾人福利基金会二届理事会一次会议上的讲话节选。

政府、企业和团体也将逐步成为三种相互独立、承担不同功能、拥有不同法律地位和行为规范的组织形态。社会团体要在现代化的新形势下有更多的建树和作为,必须实现组织和制度的创新,增强公共性,走社会化的路子。基于这种考虑,基金会一届理事会在二〇〇二年提出了"二次创业"的任务,要求基金会构建规范的非营利社会公益机构(NPO)的新体制,实现基金收入和资助项目的突破,成长为中国最富有影响力的基金会之一。几年来,我们陆续取得了一些成绩,《基金会管理条例》的实施和这次组织结构的调整将推动"二次创业"的进程实现新的突破。

下面,我结合如何贯彻《基金会管理条例》、实现"二次创业",谈谈对二届理事会工作的几点意见。

一、高举人道主义旗帜,创造和传播公益文化

人道主义是残疾人事业的旗帜,是基金会的旗帜和文化根基。二十多年来,我们始终以真诚的心态和务实态度,通过扎扎实实为残疾人办实事、为残疾人谋求实际利益来践行人道主义思想。最近一个时期以来,企业和非营利组织都在探讨如何培育和提高核心竞争力,我想,高举人道主义旗帜,全心全意为残疾人服务,就是我们的核心竞争力,是我们要始终坚持的宗旨和方向,这与新颁行的《基金会管理条例》所重申的基金会的公益性质也是完全一致的。同时,我们还要以人道主义为核心,创造和传播现代文明社会的公益文化,培育公益观念,启发公众参与公益的需求,引导和规范公益行为,为基金会工作、为整个公益事业的发展创造一个良好的思想文化氛围。

二、巩固基金会的社会基础,完善社会化工作方式

基金会必须深深扎根于中国社会,才能不断获得发展进步的力量,

这是"二次创业"的核心,也是新《基金会管理条例》的主旨。目前,基金会在二届理事会人员构成方面基本上体现了社会化要求,一届理事会名誉理事和理事转任名誉理事和特邀理事,也有利于保持基金会的传统优势和社会影响力。我们还要继续研究如何设立荣誉称号和表彰序列、设立专业化咨询和顾问委员会,从而建立一个相对开放的组织架构,充分体现捐赠者、受助人以及公众的权利和义务,吸纳来自社会的更多力量,巩固和扩大基金会的社会基础。我们要继续探索社会化的工作方式,这里我要特别强调树立作为公共机构的服务意识。"圣人无常心,以百姓之心为心",不仅要全心全意为残疾人服务,也要全心全意为捐赠者、为社会公众服务,为构建社会主义和谐社会的大局服务,努力成为公众参与、支持公益事业的桥梁。社会化与专业化是联系在一起的,基金会工作也是一门科学,应该说,我们对这门科学的了解和把握还是不够的,大家务必要不断地学习新知识,研究新问题,成为专家型的领导者,使基金会在社会化、民间化的过程中,提高管理水平,提高整体的规范化、科学化和专业化水平。

三、加强业务建设,全面提高组织能力

新颁行的《基金会管理条例》对基金的募集、增值、使用做出了更加详细和明确的规定,一方面,加强了对基金会行为的约束,另一方面也为基金会的业务发展提供了更加务实的框架。我希望新一届理事会要根据这一要求,提出基金会中长期发展的愿景和规划,研究新形势下的发展战略,建立完整的业务格局,基金的募集、增值和使用等各个领域要全面拓展并建立科学、规范的制度和程序。要继续组织好"爱心永恒"、"集善嘉年华"等有特色的筹款活动,积极尝试和探索其他行之有效的筹资方式,进一步拓宽基金来源渠道,同时注意

对具体筹资活动进行评估和经济核算以确保收益。在基金使用方面,近年来开展的“听力助残”、“春雨行动”等资助活动是很好的尝试。要结合残疾人奔小康的目标,结合残疾人事业“十一五”计划的实施,进一步拓展资助范围,设立一些残疾人急需、受益面广、效益好的长期资助项目,严格资助项目管理,提高资金使用效率,创造非赢利组织资助项目管理的实施范例。要充分重视基金管理和增值工作。基金会要树立理财的观念,要规范基金管理,在确保安全的前提下,积极稳妥地通过合法渠道实现基金增值,逐步使增值收入成为重要的资金来源渠道之一。在业务发展的同时,要注重稳步提高基金会的战略规划、资源汲取、项目管理、人力资源开发等各个方面的能力,实现基金会的可持续发展。

四、加强自律,维护和提高社会公信力

公信力是基金会的生命。近二十年来,中国残疾人福利基金会正是以严格的自律精神、规范的管理和稳健的作风赢得了海内外社会各界的高度信任和赞誉。这是基金会最可宝贵的精神财富。二届理事会务必一如既往地高度重视自律问题,建立健全各项规章制度和民主决策机制,恪守“人道、廉洁”的职业道德,提高认识水平和辨别能力,坚决杜绝一切违背法律法规和公共利益的行为,维护和增进基金会的公信力。我们还要增强透明度,畅通信息披露渠道,与公众、捐赠者、受助人、专业机构、媒体等保持有效的沟通,主动接受监督,取得理解、信任和支持,树立基金会良好的公众形象。

五、继承和发扬基金会的优良传统,开创基金工作新局面

我们的基金会有很多精神财富和优良传统,比如对人道主义的

追求，与残疾人的血肉联系，脚踏实地、求真务实的工作作风等等，这都是我们实现“二次创业”目标的重要保证。今天我想特别强调的是我们永不停息的进取精神，不断地超越自我，勤于思考，敢于实践，大胆地去开拓，这是中国残疾人福利基金会的精神气质。在这里给大家提出三点希望：

第一，基金会二十年的艰苦创业积累了丰富的实践经验和精神财富，希望大家认真地总结和继承，要特别注重向各位名誉理事、特邀理事请教和学习，使基金会的文化传统能够薪火相传，并且转化成为“二次创业”的强大动力。

第二，任何一种制度都不是放之四海而皆准或者一成不变的，而我们现有的机构和制度中的确还存在不少问题，存在不少与“二次创业”的要求不相适应的地方。希望大家不受任何条条框框的限制，解放思想，实事求是，认真地向国际非赢利组织的规范学习，向中国社团的本土化经验学习，向地方基金会的创新举措学习，不断反思和改进我们的工作，敢于超越过去，不断地推动基金会的组织和制度创新，丰富和发展基金会的文化传统，让基金会成为一个与时俱进、不断成长的组织。我还想强调的一点，是希望二届理事会的同志们团结协作，成为一个优秀的团队。团队本身就是我们事业成就的一部分。

随着国家的改革开放和社会进步，中国残疾人福利基金会走过了二十一年不平凡的历程。今天，接力棒传到了新一届理事会的手中。这是一个沉甸甸的接力棒，它承载着道义和价值，寄托着六千万残疾人的期待，凝聚着海内外社会各界的爱心。

我相信，尽管还有曲折，但是我们的基金会拥有着美好的未来。

在接受美国博伊斯州立大学名誉博士学位仪式上的致辞

（二○○五年五月十四日）

今天，我十分荣幸地接受博伊斯州立大学授予我的人文科学名誉博士学位，这是对我在残疾人工作领域所取得的成就的肯定，对我在人道主义思想研究与实践方面的学养给予的高度评价。将此殊荣给予一位来自中国的残疾人，也体现了美国人民对中国人民的一份真情，对全世界残疾人的一份厚爱。我在此，谨向库斯特拉校长、安德鲁斯教务长及贵校全体师生致以衷心的感谢！并通过你们向爱达荷州的人民致以诚挚的问候！

我曾于二○○○年率中国残疾人艺术团到爱达荷州访问演出，美丽的风光、热情淳朴的人民给我留下了深刻的印象。我当时有幸会见了州长并结识了众多朋友，他们所表达的对中国人民的友好情感我一直铭记在心。此次，我虽不能亲赴博伊斯出席此次活动，但我的心和你们在一起，友谊会越过浩瀚的太平洋，把我们紧紧地连在一起。

回顾我的大学时光，我也曾就读于世界知名的北京大学，我也曾立志成为一名造福人类的科学家。今天我承担了为弱势群体服务、为残疾人权益而奋斗的责任与使命。世界上有六亿多残疾人，中国有六千万残疾人。残疾人事业是人类文明与进步事业的重要组成部分，是社会进步的一个重要标志。如果我们对那些仍生活在困境中的残疾兄弟姐妹不是伸出热情的援助之手，而是采取漠视，甚至歧视的态度，这将是对人类自身的亵渎，对自己人格的不尊重。

我从投身残疾人事业那天起,就致力于人道主义思想研究、宣传与实践。我认为,人道主义应成为人类社会基础思想之一。人道主义思想的延伸就是人权保障。美国的《独立宣言》明确提出:人人生而平等并拥有不可转让的权利,其中包括生命权、自由权和追求幸福的权利。中华人民共和国宪法也明确提出:“国家尊重和保障人权,任何公民享有宪法和法律规定的权利。”尊重和保障人权,特别是人的生存权与发展权已成为普世价值,是人类社会曾付出惨痛代价而不懈追求的目标。

残疾人事业从实质上讲是人权保障事业。近二十年来,随着我的父亲邓小平先生在中国开创的改革开放伟大事业的不断发展,市场经济体制的建立与不断完善,中国的政治、经济、社会发展水平进入了一个前所未有的新时代。人民生活水平的不断提高,人们的文明意识与观念不断更新与提高,人道主义思想和人权保障概念更加深入人心,为中国残疾人状况的改善和人权保障的进步提供了无尽的发展空间。中国的残疾人事业取得了长远的发展,残疾人各项权益保障正在逐步实现,残疾人“平等·参与·共享”的目标正在变为现实。这也从一个侧面有力地印证了中国的进步。中国在残疾人领域取得的成就,不仅得到了广大中国人民的赞许,也得到了包括美国在内的国际社会的认同,成为中国人权保障事业不断进步的一个亮点,我本人也因此于二○○三年获得了联合国颁发的“人权奖”。

残疾人事业的发展是历史发展的潮流,是人类社会文明与进步的必然要求。我所追求的人类社会公平与正义的目标正是在人类文明与进步的时代潮流中才能得到实现。我的追求只有和时代的潮流融为一体,才是最有价值的,才能迸发出灿烂的光辉。

我们正处于一个伟大的时代,一个崭新的世纪,为人类和平与进步带来无限希望的时代。这个时代的伟大之处在于创造了人类前所未有的财富,科学技术的发展日新月异,为人类的全面发展创造了无尽的机会和可能。然而,事实证明,科技的进步、财富的积累,不可能自然地导致人类文明水准的提升和人权保障的实现。上个世纪,我们经历了两场惨烈的世界大战,局部战争与冲突,不同种族与人群之间的仇视、敌意与纷争甚至在今天仍普遍存在,基于种族、性别、残疾的歧视远未消除,饥荒、贫困和各种不合理的社会现象仍制约着人类社会的发展与人类文明的进步。

上述种种丑恶现象,是对人类尊严与权利最大的践踏。人类应从以往所犯的错误中汲取教训,努力将二十一世纪改造成为一个充满和平、倡导合作、追求人与人及人与自然相和谐的世界。否则,真正意义上的社会发展与人类进步将无从实现,我们将愧对历史、愧对未来、愧对人类自身。

和平与发展是当今人类社会面临的最大的课题和挑战。中美两国虽然政治制度和文化背景存在很大差异,但是我们同属世界上最具影响力的国家,对人类的文明与进步负有不同的,但是同等重要的责任。中美两国人民都是伟大的民族,人民之间友谊与合作,是两国构建相互理解、相互尊重、和谐相处、互利合作的基础。我衷心希望,今天的仪式能成为中美两国人民友好合作的印证,我也愿以此为契机,为增进两国人民的友谊尽绵薄之力。

我衷心祝愿中美两国人民的友谊不断发展,祝愿世界上所有人民生活更加安康富足,祝博伊斯州立大学不断发展,祝在座的所有朋友生活幸福。

在中国狮子联会成立大会上的讲话

（二〇〇五年六月十四日）

今天是我们期待已久的日子，中国狮子联会隆重成立了！我谨代表中国残疾人联合会并以我个人的名义，对中国狮子联会的成立表示热烈的祝贺。

中国与国际狮子会的合作，走过了十几年不平凡的历程。“视觉第一·中国行动”成功实施，不仅惠泽了千百万盲人，更主要的是将国际狮子会所奉行的“我们服务”的理念引入了中国内地。在这一过程中，我们双方建立了深厚的友谊，加深了互相理解，我们的合作关系与领域也不断得到拓展和深化。我们有理由为以往共同取得的成就而自豪，更为我们双方的合作关系取得的新的进展而庆贺。

中国与国际狮子会关系的发展，一直得到中国党和国家领导人的高度重视，得到中国政府有关部门的大力支持，得到社会各界的普遍关注。我在此，对于给予我们以帮助和支持的所有人士表示衷心的感谢。

我还要特别感谢深圳狮子会、广东狮子会的各位狮友，是你们几年来辛勤的工作与无私的奉献，为中国狮子联会的创立奠定了社会基础，积累了丰富的经验。你们的开拓创新精神将成为中国狮子联会的宝贵财富。

中国的经济社会发展正处于一个重要时期，如何引导丰富的社会资源用于扶助弱势群体、开展社会公益活动，是我们面临的一个重要课题。狮子会以其新颖的组织形式和服务模式,吸引并聚集了一批有志于奉献社会的各界成功人士,为我们提供了一个有益的服务平台。中国狮子联会的创立,顺应我国社会发展的潮流,符合人道主义精神实质,是构建和谐社会的需要,必将显示出旺盛的生命力和广阔的前景。

我相信,中国狮子联会一定会依法运作,稳步发展,以服务社会的实际行动,不断扩大影响,吸引更多的人士参与并成为促进社会发展与稳定的重要力量。同时,中国狮子联会也能更好地统筹中国内地狮友与国际狮子会大家庭互动与合作,在国际舞台上更好地展现中国狮子会成员的风采。

我衷心祝愿,中国狮子联会蓬勃发展,祝愿中国与国际狮子会的友好合作关系不断结出新的硕果。

保持共产党员先进性，更好地为残疾人服务[①]

（二〇〇五年六月二十一日）

今天我们召开中国残联保持共产党员先进性教育总结大会。刚才，新宪同志做了一个翔实、全面的总结报告，还表彰了优秀党员和先进支部，我也向你们表示热烈的祝贺。稍后，我们还要请彭森同志代表中央督导组对中国残联保持共产党员先进性教育工作提出要求。下面，我谈几点意见。

一、充分认识保持共产党员先进性教育的意义和重要性

党的先进性建设是关系马克思主义政党生存发展的根本性问题。为确保党始终走在时代前列，更好地肩负起历史使命，中央决定在全党开展以实践“三个代表”重要思想为主要内容的保持共产党员先进性教育活动，是提高党的执政能力、巩固党的执政基础、完成党的执政使命的重要举措，是实现全面建设小康社会宏伟目标、推进中国特色社会主义伟大事业的重要举措，是全党政治生活中的一件大事。

继续保持党的先进性，关系党执政能力的提高和执政地位的巩固，关系党和人民事业的兴旺发达和国家的长治久安，对于残疾人事

---

① 这是邓朴方同志在中国残联保持共产党员先进性教育总结大会上的讲话。

业也有着特殊重要的意义。残疾人事业的发展离不开党的领导,离不开广大党员的艰苦奋斗。先进性教育强调以人为本、执政为民,要求各级党组织和党员提高为人民服务的意识和本领,为残疾人事业发展提供了重要机遇和有力支撑,也是我们做好残疾人工作的根本原则和指导方针。所以,搞好先进性教育对于残疾人工作者队伍建设、推动残疾人事业持续发展、加快残疾人奔小康的进程具有十分重要的意义。

二、中国残联系统
先进性教育取得了明显的成效

作为第一批开展先进性教育的单位,中国残联党组、理事会和全体党员始终对先进性教育给予高度重视,以强烈的政治责任感和事业心和求真务实的态度,按照中央的要求,认真地、富有创造性地完成先进性教育各个阶段和各个环节的任务,努力把保持共产党员先进性的要求贯彻到残疾人工作的方方面面、各个环节。彭森组长曾经评价我们是“规定动作不折不扣、自选动作有声有色”。

刚才新宪的报告中谈到我们取得了六个方面的显著成效,在先进性教育中我们还积累了一些有益的经验和行之有效的做法,比如坚持把先进性教育活动与进行职业道德建设相结合,在残联系统树立了廖绍秀、陈欠水、冯兰英、丁伯坦、王延勤、赵小琼、艾尼瓦·吾斯曼、田应斌、马占莲等九名优秀共产党员典型,向身边的优秀共产党员看齐,使得我们的学习、整改目标更加具体、措施更在实在,效果更加突出。最近,我们在全会进行了满意度测评,大家对先进性教育从总体上也是给予充分肯定的。应该说,这半年的先进性教育,我们中国残联党组织,交上了一份组织满意、党员满意、群众满意的答卷。

三、巩固和扩大先进性教育成果，使先进性教育成为群众满意工程

随着全会先进性教育活动进入收尾阶段，如何巩固和扩大保持共产党员先进性教育的成果，成为群众关切、党员关注的一个重大问题，也是当前我们面临的最重要的一项任务。我想就此再强调两个方面的问题：

（一）要建立党员"长期受教育、永葆先进性"的长效机制

我们用了半年的时间集中进行学习、评议、整改，学习的气氛是非常浓厚的，党的组织生活尤其是基层党组织生活也十分活跃，党员意识和先锋模范作用明显增强了，党员与群众的联系也更加密切了。随着集中的先进性教育的结束，我们如何永远保持这种生动活泼的状态、如何把我们在先进性教育中摸索出来的一些行之有效的措施坚持下来，如何做到"善始且善成"，这就需要建立一套长效的机制，包括长效的学习机制、长效的党员教育机制、长效的党员管理机制、长效的党员联系群众机制和长效的党内民主参与机制，逐步使党员队伍的先进性建设经常化、制度化、规范化。中央已经有了明确的要求，我们要结合残联系统的实际情况，结合我们正在进行的残疾人工作者职业道德建设，把建章立制和可持续发展的问题解决好。

（二）要加快推进残疾人事业发展，更好地为残疾人服务

在集中进行先进性教育的同时，按照中央"两促进、两不误"的要求，我们的业务工作也取得了显著的进展，刚才新宪已经谈到，我们出色地完成了服务残疾人的十几件大事。实际上，这也正是先进性

教育的重要目标之一,或者说是先进性教育的出发点和归宿。

最近,胡锦涛总书记在山东寿光视察时强调,“先进性教育活动的成效要接受群众检验,真正成为群众满意工程,促进为群众办好事、办实事、解难事的各项工作”。落实到我们残联系统,就是要成为残疾人满意工程,促进为残疾人办好事、办实事、解难事的各项工作。要把业务工作的进展和残疾人群众的满意程度,作为衡量我们先进性教育究竟搞得好不好、有没有实效的标准。作为从事残疾人工作的共产党员的先进性和先锋模范作用如何体现?各级残疾人联合会的基层党组织的战斗堡垒作用如何体现?就是要看我们是不是保持了同残疾人的血肉联系,有没有解决好涉及残疾人最现实、最关心、最直接的利益问题,有没有实现好、维护好、发展好最广大残疾人的根本利益。应该说,上一阶段集中进行的保持共产党员先进性教育开了一个好头,打下了很好的思想、理论和组织的基础,下面的任务更重,要在长期受教育、永葆先进性、更好地为残疾人服务上下苦功夫、下真功夫。

我希望大家把先进性教育作为一个起点,更加自觉地以邓小平理论和“三个代表”重要思想为指导,永远保持共产党人的蓬勃朝气、昂扬锐气、浩然正气,坚持清正廉洁,坚持艰苦奋斗,坚持以科学发展观统领残疾人事业发展全局,努力完成好《中国残疾人事业“十五”计划纲要》规定的各项任务,研究制订好残疾人事业“十一五”计划纲要,大力推进第二次全国残疾人抽样调查和残疾人保障法修改等基础性工作,抓紧解决贫困残疾人在康复、教育、就业、社会保障等方面的困难和问题,不断开创残疾人工作的新局面,为带领残疾人和全国人民一起奔赴全面小康社会、为构建社会主义和谐社会做出新的和更大的贡献。

残疾人事业要跟上经济社会发展的步伐[①]

（二〇〇五年七月十八日）

我先说一下感受，这六天时间对我和调研组都是非常难忘的。在这六天的日程里，拜会了省委、省政府主要领导，拜见了宋法棠书记、张左己省长，并就残疾人工作问题向他们做了扼要的汇报，交换了意见，提出了请求，得到了书记和省长的支持。这次还与东华同志就残疾人工作各方面的问题以及特奥运动会的有关事宜交换了意见，跟滕昭祥主任就残疾人收入和社会经济文化发展的各个方面交换了意见。我们还接触了哈尔滨、大庆、绥化等地的书记、市长、残联干部；听取了省残联、哈尔滨市残联、大庆市残联的工作汇报，并就一些问题进行了讨论。在整个调研过程中接触了许多残疾人群众，包括肢残人、盲人、聋人、智力残疾人，还有精神残疾人的亲友；召开了残疾人座谈会，访问了残疾人贫困户，看到了我们残疾人的面貌发生了很大的变化，也看到了残疾人彩票公益金项目所取得的成绩；参观了一些项目，比如：扶贫项目、住房项目、大庆社区等，还参观了大庆残联的康复设施，有康复、有培训、有聋儿语训，还是很丰富的。

总的来说，这些天接触的面比较宽，走的地方也比较多，但日程还不是很紧，文洲同志给我们安排得很好，在这里，多谢您了。我和

---

① 邓朴方同志二〇〇五年七月十一日至十八日考察黑龙江省残疾人工作，会见了黑龙江省委书记宋法棠，省委副书记、省长张左己、省人大副主任滕昭祥等省领导。这是邓朴方同志在结束考察后与王东华副省长交换调研情况和意见时的谈话。

中国残联调研组的同志都感觉到,我们在黑龙江省既看到了残疾人事业的发展,又看到了社会经济、文化层面的进步,看到了整个社会风貌的变化,也看到了社会经济在发展、人民生活水平在提高,这也证明我们残疾人生活水平在提高。调研十分顺利,我们很高兴。

从我个人来说,每当接触到群众,接触到基层,接触到残疾人工作者,接触到残疾人,包括接触到各地领导干部,都能受到教育,从中吸取政治营养,不断充实自己,也不断地激励自己,使我们知道残疾人工作、全国残联工作的真实情况,在这个基础上充分地调研才能得出正确的结论,用以指导全国残疾人工作。

一、黑龙江省残疾人工作是一种良性的运转

从整个情况看来,我们总的印象是,黑龙江省残疾人工作是一种良性的运转,不断在进步,不断在发展,并且取得许多重大成就。从大的方面来看,社会环境比较好,省委、省政府、省人大、省政协,从各方面来看都非常关心残疾人事业。省委书记宋法棠同志无论是在任省长期间,还是在任省委书记期间,都对残疾人事业高度重视。张左己省长无论以前在劳动部的时候,还是在黑龙江省,对残疾人的事业都非常了解。在劳动部的时候,许多残疾人劳动就业的重大政策,都是出自他手。他到黑龙江省后,更加支持残疾人事业。这次能够出席我们的特奥揭牌仪式,也表明他对这项工作的重视。黑龙江省的其他领导也是一样,副书记、副省长,都特别支持残疾人工作。尤其是东华同志,多年来在残疾人事业的推动和落实上下了大力气。我非常感谢省领导的支持,他们能够认识到位,不断给予残联帮助。残疾人工作,特别是特奥运动会这一块,我们就有后台了。

我们各地的残联干部精神面貌也非常好,工作也努力、勤恳,作风比较扎实。能够深入基层,得到群众一定程度的认可,这是不容易的。

这个队伍从上到下,是一个好的队伍,是一个能打仗的队伍,对整个工作推动非常有力。

我们的残疾人群众,无论是贫困的,还是条件比较好的,都有了一定变化。记得在开座谈会的时候我说过,我们开座谈会二十年前都是诉苦的,现在许多残疾人同志能够探讨残疾人工作的方针、政策等问题,提出对残疾人工作积极有效的建议,我觉得这是很大的进步;哪怕是我们接触的贫困残疾人,他也觉得自己不干点事不行。我们不仅看到了贫困的一面,也看到了积极向上的一面。

通过省残联和两个市残联的汇报,我们看到中央、省及社会现在对残疾人的工作力度加大了。以前我在听残联汇报的时候,经常听到残联叫苦,说这也办不通,那也办不成,领导也不支持,社会也拱不动。现在汇报听到的是社会怎么支持我们,领导怎么关心我们,我们怎么动员社会,怎么和群众联系在一起。所以通过这次汇报也可以看出,残疾人工作社会氛围有很大变化,一个扶残助残的新的社会氛围开始出现;特别是大庆石油管理局,大庆石油股份公司,通过接触也能够感觉到他们对残疾人的帮助也相当大。

总体来说,无论是领导、残联的队伍,还是残疾人群众和社会,都呈现出一个积极向上、振奋人心的新局面,这也是我们二十年来希望看到的一个工作局面。所以说,我们觉得黑龙江残疾人工作取得了重大成绩,这是总体印象。

从具体工作来说,我们可以看出,黑龙江省"十五"计划任务全面超额完成是没有什么问题的,这是非常好的事情。除了综合性的进步以外,黑龙江省还有自己的亮点、特点,我觉得这是非常珍贵的。比如扶贫工作,抓得好、落得实。康复扶贫贷款方面,黑龙江省扶贫贷款两年一共是八千三百万,能够达到百分之九十二的落实率,是非常高的。能够扶持七万残疾人,有六万多残疾人摆脱贫困,扶贫户的收入从七百元上升到一千二百元,这是很大的成绩,这一点我们没想到。住房问题,黑龙江做得也比较实,一个是危房改造数量多、覆盖面大,一共是七千五百多户,其中还有一千多户是新房子。彩票公益金危房改造任务是八百户,黑龙江完成了九百一十多户,效果也非常好,这都是相当好的。这些残疾人靠自己盖房子十年八年都盖不上,有的一辈子也盖不上,在这个情况下向省领导提出加大工作力度,得到省领导的支持,这是一件大好事。

黑龙江省基层组织建设工作中,社区残疾人工作抓得比较好,全省大概有两千四百多个社区,现在两千三百多个建了社区组织,占应建社区组织的百分之九十三。有了社区工作,残疾人工作才能落到实处,才能接触到残疾人群众。这都是一步一步扎实地做起来的。这次到大庆残疾人社区,我们专门看了编制的很多册子,有康复需求的,有工作计划的,各方面都比较齐备。另外残疾人工作也比较规范,比较扎实。还有专门协会,黑龙江省也比较活跃,各个协会都有自己的活动,听到汇报我也很高兴,残疾人组织里面残疾人要是不活跃,还算什么残疾人组织!所以,这项工作做得比较好,是有特色的。

黑龙江省还有一个令人比较满意的事,就是机动车的问题处理得比较周到,不是采取一刀切,而是分成三个层次。重要的一点是指导思想比较好,充分考虑了省情,从实际出发制订政策。特别是哈尔滨市书记、市长,当部门提出要取消八百辆残疾人机动车时,书记、市长说话了,这八百辆车就是八百户残疾人的一日三餐,不能拿掉,不能忘了残疾人的生活。这种思想和这种作风使我特别感动。所以,黑龙江省在残疾人专用机动车的问题上与某些省市形成了明显的对照。其他地方受伤的案件、死亡的案件时有发生,但黑龙江做得比较好,就是取消了营运的大庆市,也做得很好,解决了问题,但黑龙江省其他城市不能效仿大庆。

黑龙江省对残疾人所做的工作非常有意义，同时这些亮点对全国残疾人工作也都有教育意义，有指导意义，有一定的榜样作用。所以我非常高兴，一路上他们问我怎么总乐呵呵的，我说因为我看到黑龙江省的残疾人工作做到了这个程度，当然高兴啊。

二、需要做实做好的几个方面

但黑龙江残疾人工作还有一些新的方面要做实做好，下面我提一些要点供你们参考。

第一个就是在黑龙江省残疾人工作总体进展方面。"十五"计划完成以后将面临"十一五"计划，制订"十一五"计划，要提早做好准备。哪些是重点，和中国残联也要联系，希望确定好"十一五"计划任务。整个"十一五"计划中，一个是要加大残疾人工作的力度，另一个就是要加大财政投入。省长已经答应每年给七百万，"十一五"计划中五年共三千五百万经费，不够也可以再加，比如康复经费、教育经费。黑龙江省的教育在全国是比较好的，特教学校是全国最多的省。但我在大庆看到弱智儿童入学还有一定难度，中心收了一些儿童在里面上学，一方面说明残联工作做得好，另一方面说明不规范，特教同样是教育，专业性强，必须由教育部门统一规划，这说明我们的弱智儿童教育不能满足需要，"十一五"要加大力度，全省一盘棋，统一规划。

第二个就是组织建设方面，拉后腿的不少，全国已经很少了。十八个未成立残联的区中，其中有林业区，政企合一，要具体情况具体分析，四个县就没什么说的，必须完成，大庆必须完成。

第三个就是对黑龙江残联系统中残疾人干部的培养要加大力度。我看了一下，哈尔滨市有一个副理事长，他是残疾人，但还不是驻会的，是编外的。我们要求副省级以上残联要配备残疾人领导干部。省级残联要配备盲人理事、聋人理事，因为这件事，盲人、聋人意见比较大、不平衡。地市级残联里残疾人干部比较少,在职的领导比较少,一定要改变这种状况。下一届换届时要配备残疾人干部,现在就要着手培养,不然来不及。哪个残疾人愿意干,群众威信又高,慢慢让他有点行政工作经验,慢慢让他走上几个台阶。不然,到换届时不是没级别,就是没公务员资格,什么也解决不了,一晃五年又吹了。残联系统里的干部,残疾人代表意识要强。残联就是残疾人代表组织,自己认为自己代表残疾人不行,要争取残疾人承认你代表他,这就更不容易了。另外盲人、聋人理事的问题还要做工作,因为毕竟是五类残疾人的残联,不仅是肢残人的残联,这也是我们残联组织的特点所要求的,要在这方面完善一下。

这次看大庆市无障碍问题比较差,宾馆、博物馆里没有,铁人博物馆里也没有,石油技术博物馆里也没有,起码铁人博物馆里应该有,让大家"红色旅游",这方面应该重视。残疾人苦有苦的要求,大城市残疾人又有新的需求,既要全面参与社会生活,还要参政,还要进政协,进人大。

总的来说,我这次很受教育,除了残疾人群众和残疾人工作者给我的教育以外,还有黑龙江省的经济建设和社会进步给我的影响,还有铁人精神给我的鼓舞,大庆"三老四严"给我的教育,这些都是非常宝贵的。有些东西我们不能扔,这是我们创建和谐社会过程中值得提倡的。特别是制订"十一五"计划,还要强调没有残疾人的小康就没有真正意义的全国小康社会。还要强调发展是硬道理,发展不只是指 GDP 的发展,而是指经济和社会的发展。经济和社会是一驾马车的两个车轮,哪个轮子不转都会走弯路。我们要强调这些,也要强调我们所追求的目标;我们要构建和谐社会,还需要让那些最贫困的人生活得到改善,减少贫富差距,追求公平,追求正义,共同富裕,这样才能根据中央的精神,做到"五个统筹"和社会的和谐发展。

致巴金同志治丧委员会的唁电

（二〇〇五年十月十八日）

惊闻巴金先生不幸逝世的消息，不胜悲痛。

巴金先生不仅是我国现代文学史上的文坛巨匠，同时也是一位杰出的思想家，是人道主义思想的积极倡导者。他一生笔耕不辍，为社会和世人奉献出大量优秀的文学作品。作品中不屈服命运、勇敢为真理而追求的精神教育和影响了几代人，我也是其中之一。巴金先生的去世是中国的巨大损失。

巴金先生的一生是为人民写作的一生，是坚持仁爱、真诚、正义、自律、人道主义的一生，他以卓越的人品和文品，屹立在中国文坛，存活于人们心中。巴金先生认为，“我们的生活信条应该是：忠实地行为，热烈地爱人民，帮助那需要爱的，反对那摧残爱的，在众人的幸福里谋个人的快乐，在大众的解放中求个人自由”。这是何等的高尚情怀！回想当年，我曾与巴金先生就如何弘扬人道主义思想等问题当面请教，先生音容笑貌，犹在眼前。现在斯人已逝，但他的教诲与精神将继续激励我们努力前行。巴金先生将永远活在我们的心里。

致以沉痛哀悼，并向他的亲属表示亲切的慰问。

巴金先生千古！

以人为本，做好残疾人维权工作[①]

（二〇〇五年十月二十七日）

今天来到柳州，看到了你们的残疾人工作的综合情况，也看到了你们法律援助方面的工作，我非常高兴，也非常兴奋。昨天我和市残联的同志讨论了一个多小时，柳州市残疾人劳动就业、康复、教育、文化生活、法律维权等方面，都取得了非常大的成绩。可以说，和以前比有了翻天覆地的变化，残疾人状况得到了很大的改善，残疾人得到了实惠，各项残疾人工作都能够融入社会方方面面，能够进行社会化管理。而且我们还有一批优秀的残疾人代表，为我们广大残疾人做出了表率，是广大残疾人学习的榜样，你们自强不息的精神对我来说也是一种营养，也是我个人学习的榜样。

残疾人工作离不开社会大环境。实际上，这些年来残疾人工作为什么取得长足的进步，全国如此，柳州也如此，就是因为我们二十年来的改革开放从根本上改变了中国的面貌，从经济、社会到文化、政治等方方面面都有着巨大的变化。人民生活水平提高了，生活追求多样化了，方方面面都发生了深刻的变化。在这种情况下，残疾人事业才有机会、有物质条件和精神条件取得发展。另外，我们的父母官们特别关心、支持残疾人事业，我在这里也表示衷心的感谢！当然

① 这是邓朴方同志在广西壮族自治区调研期间与柳州法律援助工作者、专门协会主席及受助残疾人代表座谈时的讲话。邓朴方同志二〇〇五年十月二十四号至三十号赴广西调研，会见了区党委书记曹伯纯、主席陆兵、人大常委会副主任甘幼玶、政协副主席梁超然等同志，视察了南宁、柳州、北海等地的残疾人工作。

还希望继续关心我们残疾人事业，多加支持！

今天座谈的是法律援助方面的内容，柳州这方面做得比较突出。其中一些案子我也特别关心，比如二〇〇一年小女孩罗池宇璐被撞伤那个案子挺难打，是不是？其中还有很多波折，是不是有很多技术环节呀？做起来很不容易。没有一定专业水平、没有顽强的精神打不下来。

这两年残疾人维权工作越来越突出了，这是近几年的一个新变化。以前残疾人工作有没有维权的事情？也有维权的事情。但是比较少，更多的还是吃饭问题。现在吃饭有没有问题？也有，但以前更加突出，吃饭问题、穿衣问题，还有住房问题现在也都在解决。还有我们生活、就业等方面的问题也非常多。但这些年来，随着残疾人生活水平的逐步提高，维权的意识也提高了。原来你欺负了我，我认了；你把我撞成残疾了，我也没办法；打工受伤了，没地方讲理去，也没人去理你。有时候自己也觉得自己不用去讲理了，认倒霉算了。现在情况变化了，中央提出了"以人为本"，把人的价值、人的尊严、人的权利提出来了。这样就发生了根本的变化。

另外中国要走向市场经济，也要走向法治社会。想一想五年之前，我们来讲法制社会，那个"制"字是制度的"制"而不是治理的"治"。也用治理的"治"，也用制度的"制"；我不知道你们做律师的人是不是比较注意这个问题？两个混用，有的文件写这个"法制社会"，有的文件写那个"法治社会"，现在就没有写错的。法律制度的社会和法律治理的社会是完全不同的两个概念，这反映了我们在走向法治社会过程中的一个明显进步。以前人们的观念、我们官员的观念，包括我们的文件都是混乱的，老百姓更搞不清楚。

但是，中国仍然存在着大量的问题，比如说，我们现在要做到一个法治社会还有个长远的过程，因为中国长期以来，古代——我们梁主席是学历史的——就有法家，但更多的是儒家。以前不是搞过什么儒法斗争吗,那是政治斗争需要。更多的还是儒家思想占上风,中国仍然要讲究“合情合理”,有句俗话叫作“万事都在情理之中”,就是说中国过去是一个情理社会,什么事情不是以法来判断是非,而是以情以理来判断。现在这情要不要,理要不要?也得要。你没有情理、没有公正、没有正义、没有价值观,这样不行。但是,做事要依法,人们的法律意识要逐渐增强。所以要用法律、法规来规范残疾人事业,使残疾人事业走向法治的轨道。依法维护残疾人合法权益,是残疾人工作的主题。

法律援助是维权的手段之一,也包括其他各种手段。当前我们正在制订的残疾人事业“十一五”规划的指导原则之一就是“完善维护残疾人权益的法律法规政策,依法发展残疾人事业”。除加强残疾人事业法制建设外,我们还有政策维权,要加大政策维权的工作力度,针对残疾人权益保障面临的突出问题和需求,制定相关政策,维护残疾人权益。总之政府有关部门和残疾人组织要切实履行职责,采取有效措施,解决残疾人面临的突出困难与问题,维护和保障残疾人康复、教育、就业、社会保障及参与社会生活的各项合法权益。

刚才我从你们的汇报中了解到,你们已经打赢了几个官司。我在残联工作会上说过,我们只要打赢几个官司,残疾人的人权、残疾人的权利就会得到大家的承认,就会引起社会的震动。我对你们表示衷心的感谢!打赢了官司,上了电视,群众就知道了:哦,残疾人你不能随便歧视他,不能随便侵犯他,不能随便侮辱他;要尊重他,尊重他的人格,尊重他的权利。这样的话,残疾人的地位就会有很大的改变。所以呀,我们也特别重视这件事情,感谢柳州在这件事情上为我们做出了榜样。全国还要对你们这些案例做些宣传,让大家都知道,让广大残疾人都知道:一方面社会不能侵犯我们的权利,要提高群众的觉悟;另外一方面,残疾人也要有维护自身权利的意识、维护自身权利的觉悟,同时也要有维护自身权利的能力。这是我今天特别想和大家说的。

大家知道,我始终认为,中国要真正做到一个法治社会还有一个很长远的过程。打赢几个官司是胜利,但是不表明所有该赢的官司都打赢了,不表明我们残疾人的权益都得到维护了。实际上侵犯、歧视、危害残疾人权利的现象在社会上还大量存在,许多残疾人还处于无助的状态,还需要我们一步步地来做,不断地积累经验,不断地加强工作,特别是不断地加强基层工作,使我们残疾人的权益得到保护。今天看到大家我很高兴。柳州的维权工作做得很好。司法部的领导来看过,并给予了充分的肯定。

实际上,中国现在正处于一个关键时期,我们党的"十六大"、特别是十六届三中全会、四中全会,包括现在我们提出的"十一五"规划等都有一个很大的取向:以人为本、和谐社会、可持续发展、科学发展观等。这是要解决一个问题,即我们中国在发展到一定程度的时候要走什么道路的问题,这是个十字路口。实际上后发达国家要发展起来是很不容易的,因为先发达的资本主义国家已经占据了一定优势,所以很多国家优先发展重工业,包括我们国家也是优先发展重工业。也有国家是靠掠夺、靠侵略、靠军国主义发家的。但我们中国不会去侵略,也不会去掠夺。我们的二元社会势必造成牺牲一定的农民利益来发展工业,这是我们中国工业化不得不付出的一个惨重代价。我们走了一段计划经济的弯路,十一届三中全会抛弃了以阶级斗争为纲,开始一心一意搞经济建设,以经济建设为中心,走上了一条正确的道路。

这条道路走到一定程度,开始发展起来了的时候,就会遇到一些新的问题,又有新的模式摆在了我们面前。许多国家发展到一定程度的时候,就会遇到非常困难的境地,因为他们没有重视社会发展,没有重视文化的发展、文化的建设,没有注意政治体制方面的安排。所以,拉丁美洲许多国家和亚洲的一部分国家在上升到一定程度的时候,社会矛盾突出,经济社会发展失衡,文化道德丧失,造成了长期的社会混乱,以至于永远追不上那些先发达的国家。但也有国家处理得比较好,他们在处理人们的利益关系方面、在处理社会道德文化方面都做得比较好,所以走上了一条比较健康的发展道路。

我们中国走到现在,是不是GDP不断地增长就一定能赶上发达国家,就我个人看来,这是不确定的。这需要我们做出选择,需要我们进行调整,需要有意识地对市场经济的发展做出引导。市场经济不会自然地营造出一个健康的社会,也不会自然地营造出一个良好的文化。相反,如果任由市场经济自由发展,就会造成社会发展的失衡,造成道德的丧失。我们执政党、全体人民必须有这样的自觉性,使社会健康发展。前几年我就跟联合国秘书长安南说过,经济发展和社会发展好像一个车子的两个轮子,如果一个轮子大一个轮子小,车子就会在原地打圈,永远不会前进,或者走向弯路。他赞成我的观点,实际上这也是显而易见的。如果我们的贫富差距过大,如果不能走向法治社会,如果我们不能让人、社会和自然和谐相处,如果我们不能调整经济结构做到可持续发展,如果我们无止境地牺牲环境而不限制人口,人口压力越来越大,就不能和环境和谐相处,中国走着走着就会发现走不动了,各方面的因素就会拉你的后腿。刚开始GDP还可以高速地增长,增长到一定程度,GDP就上不去了,社会动乱也会随之而来,这是很危险很可怕的,这样的事情并不是不可能发生。所以一定要强调,在讲究发展是硬道理的时候要问一下这硬道理是什么?不单纯是经济发展是硬道理,社会发展也是硬道理,文化发展也是硬道理,政治发展也是硬道理,当然还有人的全面发展与人和自然的和谐。

所以我从从事残疾人工作开始,就始终呼吁这个问题。做残疾人工作不只是我们残疾人生活的改善,也需要把我们的残疾人工作做好，要使我们残疾人和全国人民共享物质文化发展所带来的成果，使我们残疾人不再受歧视、侮辱或者受到残害，也使我们残疾人能够摆脱贫困，使一部分残疾人逐步达到小康，过上幸福的生活，甚至还有一部分残疾人能够做成功人士。

同时，做残疾人工作要更多地从社会和文化发展的角度来看问题。残疾人要想生活得好，必须要有好的社会环境，必须有好的文化环境；社会要有道德和正义感，必须是公正而富有爱心的，必须是人道主义的。我们讲人道主义讲了十几年、二十年了，人道主义应当在社会普及，人道主义应当是在马克思主义之内，而不是在马克思主义之外。前些天，巴金先生去世了。我曾经去拜访过巴金老先生，我在一九八七年见到他的时候曾经讨论过。我说我们最近提出两个观点：一个观点是人道主义不应当排斥在马克思主义之外，应该在马克思主义体系之内；另一个是说人道主义思想应该是我们社会主义国家的基础思想之一。很可惜，我很惭愧，从一九八七年到现在已经十八年了，我还没有做到这一点，是我自己努力不够，也是社会环境还没有发展到这样的程度，这是我最痛心的。巴老去世我也很痛心，当时他的《启示录》给了我们很大的震动。《启示录》也对我提出人道主义表示肯定。但是我最痛心的就是十八年前我和巴老讨论的这个问题到现在都没有解决，仍然任重而道远。我也想趁这个机会表达一下我个人的这种感情。说老实话，就巴老来说，我对不起他。就全国我们的残疾人来说，我也对不起他们，还有很多很多事情我们还没做到。但是不管怎么样，我们都还要继续做，哪怕是一点一滴的事情；我们也要提倡人道主义，我们要维护残疾人的权利。不但残疾人自己努力，社会各界也会来帮助我们。我希望大家共同努力，不但把我们的残疾人工作做好，也使我们国家走向一条健康的、可持续发展的道路，使我们中国有一个光明的前途。

残疾人工作者
要与残疾人建立密切联系①

（二〇〇五年十月二十九日）

这是个难得的机会，能来到合浦县石康镇，与这么多的基层残疾人工作者一起在紫荆花下座谈残疾人工作。

从开始做残疾人工作，随着宣传人道主义、建立残联、逐级组建我们的干部队伍，我始终担心一个问题，就是我们建立那么多的残联还够不到残疾人，因为乡镇、街道、农村、社区没有组织建设，没有人工作，所以全国残联系统是个大的机关架子，这很危险。如果没有基层工作，我们残联的工作人员不能直接面对残疾人、接触残疾人、帮助残疾人，那么残联的队伍就是空的，是空中楼阁。

今天看到合浦县做了这么多的工作，把乡镇残联的工作人员配齐了，都是在编的干部。有新的大学生，年轻的新生力量；也有工作多年从别的行业转过来的，也有文人加入我们的队伍，还有受群众拥护的长乐镇残联理事长劳秀红。而且，这些干部，像小劳这样的人，刚才我也听了，大家都很有工作想法。这一切很生动地说明我们的残联干部已经和残疾人建立了密切的联系，能为他们服务、代表他们的利益。刚才县残联的干部已经讲了，没有基层残联干部的时候，白内障统计是三百人，有了基层干部后，白内障统计有一千一百多人，差了三倍多。其他

① 这是邓朴方同志在广西壮族自治区调研期间与合浦县领导、基层乡镇残联理事长、残疾人代表座谈时的讲话。

方面也是一样,康复、残疾人教育、残疾人劳动就业。

那么多残疾人那么贫困,你怎么让他小康?首先要摆脱贫困,摆脱贫困可以花点钱,给他盖个房子,让他吃低保。但是怎么让他达到小康呢?这就需要他的家庭成员有好的就业,或者他本人有好的就业,才能达到小康。通过我们基层残联工作人员的工作,为残疾人办种养基地,带动大家摆脱贫困、奔小康,再进一步达到小康。来到这里我看到合浦正是这样做的,感到很踏实,我这个心就放下了。

但是也不能完全放下,因为像合浦这样的地方在全国还是少数。我们需要更多的基层、更多的县像合浦一样,能够把残疾人的基层工作建立起来,让残联工作人员和残疾人结合在一起,既为残疾人服务,又从残疾人中汲取政治营养。像刚才那位同志讲的,"干了残疾人工作以后,觉得生活有了新的意义"。我觉得这非常有代表性,做残疾人工作给我们自己的生活也注入了新的生气新的活力。同时我们还要代表残疾人,因为每一个合浦县残联干部都是群众选举出来的。开了一个代表大会把大家选举出来,大家把你们选举出来表明大家对你们的信任,也就是希望你们能代表广大的残疾人,维护他们的权益。刚才书记也介绍了,怎么帮残疾人打赢了官司,获赔十几万元。总之要维护残疾人的权益。

在市场经济条件下残疾人要碰到更多的困难,我们应该帮助他们克服面临的障碍,使他们不再因为贫困、因为没有接受教育、因为沟通不畅、因为行动不便等而失去竞争力;要争取让他们与健全人站在同一个起跑线上,在市场经济的环境下拥有一定的竞争能力,或者有一个生存的空间。我们要作为他们的代表反映他们的心声,所以我说中国残联是我们残疾人的代表组织。刚才我们那位同志讲的代表、服务、管理的功能,我觉得很好。我们的基层残联工作人员都能把这三种功能综合起来考虑,这就是非常好的状态。长期继续下去就会形成良性循环,让中国社会最底层、最困难的群众得到帮助,提高他们的地位,也提高他们的生活质量。

现在我们讲要以人为本,每个人都有他存在的价值,都有生命的价值,我们应该尊重他。对残疾人来说,我们也要尊重他,每个人都有他的生存权、发展权,我们要帮助残疾人获得这个发展权。怎么样对待最贫穷的人,怎样对待最底层的人,就是衡量一个社会是否健康的尺度。如果没有一个健康的社会,这个社会就没有更多的人道主义、更多的集体主义,就没有更多的理想、道德和更多的爱心。那么这个社会就是个很可怕的社会。我们人人都生活在社会中间,我们都希望过上幸福的生活。要过上幸福的生活,我们所处的社会必须是个好的社会,外部要是个良好的环境。所以我们提倡对残疾人的关爱,提倡人道主义,希望社会有更多的爱心。社会更加和谐不仅仅是造福于残疾人,也是为了社会的每个成员都能享受到文化进步和社会物质进步所带来的成果。只有这样大家都安居乐业,和谐社会才能建立起来,以人为本才能体现出来,经济社会才能均衡发展,我们中国特色的社会主义才能走上一条健康的、可持续发展的道路。

今天虽然外面风很大,但院子里的风并不大,微风徐徐吹来,我们一起在紫荆花下,避开酷日的照射,在这样美好的时刻跟大家座谈,心情非常愉快。我看到了最实实在在的基层工作,而不是在代表大会上或在北京光空喊口号;我也看到了我们这么多的工作人员在一线辛辛苦苦、全心全意地为残疾人服务,这是我多年来所渴望的。感谢我们的书记,感谢我们所有的工作人员!

我接触过很多残疾人,事实上我们残疾人在社会各个群体当中人均生活水平是最低的,对社会索取是最少的,而残疾人每做一件事都要比别人付出更多的代价。也就是说残疾人是这个社会付出最多得到最少的群体,当我们给予他们一点点帮助的时候,他们就会都说，我们的书记好，我们的共产党好，社会主义好！好多人你给了好多的好处他还骂你呢，你比一比，残疾人是不是社会主义社会最好的公民呀。对这个付出最多得到最少的群体，我们应该给予更多的关爱，给予更多的尊重，给予更多的实实在在的帮助，使他们和我们大家过得一样好。这样的话，我想我们一定能把我们的残疾人事业推向前，扎扎实实地推向前，健康地走向前。今天这个会不是“维持会”，是“发展会”，我们的残疾人联合会也要做个“发展会”。

投入热情，投入感情，为构建和谐社会而努力①

（二〇〇五年十月三十日）

这次到广西来，从二十四号至三十号，前后七天，到了三个市，听了省里和三个市的汇报，参观了三个市的基础设施建设、劳动就业、基层组织建设、危房改造等情况。我个人感觉，这些年曹书记、陆主席及各级党委政府对残疾人事业非常关心和支持，人大、政协也都给予了大力支持。这里我当面表示感谢。书记、主席及各位领导对残疾人工作的关心和厚爱体现在全区工作中，给我留下了深刻的印象。广西的残疾人事业这些年来取得了长足的进步，我们感觉也很明显。残疾人工作可以说从上到下基本上站住了脚，工作做到了基层，残疾人事业得到了全面发展。

一、广西残疾人工作的特点

从省里到看过的三个市，“十五”规划全面完成没有问题，中国残联各项综合性的任务和专项任务都能认真完成，克服了许多困难。广西是老、少、边、穷都占齐了的省份，没有各方的支持，这方面的工作就比较难；即使有了关心和支持，这方面的工作仍然很困难。我们

---

① 这是邓朴方同志在广西调研期间与自治区书记曹伯纯、自治区主席陆兵、自治区人大副主任甘幼玶、自治区政协副主席梁超然等领导同志会见时的讲话，自治区残联理事长李小凤等参加了会议。

上上下下的残疾人工作者非常热爱自己的工作，尽职尽责，投入了热情，投入了感情，也付出了代价。所以我代表中国残联向广西残联，尤其是基层的残联工作者，表示敬意和谢意！没有大家的努力，就没有逐步改善的局面。总的来说，从大的方面看，广西的残疾人工作跟上了全国的步伐，尽管在全国你们的工作不是最先进的，但整体工作跟上了全国的步伐，而且很有自己的特色。

第一个特点是各级领导干部对残疾人的认识已经到位。以前也都说要支持残疾人工作，但现在了解的程度要深得多，广得多，我碰到的书记、市长都谈到自己对残疾人的感情。比如南宁市的书记自己家里面就有残疾人，他对残疾人的痛苦十分理解；北海的书记讲亲自与残疾人结成对子；柳州市领导对残疾人都很有感情，对残疾人事务的理解也比以前深了，也更全面了，对残疾人工作更支持了。这次我接触的市领导对残疾人工作的认识我看是八九不离十了，业务上的认识比较全面了，我觉得这是一个非常好的现象。有时贫困地区的领导对残疾人工作的认识反而更好一点，这种情况我们经常碰到。发达地区，钱他拿得出来，但能不能给予那么多的关爱就不一定了。所以自治区各级领导对残疾人工作投入了更多的感情，有了更多的了解。

第二个特点是广西的组织建设有了较大的进步。从这几个城市来看，尤其是北海市，在全国也是拿得出来的。尽管各地参差不齐，但在区残联的汇报里能看到在组织建设方面有他们的理想模式、参考模式，当然，有些还没有达到。我想这也是一种路，我们尽量争取理想模式，暂时做不到也不要紧，起码对各种情况有所指导、有所研究，这种工作态度就是好的，就是健康的。所以组织建设方面你们是努力的，对各方面情况有实事求是的研究和总结，这点是可取的。我们要面对实际情况，不是中国残联要做什么，大家都喊口号，这个我也不赞成。要实事求是地摆出问题，实事求是地解决问题。

专门协会的工作也有进步,五个专门协会也都成立了,都有经费。南宁市每个专门协会每年是一万元的工作经费,柳州市是两万元的经费。有专门的经费,有一定的活动,有一定的活跃程度,我想这也是值得肯定的。

第三个特点是维权工作比较突出。这次我是专为看维权来的。北海维权的几个案例我看了一遍,南宁的汇报里面也有一些,包括柳州,在维权方面都是下了功夫的。司法部段正坤副部长针对维权专门来广西做过调研,对广西的维权工作给予了肯定,给予了指示。广西的司法部门特别关心支持残疾人,法律援助和司法救助等方面能够有组织地进行,确确实实打赢了几个案子,并对这些案子进行了广泛的宣传,包括电视宣传,在社会上引起了较大震动。这对启发残疾人的觉悟,提高他们的维权意识是有积极意义的。这不仅是打赢了几个残疾人官司,通过这些活动还能改变社会的观念,打击社会上那些歧视、侮辱残疾人的行为;对纠正侵害、漠视残疾人利益的情况也是有好处的。这方面你们做出了成绩,我向你们表示衷心的感谢。

第四个特点是危房改造。广西的危房改造是全国的试点,在中国残联有关部门、评估机构对全国危房改造实施情况进行的绩效评估中,广西排位第一,这说明你们的工作是很扎实的。而且在第一批试点成功之后,广西残联又能与地市领导沟通,加快危房改造步伐。其中一个贫困地区年财政收入八亿的地级市,能够下决心两年全部解决问题,有这样的勇气和这样的认识,我表示赞赏;要注意不能放空炮,作为先进性教育的整改措施,要实实在在地落实,然后是其他城市的跟进。危房改造工作非常得人心,我们下决心来做这件事,从开始决定做这个项目到后来试点,直到后来列入规划,中国残联计划十年左右才能完成;广西在部分地区能三年提前完成,我觉得这个经验值得推广。当然,我们不是说全国一定要一个进度,但要实事求是地把它安排下来。广西财政困难，中央每年转移支付大约一百个亿，这样的老、少、边、穷地区都能做出来，其他省市是不是也应该调整自己的目标？这一点要感谢广西做出的榜样。

按比例安排残疾人就业也能全面贯彻。职业培训比较努力，有效果，残联已有的职业培训机构能够充分发挥作用，没有自己的职业培训机构的也能利用劳动等部门的培训机构来培训残疾人。而且盲人培训、聋人培训都有的放矢，能够达到一定比例的就业；盲人在南宁的职业培训能达到百分之百的就业，柳州的聋人培训也能达到百分之百的就业，这些都是值得赞扬的。

广西在县级的基础设施建设方面，也做得比较好。在比较困难的条件下，把县级的基础设施建设稳步地向前推进，这也是值得肯定的，但还要更加努力。

在广西我也接触到一些残疾人群众，他们自强不息、顽强拼搏，能体谅国家大局，能随着国家的政治经济文化的发展不断地提高自己，逐步改善自己的生活、提高自己的觉悟。广西还是个残疾人体育大省，你们的老冠军张小玲，五届世界冠军了。还有柳州的聋人体育，足球队、篮球队，而且男女乒乓球队还参加健全人的比赛并得到名次。广西残疾人文化体育有独特的地方。

但是，广西的残疾人工作整体上在全国来说，还算是比较弱的。这跟广西整个经济社会发展的实力是有关系的，比如财力的问题。当然，有些是投入不够的问题，也有认识方面的问题。这次来广西，还不能说对广西的工作有了全面了解。因为我们这次看的几个市是比较好的城市，南宁、柳州经济在全区居第一、二位，北海经济总量没那么大，但是沿海开放城市，也属于比较好的地方，所以这三个城市不能代表广西全面的情况。自治区的汇报也反映出广西残疾人工作各个地区发展是不同的，参差不齐，有的地方还十分困难，特别是贫困的地方困难就更大了。通过这次调研,中国残联认识到要加强对老、少、边、穷地区残疾人工作支持的力度。同时广西本身也要对各地的差距采取一些方式来调节,对于特别困难的地区也要给予特别的扶持和帮助,但扶持和帮助不能脱离实际。

在路上,我问政协梁主席,怎么看扶贫的标准,我说我就有点糊涂。我给他举了个例子,我的一个朋友、云南民政厅长给我介绍过一个事例。他说,一个彝族同胞跟他讲过,彝族同胞说我们彝族祖祖辈辈就没过过这么好的日子,当时是九十年代,他说现在有酒喝了,有肉吃了,日子好过了,现在都满足了。你让他再去提高什么 GDP,要他盖个好点的房子,他根本不愿意,不愿意努力了;人家愿意发财,他不愿意发财。后来我说我糊涂了,人家过得挺舒服的,咱们却觉得人家挺可怜,彝族人一家没有一两百块钱的家当,可人家觉得过得很好。这说明不同的人有不同的价值观、不同的生活方式、不同的文化取向,要承认这些差异。这是个题外话,就是我们做工作的时候要实事求是,要根据当地的实际情况来安排我们的各项工作,要向贫穷的地方倾斜,要加大工作力度,要符合当地的民族风俗、文化背景和生活习惯等等。在这样的基础上,加强我们的残疾人工作,提高残疾人参与社会的程度,提高残疾人的生活质量。

二、广西残疾人工作的重点问题

我们的一个基本印象是,广西的工作是参差不齐的,在某些工作上还存在薄弱环节。

一是教育。广西残疾儿童入学率统计数据是很高的,达到百分之八十多,说实话我不大相信这个数字。我们在这儿算都算得出来,北海聋孩子大约是一百五十多个,就学的十五个,只有百分之十,统计已经到了百分之八十一；算上随班就读，就两个特教班你怎么辐射，随班就读的老师能教手语吗？老师有特教的能力吗？还有盲生的入学率是零，再怎么算也算不到百分之八十多呀。只有两个弱智学校，生源远远不足。柳州倒是有几个特教学校，六个，就一个办得还像样，其他差不多都成托儿所了——弱智儿童托儿所。我们讲义务教育以国家为主体，国家办的就一个，民办的有五个，这不能体现国家九年义务制的精神。民办的可以为辅，我们积极鼓励，但是政府不办，就失职了。

在这个问题上，区里是有责任的。区教育厅基教处就三个人，而且没有专管特教的人员，原来还有，现在人家退休了；区特教经费一年才三十万，这怎么行呢？这不是有没有钱的问题，而是重视不重视的问题，太薄弱了。统计数字很高，但实际发展水平很低，全国也不同程度地存在这个问题，这点我必须严肃地指出来；在南宁时我也跟区吴恒副主席指出了，我们简单地交换了意见，没有很深地讨论，他答应列入“十一五”计划。实在太弱了，很多地市一所聋哑学校都没有，这个离全国差距太大了。老、少、边、穷地区也不能这么薄弱。所以我跟吴恒同志说，他也答应了。起码一个地市要先建一所像样的特教学校。我指的是真正意义上的聋哑学校。各地情况不一样，我对南宁市提出来每个县要有一所盲聋学校，对柳州市我提出在现有基础上，两个县或三个县要合办一个，也就是在柳州还要加那么两到三所特教学校，布点还不够多。一般来说，全国五十万人建一个特教学校，五十万人建一个不算过分。像黑龙江省，每三十万人就建一个盲聋学校，是全国比较好的，山东也是，当然，这是两个特别好的，其他也都是两到三个县一个聋哑学校，柳州市可以做到这一点。北海市要求要建立一个像样的学校，刚才书记、市长也都答应了。

我觉得恐怕不仅仅是这几个市的问题，在全自治区要对特教给予重新评估,给予更多的关心,必须有一个全新的战略布局。还是那句话,要以一定数量的中心校为骨干,以特教班、随班就读为主体来发展教育。没有中心校,特教班、随班就读就是虚的。特教班还好点,特别是随班就读,都是虚的,都是假的,都不能达到标准和要求。在这点上希望自治区的领导和教育行政部门给予重视,残联也要发挥作用。请甘主任回去以后再重点把教育的问题说一下,这一环残联够不着,特教归教育行政部门管。就特教问题中国残联和教育部开过两次会议,第一次起到了很大的作用,第二次也起到了作用,但没那么大。《残疾人教育条例》实施的力度我觉得不够。第一次特教会议起到了特别大的作用,把全国的特教学校启动了,很快每年全国都增加一百所左右的特教学校。第二次特教会议好像力度就没那么大了。特教方面残联够不着,希望纳入义务教育体系中来,总体安排,一起部署、实施、督导。广西现在有认识问题,也有安排和布局的问题,希望能引起注意。

二是残疾人专用机动车的问题。这次到的三个城市南宁、柳州、北海,都取消了残疾人专用机动车的营运,三个城市也做了一些安排,这次来,小凤让我办的是其他的事,关于机动车营运问题没有与他们进行正面交锋,如果现在这些城市还没有明显的不稳定因素,我先不跟他们打这一仗。但是我要提出这样一个观点,即使各个城市做出的所谓安排,残疾人利益也不同程度地受到了损害,我一直是这么看的。你比如说,机动车置换有补助,南宁市一个车补助一千元钱,上海、北京是旧车换新车,南宁、柳州、北海都做不到这一点。就业补助你能保证残疾人车主百分之多少重新就业?这是没有保证的。有些是就业了,我也承认,前天我在柳州看到一个,原来是开机动车的,后来在福利厂就业了,这是少量的。还有让残疾人吃低保,低保再加一百到二百元钱,也就是一两百块钱、两三百块钱,和原先每月一两千元钱的收入相比差距多大呀！所以机动车问题即使已经做了大量工作，即使省市领导重视，工作力度和上海等发达地区也无法相比，这是一个观念问题。残疾人利益受到的损害是实实在在的。我的意见是这样，以后不能再有任何一个地级市出台新的取消营运的规定了，这一点地方残联一定要死死顶住。要不行的话，赶紧向中国残联报告，中国残联要出面拦截这个事情。

不能再出台取消营运的规定了，现在最不稳定的就是这件事情，全国的焦点、矛盾就是这件事情。政府做了很多事情，但对残疾人利益侵害最大的也是这件事情。尽管我国这些年发展很快，但对国情还要有个深刻认识、基本认识，我已跟书记、主席讲这个事情了；在这次中央全会上，我也发言了。我说我们人口多、底子薄的国情到底有没有改变？人口多肯定没有改变，底子薄我们还承不承认？我们现在有点底子了，到底有多少底子，还要有个清醒的认识。仍然是底子薄，全国几千万的贫困人口、这么多的下岗职工、这么尖锐的社会矛盾，我们的人均资源、人均 GDP、人均财政收入在世界上排位也是几十位、一百位出去了。即使把外汇差价的因素考虑在内，我们仍然是落后的，在发展中国家中也是靠后的，更不要说跟中等发达国家或发达国家比了。人口多、底子薄的国情还没有改变，群众生活仍然艰难，特别是贫困地区、边远地区、老少边穷地区，特别是在农村和一些乡镇。在这样的情况下，残疾人能够自食其力、能够减轻国家负担，不但能让自己吃上饭、能娶上老婆、能让孩子上学，而且有个灾有个病自己还能应付一阵，这有什么不好？为什么非要把他的饭碗砸了？政府要跟他换车，又要补贴，又要搞低保，又要搞就业，挤劳动力市场，为什么要干这些蠢事？

畅通工程我们是要的，你把健全人利用残疾人专用机动车搞非法营运的现象打下去，剩下的残疾人生意反而好，数量也不是很多。

我在汕头调研,共有八千多辆残疾人专用机动车,真正是残疾人在营运的仅有一百九十二辆。这里有社会需求的问题,还有个生活水平的问题。生活水平高的地方,残疾人也不愿开机动车,风里来雨里去,残疾人穷啊!所以四川的一些残疾人集体上街,打出的口号是"我们不要妻离子散"、"我们的孩子要上学"。你一取消残疾人专用机动车营运,残疾人老婆也走了,孩子也上不了学了。所以这个问题一定要顶住,已取消的地方,如果相对稳定,可以先不纠缠,但要注意,处理具体问题时要灵活,不要绝对。但是新的一定要顶住,如果不顶住还要造成新的矛盾,地市级一取消,县级又会接着取消,我这一二十年整天打这个架。现在自焚的已经有四起了,其中一个还烧死了一个副区长,付出了五条生命的代价;烧车的也有,所以一定要顶住,不能再有地级市出台这样的规定了。很多地方还都是人大通过的。县级的取消更没有道理。你加强管理,可以对残疾人进行交通法规教育、给残疾人体检发照;你要管好,可能管好比较难。安全是个借口,交通部门一个主要理由是不安全,但实际上,由于残疾人开车非常小心,肇事率比摩托车还要低得多。

我最痛恨两个东西:一个是二〇〇〇年公安部、交通部出台的关于畅通工程的文件,还有一个是地方政府、地方领导搞的政绩工程。一搞政绩工程,残疾人就没饭吃了,我深恶痛绝。尽管南宁、柳州采取了这样那样的措施,北京也接到了南宁、柳州的上访信件,几十起呀!也有直接到北京上访的,到区残联上访的也很多。何必要搞这个事情呀?也请秘书长跟领导吹吹风,不能再出台这样的取消规定了,不能再扩大了,再搞受不了了!现在我们马上要和公安部出台新的文件,文件精神就是要开口子,给残疾人一条活路,干吗不让人活呀?弱势群体就要有特别的政策。如果我们都发达了,营运当然要取消了,但我们还穷呀,我们还要吃饭。就跟过去搞包产到户不允许一样，后来不是允许了吗？这个也一样。还有个例子，大连全国畅通工程连续五年第一名，残疾人机动车营运不是也没有取消吗！总之，道理要跟大家讲清楚。现在是先堵漏，先把漏洞堵住，一个也不允许再出台了。以后等中央文件开口子了，已取消的城市怎么办再商量，这是个要仔细研究的问题。总的精神是要开口子，要让大家活命，政府不能把大家都包下来。残疾人这种自强、自食其力的精神还要鼓励。这事确实难，但不能软。这一两年好些了，最难受是二〇〇〇年到二〇〇四年，不但烧车，还烧人，不但自焚，还把一个副区长烧死了。现在交警部门对这事也睁一只眼闭一只眼了。其实取消的地方也还有营运的，原来是合法营运，现在成了非法营运。

三是基础设施建设问题。地市一级的基础设施建设严重不足，这恐怕是个薄弱环节。县级的基础设施已经安排了，以后还要逐步安排，中央财政也还会支持。现在看来地市一级比较薄弱，北海有了，但是个别的，柳州就没有；全区总的来说，地市缺的比较多，这个要认真抓一下。地改市了，要求就要提高，原来是地区，还可以稍微延期，现在都改市了，恐怕该办的就得办了。各个市要拿出一定的财力，投入一定的人力、物力来办这些事情。希望区残联拿个规划，也希望自治区的领导能够有个倾向性的指示，光靠区残联推动，难度比较大。请甘主任回去跟区党委、区政府领导反映一下，人大检查也要把基础设施建设作为一项内容。没有基础设施就带动不了下面的工作，基础设施是资源中心，是残联机关的左右手。有了这个基础设施，残联机关就有了资源中心，有技术人员，有专业人员，也有行政干部，就可以往下辐射，没有就辐射不了。省级中心，这也是你们弱的一个方面，这次帮你们要下来了。地市一级恐怕要从现在开始做出安排，要赶上“十一五”的车，不能落下。

四是基层组织建设。基层组织建设参差不齐。这要坚决地往下推,刚才我说了要因地制宜,但要坚决地往下推,希望省领导多关心一点,也希望各市的领导予以更多的关心支持。组织建设方面还有不足,地市级残联需要加强领导班子里面残疾人领导干部的配备,这一定要注意。残疾人领导干部配备起来有一定的难度,即使暂时配备不上,也要有方案,一个是寻找,如果不成熟还要培养,或者破格提拔。秘书长要注意,可能有优秀的残疾人还不是干部,不能被提拔,其他地方也有这样的现象,这恐怕要破格。优秀的残疾人很有能力,他甚至可能是残疾人的领袖,但他可能没有公职,不是干部只是工人,这就需要破格,不是干部身份的要给他干部身份,级别不够的要小步快跑,最后达到那个级别,提拔到领导岗位上。否则,要找现成的局级残疾人干部、处级残疾人干部、科级残疾人干部,哪儿有那么多有级别的残疾人干部呀?当时招录公务员体检标准不让残疾人进来,所以要有破格提拔这一条。

这次来调研,在南宁住的荔园山庄有无障碍设施,北海的香格里拉就没有,门口只有个临时的坡道,要改造。我国老龄化社会已经提前到来,老年人的出行也不方便,需要无障碍的住宅环境,所以老龄委也开始关心这个问题。以前是公用设施的无障碍建设,现在是住宅无障碍建设,以后还要信息无障碍。北海机场没有廊桥?那不行,中国残联和民航总局有标准,没有廊桥,有升降车也可以。我到过一些边远的县市,也开始了搞无障碍建设。香格里拉没有搞,太不像样了。公共设施无障碍要坚持,因为已经有标准,而且有正式的文件下来了。住宅小区的无障碍建设也要注意,在小区建设的高峰时段,提前把无障碍提出来是省钱的办法、节约的办法,否则以后改造起来十分困难。信息无障碍要逐步推广,广西捐款解决聋人发短信的问题就很好,现在听说正开发手语软件,我支持,但做出来的东西要聋人用了说好才算数,实践是检验真理的唯一标准。

最后，我们还要不断地在全社会提倡理解关心帮助残疾人的社会风尚，提倡残疾人自尊、自信、自强、自立的“四自”方针，残联要和文化部门、教育部门在全社会宣传倡导人道主义。巴老去世了，一九八七年我和巴金见面的时候提出来几点，一点是人道主义应该放到马克思主义体系里面，一点是人道主义要作为社会主义的基础思想之一，这两点到现在我都没做到，我在维权工作座谈会上也讲到这一点。总之我们还要继续推动人道主义宣传和人道主义的实践。

还有一点，请陆主席在适当的时候，在主席办公会上听一次区残联的残疾人工作汇报。重点问题是解决“十一五”规划的盘子和当前的突出问题。

总之，这次调研我非常愉快，非常高兴。“十六大”中央提出以人为本、构建和谐社会，强调经济社会全面发展，政治经济文化各方面全面发展，“五个统筹”，形成一个可持续发展的局面，这些对残疾人工作都有利。而且中央的方针在各级领导中深入人心，大家在关心GDP的同时更加关注社会工作。政府行为也在改变，政府有更多的精力、更多的物资、更多的财力，投入到社会事业这方面来。总的来说，来广西看了之后我非常兴奋，心里有底了。广西有很多的亮点，尽管有些工作你们不一定比别人做得更好，但是可以看出你们比别人更努力，像广西这样的老、少、边、穷地区，我们的干部能这样工作，各级政府能这样关心，残疾人能这样自强不息，中国的残疾人事业一定能更快地发展。

所以，我要衷心感谢广西的全体残疾人工作者，特别感谢在一线、基层的残疾人工作者为残疾人付出的心血、付出的努力、做出的贡献和牺牲！我也要感谢残疾人工作者的家属，因为残疾人工作负担比较大，常常连累家属，谢谢他们对残疾人事业的支持，谢谢他们对亲人做残疾人工作表示支持。

缩小数字鸿沟，共享信息文明[①]

（二○○五年十一月八日）

今天我们在这里举行第二届中国信息无障碍论坛，很高兴看到这么多的领导、这么多的朋友和各方面的人士能够出席这次会议，对大家支持残疾人信息无障碍、消除信息鸿沟表示衷心的感谢，对本次论坛的召开表示热烈的祝贺。

二○○四年国际盲人节举办的首届中国信息无障碍论坛，是一个很好的开端，充分体现了政府、企业、社会团体以及媒体对社会各界人士，对残疾人这一特殊群体需要的高度关注和积极支持；充分体现了政府缩小数字鸿沟，建立公平和谐社会的坚定决心；对促进政府保障广大残疾人平等参与社会生活，共享信息沟通的基本权利具有特殊的意义，对宣传信息无障碍的意义和价值产生了积极的社会影响，使信息无障碍事业在中国的发展打开了一扇全新的大门。

这一届信息无障碍论坛的主题是“缩小数字鸿沟，共享信息文明”，进一步缩小数字鸿沟，促进全社会共享信息文明的成果，宣传普及信息无障碍的理念，推进信息无障碍的发展。我们将要围绕着世界信息无障碍技术的发展趋势，中国信息无障碍发展的现状，面临的问题和解决的途径，以及信息无障碍对相关信息产业的影响等多方面的问题展开研讨。本届论坛的主题将把信息无障碍推向一个新的高度。

---

① 这是邓朴方同志在第二届中国信息无障碍论坛开幕式上的讲话。

大家知道，建设我国信息无障碍环境需要做的工作是很多的，这是一个长期坚持不懈的努力的过程。残疾人利用信息现代化，实现无障碍并不是一蹴而就的。对残疾人来说，需要全社会为他们提供一个顺畅的无障碍的社会环境，还要有残疾人自身的努力、学习、掌握和提高的一个过程。从全社会来说，要有一个为残疾人创造信息无障碍环境的责任感，我们要由点到面、由少到多，逐步普及，这需要政府、企业、社会团体不断在资金、设备上予以支持。而且，需要我们的科技界、各方面的企业，以及为残疾人服务的各类社会组织等等，能够开发出更多的满足残疾人需要的技术和产品。我们要一步一个脚印地往前走。

非常高兴地看到本届论坛上许多企业已经展示了他们的产品，手机、电话机、网站等等，都有许多的产品提供给残疾人；有各种的计算机语言的转换，目前已经取得了一部分成果，而且应该把这些成果扩大，满足残疾人的需求。我也希望各位朋友能够以这次论坛为契机，进一步推动中国信息无障碍事业的发展。

实际上，我们的题目是缩小信息鸿沟，说明了信息鸿沟是存在的。有的朋友讲，这个信息鸿沟还在扩大，这个结论我是同意的。信息社会的到来，能够为残疾人提供一个以前无法想象的前景，但它只是对那些能够享受信息、能够进入这个范围的一部分残疾人提供的，而更多的残疾人还是贫穷、没有文化的。所以，我们消除这个数字鸿沟有两方面的意义，一方面，我们要尽量提供好的环境和产品，使得那些能够使用信息系统的残疾人能够无障碍、充分地、高质量地达到使用效果；另一方面，我们还要从多方面，从经济、教育等方面，使得使用信息工具的残疾人的范围越来越扩大，这需要一个更加长期有效的推广过程。

我们倡导和谐社会，和谐一下子达不到，产生了巨大的差异，所以大家坐在一起,就是要缩小差异,使得我们所有的残疾人都能够公平地享用社会物质文化成果和科技发展带来的成果。

最后我祝本次论坛取得圆满成功,并感谢出席会议的各位领导、各位部长,以及各部委的同志们,还有企业界、新闻界的朋友们,希望大家为残疾人缩小数字鸿沟、参与社会、改善环境做出努力。

在“快来参加特奥”活动仪式上的致辞

（二〇〇五年十一月十四日）

首先，我代表中国残疾人联合会和近一千三百万智力残疾人，向远道而来的国际特奥会的朋友们，表示热烈欢迎。今天这么多特奥运动员来到这里，让我们向他们欢呼；北京市上海市的领导来到这里，让我们向他们表示感谢。让我们向多年来关心和支持特奥的各界人士表示衷心的感谢。

今天，我们相聚，告诉全世界，中国已有五十万人参加特奥运动，实现了中国特奥会向国际特奥会的承诺。我们还将于二〇〇六年在黑龙江举办全国第四届特奥运动会。将于二〇〇七年在上海举办十二届世界夏季特奥运动会。我们有理由相信，我们一定会成功的。

特奥运动是人道的事业，它向世人宣示，不管你是否有缺陷，你的人格和尊严都应同样受到尊重。

特奥运动是爱心的事业，它把相互关爱和帮助给了最需要的人。

特奥运动是勇敢的事业，它告诉遭遇困难的人，你要有信心，你不是不能，你一定能。

特奥运动是希望的事业，它使我们感到，真善美就在人们的心里，当我们每个人把它充分展现时，世界将会多么美好。

特奥运动是个大家庭，它使弱智人士走出小家庭，走进大家庭，融入社会，走向未来。

感谢国际特奥会给我颁发的奖项，我知道，它是属于我们大家的。现在，我只是想要说：孩子们，快来参加特奥！各界人士，快来支持特奥！它是多么激励人心，又多么让人动情，它会使我们的人生变得美丽，它值得我们为之努力、为之付出。

北京将向世界奉献一个精彩的残奥会①

（二〇〇五年十一月十八日）

在国际残奥委会大会隆重开幕之际，我谨代表中国残疾人联合会、中国残奥委会和北京奥组委对本次大会的召开表示热烈的祝贺！对来自世界各地的国际残奥大家庭的成员表示热烈的欢迎！

国际残奥委会成立以来，走过了不平凡的历程，已成为国际社会最具代表性和影响力的国际残疾人体育组织。在国际残奥委会的领导下，残疾人体育运动蓬勃发展，为促进残疾人"平等·参与·共享"目标的实现起到了重要作用。四年一度的夏季残奥运动会已成为全世界人民的节日和残疾人的庆典，残奥会在增进人类友谊、促进社会文明与进步、弘扬人道主义等方面的意义已远远超出体育运动本身。我们衷心感谢国际残奥委会为全世界的残疾人提供了一个广阔的舞台，衷心感谢你们为人类文明与进步事业做出的杰出贡献。

中国残疾人体育自一九八四年参与国际残奥大家庭以来，推动了残疾群众健身运动和竞技体育的发展。中国残奥健儿在国际残奥赛场上的杰出表现为国际残奥运动的发展做出了积极的贡献，也赢得了全中国人民的赞誉和世界人民的尊敬。中国残奥委会十分感谢

① 这是邓朴方同志代表中国残奥委会和北京奥组委在国际残奥委会大会开幕式上的致辞；国务委员陈至立、国际残奥委会主席克雷文出席开幕式并致辞。

国际残奥委会多年来给予中国残奥运动的关注和支持,并愿成为国际残奥委会最有贡献的会员组织之一。今天,我们十分荣幸地为本次大会提供东道,我们希望借此机会,向国际残奥大家庭成员展示中国政府对残奥运动的重视以及北京奥组委办好二○○八残奥会的决心和能力。

再过三年,第十三届残奥会的圣火将在北京点燃,这一盛会将为全世界了解中国、了解中国残疾人提供一个良好的机遇。目前,二○○八残奥会的筹备工作已全面启动并取得了实质性进展。北京奥组委将按照国际残奥委会的要求,加倍努力,精心组织,为二○○八年北京残奥会的成功举办竭尽全力。我们相信,北京将向世界奉献一个精彩的残奥会。让我们共同期盼这一历史时刻的到来!

宣传残疾人事业,弘扬人道主义精神[①]

(二〇〇五年十二月五日)

今天,中央和地方负责新闻宣传的同志及新闻工作者的代表汇聚在这里,举行中国残疾人事业新闻宣传促进会第三届全国理事会代表大会,共商残疾人事业的宣传大计,首先我代表中国残疾人联合会对会议的召开表示热烈的祝贺,向百忙中亲临会议的中宣部、国务院新闻办、国家广电总局、新闻出版总署、中国记协以及各新闻单位的负责同志和与会全体代表表示衷心的感谢。

“十五”期间,我国残疾人事业取得了快速发展和举世公认的成就。在这一重要的历史进程中,广大新闻工作者以高度负责和无私奉献的精神,深入残疾人之中,体察残疾人疾苦,聆听残疾人心声,反映残疾人需要,维护残疾人权益,兢兢业业,倾情投入,积极宣传和报道残疾人事业,为大力弘扬人道主义精神,创造有利于残疾人事业发展的良好社会环境,为推动残疾人事业的全面发展,做出了十分可贵的贡献。在这里,我谨代表全国六千万残疾人,向在座的各位代表,并通过你们向多年来始终深情关注和支持残疾人事业的每一位新闻工作者,表达最诚挚的敬意和最良好的祝愿。

在我们残联系统的几个社团中,新促会的工作是比较活跃的,社会化工作方式是做得比较好的。我们新促会成员有着强烈的社会责任

---

① 这是邓朴方同志在中国残疾人事业新闻宣传促进会第三届全国理事会代表大会上的讲话。

感,有为残疾人事业服务的热情,大家对新促会的认同度比较高,这些都是十分珍贵的。希望我们的新促会继续发扬这种好的传统,在团结动员新闻宣传战线、宣传报道残疾人事业等方面发挥更大的作用。

今后,新促会的任务是很重的,有许多方面的工作要做。就我个人的想法有三个重点,提出来和大家交流。

一是,更深更广地宣传人道主义。多年来我们对人道主义的宣传已经有了一些社会基础。现在,党中央提出的“以人为本”,又为弘扬人道主义提供了新的理论支撑。我们不仅要宣传人道主义精神、人道主义实践和人道主义道德规范,还要进一步宣传人道主义思想和人道主义价值观。回想起一九八七年我向巴金前辈请教人道主义问题,当时我提出:“人道主义应该是社会主义社会基础思想之一;人道主义思想不应该排除在马列主义思想范畴之外,应该在马列主义思想范畴之内,在整个中国形成人道主义思想基础不是一天两天的事情,而是要在社会不断进步的前提下逐步形成。”现在看来,要做到这两点,确实还要做很多的努力。

二是,做好“十五”期间的热点宣传:二○○六年进行全国第二次残疾人抽样调查,二○○七年上海举办世界第十二届夏季特奥运动会,二○○八年北京举办第十三届世界残奥运动会,二○○六年联合国很可能通过《国际残疾人公约》,残疾人事业领域还有其他一些重要的工作需要宣传。围绕这些题目,我们要搞几个战役集中宣传,以期取得更大的效应。

三是,宣传和谐社会。中央建立和谐社会的战略决策,对残疾人生存环境的改善至关重要,当然,它也是每个社会成员的需要。它既是我们追求的社会目标,也是可持续发展的必然要求。做足和谐社会这篇文章,就把残疾人事业与国家大局结合了起来,我们的宣传就有了广阔的前景。

附　录

（残疾人事业与残疾人工作中常见的重要人物、组织、文献、活动等专门术语，作为条目按类别逐条解释于下，供阅读时参考。）

国际残疾人年·联合国残疾人十年·亚太区残疾人十年　一九八〇年召开的联合国大会宣布一九八一年为“国际残疾人年”，继而确定一九八三年至一九九二年为“联合国残疾人十年”。一九九二年四月二十三日，在北京举行的联合国亚太经社委员会第四十八届会议闭幕式上，通过了由中国等三十三个国家提出的提案，联合国亚太经社委员会第四十八届会议通过决议，宣布一九九三至二〇〇二年为“亚洲及太平洋地区残疾人十年”，继续实施联合国《关于残疾人的世界行动纲领》，与“联合国残疾人十年”（一九八三至一九九二年）活动相衔接，进一步推进世界残疾人事业。

“平等·参与·共享”与现代文明社会残疾人观　《关于残疾人的世界行动纲领》第一次提出残疾人“机会平等”和“充分参与”的思想，一九九四年联合国通过《残疾人机会均等标准规则》，正式将“平等·参与·共享”作为残疾人事业总的奋斗目标提了出来，成为社会宣传和自我激励的口号和现代文明社会残疾人观的核心内涵。“平等”是这个总目标的核心，是指残疾人在政治、经济、文化、社会和家庭生活等方面，享有与其他公民平等的权利，这种权利受宪法和法律保障，不得因为残疾等原因而受到限制或排斥，禁止任何歧视、侮辱、侵害残疾人的行为。在社会生活中，残疾人的平等权利常常表现为要求机会均等，即国家和社会应采取相应的措施，使残疾人在医疗康复、教育、娱乐、体育、环境、信息交流等方面能够同其他社会成员一样，享有同等参与社会事务和利用社会资源的机会。“参与”是指残疾人参与社会生活和发展，包括参与经济和社会的发展，同时获得自身的发展。“参与”是残疾人对环境和社会的积极意识和行为，残疾人通过积极参与使自己与环境和社会相融合而不是隔离，使自己跻身于社会发展主流而消除不同程度的边缘化状态。残疾人参与社会生活和发展,需要争取并得到法律的保障、政府与社会的扶助。“共享”是指残疾人与其他公民共同担负为人类、国家和社会做贡献的义务,共同创造精神和物质财富,同时共同享受由经济社会发展所带来的精神和物质成果。

残疾人工作者职业道德 残疾人工作者在从事残疾人工作中应当遵循的基本道德准则和道德规范。残疾人工作者职业道德是“人道、廉洁”。人道,就是要弘扬人道主义思想,践行人道主义准则,尊重残疾人的权利、价值和尊严,反对任何形式的歧视和偏见;廉洁,就是要品德高尚,清正廉洁,遵纪守法,自觉接受监督,拒腐防变。

自尊·自信·自强·自立 简称“四自精神”,对残疾人自强不息精神品格的概括,彰显了民族精神和时代精神,是社会主义核心价值观的具体体现,是社会主义精神文明建设的宝贵财富。邓朴方一九八六年四月二十五日在中国残疾人康复协会第一次理事会议闭幕式上首次提出,一九八七年《残疾人工作宣传提纲》正式确立:“残疾人要自尊、自信、自强、自立,努力使自己成为社会主义建设的奉献者。”自尊,就是直面人生困厄,敢与命运抗争,不自卑,不消沉,展现出人的尊严;自信,就是信念坚定,乐观向上,百折不挠,对生活充满信心;自强,就是克服障碍,顽强拼搏,积极进取,具有坚强的意志;自立,就是自主安排自己的生活,努力学习,提高素质,奋发有为,奉献社会,为社会创造财富,实现人生价值。

“三个活跃” 二〇〇二年一月,中国残联主席邓朴方在第十六次全国残联工作会议上提出,要使残疾人在残疾人组织中更加活跃,残疾人组织在基层更加活跃,残疾人和残疾人组织在社会上更加活跃。“三个活跃”为专门协会的健康有序发展指明了方向。

《中国残疾人福利基金会宣传提纲》 一九八四年三月邓朴方主持制定、中国残疾人福利基金会发布的关于残疾人、残疾人事业比较系统的基本认识和基本观点,是新时期中国残疾人事业的第一个宣言。提纲第一次提出“残疾人”的定义,第一次提出以人道主义为旗帜,并认为“残疾”对一个人生活、劳动影响的大小,取决于社会为其提供的条件。在适当的条件下,残疾人可以成为社会财富的创造者，成为推动社会前进的力量而不是社会的负担，不是“废人”。为各类残疾人提供这种条件是政府与社会的责任。提纲出台后，成为当时残疾人事业发展的指导方针。

《残疾人工作宣传提纲》　一九八七年四月，邓朴方主持制定、中国残疾人福利基金会和中国盲人聋哑人协会联合发布的旨在进一步提高人们对残疾人和残疾人事业的尊重、理解、关心、帮助，提高全民助残意识，全面发展残疾人事业的文件。提纲全面介绍了残疾人与社会、残疾人事业的历史与要求、改革开放的新局面以及新形势下的残疾人工作；强调残疾人的公民权利和义务；阐述了残疾人事业与文明建设的关系，残疾人社会团体以及政府、社会对残疾人的责任等，更加系统和准确地表述了残疾人事业发展前景与规划。中国残疾人联合会成立后，该提纲成为中国残疾人事业发展新的宗旨和指导方针。

中国残疾人联合会章程　中国残疾人联合会的基本纲领和行动准则，包括总则、任务、全国组织、地方组织、基层组织、经费、会徽和附则等八章。中国残联章程是具有规范作用和约束力的根本性规章制度，由中国残联全国代表大会通过和修改，对中国残联的性质、宗旨、职能、任务、组织架构、经费、会徽等做出了明确规定。

残疾人事业五年规划纲要　国务院批转实施的指导全国残疾人事业发展的纲领性文件，属国家级专项规划，主要是对我国残疾人事业发展的总体要求、指导思想、基本原则、主要任务、政策措施及监督实施评估等做出安排部署，为残疾人事业发展规定目标和方向。中国残联成立以后，一九八八年九月，国务院批转实施《中国残疾人事业五年工作纲要（1988 年—1992 年）》。一九九一年十二月，依据《国民经济和社会发展十年规划和第八个五年计划纲要》，国务院批转实施《中国残疾人事业“八五”计划纲要（1991 年—1995 年）》，五年工作纲要后两年的任务纳入“八五”计划纲要实施。一九九六年四月，国务院批转实施《中国残疾人事业“九五”计划纲要（1996 年—2000 年）》；二〇〇一年四月，国务院批转实施《中国残疾人事业“十五”计划纲要（2001 年—2005 年）》；二〇〇三年六月，国务院批转实施《中国残疾人事业“十一五”发展纲要（2006 年—2010 年）》；二〇一一年五月,国务院批转实施《中国残疾人事业“十二五”发展纲要(2011 年—2015 年)》;二〇一六年八月,国务院印发《“十三五”加快残疾人小康进程规划纲要》;二〇二一年七月,国务院印发《“十四五”残疾人保障和发展规划》。

《发扬民族精神和良好社会风尚,积极推进残疾人事业》 江泽民总书记一九九七年为《自强之歌》(一九九七年卷)撰写的序言,历史、全面、深刻地阐述了现代文明社会的残疾人观,为中国残疾人事业发展奠定了坚实的理论基础,指出了明确的发展方向。

《发展残疾人事业,共同创造幸福生活》 胡锦涛总书记为《自强之歌》(二〇〇三年卷)所作的序言。序言深刻阐述了新时期残疾人事业的重要性,高度评价了自强模范和助残先进的优秀品质和模范行动,对发展残疾人事业提出了殷切希望。

《关于促进残疾人事业发展的意见》(中发〔2008〕7 号) 二〇〇八年三月二十八日,中共中央、国务院印发。这是新中国成立后第一个以党中央、国务院名义下发的关于发展残疾人事业的文件。文件深刻阐述了促进残疾人事业的重要意义,提出了促进残疾人事业发展的指导原则和总体要求,明确加强残疾人医疗康复和残疾预防工作、保障残疾人基本生活、促进残疾人全面发展、改善对残疾人的服务、优化残疾人事业发展的社会环境和加强对残疾人工作的领导等各个方面的政策措施,要求促进残疾人事业在新的起点上加快发展,努力使残疾人同全国人民一道向着更高水平的小康社会迈进。为把中央 7 号文件的要求落到实处,各地区相继制定了实施办法。

《中华人民共和国残疾人保障法》 我国为了维护残疾人的合法权益,发展残疾人事业,保障残疾人平等充分地参与社会生活,共享社会物质文化成果,根据宪法制定的法律。一九九〇年十二月二十八日第七届全国人民代表大会常务委员会第十七次会议通过,一九九一年五月十五日起施行,标志着中国残疾人事业走上法制轨道。二〇〇八年四月二十四日第十一届全国人民代表大会常务委员会第二次会议修订,根据二〇一八年十月二十六日第十三届全国人民代表大会常务委员会第六次会议《关于修改〈中华人民共和国野生动物保护法〉

等十五部法律的决定》修正。保障法包括九章:总则、康复、教育、劳动就业、文化生活、社会保障、无障碍环境、法律责任、附则。各省区市陆续制定了本地的保障法实施办法。

《中华人民共和国残疾人保障法》执法检查　全国人大常委会和地方人大常委会对《中华人民共和国残疾人保障法》的贯彻实施情况进行的执法检查。全国人大内务司法委员会于一九九二年和一九九三年分别对云南省、浙江省、江苏省和福建省、四川省贯彻实施残疾人保障发的情况进行检查。二○一二年五月至六月,根据全国人大常委会监督工作计划,全国人大常委会执法检查组首次在全国范围内对《中华人民共和国残疾人保障法》的实施情况进行检查。执法检查组采取听取汇报、召开座谈会、实地检查、网上公开征求意见、信访、大范围发放调查问卷等方式,在全面了解《中华人民共和国残疾人保障法》实施情况的基础上,重点对残疾人基本生活保障、残疾人劳动就业、残疾人医疗康复和残疾人教育的情况进行调查。之后,各地方根据实际需要适时开展对《中华人民共和国残疾人保障法》的执法检查。

全国残疾人抽样调查　经国务院批准,一九八七年四月至五月月进行了第一次全国残疾人抽样调查。调查结果显示,视力、听力语言、智力、肢体、精神病五类残疾和综合残疾共七万七千三百四十三人,占调查总人数的百分之四点九。根据抽样调查结果推算总体,全国各类残疾人的总数约有五千一百六十四万人。其中,听力语言残疾约一千七百七十万人,智力残疾约一千零一十七万人,肢体残疾约七百五十五万人,视力残疾约七百五十五万人,精神病残疾约一百九十四万人,综合残疾约六百七十三万人。

二○○六年四月一日起至五月三十一日进行了第二次全国残疾人抽样调查。根据调查数据推算,全国各类残疾人的总数为八千二百九十六万人,推算残疾人占全国总人口的比例为百分之六点三四。其中,视力残疾一千二百三十三万人,听力残疾两千零四万人,言语残疾一百二十七万人,肢体残疾两千四百一十二万人,智力残疾五百五十四万人,精神残疾六百一十四万人,多重残疾一千三百五十二万人。

《世界人权宣言》 联合国一九四八年十二月十日通过的人权保障文献。这是国际组织第一个系统地提出保护人权和基本自由为内容的国际文献,它对战后国际人权运动的发展以及包括《关于残疾人的世界行动纲领》《智力迟钝者权利宣言》在内的区域性和专门性人权宣言的产生,在根本指导思想上起到奠基的作用,其中的基本规则成为指导各领域人权宣言的法则。

《智力迟钝者权利宣言》 融合国际一九六八年发表了《智力迟钝者特殊权利宣言》,一九七一年十二月二十日二十八届联合国第2856号决议正式采纳命名为《智力迟钝者权利宣言》。该宣言的宗旨是贯彻联合国宪章和世界人权宣言所申明的原则,强调从人格尊严、康复、社会安全、家庭亲属照顾、监护人、生活保障、尽可能地帮助他们参与社会生活等方面保障智力迟钝者的权利。

《残疾人权利宣言》 联合国第三十四届大会一九七五年十二月九日第3447号决议宣布的文献。该宣言共十三条,提出了残疾人应当享有的政治、经济、文化、教育等各项权利。其宗旨是贯彻联合国宪章和世界人权宣言所申明的原则,保障残疾人享有与健全人平等的权利,帮助他们开发潜能,使他们平等参与社会生活,共享经济与社会发展获得的物质文化成果。《宣言》规定了"残疾者"的定义,强调残疾人享有与健全人同等的公民权利、政治权利,包括人格尊严、康复医疗、教育培训、自立就业、社会安全、免受歧视及法律保护等权利。

《盲聋者权利宣言》 一九七七年九月十六日,为盲、聋青少年和成人提供服务的海伦·凯勒世界会议通过了该宣言并在第三十四届联合国大会作为"国际残疾人年"(一九八一年)文件印发。《宣言》强调盲人、聋人同健全人一样享有人格尊严、康复、教育、就业、文化生活、婚姻等方面的权利。

《关于残疾人的世界行动纲领》 联合国大会第三十七届会议一九八二年十二月三日第37/52号决议颁布的在"残疾人十年"活动中实施的、国际性的残疾人工作纲领。内容包含着丰富的思想内涵和处理残疾人事务的基本原则,最重要的是提出残疾人"机会平等"和"充分参与"的思想,对残疾人康复、教育、就业、环境、残疾预防诸方面提出了方针、政策和措施,是国际残疾人事务的指导性文献。在贯彻落实纲领的十年间,联合国、各国政府及非政府组织进行了中期检查评估和关于康复、特教、劳动力资源与就业等专家会议，有力地推动了各国残疾人事业的发展。它要求各国政府承担责任，确保残疾人及其组织能够充分参与有关决策和活动，并在物质环境、社会保障、康复、教育、就业、公众宣传、残疾预防等方面采取措施，使残疾人获得均等参与的机会和平等的地位。一九八四年六月，中国政府接受了纲领。一九八六年七月经国务院批准，由民政部、卫生部、国家教委、劳动人事部、中国残疾人福利基金会、中国盲人聋哑人协会等二十一个单位组成了"联合国残疾人十年"中国组织委员会。一九九一年组委会成员扩大到三十四个，秘书处设在中国残联。

《残疾人职业康复和就业公约》　一九八三年六月二十日第六十九届国际劳工大会通过的关于保障残疾人职业康复和就业的文献，简称第一五九号公约。我国第六届全国人大常委会第二十二次会议决定，批准了这项公约。

《开发残疾人资源的塔林行动纲领》　一九八九年由联合国社会发展和人道主义事务中心召开的国际专家会议通过的纲领，主张通过人的资源开发，让残疾人能够有效地行使作为一个公民的权利。

《残疾人机会均等标准规则》　联合国大会第四十八届会议一九九三年十二月二十日第48/96号决议通过的关于保障残疾人平等·参与和机会均等权利的国际文献。该文献是根据"联合国残疾人十年"的经验拟订的，是继联合国《关于残疾人的世界行动纲领》之后，又一个重要文献，提出了"平等·参与·共享"总的奋斗目标。中国残联派专家参加了文献的起草与制定。

《促进残疾人无障碍环境指导原则》　亚太经社会根据"亚太残疾人十年（1993—2002年）行动计划"的要求，为促进亚太区无障碍环境建设，制定了《促进残疾人无障碍环境指导原则》等国际文件，并于一九九五年选定中国北京、印度新德里、泰国曼谷三个城市，进行无障碍环境建设试点项目。

《残疾人权利公约》（Convention on the Rights of Persons with Disabilities）根据二〇〇一年十二月十九日联大56/168号决议，联合国就制定残疾人权利公约所成立的开放式特设委员会于二〇〇二年七月二十九日至八月九日在纽约召开第一次会议。欧盟、拉美、非洲及亚洲部分国家代表出席会议，国际残疾人非政府组织的代表也出席了会议。经过认真的讨论,各方对制定一项旨在保护残疾人人权的国际公约已不持异议,在未来几年中,特委会将继续召开会议,着手起草公约文本。墨西哥政府率先提交公约草案,作为会议的基础性文件。中国积极倡导并推动公约的制定,也是首批签约国之一。

公约于二〇〇六年十二月十三日由第六十一届联合国大会通过,并于二〇〇七年三月三十日开放供签署。这是联合国在二十一世纪通过的第一个综合性人权公约,也是首个开放供区域一体化组织签字的人权公约。

公约由序言和包括宗旨、定义、一般原则等在内的五十项条款组成。宗旨是促进、保护和确保所有残疾人充分和平等地享有一切人权和基本自由,并促进对残疾人固有尊严的尊重;核心是确保残疾人享有与健全人相同的权利,并以正式公民的身份生活,从而在获得同等机会的情况下,为社会做出宝贵贡献。公约涵括了残疾人应享的各项权利,如享有平等、不受歧视和在法律面前平等的权利;享有健康、就业、受教育和无障碍环境的权利;享有参与政治和文化生活的权利等。公约还就残疾人事业的国际合作提出了相应措施。公约生效日是在第二十份批准书或加入书交存后的第三十天。

《新世纪残疾人权利北京宣言》 为了唤起国际社会对残疾人问题的关注,并采取相应行动,国际残疾人组织领导人会议二〇〇〇年三月十日至十二日在京举行,残疾人国际、康复国际、世界盲人联盟、世界聋人联合会和代表智力残疾人的融合国际等全球具有代表性的残疾人组织领导人以及来自部分国家残疾人机构的高层代表出席了会议。会议以“面向新世纪的国际残疾人运动发展战略”为主题,展开了广泛的研讨,并发表了《新世纪残疾人权利北京宣言》,强烈呼吁国际社会制定《残疾人权利公约》,使其对各国具有法律约束力,成为义不容辞的责任与义务,以加强联合国《关于残疾人的行动纲领》和《残疾人机会均等标准规则》的权威性。

中国残疾人福利基金会 经国务院批准成立的全国性社会组织,1984 年 3 月 15 日由李维汉、胡子昂、季方、华罗庚、赵朴初、黄鼎臣、吴作人、张邦英“八老”等德高望重的老前辈和社会知名人士积极倡议在北京建立。其宗旨是:弘扬人道，奉献爱心，全心全意为残疾人服务。理念是“集善”，即集合人道爱心，善待天下生命。工作目标是努力建设成为公开、透明、高效率和高公信力的基金会。公益品牌为“集善工程”。

中国残疾人福利基金会的登记管理机关是民政部，业务主管单位是中国残疾人联合会。基金会的决策机构是理事会，每年召开至少两次会议，由理事长负责召集和主持。理事会下设理事长办公会，承办中国残疾人福利基金会的日常工作。

中国残疾人福利基金会按照《中华人民共和国慈善法》《基金会管理条例》等相关法律法规开展公益活动，业务范围包括：(1)宣传残疾人事业，呼吁社会“理解、尊重、关心、帮助”残疾人，鼓励残疾人自尊、自信、自强、自立；(2)举办募捐活动筹集资金；(3)接受自然人、法人或其他组织捐赠的财产；(4)管理和使用残疾人福利基金，在国家法律法规政策许可的范围内进行基金保值增值；(5)开展和资助有利于残疾人康复、教育、劳动就业、文化生活、社会保障、社会服务和残疾预防等社会公益活动；(6)开展与国内外友好团体、机构、人士以及港澳台同胞、海外侨胞的交流与合作；(7)支持、推动并组织实施残疾人问题的研究工作；(8)加强与地方残疾人福利基金会的联系，共同开展业务工作。

中国残疾人福利基金会成立以来，为中国的残疾人事业做了一系列开创性、基础性的重要工作。建立中国第一个残疾人康复研究中心，推动残疾人保障法的制定与实施、首次全国残疾人抽样调查，募集款物近七十亿元，实施启明行动和助听行动等一大批帮扶贫困残疾人群体的公益项目，多次获得“中华慈善奖”，两次被授予“全国先进社会组织”称号。三十多年来，在党和政府支持下，中国残疾人福利基金会高举人道主义旗帜，广泛动员社会资源，为残疾人谋福祉，为改善残疾人生活状况、推动社会文明进步做出贡献。

残疾人专门协会　在同级残联领导下按残疾类别设立的群众组织，是残联的主体协会和重要组成部分。专门协会的主要任务：代表、联系、团结、服务本类别残疾人，反映特殊愿望及需求，维护合法权益，争取社会帮助，开展适宜活动。《中国残疾人联合会章程》规定，县(市、区、旗)及县以上残联设立盲人协会、聋人协会、肢残人协会、智力残疾人及亲友协会、精神残疾人及亲友协会。

截至二〇一二年八月,五个全国残疾人专门协会全部完成社团法人注册,成为独立法人。

海伦·凯勒国际(简称 HKI)　由海伦·凯勒与其他美国人于一九一五年创建,旨在协助政府开展防盲工作,着重于融入社会主流的盲童教育以及使成年盲人得以独立生活的康复工作等。海伦·凯勒国际大力帮助发展中国家制定上述工作的各项规划。它还从事对营养不良及由维生素 A 缺乏所引起的干眼、沙眼及其他传染性眼部疾病的研究和防治项目,同时也为白内障致盲者复明提供手术服务。在具备条件的地方,海伦·凯勒国际都将防盲项目与初级医疗服务有机地结合在一起。海伦·凯勒国际为盲人及其他视力残疾人服务,为与盲人工作有关的政府部门和志愿者机构提供服务。海伦·凯勒(Helen Keller,1880—1968 年)是美国著名作家、教育家,幼时因病双目失明、双耳失聪,从六岁起学会摸读识字,二十岁时考入哈佛大学拉德克里夫学院。大学毕业后,投身于盲人福利事业,筹建和领导了美国盲人基金会,帮助世界各地的盲人和聋哑人。一九六四年获美国总统颁发的"自由奖"。

国际狮子会(Lions Clubs International)　全称为国际狮子会俱乐部,是目前全世界最大的国际性慈善服务社团,是联合国经社理事会所联系的非政府团体组织。同世界卫生组织、联合国教科文组织等均有良好的合作关系。该会于一九一七年六月七日创建,目前在一百八十二个国家和地区设有分会,会员人数一百八十万。该会有七百二十四个狮子会分会,成员来自各行业,以商人和专业人士为主,全部为义工。"我们服务"是国际狮子会的口号,其宗旨是向社会提供各种服务,向一切需要帮助的人提供援助,增进友谊,维护和平。国际狮子会的业务范围相当广泛,包括医疗卫生、伤残护老、环境服务、公民教育和减灾扶贫等。国际狮子会为慈善服务工作设立了一个庞大的国际狮子基金。

中国狮子联会　二〇〇五年六月十四日经中国国务院批准在北京正式成立。联会是一个新型的社会组织,是借鉴国际狮子会的管理运作模式,依照国家相关法规在民政部正式注册登记的公益慈善服务组织。对内发展和管理会员,组织和引导会员开展形式多样的公益慈善服务活动;对外统筹与国际狮子会的关系,与其他国际组织交流及合作。服务范围遍及助残、扶贫、赈灾、助学、敬老、公共卫生、文化传播等各个领域,是中国慈善服务领域一支充满活力的生力军。自成立以来,遵循"自主建会、独立运作、坚持宗旨、依法办事"的办会原则,坚持走中国特色狮子会发展道路,探索具有中国特色的办会机制,建立符合中国国情的组织体系和管理运作方式。其宗旨是"正己助人、服务社会",愿景是"创建富有活力和创新精神的慈善组织,做社区服务和人道主义服务的生力军",使命是"身体力行,实践人道主义;扶贫济困,促进社会和谐",价值观是"包容、传承、凝聚、创新、奉献、成长"。联会秉持"出心、出钱、出力、出席"的服务宗旨,亲力亲为参与各项慈善服务,活动十分活跃,为建设更加美好和谐的社会奉献爱心和力量。目前在深圳、广东、大连、青岛、北京、沈阳、浙江、陕西等地,有超过四百支服务队、一万一千余名会员,会员队伍稳定壮大。其中,深圳、广东狮子会具有独立法人资格。

康复国际(Rehabilitation International,简称 RI) 从事残疾人康复工作的非政府国际组织,属非营利、非政府性质的全球性残疾人组织,由残疾人组织、残疾人工作者组织、政府机构和个人组成。创立于一九二二年,前身为"国际跛足儿童协会"。协会的创建人和首届会长是美国俄亥俄州的艾德加·艾伦。一九七二年更名为"康复国际",大陆初译"国际康复会",当时主席为方心让(香港)。秘书处设在纽约,分设六个地区委员会。康复国际目前拥有八十六个正式会员,二十七个准会员,分属于七十七个国家和地区,尚有九个国际会员组织。下设阿拉伯、亚太、非洲、北美、拉美、欧洲等地区委员会,以及教育、技术、休闲娱乐、体育、医学、组织与行政、社会、职业等各专业委员会。康复国际具有联合国经济社会理事会特别咨商地位。其宗旨为通过自身的工作改善残疾人生活质量。中国残疾人联合会一九八八年参加该组织,现为国家级会员。

亚太经社会 全称联合国亚洲及太平洋经济社会委员会,是联合国经济社会理事会下属的五个区域委员会之一,是联合国在亚太地区唯一的政府间综合性经济社会发展组织。其主要职能是通过区域和次区域合作促进本地区社会经济的发展,是联合国在亚太地区的主要经济和社会发展事务的论坛。多年来为开展区域和次区域合作、促进亚太地区的经济社会发展做出了积极贡献。亚太经社会的前身是一九四七年三月二十八日在上海成立的亚洲和远东经济委员会,一九四九年六月由上海迁至泰国首都曼谷,一九七四年改为现名。作为亚太地区最大的政府间多边组织,亚太经社会现有五十三个正式成员和九个准成员,最高决策机构是部长级会议,每年定期举行;日常办事机构为秘书处,秘书处的最高官员为执行秘书。

世界聋人联合会(World Federation of the Deaf,简称 WFD)　世界聋人联合会为世界范围内聋人自身的组织。成立于一九五一年,是一个与联合国经社理事会、联合国教科文组织、国际劳工组织和世界卫生组织有正式关系的国际性非政府组织。在联合国经社理事会具有特别咨商地位。有来自近一百个国家和地区的一百二十个各类会员组织。其宗旨是,造福于世界各国聋人,捍卫聋人的权利,帮助聋人康复。总部设在意大利罗马。主要活动为:制定政策性文件和工作计划,建议并推动会员组织参照实施;利用其咨商地位和残疾人事务特别报告员专家小组成员的身份或通过其会员组织所在国家政府,推动并参与联合国残疾人领域文件的制定,促进其实施;参与联合国在残疾人领域的其他活动;为各国聋人组织提供咨询、信息和专业方面的服务;与联合国专门机构和其他非政府组织和残疾人组织协作,促进旨在改善聋人状况的合作项目;强调聋人与健全人和其他类别的残疾人的不同,主张聋人与其他人平等参与,并突出手语的作用和地位,力主使手语成为世界法定语言之一;与各国聋人组织协调和组织世界聋人大会。中国聋人协会为正式会员。

融合国际(Inclusion International)　融合国际是由各国智残人及其亲友组织组成的国际组织。前称“国际智力残疾人联盟”,成立于一九六〇年,其一百个会员组织来自六十七个国家和地区。总部设在比利时首都布鲁塞尔,秘书处设在法国。该组织在联合国经社理事会享有咨商地位。该组织的宗旨是维护弱智人和精神残疾人的权益,增进智残人亲友的理解,为保障全世界智残人的平等权利而工作。该组织成立以来,举办了多种培训班,培训从事智残人工作的专业人员、智残人家属和智残人;帮助各国智残人组织建立合作项目,出版各种刊物;呼吁公众尊重、关心、帮助智残人;交流传授各种专业技术。一九六八年发表了《智力迟钝者特殊权利宣言》,后经联合国采纳正式命名为《智力迟钝者权利宣言》。该宣言在呼吁全世界关心智残人,保障智残人的平等权利,推动智残人康复事业的发展方面发挥了重要作用。中国于一九九二年加入该组织。

残疾人国际(Disabled People's International,简称 DPI)　残疾人国际是残疾人自身的非政府组织。一九八一年在新加坡成立,在联合国经社理事会享有咨商地位。其宗旨是遵循联合国人权宣言,致力于残疾的预防与康复,实现残疾人平等参与社会生活,分享社会与经济发展成果。残疾人国际有一百多个国家级会员组织,具有普遍的代表性。总部和秘书处设在美国纽约,委员会由亚、非、拉、北美、欧洲五个地区委员会各推选的代表组成。第一任主席为新加坡盲人南杜里。该组织自成立以来,参与了“联合国残疾人十年”规划的制定和执行工作,并举办了专题座谈会和残疾人组织领导人培训班。我国于一九九一年加入该组织,成为正式会员。

世界盲人联盟(World Blind Union,简称 WBU)　世界盲人联盟是世界盲人自助组织。成立于一九八四年,由世界盲人福利会和国际盲人联合会合并而成。其宗旨是促进全世界的盲人以平等的机会和权利参与社会生活。现成员来自七十二个国家和地区,总部设在法国巴黎,设有七个地区委员会。世界盲人联盟在联合国各有关组织中具有咨商地位,主要任务是防盲,促进各国制定保障盲人合法权益的法律和政策,激励盲人自立精神,开发盲人潜力和促进国际交流合作。中国盲人协会是其正式成员。

国际残疾人体育组织(简称 ISOD)　又称国际残疾人体育运动联合会,一九六〇年九月成立,其宗旨和任务是促进世界残疾人体育运动的发展,加强各国残疾人运动员的友谊与联系,培养奥林匹克精神。中国残疾人体育协会是该组织正式成员。自一九六〇年在罗马举办首届世界残疾人运动会开始,伴随着四年一次的奥运会,由主办国同时承办世界残疾人运动会。一九七六年更名为残奥会。中国自一九八四年参加纽约残奥会开始至二〇二一年,参加了历届残奥会,获得辉煌成绩和巨大进步。

国际聋人体育联合会(Comié International Sports des Sourds,简称 CISS) 国际聋人体育联合会成立于一九二四年,总部设在美国。主席是澳大利亚的洛维特。其宗旨是“通过体育达到平等,促进聋人体育运动,发扬体育精神及交流竞赛经验”。其任务是在聋人体育运动尚未普及的国家开展体育活动,积极组织聋人的体育竞赛。每四年举办一次世界聋人奥运会。到目前为止,已举办了十六届世界聋人运动会。该联合会共有八十三个会员国,我国聋人体育协会是国际聋人体育联合会的正式会员。

国际盲人体育协会(International Blind Sports Association,简称 IBSA) 国际盲人体育协会是一九八三年为视力障碍者成立的体育组织,总部设在挪威,主要任务是组织和发展盲人的体育活动。该组织现有六十多个会员国。中国残疾人体育协会是国际盲人体育协会的正式会员。

国际特殊奥林匹克理事会(Special Olympics International,简称 SOI) 国际特殊奥林匹克理事会创立于一九六八年,是一个国际性的弱智人体育运动的民间团体。其主要任务是帮助和推动世界各国开展弱智人体育运动,通过参加体育训练及比赛改善增强他们的认知、活动能力,从而更好地参与社会生活;定期举办国际特奥运动会。该组织选后举办了十届夏季国际特奥运动会和七届冬季国际特奥运动会。国际特奥运动会(又译“世界特殊奥运会”,简称“国际特奥会”),是为全球智障人士设立的运动会,英文称谓 Special Olympics World Games,这是国际奥委会唯一特许使用 Olympic 字样的残疾人运动会,但 Olympic 后边须加个 s,而且 Special Olympics 两个词必须连用(汉译简称“特奥”)。国际特奥会的创始人是美国前总统肯尼迪的妹妹尤尼斯·肯尼迪·施莱佛女士及其丈夫萨金特·施莱佛先生,总部设在美国华盛顿特区,负责举办国际特殊奥运会和指导各国特殊奥运会的举办。其经费来源主要依靠美国及一些发达国家的跨国公司、财团的捐赠和资助。目前,参加国际特奥会组织及活动的国家和地区已有一百六十多个。我国弱智人体育协会是国际特奥会的正式成员。

中国特奥运动 一九八五年成立了中国弱智人体育协会(对外称中国特殊奥林匹克委员会),同年加入国际特殊奥林匹克委员会。在各级政府和社会各界的关心、支持下，经过广大弱智人体育工作者十多年的努力，推动了特奥运动在中国的开展，全国有二十多个省区市建立弱智人体育组织。中国于一九八七年、一九九一年、一九九五年和一九九九年参加了四届国际特殊奥运会，一九九六年中国在上海承办了第一届亚太特殊奥运会，先后举办了两届全国特奥运动会。中国特奥会此后五年的发展目标是："五十万人参加特奥运动"，特奥运动覆盖全国；建立六到八个全国和三十个省级特奥项目培训基地；建立五千个社区特奥活动中心；开展适合中国国情的运动项目，扩大参与面，开展项目由六个拓展到十个。对于中国特奥取得的巨大成绩，国际特奥给予了很高的评价。影响较大的活动有二〇〇〇年的"中国特奥世纪行"和二〇〇五年的"快来参加特奥"等，国际特奥会主席蒂姆·施莱佛、首席执行官布鲁斯和国际特奥会全球慈善大使阿诺·施瓦辛格，中国残联主席邓朴方、理事长汤小泉等及京沪地方领导及特奥运动员和各界人士出席活动。邓朴方获颁"特殊奥林匹克全球运动杰出领导人奖"。

远东及南太平洋地区伤残人运动会联合会（The Fareastand South Pacific Games Fede－ration for the Disabled，简称 FESPIC）　远东及南太平洋地区通常指巴基斯坦以东，国际日期变更线以西的亚洲、大洋洲国家和地区。远东及南太平洋地区伤残人运动会联合会成立于一九七五年，总部设在日本。该组织的主要目的和任务是通过比赛和其他活动，提高残疾人的社会地位和福利，促进相互了解，交流情况及与其他有关机构进行联系。从一九七五年开始，"远南"运动会已举办了九届，成为本地区规模最大、水平最高、影响最深远的残疾人体育盛会，是仅次于残奥会的国际综合性残疾人运动会。

我国残疾人体育协会一九八四年加入"远南"运动会联合会，成为正式会员，已组团参加了第三、四、五、六、七、八、九届"远南"运动会，从第四届开始，已连续六届夺得金牌总数第一名。一九九四年九月四日至十日，在我国北京举行了第六届"远南"运动会。

二〇〇六年十一月二十七日远东及南太平洋运动会联合会召开最后一届会员大会，会议决定，从二〇〇六年十一月二十八日起，"远南"运动会联合会更名为亚洲残奥委员会（Asian Paralympic Committee）。吉隆坡召开的第九届"远南"运动会也就成为了最后一届,并确定从下届起将"远南"运动会更名为亚洲残疾人运动会(Asian Para Games)。二〇一〇年十二月十二日,第一届亚洲残疾人运动会(简称"亚残运会")在中国广州开幕。

国际残奥委员会(The International Paralympic Committee,简称 IPC) 汉译简称"国际残奥委会"(不得误称为"国际残疾人奥林匹克委员会"、"国际残障奥林匹克委员会"等),是代表所有残障类别和残疾人运动员的非赢利性国际组织,成立于一九八九年九月二十二日,总部设于德国波恩。国际残奥委会由两百多个国家和地区的残奥委会以及国际脑瘫人体育与娱乐协会(CP - ISRA)、国际盲人体育联合会(IBSA)、国际斯托克·曼德维尔轮椅体育联合会(ISMWSF)、国际残疾人体育组织(ISOD)、国际聋人体育委员会(CISS)和国际智力残疾人体育联合会(INAS - FID)等六个国际性残疾人体育联盟组成。其中国际聋人体育委员会因各种原因退出了国际残奥委会的管理,保留了自己独立的组织和比赛形式。

国际残奥委会是残奥运动的全球管理机构。它的职能是组织夏季和冬季残奥会,并作为国际体育联合会,监督和协调世界锦标赛和其他比赛;目标是"让残奥运动员能够取得优异的比赛成绩,以此鼓舞和感召全世界(To enable Para athletes to achieve sporting excellence and inspire and excite the world)"。国际残奥委会负责组织并指导、协调残奥会和其他高水平残疾人体育比赛,主要是重要的世界和地区锦标赛。其最高权力机构是会员大会,每两年至少召开一次,每个会员单位只有一个投票权。

国际残奥委会的主要任务包括授予残奥会的举办权并进行监督和协助等,使命是实现由管理者到残奥运动关键催化剂的飞跃,并在未来获得"更多更优秀的运动员、高度的国际认可、显著增长的预算、高效率的组织"。二〇〇三年三月批准通过新目标:"让残奥运动员能够取得优异的比赛成绩,以此鼓舞和激励全世界。"

二〇〇〇年六月十九日,国际奥委会与国际残奥委员会又达成新的协议:从二〇〇八年夏季残奥会和二〇一〇年冬季残奥会开始,残奥会不仅将在奥运会之后的相同城市举行,并应使用相同的运动场馆和设施。残奥会会徽的主体由三个富有动感的蝌蚪形图案构成,三个蝌蚪图案表示人类最重要的组成要素:心智、身体和精神。残奥会旗帜为白底、无边,中心是绿红蓝三种颜色的残奥会徽标。残奥会会歌是《未来赞美诗》(“Hymn of the future”),由法国人达尔尼(Thierry Darnis)创编。

海内外对残奥会有不同的称谓,如“残疾人奥林匹克运动会”、“残障人奥林匹克运动会”,这些名称都是错误的。奥林匹克运动和残奥运动是两个不同的品牌,套用奥林匹克运动,有侵权之嫌。

夏季残奥会　迄今已举办过十一届。比赛项目经过几十年的发展和淘汰,几乎每届都有所变化,有些仅仅是昙花一现,有些则经久不衰,保留至今。目前,国际残奥委员会规定的正式比赛项目有射箭、田径、意式滚木球、自行车、马术、击剑、门球、柔道、力量举重、帆船、射击、足球、游泳、乒乓球、轮椅篮球、轮椅橄榄球、轮椅网球、排球十八个大项。

北京残奥会　即第十三届夏季残奥会,是中国首次举办的残奥运动会,二〇〇八年九月六日在北京国家体育场开幕。本次残奥会设置20个项目:射箭、田径、硬地滚球、自行车、马术、五人制足球、七人制足球、盲人门球、盲人柔道、举重、赛艇、帆船、射击、游泳、乒乓球、坐式排球、轮椅篮球、轮椅击剑、轮椅橄榄球、轮椅网球等。除马术比赛在香港举行、帆船比赛在青岛举行外,其余项目均在北京举行。参赛运动员来自147个国家和地区,达4011名。279项残疾人世界纪录和339项残奥会纪录被刷新。中国体育代表团以89金、70银、52铜,总计211块奖牌的成绩蝉联金牌榜和奖牌榜的榜首。克雷文称赞此届残奥运动会是“有史以来最伟大的残奥会”。北京残奥会会徽以天、地、人和谐统一为主线,由红、蓝、绿三色构成的“之”字形;吉祥物为福牛“乐乐”;主题口号为“同一个世界,同一个梦想”。

生命阳光馆　二〇一〇年上海世博会为了体现残疾人的尊严和价值,呼唤人道主义,促进残疾人事业发展,在世博会一百五十多年的历史上首次设立残疾人综合馆——生命阳光馆。生命阳光馆围绕上海世博会“城市,让生活更美好”这一主题,从“平等·参与·共享”的角度展示世界科技、文明进程中与残疾人息息相关的种种成就,对于世界残疾人事务进程有着里程碑式的非凡意义。

生命阳光馆的主题是“消除歧视、摆脱贫穷、关爱生命、共享阳光”,理念是“城市,让残疾人生活更美好”;标识为“七彩叶”,寓意不同的生命在世界多样性中孕育生机舒展活力,表达包括残疾人在内的整个人类期盼美好的愿望;吉祥物为“阳光鸟”,象征阳光的多彩、生活的激情和人类对生命的赞美。

生命阳光馆位于世博会主题展馆“城市人馆”内,面积为一千二百平方米,是上海世博会的人文亮点之一。展馆选择“尊严”、“贡献”、“关爱”、“未来”四个具有广泛认知度的概念,作为展示的基本要素,演绎残疾人事业“平等·参与·共享”的主题,提高全社会对残疾人能力和贡献的认识,思考在城市发展中如何帮助残疾人解决生存、发展、环境等方面的困难和问题,从残疾人群体这一角度诠释“和谐城市”的理念。

联合国人权奖　联合国人权奖始于一九六六年,是联大为庆祝《世界人权宣言》发布二十周年而通过决议设立的。此后每五年颁发一次。二〇〇三年十二月十日,在联合国总部举行的颁奖仪式上,邓朴方被授予当年“联合国人权奖”,成为获得此奖的第一位中国人,也是世界上第一位获得此奖的残疾人。

奋发文明进步奖　为促进和推动残疾人事业的发展,大力弘扬人道主义精神和扶残助残的社会风尚,由中国残疾人联合会与有关部委联合设立,一九九八年中宣部批准为全国性评奖,旨在奖励新闻、宣传、文化、艺术等领域中成绩突出,为残疾人事业做出重要贡献的作者(包括演员、编导、编辑等)的最高奖,分集体和个人奖,下设影视、文艺、图书等分项。每四年评奖一次。

一家纪念奖　韩国“一家纪念财团”设立的奖金,创始人金容基先生一生致力于韩国农村改革和社会福利事业,倡导“福民主义”,鼓励处于社会不利地位的人们通过自身的努力,实现自身价值,走向富裕生活,主张实现社会公平与公正和全民福利。“福民主义”理论与实践对韩国经济和社会发展具有积极意义。邓朴方被评选为一九九九年度“一家纪念奖”获奖者并赴汉城出席颁奖仪式。

国际残奥委勋章　国际残奥委员会的最高荣誉,专门奖励对残奥运动做出突出贡献的个人,创立于一九九四年,最初每两年颁发一次,从一九九八年开始改为每年颁发一次。二〇〇五年十一月二十日，邓朴方同志作为中国残疾人联合会主席、北京奥组委执行主席被授予“国际残奥委勋章”，成为获得此奖的第一位中国人，国际残奥会执委会对他的评价是：“中国乃至世界的残疾人领袖和社会活动家。在他的带领下，中国残疾人体育事业在二十多年里取得了全世界瞩目的进步。”

“三项康复”　一九八八年八月，民政部、卫生部、国家计委、财政部、总后和中国残联发起的贯彻落实《中国残疾人事业五年工作纲要（1988 年—1992 年）》提出的“三项康复”任务：五年内完成白内障复明手术 50 万例、小儿麻痹后遗症矫治手术 30 万人次、对 3 万名聋儿进行听力语言训练。

阳光家园计划　中国残疾人联合会和财政部共同实施的智力、精神和重度残疾人托养服务项目。采取公共财政直接投放方式，主要对符合规定条件的智力、精神和重度残疾人托养服务机构，居家照料智力、精神和重度残疾人的家庭给予资助。从二〇〇九年至二〇一一年，中央财政每年安排两亿元、共六亿元专项资金，用于补助各地开展就业年龄段智力、精神和重度残疾人托养服务工作。“十二五”和“十三五”期间，继续实施“阳光家园计划”，共为残疾人托养服务提供四百多万人次补助。

中国青年志愿者助残阳光行动　共青团中央、中国残联于二〇一四年二月开始实施的大型志愿助残服务项目，旨在发挥青年志愿者在助残工作中的积极作用，动员广大青年和社会公众积极参与志愿助残服务。阳光行动以“心手相牵，共享阳光”为主题，服务对象以残疾青少年为主，并尽力帮助其他残疾人及其家庭，重点围绕日常照料、就业支持、支教助学、文体活动、爱心捐赠等方面内容开展志愿助残服务。在服务机制上，坚持“团队帮扶 + 结对接力”的项目实施模式，鼓励以团队的形式开展结对接力服务。通过努力，“阳光行动”已基本覆盖城镇残疾青少年、惠及绝大部分农村残疾青少年，并实现常态化、长效化运行，成为社会知名志愿服务品牌。

中国信息无障碍论坛　二〇〇二年，联合国亚太经社会通过《琵琶湖千年行动纲要》，明确指出，要优先推进信息无障碍建设，充分利用现代信息通信技术,解决残疾人困难。自二〇〇四年起,工信部、中国残联、中国互联网协会、中国残疾人福利基金会每年举办一届中国信息无障碍论坛,已成功举办九届。信息无障碍理念已逐步深入人心,社会影响日益增大。在政府部门和相关单位的推动下,信息无障碍的标准、技术、产品、解决方案以及应用推广和普及都取得可喜成果,越来越多的残疾人获得便利与实惠。

视觉第一·中国行动 一九九〇年,国际狮子会发起"视觉第一"行动,筹集一亿四千六百万美元用于全球的防盲治盲工作,成为国际狮子会有史以来最庞大的慈善服务活动。经国务院批准,中国残联、卫生部于一九九七年开始与国际狮子会合作,在我国开展"视觉第一·中国行动"项目,国际狮子会资助中国在五年内施行一百七十五万例白内障手术工程。一九九九年三月五日宣布一九九九年为"国际狮子会中国视觉年"。

《长江新里程计划》 一九九一年,李嘉诚先生及属下公司捐款一亿元港币支持《中国残疾人事业"八五"计划纲要(1991—1995年)》的制定与实施,资助改善残疾人状况急需的八个项目。在二十一世纪初,为扶助残疾人开创人生新里程,与全国人民一道迈向新生活,李嘉诚先生及其属下公司决定再次捐款六千万元港币,与中国残疾人联合会合作,实施第一期项目《长江新里程计划(2000—2005年)》。《计划》宗旨:(1)适应残疾人教育培训、康复医疗的迫切需求,采取措施缩小其在基本需求方面与经济社会发展水平的差距,使众多残疾人直接受益;(2)针对薄弱环节和发展需要,创造条件、建立基础、形成机制,促进残疾人事业与经济社会协调的持续发展。计划由五个项目组成:长江普及型假肢项目、聋儿语训教师培养项目、中西部地区盲童入学项目、贫困地区基层残疾人综合服务项目、盲人保健按摩师培训项目。计划任务纳入残疾人事业发展计划,在各级政府领导及残疾人工作协调委员会的统一协调下,由中国残疾人联合会及其地方组织会同有关部门组织实施。之后继续实施了第二期(2007—2012年)、第三期(2014—2018年)。

通向明天——交通银行残疾青少年助学计划 交通银行在二〇〇七年纪念重组二十周年暨成立一百周年之际,决定向基金会捐赠一亿元支持中国残联开展残疾青少年教育。二〇一一年至二〇一六年共捐赠五千万元，五年间开展了资助家庭经济困难残疾高中生和大学新生、补贴特教师资培训、表彰优秀特教教师并发放奖金、举办“交通银行残疾大学生励志奖”等活动，累计一万五千名师生受益。二〇一四年五月，在第五次全国自强模范暨助残先进表彰大会上，该项目组荣获“全国助残先进集体”称号。

中途之家　针对脊髓损伤残疾人（亦称截瘫患者），由专家和专业康复机构指导，落实在社区，医务工作者、社会工作者、伤者、家属相结合开展康复培训和活动的一种新型康复模式。它既是残疾人从医院到家庭康复、适应重新生活的中途家庭，也是残疾人从家庭封闭环境融入社会大环境的中途家庭，是脊髓损伤者交流、康复和心理疏导的温馨家园。二〇〇九年，“中途之家”在中国残联和中国残疾人福利基金会的支持下开始启动。“中途之家”立足社区康复平台，利用现有社会政策和康复资源，搭建起医院、家庭与社会之间的有效桥梁，实现了机构训练和社区训练相结合、专业指导与伤友互助相结合、集中训练与自主训练相结合，使脊髓损伤者重新回归主流社会。二〇一七年四月，中国肢协脊髓损伤者中途之家正式更名为中国肢协脊髓损伤者希望之家。截至二〇一七年底，全国已建立希望之家一百一十家。

扶残维权行动　由于自身的影响和客观环境的障碍，大多数残疾人生活水平较低，他们在遇到法律纠纷时，普遍存在着咨询难、请律师难、打官司难、无力支付法律服务费等问题。随着残疾人参与社会生活日益广泛和法律意识的觉醒，这一问题将日益突出。为了推动残疾人法律服务和维权工作深入开展，依法维护残疾人权益，帮助残疾人特别是中西部地区的残疾人解决打官司难问题，中国残疾人福利基金会从二〇〇三年起连续五年每年出资一百万元，开展“扶残维权行动“，对亟需法律帮助（以区别于法律援助）的涉残案件给予一定的办案经费补贴，从而使相关残疾人得到及时有效的法律帮助。

听力重建·启聪行动　二〇〇五年，台塑企业董事长王永庆向中国残疾人福利基金会捐赠人工耳蜗，启动“听力重建·启聪行动”项目，旨在让我国更多贫困听力残疾儿童得到人工耳蜗资助。

集善工程 为了完成邓朴方会长提出的“创建公开、透明、高效率和高公信力的世界一流基金会”的目标,中国残疾人福利基金会把“集善”作为工作理念,以“集善工程”作为公益活动品牌,意为“集天下之善心,谋残疾人之福祉”,围绕此品牌设立了集善嘉年华行动、启明行动、助听行动、助行行动、助学行动、助困行动、信息无障碍行动等七大行动。其中,“助听行动”是为重度以上听力障碍儿童免费配戴助听器、植入人工耳蜗、重建听力的公益项目。“助行行动”是为贫困肢体残疾人装配假肢、配备轮椅、拐杖以改善其生活状况,帮助他们走出家门、回归社会的项目。“助学行动”是资助贫困残疾少年儿童接受义务教育的项目。“助困行动”是资助贫困残疾人改善生活状况、提高生活质量的项目。“信息无障碍行动”是依据联合国亚太经社会《琵琶湖千年行动纲要》,利用现代信息通讯技术,惠及残疾人的公益项目。通过实施“集善工程”,推进了残疾人康复、教育、就业、文化、体育等事业的发展,帮助广大残疾人得到了切实的帮助和实惠,激励了残疾人“自尊、自信、自强、自立”,倡导了理解、尊重、关心、帮助残疾人的社会风尚。

集善嘉年华 “集善工程”七大行动之一,由中国残疾人福利基金会、中国残疾人联合会共同主办的规格高、规模大、极富影响力的慈善盛会,二〇〇四年以来连续举办十届。党和国家领导人、中央和国务院有关部门领导及众多文化、艺术、体育、企业界名人出席活动。至二〇一三年,项目募集善款已资助建设十余所特教学校,救助五千五百多名贫困残疾儿童重返校园,资助四川、新疆、内蒙古和广西等地建设特教学校和特教班,资助出版国内第一部完整的盲文版现代汉语小词典,资助中国康复研究中心、北京大学附属精神卫生研究所的儿童自闭症综合康复与研究项目,为北京残奥会中国残疾人体育代表团购置器械设备,为地震致残儿童免费安装更换假肢,帮助灾区截瘫残疾人接受三到六个月的系统康复训练,为一千二百名重度听力残疾儿童植入人工耳蜗,为一千二百名轻度听力残疾儿童配备助听器并接受康复训练,资助西部基层聋儿康复机构基础设施建设和师资队伍培养,在全国范围内为农民工子女筹建九十六个“集善之家”,为三万七千名残疾农民工子女和农民工残疾子女购买保险等,帮扶农村建设残疾人扶贫基地帮助贫困残疾人脱贫等,约十万名残疾人及农民工子女受益。至二〇一六年，活动累计筹集款物二亿七千万元，受益残疾人达十六万七千人，支持了残疾人康复、教育、就业、文化出版和体育事业。

集善工程·启明行动　“集善工程”七大行动之一，是救助贫困白内障盲人免费实施复明手术，根本消除因贫困导致的白内障致盲现象的公益项目。白内障是中国主要的致盲原因，二〇〇六年全国第二次残疾人抽样调查结果显示，全国有一千二百三十三万视力残疾人，其中有相当一部分是由白内障造成的。目前，全国仍有白内障患者约三百万人，每年新增四十五万人。二〇〇六年六月，中国残疾人福利基金会发起“启明行动”，目标是力争用五年时间，让现已入档的全国贫困白内障盲人重见光明，同时在全国开展启明行动的地方普遍建立针对白内障盲人复明手术的社会保障制度和长效工作机制。启明行动实施以来，共为七万余名贫困白内障患者免费实施了复明手术。二〇一一年，该项目荣获第六届中华慈善奖“最具影响力慈善项目奖”。

集善扶贫健康行公益项目　党的十八大以来，以习近平总书记为核心的党中央高度重视扶贫开发工作，积极推进实施精准扶贫战略。为贯彻落实党中央齐心协力打赢脱贫攻坚战的战略部署，落实邓朴方会长关于残疾人扶贫工作的一系列讲话精神，按照民政部社会组织管理局和中国残联党组的要求，在国家有关部委的指导下，中国残疾人福利基金会实施了包括眼病复明、骨关节置换、孤独症康复、麻风救助、互联网就业和强直性脊柱炎健康扶贫等六项“集善扶贫健康行”公益项目，有力推动了西部深度贫困地区残疾人和贫困人群脱贫解困工作。项目实施以来，共募集资金两亿六百八十四万元，在全国三十个省区市开展活动，累计十四万六千人受益。

集善扶贫健康行·骨关节置换项目　二〇一五年以来，西部贫困人群骨关节疾病致残致贫的情况引起中国残疾人福利基金会的高度重视，基金会通过媒体向社会机构和爱心企业介绍骨关节疾病给贫困人群造成的痛苦和贫困，呼吁给予关心和帮助，并确定设立该项目。项目与中国康复中心签订合作协议，北京博爱医院关节病诊疗中心负责组织专家团队，并全面负责项目的具体执行。中华医师协会积极参与项目，为保证手术治疗质量，从全国抽调经验丰富的院长级和主治医师级骨科专家参加专家医疗队。截至二〇二一年六月,累计投入资金一千五百多万元,义诊会诊患者达四千多人,免费实施膝、髋关节置换手术近六百例。

集善扶贫健康行·眼病项目 目前,我国视力残疾人有两千多万。据不完全统计,我国白内障眼病患者每年新增四十多万,特别是在西部贫困地区,由于医疗资源有限,很多贫困患者得不到及时有效的治疗,最终因贫致盲,严重影响正常生活和劳动。眼病复明项目是中国残疾人福利基金会长期实施的公益慈善项目,需要深入贫困山区、牧区残疾人病患者家中逐一筛查,建档立卡,及时提交项目执行报告,为康复专家医疗队实施手术治疗做大量准备工作,为眼病复明项目的顺利开展提供有力保障。同时,在西部各省区的农村乡镇和偏远山区、牧区开展普及眼睛健康知识宣传,检查项目实施情况,慰问手术救治的贫困残疾人。二〇一六年项目开展以来,共筹集资金一亿三千八百五十三万元,遍及西藏、新疆、甘肃、陕西、内蒙古等二十六个省区,筛查贫困眼病患者四十余万人,完成十五万余例贫困眼病患者提供手术资助。

集善扶贫健康行·孤独症康复项目 中国残疾人福利基金会长期开展的重要公益项目。孤独症(又称"自闭症")是一种广泛性发育障碍性疾病,多数患者起病于婴幼儿期,严重影响患者的感知、语言、情感,尤其是社会交往等多种功能的发展,发病年龄在三岁以内,以社交交流和交互作用障碍、兴趣狭窄及刻板重复的行为方式为主要临床表现。二〇〇六年,基金会就积极推动孤独症儿童康复工作的开展,提出建立一南一北的孤独症康复基地的构想。之后利用公益平台,集合社会资源,在海南省残基会、海口市政府的支持下,利用海口市的地缘优势,建立了国内第一家设施相对完备、设备相对齐全、康复教学规范、康复专业教材科学完整、面向全社会的公建民营性质的国家层面的孤独症康复基地。康复基地采取医教康研辅五位一体的运营方式,引入国际先进技术设备,除开展 PT、OT、ST、CE、音乐、绘画等常规的训练课程外,还开展了海豚、马术、轮滑、游泳(水疗)、心理、艺术、VR 互动等填补国内空白的康复训练项目,为孤独症儿童和家庭提供设施设备配套、康复教学精准的训练服务。二〇一七年底,海口孤独症康复训练基地正式成立。项目开展至今共募集资金两千五百二十三万元，给来自吉林、海南、山西、陕西、宁夏、黑龙江等十余个省区市的七百余名孤独症患儿和家庭提供了康复治疗、培训等服务。

集善扶贫健康行·麻风病救助项目　长期以来，由于麻风病病理知识科学普及不够和社会观念落后，人们对麻风病谈虎色变，拒之千里。实际上，麻风菌是比较弱的病菌，身体健康时一般不会染病。只有营养缺乏时，受伤的皮肤接触到麻风菌才会得病。我国现有麻风病院、村五百九十二所，现症病人三千余人，麻风病治愈者二十万。现有麻风病治愈存活者中，约十万人存在可见性的残疾，百分之七十的麻风病残疾人丧失劳动能力。全国麻风疫情分布不平衡，部分边陲贫困地区和少数民族地存在疫情；麻风患者及康复者的畸残防治和康复医疗任务十分繁重；康复者老年病多发、缺医少药的现象依然存在。因此，麻风病防治工作仍很艰巨。目前，国家卫健委疾控中心负责一百〇二所麻风病院的管理，还有四百九十个麻风病村未纳入政府和疾控中心的管理，有的麻风病人和康复者仍处于环境贫瘠，甚至居无定所、营养缺乏的贫困之中。二〇一七年起，中国残疾人福利基金会着力谋划麻风救助项目，为改善麻风患者和康复者的生活条件及医疗康复提供帮助，推动各地政府及社会关注麻风患者和康复者，并动员社会力量开展募捐。截至二〇二一年六月，项目共募集一千三百万元，在云南、贵州、甘肃、四川等地区近百所麻风院（村）开展工作，为五千多名麻风患者及康复者提供资助，包括防疫、生活等用品及医疗救助等服务。

集善扶贫健康行·互联乐业——残疾人网络就业项目　在我国八千五百万残疾人中，就业年龄段的持证残疾人有一千七百〇四万，已就业的仅有九百五十二万四千人，残疾人就业扶贫工作任重而道远。就业是残疾人摆脱贫困的根本途径，是残疾人改善生活状况、提高社会地位、参与社会生活、共享社会物质文化成果的基础，是实现其人生价值的关键。二〇一六年起，中国残疾人福利基金会紧密结合残疾人脱贫攻坚的时代要求，坚定走“劳动福利型”的发展道路，勇挑残疾人就业脱贫重担，组织开展“集善扶贫健康行·互联乐业——残疾人网络就业”项目，广泛动员社会支持，合作共建“集善·互联乐业”项目就业培训基地,以“残健融合”为核心理念,为残疾人、残疾人家属和贫困群众提供工作岗位,初步形成残疾人集中和居家就业共同推进的良好态势,有效探索了社会化推动残疾人就业创业新模式。项目已在全国建立了六个就业培训基地,累计培训两千多人,八百多人实现了就业,残疾人累计增收六百多万元。

集善扶贫健康行·强直性脊柱炎健康扶贫项目 我国每年有近二分之一的强直患者因得不到及时治疗而造成不同程度的残疾,多是由于家庭经济条件困难无力支付医疗费用而放弃治疗,导致终身瘫痪。强直性脊柱炎被称为“不死的癌症”,我国建档立卡贫困强直患者约十万人,属中晚期强直患者约两万人。中晚期强直性脊柱炎治疗费用较高,贫困人口很难承担,目前也没有针对建档立卡贫困人口实施的强直性脊柱炎免费救助。二〇一九年三月,三生国健药业(上海)股份有限公司向中国残疾人福利基金会分批捐赠一亿八千万元资金用于开展强直患者救助项目。项目由国务院扶贫办指导,中国扶贫志愿服务促进会和中国残疾人福利基金会共同发起并作为执行单位。项目旨在让建档立卡贫困中重度强直患者,在享受有关医保、大病保险、医疗救助、民政救助、商业健康补充保险等已有政策之后,免费接受救治,提高贫困人口健康水平。截至二〇二一年六月,项目共募集资金六百三十三万一千元,来自河北、海南、河南、青海、广西、新疆等二十余个省区的三千二百一十七名强直性脊柱炎患者得到治疗救助服务。